应用型人才培养规划教材·公共基础课系列

应用文写作

(第 2 版)

郝立新 ◎ 编著

清华大学出版社
北京

内容简介

本书是针对社会实际需要，就现代大学生应该掌握的写作基础知识和基本技能而编写的大学教材。全书包括写作基本理论和党政公文、事务文书、司法文书、财经文书、商贸文书、科教文书、传播文书、日常文书和礼仪文书等100多种常见实用文体的概念、特点、作用、分类和写法，并且附有例文。

本书既可以用于全日制教育，也可以用于社会自学。除了用作教材以外，还可以作为文秘工作者和写作爱好者的参考书。

本书封面贴有清华大学出版社防伪标签，无标签者不得销售。
版权所有，侵权必究。举报：010-62782989，beiqinquan@tup.tsinghua.edu.cn。

图书在版编目（CIP）数据

应用文写作/郝立新编著. —2版. —北京：清华大学出版社，2016（2024.10重印）
（应用型人才培养规划教材·公共基础课系列）
ISBN 978-7-302-45573-8

Ⅰ.①应… Ⅱ.①郝… Ⅲ.①汉语-应用文-写作-教材 Ⅳ.①H152.3

中国版本图书馆CIP数据核字（2016）第283880号

责任编辑：刘淑丽
封面设计：刘　超
版式设计：魏　远
责任校对：王　云
责任印制：沈　露

出版发行：清华大学出版社
网　　址：https://www.tup.com.cn，https://www.wqxuetang.com
地　　址：北京清华大学学研大厦A座　　邮　编：100084
社 总 机：010-83470000　　邮　购：010-62786544
投稿与读者服务：010-62776969，c-service@tup.tsinghua.edu.cn
质量反馈：010-62772015，zhiliang@tup.tsinghua.edu.cn

印 装 者：三河市铭诚印务有限公司
经　　销：全国新华书店
开　　本：185mm×230mm　　印　张：21.75　　字　数：459千字
版　　次：2012年1月第1版　　2016年11月第2版　　印　次：2024年10月第11次印刷
印　　数：22001～23000
定　　价：59.90元

产品编号：067428-03

第 1 版序

随着中国经济的腾飞、文化的发展和政治的进步，应用文的使用越来越广泛和频繁。应用文写作越来越成为人们工作、学习和生活中必不可少的组成部分，甚至成为个人能力和工作水平的重要衡量尺度。因此，各地大中专院校大都开设了应用文写作或大学写作之类的课程，社会上还经常开办一些写作培训班。尽管有关应用文写作的教材和参考书不少，但是既适合课堂教学又适合社会自学，尤其是按照各种应用文的规范格式迅速提高实际写作水平、体系新颖、见解独到的教材却不多见。

为了适应应用型人才培养的需要，根据应用文发展的最新动态，从规范、实战、操作的角度出发，站在提纲挈领、全面了解的高度，以迅速提高读者的实际应用水平和写作能力为目的，我们非常有针对性地编写了本书。

本书是以最新颁布的《国家行政机关公文处理办法》、《国家行政机关公文格式》、《中华人民共和国合同法》、《中国学术期刊（光盘版）检索与评价数据规范》和《文后参考文献著录规则》等文件为依据，在总结多年的教学经验、修订以前通用教材的基础上编写的。它既适用于大学写作，也适用于文秘写作和公务员培训；既可以用于全日制教育，也可以用于成人教育和社会自学。

应用文种类很多，常见的也不少。本书选取了近 100 个常用文种，综合分类，逐一解析，分别介绍了每个文种的概念、特点、作用、种类、格式和写法，并且附有规范的例文，以便读者能够举一反三，触类旁通。编写力求阐述简明，条理清楚，例文精当，操作容易。

全书共分 10 章。第 1 章为总论，以下 9 章分别介绍各类文书的写作。

赵一平、祁峰、袁丹、刘博和陈芳参与了部分工作。

本书在编写过程中参考了大量的文献，在此一并向其作者致以诚挚的谢意！

本书在出版过程中得到了清华大学出版社的大力支持和帮助，在此表示衷心的感谢！

由于编者水平有限，加上时间仓促，书中错误和不妥之处在所难免，欢迎读者批评指正。

郝立新

2011 年 11 月

目录 CONTENTS

第一章　绪论 / 1

第一节　概述 / 1
- 一、应用文的含义 / 1
- 二、应用文的特点 / 1
- 三、应用文的作用 / 3

第二节　写作者的素养 / 5
- 一、水平方面的要求 / 5
- 二、知识方面的要求 / 5
- 三、能力方面的要求 / 6
- 四、方法方面的要求 / 7

第三节　写作的基本原理 / 8
- 一、写作过程 / 8
- 二、写作要素 / 11
- 三、表达方式 / 16

第二章　党政公文 / 28

第一节　概述 / 28
- 一、党政公文的含义 / 28
- 二、党政公文的特点 / 28
- 三、党政公文的作用 / 30

第二节　指挥类 / 30
- 一、命令（令）/ 30
- 二、决定 / 32
- 三、批复 / 34
- 四、意见 / 36
- 五、纪要 / 39
- 六、决议 / 41

第三节　报请类 / 43
- 一、议案 / 43
- 二、报告 / 45
- 三、请示 / 47

第四节　知照类 / 49
- 一、公告 / 49
- 二、通告 / 51
- 三、通知 / 52
- 四、通报 / 55
- 五、函 / 58
- 六、公报 / 60

第三章　事务文书 / 63

第一节　概述 / 63
- 一、事务文书的含义 / 63
- 二、事务文书的特点 / 63
- 三、事务文书的作用 / 64

第二节　管理类 / 64
- 一、申论 / 64
- 二、调查报告 / 69
- 三、计划 / 76
- 四、总结 / 81
- 五、简报 / 85

第三节　规章类 / 90
- 一、条例 / 90
- 二、规定 / 92
- 三、办法 / 94
- 四、章程 / 96

目录 CONTENTS

　　五、制度 / 99
　　六、公约 / 100
第四节　会务类 / 101
　　一、开幕词 / 102
　　二、闭幕词 / 104
　　三、演讲稿 / 106
　　四、讲话稿 / 108
　　五、会议报告 / 111
第五节　考核类 / 115
　　一、述职报告 / 115
　　二、组织鉴定 / 119

第四章　司法文书 / 121

第一节　概述 / 121
　　一、司法文书的含义 / 121
　　二、司法文书的特点 / 121
　　三、司法文书的作用 / 122
第二节　诉讼类 / 122
　　一、起诉状 / 122
　　二、上诉状 / 126
　　三、申诉状 / 129
　　四、答辩状 / 131
　　五、辩护词 / 133
第三节　协调类 / 136
　　调解书 / 136
第四节　仲裁类 / 139
　　一、仲裁协议书 / 139
　　二、仲裁申请书 / 141
第五节　公证类 / 143
　　一、公证书 / 143
　　二、遗嘱 / 144

第五章　财经文书 / 147

第一节　概述 / 147
　　一、财经文书的特点 / 147
　　二、财经文书的作用 / 147
第二节　协议类 / 148
　　一、协议书 / 148
　　二、合同 / 150
　　三、备忘录 / 156
第三节　报告类 / 159
　　一、项目建议书 / 159
　　二、可行性研究报告 / 162
　　三、经济预测报告 / 165
　　四、经济活动分析报告 / 169
　　五、纳税检查报告 / 173
　　六、审计报告 / 176
　　七、质量检查报告 / 180

第六章　商贸文书 / 184

第一节　概述 / 184
　　一、商贸文书的特点 / 184
　　二、商贸文书的作用 / 184
第二节　商品类 / 185
　　一、商标 / 185

CONTENTS

  二、商业广告 / 188
  三、商品说明书 / 193
 第三节 市场类 / 196
  一、招标书 / 197
  二、投标书 / 199
  三、市场调查报告 / 201
  四、市场预测报告 / 204
 第四节 商函类 / 207
  一、催款书 / 207
  二、索赔书 / 209

第七章 科教文书 / 211

 第一节 概述 / 211
  一、科教文书的特点 / 211
  二、科教文书的作用 / 211
 第二节 科技类 / 212
  一、科技论文 / 212
  二、科技报告 / 235
  三、科普说明文 / 237
 第三节 教学类 / 239
  一、教学大纲 / 240
  二、教案 / 242

第八章 传播文书 / 246

 第一节 概述 / 246
  一、传播文书的特点 / 246
  二、传播文书的作用 / 247
 第二节 新闻类 / 247

  一、消息 / 247
  二、通讯 / 251
  三、新闻特写 / 255
  四、新闻评论 / 258
 第三节 编务类 / 261
  一、序 / 261
  二、跋 / 263
  三、凡例 / 264
  四、发刊词 / 266
  五、卷首语 / 268
  六、选题报告 / 269
 第四节 告启类 / 274
  一、简介 / 275
  二、海报 / 277
  三、启事 / 278
  四、声明 / 281

第九章 日常文书 / 283

 第一节 概述 / 283
  一、日常文书的特点 / 283
  二、日常文书的作用 / 283
 第二节 书信类 / 284
  一、申请书 / 284
  二、私信 / 287
  三、公开信 / 289
  四、慰问信 / 291
  五、感谢信 / 293
  六、介绍信 / 295

CONTENTS

目录

　　七、证明信 / 296
　　八、求职信 / 297
　　九、英文书信 / 301
第三节　条据类 / 304
　　一、请假条 / 304
　　二、便条 / 305
　　三、借条 / 305
　　四、收条 / 306
第四节　笔记类 / 307
　　一、日记 / 307
　　二、读书笔记 / 309

第十章　礼仪文书 / 315

第一节　概述 / 315
　　一、礼仪文书的特点 / 315
　　二、礼仪文书的作用 / 315
第二节　聘邀类 / 316
　　一、聘书 / 316

　　二、邀请函 / 317
第三节　交往类 / 320
　　一、欢迎词 / 320
　　二、欢送词 / 321
　　三、答谢词 / 322
第四节　庆贺类 / 323
　　一、祝词 / 324
　　二、贺词 / 325
第五节　哀祭类 / 327
　　一、讣告 / 327
　　二、悼词 / 328
　　三、唁词 / 331
第六节　联帖类 / 332
　　对联 / 332

参考文献 / 337

后记 / 338

第一章 绪 论

第一节 概 述

一、应用文的含义

应用文是国家机关、政党、企事业单位、社会团体等组织或个人在工作、学习和生活中处理公共事务或私人事务时使用的具有规范体式的实用性的书面语言材料。

组成篇章的书面语言材料（广义的文章）从不同的角度可以分为不同的种类。按价值功能可以分为文学体裁和文章体裁（狭义的文章）等类。从结构形式来看，文学体裁（常简称为体裁）可以分为散文、诗歌、小说和剧本等形式。从表达方式来看，文章体裁（常简称为文体）可以分为记叙文、议论文、说明文和应用文等形式，如表1-1所示。

表1-1 体裁形式

体裁	文学体裁	散文、诗歌、小说、剧本等
	文章体裁	记叙文、议论文、说明文、应用文等

应用文种类很多。本书从使用范围和内容性质方面分为政治文体、经济文体和文化文体等类。政治文体是主要应用于政治领域的文体，分为党政公文、事务文书和司法文书等。经济文体是主要应用于经济领域的文体，分为财经文书和商贸文书等。文化文体是主要应用于文化领域的文体，分为科教文书、传播文书、日常文书和礼仪文书等。每种文书又分为若干类别，每种类别还分为若干文种。详细内容如表1-2所示。

二、应用文的特点

与文学体裁相比，应用文的特点主要有实用性、针对性、时效性、模式性、简明性。

（一）实用性

功能的实用性是应用文最鲜明的个性特征。它是指应用文使用后产生的现实功效。为了解决学习、工作和生活中出现的新问题，常常要使用应用文；应用文一旦使用，就会产生一定的现实功效。每次应用文写作都有特定的、具体的、明确的功能：或者是向上级请示汇报,或者是总结工作经验,或者是调查研究问题,或者是签订契约,或者是交流信息……诸如此类,不一而足。为了获得一定的实用功能,必须选择相应的应用文种,否则,就不能达到预期的效果。

表1-2 应用文文体

应用文	政治文体	党政公文	指挥类	命令(令),决定,批复,意见,纪要,决议
			报请类	议案,报告,请示
			知照类	公告,通告,通知,通报,函,公报
		事务文书	管理类	申论,调查报告,计划,总结,简报
			规章类	条例,规定,办法,章程,制度,公约
			会务类	开幕词,闭幕词,演讲稿,讲话稿,会议报告
			考核类	述职报告,组织鉴定
		司法文书	诉讼类	起诉状,上诉状,申诉状,答辩状,抗诉书,公诉词,辩护词
			协调类	调解书
			仲裁类	仲裁协议书,仲裁申请书
			公证类	公证书,遗嘱
	经济文体	财经文书	协议类	协议书,合同,备忘录
			报告类	项目建议书,可行性研究报告,经济预测报告,经济活动分析报告,纳税检查报告,审计报告,质量检查报告
		商贸文书	商品类	商标,商业广告,商品说明书
			市场类	招标书,投标书,市场调查报告,市场预测报告
			商函类	催款书,催货书,索赔书,索货书,理赔书,拒赔书
	文化文体	科教文书	科技类	科技论文,科技报告,科技申请书,科普说明文
			教学类	教学大纲,教案
		传播文书	新闻类	消息,通讯,新闻特写,新闻评论,广播电视新闻稿
			编务类	序,跋,凡例,发刊词,卷首语,选题报告,编辑小结
			告启类	简介,海报,启事,声明
		日常文书	书信类	申请书,私信,公开信,慰问信,感谢信,介绍信,证明信,求职信,英文书信
			条据类	请假条,便条,借条,收条
			笔记类	日记,读书笔记
		礼仪文书	聘邀类	聘书,邀请函,请柬
			交往类	欢迎词,欢送词,答谢词
			庆贺类	祝词,贺词
			哀祭类	讣告,悼词,唁词
			联帖类	对联,题词

（二）针对性

读者的针对性是指应用文有具体、明确的接受对象。应用文的各个文种都有特定的读者对象，并非给所有人看的。例如，商业广告是针对特定的消费者而写的，经济合同是针对双方当事人而写的，聘书是针对被聘请者而写的，请示是针对上级领导而写的。应用文要取得特定的现实功效，必须考虑是针对谁而写的。只有搞清了接受对象，写作时才不至于对牛弹琴。为此，必须了解什么样的内容应该选用什么样的文种，熟悉各种应用文体的读者对象。

（三）时效性

作用的时效性是指应用文只适用于一定的时间范围内。应用文是为了处理事务、交流信息、解决问题而写的，往往只在一定的时间内起作用。例如，中共中央办公厅、国务院办公厅2012年4月16日修订的《党政机关公文处理工作条例》的"附则"中规定："本条例自2012年7月1日起施行。1996年5月3日中共中央办公厅发布的《中国共产党机关公文处理条例》和2000年8月24日国务院发布的《国家行政机关公文处理办法》停止执行。"应用文的时效性要求有时间上的保证，快写、快发、快办，不允许拖延时日。

（四）模式性

结构的模式性是指应用文的结构具有固定的格式。从结构上说，应用文大都包括以下几部分：标题、受文者、正文、发文者、发文日期。其书写位置、用语等方面，都有固定的、严格的要求。

应用文结构的模式性不仅是现代化管理工作的需要，也是传递和储存信息、资料的需要，更是提高工作效率的需要。由于应用文的结构具有模式性的特点，不像文学体裁那样自由灵活，因此写作时就要遵循一定的格式和要求。

（五）简明性

表达的简明性是指应用文的表达简洁明了。语言朴实，文字简约，用词精当，概念明确，阐述清晰，篇幅短小，是应用文表达上所追求的。只有表达得简洁明了，才能实现应用文快捷实用的现实功效。冗长的报告只能使人昏昏欲睡；一份上万言的紧急通知只能延误办事时间。应用文的简明性要求我们在写作时要做到字斟句酌，惜墨如金，简明扼要，不说废话。

三、应用文的作用

应用文的使用范围极为广泛，涉及社会生活的各个领域，因此其作用也是非常广泛而明确的。应用文的作用主要有管理事务、规范行为、通报情况、作为凭据、教育群众。

(一) 管理事务

应用文不仅是国家政府和政党实施领导的工具,而且是其方针、政策具体化的书面形式。不少应用文都是管理事务所必需的,小自单位小事,大至国家大事。党政公文中的下行文,大都具有管理事务的作用。例如《国务院关于扩大中小学教材出版发行招标投标试点有关问题的批复》(国函〔2005〕15号)就是指导、管理性的应用文,对下级机关阐明了工作的原则。

(二) 规范行为

应用文中有相当一部分具有规范行为的作用。命令(令)、决定、规章类文书,是根据宪法和法律条文的要求制定的,在一定范围、一定时间内,规定了人们行为的准则。一经发布,必须执行,不能违反。这类应用文对于人们该干什么、不该干什么,在什么时间、什么范围、什么问题上干到什么程度,都有明确而具体的规定。例如,《中华人民共和国国库券条例》就对国库券的筹集、发行、抵押、转让和偿还等问题提出了具体要求。

(三) 通报情况

指挥性应用文、知照性应用文、报请性应用文、规范性应用文、宣传性应用文、资料性应用文,无论接受对象是上级,还是下级、平级,都有一个共同特点,都有通报情况的作用,都是把情况告诉给对方,让对方知晓。例如,《中共中央关于印发〈公民道德建设实施纲要〉的通知》是把公民道德建设实施的要求通报给党、政、军各党组,让大家有所准备;会议简报是把会议情况通报给有关人员。

(四) 作为凭据

应用文作为各级单位和个人之间互通信息的一种工具,本身就具有凭据的作用。党政公文不仅是上级机关制定政策、方针、计划或作出决定、规定、决策的重要依据,也是下级机关开展工作、处理问题的重要依据。经济合同、协议书一旦签订,当事人双方都得遵照执行。介绍信、证明信是证明持信人身份的凭据。借条、领条和收据是当事人借走、领取或归还钱物的凭据。"白纸黑字""口说无凭,立此为据"正可以说明应用文有作为凭据的作用。

(五) 教育群众

有些应用文,可以对读者产生潜移默化的影响,从而起到教育作用。特别是法规性文书,对群众具有强大的教育作用。例如,关于打击犯罪分子的通告,就具有震慑作用;批评性通报,对读者具有警惕作用;规章类文书提出的具体的行为规范,对群众的行为产生制约作用的同时,也具有教育群众的作用。

第二节 写作者的素养

应用文写作者应该具备的素养,可以概括为"一种水平、两类知识、三项能力、四套方法"。"一种水平"是指理论政策水平;"两类知识"是指广博的专业知识,应用文体的知识;"三项能力"是指分析和综合能力、归纳和演绎能力、语言的表达能力;"四套方法"是指掌握基本理论,注重调查研究,多读名篇佳作,反复练笔实践。

一、水平方面的要求

应用文写作者应该具备较高的理论修养、政策水平。

较深的理论修养和较高的政策水平,是应用文写作者必须具备的素养之一。写作者要认真学习辩证唯物主义和历史唯物主义,领会党和国家的各项方针、政策,以加强理论修养,提高政策水平。政策是党和国家在一定历史时期为了贯彻某种路线和完成某项任务而制定的行动准则,写作者只有努力学习,深入领会,才能写好应用文,才能保证它在实践中得到贯彻落实。写作者的理论修养越深,政策水平越高,认识和分析问题的能力就越强,在调查研究、搜集和运用材料的时候就越得心应手,应用文的写作能力也就越强。

例如,经济合同的写作和签订必须符合党和国家的政策和法律,如有违反,则属无效合同。即使当事人双方都签了字,也不具有法律效力,得不到法律的保护。只有符合国家政策和法律的合同,才能得到法律的保护。当一方当事人不履行合同或违反合同时,另一方有权要求对方承担违约责任。

要具备较深的理论修养和较高的政策水平,首先,要努力学习马列主义、毛泽东思想、邓小平理论、"三个代表"重要思想和科学发展观,认真领会党和国家的路线、方针、政策,深入了解有关的法律、法令、法规,这样才能以科学的理论去指导实践,最大限度地减少工作中的失误。其次,要有高度的责任感,有了责任感,才能自觉地维护国家和人民的利益。

二、知识方面的要求

(一)广博的专业知识

应用文写作的内容往往涉及社会的各行各业,这就要求写作者应当具有广博的知识,否则就会捉襟见肘,力不从心,不能写出正确反映社会生活实际的文章。

首先,应该努力掌握相应的专业知识。在写作中根据实际情况和具体要求,准确地运用专业概念、术语和专业常识，不仅可以发挥应用文的实际功效，而且可以避免由于外行的表述而贻笑大方。

其次，应该广泛涉猎各行各业的知识。例如，马克思主义的基本理论知识、哲学知识、经济知识、法律知识、历史知识、办公自动化知识、数理化知识、天文知识、地理知识、生物知识、工程技术知识等。只有广泛浏览，多方涉猎，写起文章来才能左右逢源，得心应手。

（二）应用文体的知识

应用文体知识，包括应用文体的概念、特征、种类，写作的对象、格式、方法、要求，应用文主题的确立、材料的选择、结构的安排、语言的组织等。理论对于实践具有巨大的指导作用。要写出符合实际、质量较高的应用文，必须学习写作的有关理论知识，掌握写作的基本特点和规律。只有了解和掌握必要的应用文体知识，才能把应用写作与其他性质的写作区别开来，才能把各种应用文体区别开来。

三、能力方面的要求

（一）分析和综合能力

分析，是把事物的整体分解为部分，把复杂的事物分解为简单的要素，把完整的过程分解为阶段或环节来加以分别考察和研究的思维方法。例如，党政公文、工作总结、调查报告、经济预测就常常进行诸如性质、数量、因果、条件、是非、利弊、现实、历史、发展趋势等各种各样的分析。只有具备必要的分析能力，才能深入地认识事物的本质。如果缺乏分析能力或仅仅停留在对事物表面现象的罗列和说明上，就难以写出具有现实功效的文章来。

综合，是把事物被分解的各个部分重新整合为一个整体，使事物的本质体现在各个部分中的思维方法。事物的被分解的各个部分，舍弃了那些非本质的东西，获得了一些单纯的性质。这些性质都只能反映对象的一个侧面或一种关系，无法取得关于对象的全面认识，必须对它们进行重整，以揭示这些性质之间的关系，从而使对象作为整体在思维中再现出来。

分析和综合是认识事物本质的一对思维方法。分析是通过分解认识对象，从认识现象到认识本质；综合则是通过重整对象的要素，从认识对象的本质到认识对象的整体。在应用文写作中，自觉地运用分析和综合的思维方法，有利于使文章具有深刻性和现实性。

（二）归纳和演绎能力

归纳，是从许多同类的个别或特殊的事物中概括出一般原则的思维方法。例如，写工作总结，就必须从个别到一般、从特殊到普遍、从材料到观点、从实践到理论，对经验进行归纳，从中概括出具有典型性、普遍性、理论性、指导性的观点。

演绎，是从一般的原则出发推出关于特殊或个别事物的思维方法。在应用文写作中，怎样根据理论观点来理解和解释事实材料，怎样树立典型、指导实践，都离不开演绎能力。如果缺乏演绎能力，就难以用理论来指导实践，就可能迷失在材料中，抓不住头绪。

归纳和演绎这对思维方法是互相联系、互相补充的。应该把它们作为对立统一的方法来应用，而不应该把它们割裂开来，否则就可能犯片面性的错误，陷入形而上学或教条主义的泥坑。

（三）语言的表达能力

应用文体有自身的特点，对语言表达能力有它自己的要求。写好应用文，需要具备叙述、阐述、说明、概括等语言表达能力。

1. 叙述能力

应用文常常要把某种现象或事实叙述出来，然后再进行分析和阐述，从中抽象概括出某个观点。这种叙述一般是概述，即抓住要点，用简洁的语言对事实做总体性的介绍，而不是像叙事文体那样详尽、细致地叙述。

2. 阐述能力

阐述是运用逻辑性的语言来陈述某种观念、原理或论点的内涵及其联系。它经常与分析或演绎结合在一起。运用分析、综合与归纳、演绎的应用文体，大都离不开阐述性的表达方式。应用文中的阐述要求准确、严密、简洁，一般不大注重思辨色彩和长篇大论。

3. 说明能力

叙述着眼于事物的过程和状态，阐述着眼于事物的性质和联系，而说明着眼于事物的存在和特性。它主要通过不带主观倾向和感情色彩的语言把事物的客观存在揭示出来，使读者在不受外在因素的影响下做出自己的判断。在应用文中，写作者常常只是充当记录人的角色。

4. 概括能力

概括是在对内容进行综合与归纳的基础上，把要点加以高度提炼、浓缩。把要点提炼、浓缩成几句话甚至几个字，易记易说，便于传播。例如"一个中心，两个基本点""三个代表""五讲四美三热爱""八荣八耻"。

四、方法方面的要求

（一）掌握基本理论

理论产生于实践，反过来又指导实践并且接受实践的检验。认真学习应用文写作的基本理论，可以少走弯路，更快地登堂入室。应用文写作的基本理论包括基本原理和文体知识两部分。基本原理部分总结的是应用文各种文体普遍遵循的一般规律，而文体知识部分总结的是不同类型的文体的特殊规律。只有把这两部分结合起来，才能对应用文写作有一个比较完整而全面的认识。

（二）注重调查研究

"没有调查就没有发言权。"不研究就不会明白。正确的认识，科学的方法，只能从实践中来，只能从调查研究中来。许多具有重要指导意义的应用文，都是在充分调查研究的基础上产生的。调查研究是防止主观主义和片面性错误的主要方法。我们写应用文，首先要调查，获得全面、真实的材料；接着是研究，抓住事物的本质、规律和内部联系；然后才能得出正确的结论。

（三）多读名篇佳作

现代应用文是对古代应用文的继承和发展，从古到今，有一大批典范的应用文佳作。多读名篇佳作不仅可以接受名家的思想、文化熏陶，而且可以学习和借鉴他们的逻辑、思维方式，遣词造句、布局谋篇的技巧，同时对训练和培养语感也大有裨益。阅读可以对人产生潜移默化的影响，使人的能力和水平在不知不觉中得到提高。

（四）反复练笔实践

学习应用文写作，关键是完成从知识向能力的转化。而要完成从知识向能力的转化，写作实践是唯一的途径。只有通过写作，对知识的记忆和理解才能加深，知识才能不断地转化为能力。写作是一项综合性很强的实践性活动。反复练笔，可以不断巩固知识，锻炼思维，激发灵感，提高能力。长期坚持下去，写作能力、写作水平必然会不断提高，写作者必然会取得令人满意的成果。

第三节　写作基本原理

一、写作过程

写作过程一般包括准备、构思、起草和修改等主要步骤、阶段。

（一）准备

准备是为了达到目标而在思想和行动方面采取相应措施的过程。

写作准备包括思想理论准备和物质材料准备两个方面。

1. 思想理论准备

思想理论准备指明确写作目的和有关理论政策等。包括了解写作的目的、意图、任务、范围，弄清文章的性质、阅读对象，认真阅读有关文件，明确政策界限等。

2. 物质材料准备

物质材料准备指搜集有关文字材料和实物。可以通过调查、研究、走访等形式获取直接材料，也可以通过报刊、广播、电视、网络等途径获取间接材料。

（二）构思

构思是对文章从内容到形式进行统筹安排、全面规划的过程。

构思包括确立主题、选用材料、安排结构、编写提纲等。

1. 确立主题

有的文章是先有主题、后有材料，而有的文章是先有材料、后有主题。根据材料确定主题，要在充分占有材料的基础上，进一步深化对客观事物及其规律的认识，提炼出高度集中、鲜明的主题。

确立主题要考虑以下因素。

（1）读者与社会的需要，特别是社会实践活动的需要。

（2）作者自身的主客观条件，保证写作主题切实可行。

（3）主题必须与文体或媒体相结合。

2. 选用材料

确立主题之后，要围绕主题选用材料。要选择真实、典型、新颖的材料，材料要丰富、多样。在充分占有材料的基础上，根据文体的特点、作用，对材料进行定位分析，围绕主题对材料进行精心的选择、剪裁和安排。

3. 安排结构

结构是文章的骨架、格局。安排结构即布局，就是对文章的段落层次、开头结尾、过渡照应、起承转合等进行全面规划和统筹安排。安排结构前首先要理清思路，还要根据不同文体进行编排设计。

4. 编写提纲

编写提纲是把构思的成果以书面形式固定下来。提纲的编写从整体到局部，从粗到细，从章到节再到层，每层次还可以列出关键词语和主要材料。编写提纲要随想随记，不断调整、修改和深化。

（三）起草

起草是作者把自己的整体构思写成文章初稿，把无形的思想变成有形的成品的过程。

起草是写作中很重要、很关键的一步。起草的成功与否，基本上决定了整个写作过程的成功与失败。

起草要注意以下几点。

（1）最好一气呵成，但也可以各个击破。一气呵成可以使文气贯通，前后一致，不容易出现斧凿的痕迹。但是，必要时可以先化整为零，再拼凑连接。对于长篇文章，可以采取各个击破的策略，根据先易后难的原则，分别充实各章节内容。

（2）遵循提纲但又不囿于提纲。大致按照提纲去写，不至于离题太远，不着边际。但是，在写作过程中常常会冒出一些新的想法，发现提纲中的一些问题。这时要根据实际需要对提纲加以修改、补充和完善。

（3）写不出时不要勉强去写。在写作过程中，由于材料不充分、构思不成熟、缺乏激情或灵感、一时找不到恰当的语句等原因，有时会出现写不下去的情况。这时最好立即停下来，做一些必要的准备工作，等到时机成熟时再写。

（四）修改

修改是对初稿从内容到形式各方面进行加工、完善直至定稿的过程。

1. 修改的重要性

修改是写作的组成部分和重要环节。对初稿进行反复修改，是定稿之前必须完成的一项重要任务。通过修改，不仅可以发现文字表达上的不足，还可以检验文中所述内容与实际情况是否相符。应用文的修改，不仅是提高写作能力的一条重要途径，而且是提高处理日常事务能力的一条重要途径。

2. 修改的范围

修改的范围涉及文章的内容和形式，包括完善标题、突出主题、增删材料、调整结构、锤炼语言、修饰文面等各个方面。

（1）内容方面。文章的思想内容是决定文章成败优劣的关键。修改文章首先应该从内容上着眼，检查标题是否恰当、简明，观点是否正确、深刻，材料是否精当、典型，材料与主题是否统一等。具体说来，文章内容方面可能存在以下问题。

① 标题所指范围过大或过小，正文与标题不吻合。

② 观点不明确、不深刻，主题平庸，缺乏积极的教育意义。

③ 材料陈旧、平淡、不真实、不典型，不能有力地说明观点或表现主题。

④ 内容杂乱，概念模糊，判断失误，推理、论证不合乎逻辑。

⑤ 引文不当，曲解原意，或与主题没有关系。

（2）形式方面。好的内容要有完美的表现形式。修改文章还应该从形式上着眼，检查结构是否合理、和谐，语言是否得体、严谨，文面是否规范、标准等。具体地说，文章形式方面的缺陷包括以下各项。

① 结构不完整，不严谨，甚至散乱。

② 层次、段落、过渡、照应、开头、结尾等不恰当。
③ 叙述、说明、议论、描写、抒情等不合乎文体或内容要求。
④ 字、词、句运用不当或有错误，写法不正确，不合乎语法规范或修辞要求。
⑤ 标点符号使用不规范或不合乎要求。
⑥ 文章格式不标准或不合乎要求。

3. 修改的原则和方法

修改文章，一般采用以下原则和方法。

（1）通观全局，从粗到细。首先要从整体着眼，考察文章内容与形式是否相符，是否体现了写作意图；其次再深入到次要方面，考察主题是否明确，材料是否典型，结构是否和谐，语言是否得体，文面是否标准等。

（2）区别对待不同文种。文种不同，写作要求就不同。要看清对象，对症下药，不能千篇一律，张冠李戴。

二、写作要素

主题、材料、结构和语言是写作的基本要素。主题犹如灵魂，材料就像血肉，结构好比骨骼，语言恰似细胞。确立主题是为了"言之有理"，选用材料是为了"言之有物"，安排结构是为了"言之有序"，组织语言是为了"言之有文"。

（一）主题

1. 主题的含义

主题是作者通过文章内容所表达出来的基本观点或中心思想。

应用文的主题与文学体裁的主题有所不同。文学体裁的主题来源于生活实践，是写作主体对客观社会的感应；应用文的主题主要是上级领导部门布置下来的，有较强的客体意识。文学体裁的主题大多是含蓄的；应用文的主题大多是显露的。文学体裁的主题常常借助对艺术形象的塑造或对事物的描绘来表现；应用文的主题常常通过事实材料来表现。

主题是文章的核心、灵魂和统帅，确立主题非常重要。

2. 确立主题的原则

（1）必须实事求是，以客观事实为基础。应用文写作是出于客观现实的需要，因此必须真实。作者通过对调查得来的客观材料进行分析和研究，从感性认识上升到理性认识，形成正确的观点和主张，从而确立应用文的主题。

（2）必须反映写作目的。应用文写作是为了解决问题，在起草之前要考虑达到什么目的、起到什么作用，这样才能确立正确的主题。

（3）必须有的放矢。要考虑接受对象，针对不同的对象，讲述不同的内容，采用不同的语气，这样才能收到好的效果。

3. 确立主题的方法

（1）深入挖掘本质。要对占有的感性材料进行去粗取精、去伪存真、由此及彼、由表及里的整理、加工，从感性认识上升到理性认识，从现象抽象出本质。

（2）选取最佳角度。要考虑怎样才能达到预期的效果。为了取得理想的效果，必须选取最佳的角度。如果以前已经写过类似主题的应用文，要注意变换角度，给人以新鲜感，这样才能让人容易接受。

（3）体现时代精神。要通观全局，紧跟时代步伐，正确地、全面地体现党的路线、方针、政策，回答人民群众最迫切、最关心的问题。

4. 确立主题的要求

确立主题，要做到明确、集中、新颖、深刻。

（1）明确。就是表达要明白、确切。提倡什么，反对什么，应该怎样做，不应该怎样做，态度都要鲜明。要做到主题明确，应该注意三点：一是要鲜明地阐述党和国家的路线、方针、政策、法规；二是要直接表达作者的意图；三是要提出明确、具体的意见与办法。

（2）集中。就是只能有一个基本观点、一个主要意图。只能一文一事，不能一文多事。要做到主题集中，也要注意三点：一是在动笔之前确立好主题；二是选择材料时紧紧围绕主题；三是起草文章时详略得当、重点突出。

（3）新颖。就是有特色、不落俗套，"人人胸中皆有，人人笔下皆无"。要做到主题新颖，应该注意两点：一是独辟蹊径，发他人所未发；二是深入挖掘，追求更高的境界。

（4）深刻。就是透过现象抓住本质，揭示事物深远的思想意义和丰富的内涵。要做到主题深刻，应该注意两点：一是仔细观察，反复思考；二是变换角度，深入研究。

（二）材料

1. 材料的含义

材料是作者为了某种写作目的从学习、工作和生活中搜集、写入文章的一系列事实或论据。

材料与素材、题材、事实有区别。事实是客观存在的实际情况，只有写入文章的事实才能称为材料。材料一般用于文章体裁，素材、题材一般用于文学体裁。素材是指作家从现实生活中搜集、积累起来的没加工过的原始材料。题材是指作家对素材经过选择、取舍、剪裁而写进作品、构成作品内容的一组完整的生活现象。

材料是提炼、形成主题的基础，是表现、深化主题的支柱。要注意材料的积累（搜集、整理）、选择和使用（剪裁、加工）。

2. 积累材料的内容

应用文材料的积累，涉及现实生活的各个领域。具体包括以下几个方面：党和国家的路线、方针、政策、法规；上级下达的任务、意见等；本单位、本部门的各种文件，如计划、统计报表等；本单位、本部门群众的反映；有关行业和单位的情况；新闻媒介传播的信息。

3．积累材料的方法

积累材料的方法有观察、体验、调查、查阅。

（1）观察。观察是认识事物的基础，是积累材料的一项基本功。起草文章之前，写作者可以首先确定观察目的，然后按照既定意图，对周围事物进行周密、系统的观察，以获取感性材料。

（2）体验。带着明确的方向、目的，深入生活实践，留心周围的人和事，体验各种各样的生活，也是写作者获取材料的一种有效途径。

（3）调查。"没有调查就没有发言权。"闭门造车、冥思苦想是无济于事的，要想获得第一手材料，获取真实的信息，必须深入社会生活这一取之不尽、用之不竭的源泉。

（4）查阅。亲自观察、体验和调查有时会受到时间、空间等方面的限制，可以利用图书馆、个人藏书、互联网或其他条件，去摘录文献或进行网上查询，以获取所需材料。

4．选择材料的要求

选择材料，要做到切题、真实、典型、新颖。

（1）切题。指材料的相关性。被选取的材料必须在主题所能驾驭和支配的范围之内。要根据主题的需要选取材料，凡是与主题有关、能够表现主题的材料就选取，否则就舍弃。

（2）真实。指材料的存在性。真实而确凿的材料是使文章有说服力和感染力的保证。真实性直接关系到党和国家的方针、政策的正确表达和有效地贯彻、执行，关系到工作效率的提高。真实是每一个写作者都必须遵守的法则。

（3）典型。指材料的代表性。典型性是具体的、个别的，富有鲜明、独特的个性，同时又最能体现同类事物的本质特征和普遍意义。它是个性和共性的统一，是具体性与普遍性的融合。只有典型的材料，才能说明事物的本质；只有典型的材料，才具有深刻的社会意义。

（4）新颖。指材料的罕用性。罕用性材料包括新近发生、新近发现、鲜为人知、具有新意的材料。只有新颖的材料，才更具有可读性和感染力。

5．使用材料的原则

使用材料，要分清主次、注意详略、区分体裁、科学组合。

（1）分清主次。直接而深刻地表现主题的材料，是"点"，在文章中处于主导地位，起着主要作用，是主要材料。辅助、说明、烘托和陪衬主题的材料，是"面"，处于从属地位，起着次要作用，是次要材料。

（2）注意详略。主要材料、核心材料、读者生疏和难以把握的材料要写得详尽，次要材料、辅助材料、读者熟悉和容易接受的材料要写得简略。

（3）区分体裁。不同的文章体裁，使用材料有不同的特点。记叙文以叙述性、描写性的材料为主，议论文以议论性的材料为主，说明文以说明性、描写性的材料为主，各有侧重。

（4）科学组合。点面组合，正反组合，整体与局部组合，主题与背景组合，数据与文字组合，各种材料相辅相成，相得益彰。

（三）结构

1. 结构的含义

结构，指文章的组织构造，是文章的表现形式。

文章的结构如何，直接影响到表达效果。结构得法，才会使文章主题鲜明突出，层次清楚，承接自然，前后呼应，使整篇文章显得完整、严谨、自然、和谐。

2. 安排结构的原则

（1）服从表现主题的需要。主题是文章的灵魂，是文章的纲。结构是文章的骨骼，是文章的目。结构形式可以多种多样，但是安排结构要利于突出文章的主题，这样才能做到"纲举目张"，否则就不能形成严密、统一的文章。

（2）适应不同文种的特点。不同的文种有不同的结构特点，反映生活的角度、方法也各不相同，不同的文种对结构也就有不同的要求。安排结构要区别对待，以适应不同文种的特点。

3. 安排结构的基本内容

安排结构的基本内容包括层次和段落、过渡和照应、开头和结尾。

（1）层次和段落。层次，是文章思想内容的表现次序，也称意义段、结构段。段落，是按照层次划分出来的文章的基本单位，又称自然段。

层次和段落既有联系又有区别。有时一个段落正好反映一个层次，但是一般而言，层次大于段落，即由几个段落组成一个层次。层次清楚，段落分明，是文章结构最基本的要求。

① 层次常见的表现形式有总分式、递进式、并列式。

- 总分式。总述部分交代事物的概况、揭示事物的本质，分述部分分项列举、具体阐述。总分式使人既能通观全局，又能把握要点。
- 递进式。一层更进一层地阐述，既使各层次之间步步跃进、逐渐深入，又使各环节之间环环相扣、逻辑严密。
- 并列式。各层次之间分项交代，既具有各自的相对独立性，又从不同角度共同说明主题。

② 段落写作注意事项。段落写作要注意意义单一、内容完整、长短适度。

- 意义单一。即每一段只能集中表达一个中心意思。一段不论由多少句子组成，所表达的意思必须是统一的，必须为表达这一段的主旨服务。
- 内容完整。即每一段都表达一个完整的意思。一段不论长短，都应该把一个意思表达完，而不要把一个完整的意思分成几个段落来表述。
- 长短适度。即每一段不能过长或过短。过长会让人难以把握，过短则显得支离破碎。

（2）过渡和照应。过渡，是文章的段落与段落、层次与层次之间的连接、转换的方式。作用是承上启下。形式有过渡词语、过渡句、过渡段。

照应，是文章前后内容上的关照、呼应。作用是使所表述的事情得到补充、强调。形式有首尾照应、文题照应、前后照应。

有了过渡和照应，文章才能衔接自然，前后连贯，思路彰明，结构严谨。

（3）开头和结尾。应用文开头的要求是：第一，要简洁，直接触及文章主题或主要内容，不要来回绕圈，设置悬念；第二，要鲜明，即把问题明确地提出来，使读者很快理解文章的意图。

应用文结尾的要求是：第一，要有力，收束全篇，完成主题；第二，要简洁，不拖沓。

4. 安排结构的要求

安排结构，要做到自然、完整、和谐、严谨。

（1）自然。它是指行止自如，顺理成章，没有矫揉造作、人工雕琢、牵强附会的毛病。

（2）完整。它是指首尾圆合，线索连贯，没有缺头少尾、七零八落、残缺不全的毛病。

（3）和谐。它是指段落、层次的划分适度，搭配适当，没有比例失调、前后割裂的毛病。

（4）严谨。它是指材料组织紧密，主旨严密，结构精严细密，无懈可击，没有颠三倒四、顾此失彼的毛病。

结构层次较多时，通常使用的序数依次是"一、/（一）/1./（1）/①"。文章过长时，前面还可以加上"1/1.1/1.1.1……"。

（四）语言

1. 应用语体的特点

语体是指在使用语言时，由于语言环境不同而形成的各具特点的语言体系。应用语体以实用为目的，这决定了它在词汇、语法等方面的一系列特点，并形成准确、平实、明快、庄重、简洁的语言风格。

（1）词汇上的特点，主要有如下几点。

① 运用书面词语。有许多文种属于规范性文种，大量运用书面词语，少用口语词、方言词及土语词，能显示这些文种庄重的色彩，体现其严肃性。大量运用词语精确限定的意义和直接意义，少用或不用带有象征、比喻等意义的描绘性、情感性词语，能减少主观理解的成分，避免歧义的产生。

② 选用专用词语。专用词语一般都有明确的事务含义，如"批转""审核""任免"等。准确选用专用词语有助于表情达意的简洁、明快，言简意赅。

③ 沿用文言词语。有些文种的词语的使用在一定程度上受到了古汉语的影响。沿用古汉语中的一些文言词语，如"为荷""兹""欣逢"等，常常能起到文约意丰的作用。

（2）语法上的特点，主要有如下几方面。

① 动词性宾语被大量运用。有些动词，如"严禁""禁止""主张""给予""予以"，可以带动词性宾语，例如"分别予以教育、警告、罚款、行政拘留直至追究刑事责任""严禁走私和投机倒把"。动词性宾语几项并列并按一定逻辑关系排列，意义上逐步推进而又叙述全面。

② "的"字短语被特殊使用。应用文中的"的"字短语一般指带有贬义的事物或被贬的人，褒贬分明而又表达简明。例如，"情节严重拒不交代的"，"违反规定私自出售的"。

③ 介词短语异常活跃。应用文除了标题中常常使用介词短语以外，正文中也经常使用介词短语，如"关于""对于""为了""按照"。介词短语对叙述的内容进行修饰、限定，使得表达的意义明确、严密、完整。

④ 联合短语比较普遍。联合短语按照一定的逻辑顺序排列，作为一个整体出现在句子中，罗列详细而又用词简洁。例如，"严禁食品在生产、加工、包装、运输、存储、销售过程中的污染""工厂、企业、机关、学校、村组部有责任积极宣传关于禁止赌博的法律法令"。

2. 组织语言的要求

组织语言，要做到准确、简明、流畅、生动。

（1）准确。所谓准确，就是表达的内容恰当、贴切，确定无疑。要用词规范，合乎语法，合乎事理，不能模棱两可，似是而非。

（2）简明。所谓简明，就是表达简洁、明白，言简意赅，文约意丰。要抓住要领，一语中的，不能含混、晦涩，废话连篇。

（3）流畅。所谓流畅，就是遣词造句熟练、通畅，得心应手。要文脉贯通，一气呵成，不能七拼八凑，露出斧凿痕迹。

（4）生动。所谓生动，就是语句形象、逼真，具体可感。要使用具象描述的语言、多样的句式或新颖的修辞等，凸现情景或事物的特征、本质，让人如临其境，豁然领会。

三、表达方式

表达方式是作者在写作中使用的语言组合样式。叙述、说明、议论、描写和抒情是写作中五种基本的表达方式。它们适用于不同的表达目的和表达内容。应用文的表达方式，以叙述、说明和议论为主。

(一) 叙述

叙述是对人物活动与事件经过作一般性的表述和交代。

1. 叙述的作用

（1）介绍人物经历和事迹。通过对人物的身世、经历、事迹等的介绍，让读者对所写的人物有一个全面的、概括的认识。

（2）叙述事件演变的过程。通过交代事件的过程和结局，揭示其发展、变化的原因，探究事物的内在联系，让读者从整体上把握事物的本质。

（3）为议论说理提供论据。议论的论据，主要靠叙述提供事实材料。论点确定了叙述的方向，对作为论据的事实材料的叙述，要受论点的支配。

（4）为介绍说明提供途径。对解说对象的一般交代，对有关情况来龙去脉的介绍，也要使用叙述。

2. 叙述的人称

叙述要有主体，就是由谁来叙述。叙述的人称，就是作者认识事物和表现事物的角度与立足点，通常有第一人称和第三人称。

（1）第一人称。第一人称就是作者在文章中以当事人或者目击者的身份出现，以"我"或者"我们"的口吻来叙述。日记、书信等使用第一人称，其中的"我"就是作者本人。不是讲述自身经历的作品也使用第一人称，其中的"我"不是作者本人，而是作品里的一个人物。使用第一人称，便于与读者沟通感情，易于直接抒发感情和发表议论，使人觉得真实、亲切。不过，作者的叙述要受到时间和空间的局限，不便于写别人的心理活动。

（2）第三人称。第三人称就是作者在文章中以局外人的身份出现，以"他"或者"他们"的口吻来叙述。第三人称叙述是作者站在比较客观的立场上的叙述。使用第三人称，能够在广阔的时间和空间范围内反映人物和事件，表现复杂的矛盾和斗争，但是缺乏亲切感，不便于直接表情达意。

3. 叙述的方式

（1）顺叙。以事件发生、发展的时间先后为序来叙述，符合客观事物的本来面目，次序井然，便于作者组织材料，易于读者接受和理解，但是容易罗列现象，平铺直叙，缺少波澜，平淡乏味。例如，安徒生的《皇帝的新装》按照皇帝爱新装、做新装、试新装、穿新装等情节依次展开，有条不紊。

（2）倒叙。把事件的结局或最突出的片段提前，再回到事件发生、发展的自然顺序来叙述，行文富于变化，可以突出主要内容，便于设置悬念，吸引读者，但是容易脉络不清，头绪混乱。例如，莫泊桑的《项链》先写玛蒂尔德与让娜不期而遇，让娜已经认不出经历十年沧桑的玛蒂尔德，接着按照玛蒂尔德借项链、丢项链、还项链的顺序进行回忆。

（3）插叙。在叙述过程中暂时中断主线而插入有关的人或事，可以加大容量，使行文富于变化,做到主题突出,内容充实,事件完整,人物丰富,有断有续,有张有弛,但是容易节外生枝,喧宾夺主。例如,鲁迅的《故乡》写"我"回到故乡时见到故乡萧条的景象,回想起了记忆中美好的故乡和勇敢的少年闰土,接着插入了少年时代与闰土的友谊的片段。

(4)补叙。对事件发展过程中的某个重要片段作补充交代,可以使事件更加完整,但是容易画蛇添足。例如,汉朝司马迁的《史记·陈涉世家》叙述陈胜、吴广制造"大楚兴,陈胜王"的事件后补叙道:"吴广素爱人,士卒多为用者。"

大多数应用文比较注重顺叙和概叙。概叙是对事物的发展过程所作的概括叙述。概叙反映事物的基本面貌,给人以整体的认识,并且能够较快地推进情节的展开,避免啰唆、冗长。

4. 叙述的要求

叙述的要求,一是线索分明,交代清楚;二是详略得当,重点突出。

(1)线索分明,交代清楚。线索是贯穿文章材料、推进情节发展的脉络。只有线索分明,才能条理清楚,次序井然。叙述时,或以时间为线索,或以空间为线索,或以人物为线索,或以事物为线索,或以事件为线索;复杂的事物可以有单线或复线,明线或暗线。叙述时还要把叙述的六要素(时间、地点、人物、事件的原因、经过和结果)讲清楚。六要素不一定俱全,应根据需要选择使用,一般在不影响读者的理解和接受时可以省略。

(2)详略得当,重点突出。对于人物或事件,凡是能够深刻地表现主题的地方,就是重要之处,就要详细叙述。这样才能有所侧重,突出重点。对于次要的地方,则要略写,否则就会轻重倒置,影响主题的表达。

(二)说明

说明,是作者对人物、事物或事理所作的介绍和解说。

1. 说明的作用

(1)解释概念、原理。说明常用诠释的方法解释概念、原理,使抽象的概念、原理具体化、通俗化。应用文中的说明经常用来阐释概念,解说名词,诠释原理,解释政策、法规,说明知照事项等。

(2)介绍人物、事物。说明也可以用来介绍人物的身份和事物的形状、性质、特点、构造、功能等。应用文中的说明经常用来交代有关人员的基本情况,介绍产品知识,表达心中的意愿等。

(3)交代历史背景。说明还可以用于交代历史背景。应用文中的新闻常常用说明来交代事情发生的历史背景。

2. 说明的方法

说明的方法很多,经常使用的有下定义、作诠释、举例子、分类别、打比方、作比较、列数字、画图表、引用等。

（1）下定义。就是通过揭示事物的内涵和外延，指出事物的性质和特点，使一事物与其他事物区别开来。下定义是一种严密、科学的方法，运用时不但语言要严谨、准确，而且常常对所定义的对象给出明确的内涵和外延，即要求说明事物的本质特征、事物的范围和界限。例如，中共中央办公厅、国务院办公厅 2012 年 4 月 16 日修订的《党政机关公文处理工作条例》给党政公文下的定义："党政机关公文是党政机关实施领导、履行职能、处理公务的具有特定效力和规范体式的文书，是传达贯彻党和国家方针政策，公布法规和规章，指导、布置和商洽工作，请示和答复问题，报告、通报和交流情况等的重要工具。"

（2）作诠释。就是对事物的概念、性质、特点、功能、原理等进行详细解释。作诠释可以看作是下定义的具体化，它可以使对事物内涵和外延的解说更加具体、丰富。例如，对心脏功能的说明："身体活动时，组织需要更多的氧气，所以血液就必须供给组织所需的氧气。此时健康的心脏收缩次数增多，另外每次射血量也增多，较平静时增加 10 倍的功率。当心脏患病时，为了送出足量的血液，心脏则需增大代偿性，以保证血液的送出。"

（3）举例子。就是对比较抽象和复杂的事物通过举例加以解释、说明。举例说明要选取具有代表性和说服力的典型事例。例如，华罗庚的《统筹方法》以洗壶、烧水、泡茶的三种不同顺序的不同效率为例把什么是统筹方法说得通俗易懂。

（4）分类别。就是按照一定的标准把被说明对象分成若干种类分别加以解说。分类别可以使头绪分明，条理清楚，既能体现事物的共性，又能体现事物的个性。例如，《食物从何处来》把生物获取食物的途径分为两个：自养和异养。绿色植物都属于自养，所有的动物和大部分微生物都是异养。

（5）打比方。就是抓住事物之间的相似点，用甲事物来说明乙事物。打比方可以把抽象、深奥的事物说得具体、浅显，简洁生动。例如，《地震与地震考古》中对地震的说明："地球内部大致分为地壳、地幔和地核三大部分。整个地球，打个比方，它就像一个鸡蛋，地壳好比是鸡蛋壳，地幔好比是蛋白，地核好比是蛋黄。地震大多数发生在地下 5～30 公里的地壳中。"

（6）作比较。就是把两个事物加以比较，通过比较说明事物的特征。这种比较，既可以是同类事物相比，也可以是异类事物相比。例如，李四光《人类的出现》："根据典型的化石，古人的腿比现代人短，膝稍曲，身矮壮，弯腰曲背；嘴部仍似猿人向前伸出，也没有下巴的突起。所制作的石器比猿人的有很多改进，这说明手部结构有了新的发展，因而更加灵巧。脑量（1350 毫升）比中国猿人的大些，脑子的结构复杂些，具有比猿人更高的智慧。可能已经会取火，能猎获较大的野兽，并用兽皮做简陋的衣服。和猿人相比，古人的劳动范围扩大了，生产力提高了。所有这些情况，都显示古人在发展的进程上比猿人又向前跃进了。"

(7) 列数字。就是运用确凿的数据对事物进行说明的方法。这种方法可以使被说明的事物显得精确,容易把握。例如,对番茄中丰富的维生素和矿物质的说明:"每100克番茄能提供能量11千卡,维生素A 63微克,维生素B 60.06毫克,维生素C 14毫克,维生素E 0.42毫克,胡萝卜素375微克,蛋白质0.9克,脂肪0.2克,碳水化合物3.3克,叶酸5.6微克,膳食纤维1.9克,硫胺素0.02毫克,核黄素0.01毫克,烟酸0.49毫克,钙4毫克,磷24毫克,钾179毫克,钠9.7毫克,碘2.5微克,镁12毫克,铁0.2毫克,锌0.12毫克,铜0.04毫克,锰0.06毫克。"

(8) 画图表。就是把难以用文字语言表述清楚的事物画成图表,使写作受体一目了然的说明方法。图表通常有两种形式:图示和表格。图示直观形象,表格内容醒目、篇幅节省、信息量大。图表具有文字起不到的作用。例如,在北京举办的第29届奥运会上金牌榜前5名用表格表述,如表1-3所示。

表1-3 第29届奥运会金牌榜前5名

名 次	国家或地区	金 牌	银 牌	铜 牌	奖牌总数
1	中国	51	21	28	100
2	美国	36	38	36	110
3	俄罗斯	23	21	28	72
4	英国	19	13	15	47
5	德国	16	10	15	41

(9) 引用。就是援引权威性资料、古籍、名言、诗词等说明事物。引用可以帮助读者理解事物的特征和属性,增强文章的说服力。例如,茅以升的《中国石拱桥》在谈到赵州桥的设计完全合乎科学原理、施工技术更是巧妙绝伦时,引用唐朝的张嘉贞的话说它"制造奇特,人不知其所以为"。

3. 说明的要求

说明的要求是内容科学、表达客观、文字准确。

(1) 内容科学。即准确地揭示事物的本质特征及其发展变化的规律。要了解和熟悉说明对象,科学地解说事物和事理,把握住特点,说对、说准。

(2) 表达客观。即尊重客观实在,真实、准确地反映客观事物的本来面貌,不夸大、不缩小,不歪曲。要站在客观的立场上解说事物,阐明事理,不要把个人的主观意志强加到说明之中。

(3) 文字准确。即把符合真理的东西传达给读者,不允许有任何差错或出入。无论是定义、概念,还是材料、数据,表达上都必须准确无误。

(三) 议论

议论，是作者对事物进行分析和评论，以直接表明自己的观点和态度。

1. 议论的作用

（1）评价人物或事件，点明事物的内涵，使人物情感得到升华，文章主题更加鲜明。

（2）运用概念、判断、推理和证明的思维形式阐明事理。

2. 议论的要素

议论一般由三部分组成，也称为议论的三要素，即论点、论据和论证。应用文中的议论必须根据不同文种的要求，三要素不一定全有。

（1）论点。即作者所要表达的观点、主张、见解或看法。论点是组织材料的依据，是论证的出发点和归宿，起着统率全文的作用。论点有中心论点和分论点之分。中心论点又叫总论点、基本论点，是全文论述的中心，是文章的核心。分论点是总论点的细化，是从总论点中派生出来的，从属于总论点，支撑着总论点，服务于总论点。一般来说，短小的应用文只有中心论点，没有分论点。篇幅较长、内容较多的学术论文、报告等，常常既有总论点，又有分论点。

（2）论据。即作者为了证明论点而引用的材料。论据是议论的基础。论据与论点有着内在的一致性和必然的逻辑性。论点的成立要靠论据来证明，只有论据真实、充分，论点才显得正确、有力。论据包括事实论据和理论论据。事实论据包括社会生活反映出来的实际情况，调查得来的事实、实物，科学实验得到的数据、结果等。理论论据包括国家颁布的法律、法规，政府发布的政策、规定，已经被证实或公认的原理、定理、定律、公式、结论、观点等。

（3）论证。即运用论据证明论点的过程。论证揭示论据和论点之间的内在逻辑联系。论点与论据可以各自独立存在，通过论证，可以把它们联系起来，形成一段完整的议论。应用文通常只是在需要分析论证的地方，采取夹叙夹议的方法，或采取三言两语的方式议论一下，点到为止，不作深入的论证。

3. 论证的方式与方法

（1）论证的方式。论证的方式有两种：立论和驳论。

① 立论。就是对某个问题正面提出自己的见解和主张，并且以确凿的事实和充分的理由，证明自己观点的正确。立论以阐述正确论点为主，即以"立"为主，也叫证明。例如，爱因斯坦的《我的世界观》开头就明白宣告继而论证：人是应当为别人而生存的，首先是为那些其喜悦和健康关系着我们自己的全部幸福的人，然后是为许多虽不相识但他们的命运却通过同情的纽带同我们密切结合在一起的人。

② 驳论。就是通过驳斥别人错误的或反动的思想观点，以表达自己正确的见解和主张。驳论是以对反面论点的驳斥为主的，即以"破"为主的，也叫反驳。常用的驳论方式是反

驳论点、反驳论据和反驳论证。

- 反驳论点。就是对对方的论点加以批驳,证明它是错误的或反动的。例如,韩愈的《马说》:"策之不以其道,食之不能尽其材,鸣之而不能通其意,执策而临之,曰:'天下无马。'呜呼!其真无马耶?其真不知马也。"用相马者的种种不当行为,批驳"天下无马"的错误观点。

- 反驳论据。就是对对方的论据加以反驳,用事实和道理证明它是虚假的、片面的或靠不住的。例如,鲁迅的《友邦惊诧论》:"好个'友邦人士'!日本帝国主义的兵队强占了辽吉,炮轰机关,他们不惊诧;阻断铁路,追炸客车,捕禁官吏,枪毙人民,他们不惊诧;中国国民党统治下的连年内战,空前水灾,卖儿救穷,砍头示众,秘密杀戮,电刑逼供,他们也不惊诧。在学生的请愿中有一点纷扰,他们就惊诧了!"连一些血淋淋的事实他们都不惊诧,学生请愿这样的事情就更不应该惊诧。

- 反驳论证。就是反驳对方的论点与论据之间没有内在的逻辑联系,由论据推不出所要证明的论点。例如:"甲:'儿子总比父亲强。创立相对论的是爱因斯坦,而不是他的父亲。'乙:'这么说来,创立相对论的是爱因斯坦,而不是他的儿子吧?'"爱因斯坦的父亲和儿子都没有创立相对论,不能证明谁比谁强。

(2) 论证的方法。立论常用的论证方法有例证法、归纳法、演绎法、因果法、类比法、对比法、喻证法等。驳论常用的论证方法有反证法、归谬法等。

① 例证法。列举事实证明自己论点的正确或对方论点的荒谬。例如,鲁迅的《论"费厄泼赖"应该缓行》:"他(王金发)捉住了杀害她(秋瑾)的谋主,调集了告密的案卷,要为她报仇。然而终于将那谋主释放了,据说是因为已经成了民国,大家不应该再修旧怨罢。但等到二次革命失败后,王金发却被袁世凯的走狗枪决了,与有力的是他所释放的杀过秋瑾的谋主。"

② 归纳法。通过对若干个别事例的分析概括出一般性的结论。运用归纳法时,不能以偏概全。例如,李斯的《谏逐客书》:"昔穆公求士,西取由余于戎,东得百里奚于宛,迎蹇叔于宋,求邳豹、公孙支于晋。此五子者,不产于秦,而穆公用之,并国二十,遂霸西戎。孝公用商鞅之法,移风易俗,民以殷盛,国以富强,百姓乐用,诸侯亲服,获楚、魏之师,举地千里,至今治强。惠王用张仪之计,拔三川之地,西并巴、蜀,北收上郡,南取汉中,包九夷,制鄢、郢,东据成皋之险,割膏腴之壤,遂散六国之从,使之西面事秦,功施到今。昭王得范雎,废穰侯,逐华阳,强公室,杜私门,蚕食诸侯,使秦成帝业。此四君者,皆以客之功。由此观之,客何负于秦哉!"

③ 演绎法。从一般的道理得出个别的结论。运用演绎法时,前提要科学,推理要正确。例如,毛泽东的《为人民服务》:"人总是要死的,但死的意义有不同。中国古时候有个文学家叫做司马迁的说过:'人固有一死,或重于泰山,或轻于鸿毛。'为人民利益而死,就

比泰山还重;替法西斯卖力,替剥削人民和压迫人民的人去死,就比鸿毛还轻。张思德同志是为人民利益而死的,他的死是比泰山还要重的。"

④ 因果法。通过对原因与结果之间的周密分析来证明论点。运用因果法时,事物之间必须有因果关系。例如,《列子·汤问》:"虽我之死,有子存焉;子又生孙,孙又生子;子又有子,子又有孙;子子孙孙无穷匮也,而山不加增,何苦而不平?"

⑤ 类比法。根据一事物的某特点证明类似事物也具有某一特点。类比的同类事物之间要具有相同点。例如,《战国策·齐策》:"臣诚知不如徐公美。臣之妻私臣,臣之妾畏臣,臣之客欲有求于臣,皆以美于徐公。今齐地方千里,百二十城,宫妇左右莫不私王,朝廷之臣莫不畏王,四境之内莫不有求于王;由此观之,王之蔽甚矣。"

⑥ 对比法。把性质、特征各不相同的事物放在一起对照、比较以使各自的本质特征更加突出。用来对比的事物之间性质必须相反或有别。例如,李斯的《谏逐客书》用秦王对待别国来的物与人的不同态度论述秦王逐客的错误。

⑦ 喻证法。通过打比方来形象说理。喻证法生动活泼,深入浅出。例如,毛泽东的《中国共产党的三大作风》在谈到自我批评时说:"房子是应该经常打扫的,不打扫就会积满了灰尘;脸是应该经常洗的,不洗也就会灰尘满面。我们同志的思想,我们党的工作,也会沾染灰尘的,也应该打扫和洗涤。"

⑧ 反证法。通过证明与对方论点相对立的新论点的正确,达到驳倒对方论点的目的。例如,鲁迅的《中国人失掉自信力了吗》:"我们从古以来,就有埋头苦干的人,有拼命硬干的人,有为民请命的人,有舍身求法的人……虽是等于为帝王将相作家谱的所谓'正史',也往往掩不住他们的光耀,这就是中国的脊梁。"

⑨ 归谬法。先假设对方的错误论点是正确的,并且以此为前提,然后加以合理的引申,得出荒谬的结论,从而证明对方论点的荒谬可笑。例如,鲁迅的《文艺的大众化》:"倘若说,作品愈高,知音越少。那么,推论起来,谁也不懂的东西,就是世界上的绝作了。"

4. 议论的要求

(1)论点正确鲜明。论点正确,才能理直气壮;论点鲜明,才能表明态度。否则,就会底气不足,模棱两可,显得苍白无力。

(2)论据充分可靠。论据充分,才能支撑论点;论据可靠,实事求是,才能令人信服。否则,就难以得出令人信服的结论。

(3)论证合乎逻辑。论证合乎逻辑,推理严密,无懈可击,才能以理服人,才能得出必然的结论。否则,就是强词夺理。

(四)描写

描写,是对人、事物、环境和细节等进行具体、形象和逼真的描绘、摹写,使读者产生如见其人、如临其境的感觉。

1. 描写的作用

（1）表现人物的外貌、言谈、举止和心理。

（2）表现人物活动、事件发展的背景和环境。

（3）表现事物的状态和特征。

描写侧重于对形象的具体、细致的描摹，使读者获得具体、清晰的认识和感受，产生如见其人、如临其境的效果。

2. 描写的种类

描写可以分为人物描写、环境描写和场面描写等。

（1）人物描写，是对人物的肖像、行动、语言和心理等进行的描写。包括肖像描写、行动描写、语言描写、心理描写和细节描写等。

① 肖像描写。是对人物的容貌、服饰、姿态和神情等外部形态特征进行的描写。肖像描写要抓住特征，要把人物的外貌和身份、职业、年龄等结合起来，以揭示人物的性格和内心世界。

② 行动描写。是对人物的动作、行为等进行的描写。行动描写可能比肖像描写更重要，因为动作、行为等更能直接反映人物的性格和内心世界。行动描写要善于捕捉和刻画富有个性化的动作和行为。

③ 语言描写。是对人物的对话、独白和内心独白等进行的描写。语言描写除了能够揭示人物的性格和内心世界以外，还能够表现人物的修养、气质、身份等特征，推动情节的发展，交代背景等。语言要个性化，符合人物身份、年龄、职业、文化修养、心理反应及地域特征等。

④ 心理描写。是对人物的心理、感受、感情、潜意识等进行的描写。心理描写可以由作者从旁边对人物的心理活动给予描述、分析，可以由人物内心独白直接吐露自己的思想，可以在人物回忆往事或憧憬未来时插入人物内心的想法，也可以通过环境烘托等表现人物的内心活动。

⑤ 细节描写。是对人物言行等细小方面进行细致入微的描写。

（2）环境描写，是对自然环境和社会环境等进行的描写。环境描写包括自然环境描写和社会环境描写等。

① 自然环境描写。是对山川河流、日月星辰、花草树木、四季气候等自然景物进行的描写，常常为了表现和衬托人物的思想性格。

② 社会环境描写。是对社会形态、文化风俗、人物关系、生活环境、活动场面等进行的描写。在烘托人物性格和表现主题方面，社会环境描写比自然环境描写更直接、更有力。

（3）场面描写，是把特定的时间和空间里人物在环境中的活动画面勾画出来。常见的场面有生活场面、劳动场面、战斗场面等。

3. 描写的方法

描写的方法主要有白描、细描、正面描写、侧面描写、虚实结合等。

（1）白描。是以简练的笔墨，不加烘托而描绘出鲜明、生动的形象的方法。处理得好，常常可以收到言简意赅的效果。例如，唐朝王维的《山居秋暝》："空山新雨后，天气晚来秋。明月松间照，清泉石上流。竹喧归浣女，莲动下渔舟。随意春芳歇，王孙自可留。"

（2）细描。即工笔，是具体、详尽、精雕、细刻式的描写方法。详尽细致地刻画，淋漓尽致地展现，会给读者留下难忘的印象。例如，清朝曹雪芹的《红楼梦》对贾宝玉的描写："头上戴着束发嵌宝紫金冠，齐眉勒着二龙抢珠金抹额；穿一件二色金百蝶穿花大红箭袖，束着五彩丝攒花结长穗宫绦，外罩石青起花倭缎排穗褂；登着青缎粉底小朝靴。面若中秋之月，色如春晓之花，鬓若刀裁，眉如墨画，面如桃瓣，目若秋波。虽怒时而若笑，即瞋视而有情。项上金螭璎珞，又有一根五色丝绦，系着一块美玉。"

（3）正面描写。是采用正面、直接的方式来表现被描写对象的方法，也叫直接描写。正面描写可以使被描写的对象直接呈现在读者面前。例如，方纪《挥手之间》对赫尔利外貌的描写："车上跳下一个美国人，戴着眼镜，叼着纸烟，衣服特别瘦，特别短，这使他显得脸比胸膛宽，腿有上身的两倍长，这就是所谓美国特使'赫尔利'了。"

（4）侧面描写。是采用侧面、间接的方式来衬托和映照以表现被描写对象的方法，也叫间接描写。侧面描写可以使被描写的对象更加鲜明、突出。例如，老舍的《骆驼祥子》："街上的柳树像病了似的，叶子挂着层灰土在枝上打着卷；枝条一动也懒得动，无精打采地低垂着。马路上一个水点也没有，干巴巴地发着白光。便道上尘土飞起多高，跟天上的灰气联接起来，结成一片毒恶的灰沙阵，烫着行人的脸。处处干燥，处处烫手，处处憋闷，整个老城像烧透了的砖窑，使人喘不过气来。狗趴在地上吐出红舌头，骡马的鼻孔张得特别大，小贩们不敢吆喝，柏油路晒化了，甚至于铺户门前的铜牌好像也要晒化。街上非常寂静，只有铜铁铺里发出使人焦躁的一些单调的丁丁当当。拉车的人们，只要今天还不至于挨饿，就懒得去张罗买卖：有的把车放在有些阴凉的地方，支起车棚，坐在车上打盹儿；有的钻进小茶馆去喝茶；有的根本没有拉出车来，只到街上看看有没有出车的可能。那些拉着买卖的，即使是最漂亮的小伙子，也居然甘于丢脸，不敢再跑，只低着头慢慢地走。"

（5）虚实结合。是把具体的、感性的、正面的、直接的描写和抽象的、理性的、侧面的、间接的描写结合起来的方法。虚实结合可以多角度地描写人或事物，使人或事物更加丰满。例如，老舍的《济南的冬天》："最妙的是下点小雪呀。看吧，山上的矮松越发的青黑，树尖上顶着一髻儿白花，好像日本看护妇。山尖全白了，给蓝天镶上一道银边。山坡上，有的地方雪厚点儿，有的地方草色还露着；这样，一道儿白，一道儿暗黄，给山们穿上一件带水纹的花衣；看着看着，这件花衣好像被风儿吹动，叫你希望看见一点更美的山的肌肤。等到快日落的时候,微黄的阳光斜射在山腰上,那点薄雪好像忽然害了羞,微微露出点粉色。就是下小雪吧,济南是受不住大雪的,那些小山太秀气!"

4. 描写的要求

对描写的要求,一是要明确、具体;二是要生动、形象。

(1) 明确、具体。首先,描写的目的要明确。描写要有明确的目的性,不要为描写而描写。无目的的描写与拙劣的描写效果是一样的,都会损害文章的有机性。描写必须是出于表现主题的需要,描写的对象必须是经过精心选择的,描写笔墨的浓淡粗细必须与事物的整体特征一致。其次,描写的笔触要具体地落到实处。不具体的描写难以使对象活起来。要将描写落到对象的细处,将其形态、特征以细节的方式具体地呈现出来。将笔触落到对象的细节上,是对对象进行具体描写的有效途径。

(2) 生动、形象。首先,描写要生动可感,使读者有如见其人、如临其境的感觉。描写要求新、求异,反对老生常谈、陈词滥调。使用活的语言,要调动比喻、拟人、夸张、联觉等修辞手法,把主观爱憎倾注在描写之中,创造出一种完美、新颖的艺术境界。其次,描写要真切地再现出事物的原始状态。描写人物、事件和环境必须突出特征,在共性中把握个性,这样才能使形象鲜明、突出。大量地运用各种感觉印象,也能使对象真切、形象。

(五) 抒情

抒情,是作品中作者的爱憎等主观感情的表现和抒发。

1. 抒情的作用

(1) 在抒情诗、抒情散文中,抒情起着主要作用,常常用来抒发强烈的感情。

(2) 在小说、记叙文、议论文中,抒情用得比较普遍,经常用来表达作者的主观评价。

(3) 在说明文中,抒情用得较少,一般用于表明作者的看法。

(4) 在应用文中,抒情很少使用,常用来表达作者的主观感受。

事物在作者内心激起的感情及其变化,渗透着作者的主观感情色彩。它在文章中流露出来,从而引起读者的共鸣,增强艺术感染力。

2. 抒情的方式

抒情的方式包括直接抒情和间接抒情。

(1) 直接抒情。直接抒情是直接倾吐内心的激情。往往感情浓郁,一泻千里,势不可挡,具有催人泪下、动人心魄的艺术力量。例如,茹志鹃为悼念茅盾逝世而写的《说迟了的话》:"沈老!茅公!先生!听一听啊!听一听我这笨人说迟了的话。"

(2) 间接抒情。间接抒情是通过叙述、描写、议论等方式进行的抒情。间接抒情可以分为即事缘情、寓情于景和寓情于理等。

① 即事缘情。是因事动情,把情融化在叙述中,使叙述与抒情融为一体,叙述中充满着作者浓郁的主观感情色彩。例如,沈从文的《边城》:"可是到了冬天,那个坍圮了的白

塔，又重新修好了，那个在月下唱歌，使翠翠在睡梦里为歌声把灵魂轻轻浮起的年青人，还不曾回茶峒来。……这个人也许永远不回来了，也许'明天'回来！"

② 寓情于景。是在写景状物时，把情寄寓在景物中，情景交融，借景抒情，景物里包含着作者浓厚的主观感情色彩。例如，冰心的《笑》："雨声渐渐的住了，窗帘后隐隐的透进清光来。推开窗户一看，呀！凉云散了，树叶上的残滴，映着月儿，好似萤光千点，闪闪烁烁的动着。——真没想到苦雨孤灯之后，会有这么一幅清美的图画。"

③ 寓情于理。是在议论时，抒发激昂的感情，把激情融入对事理的议论中，议论中包含着作者强烈的主观感情色彩。例如，杨朔的《荔枝蜜》："我的心不禁一颤：多可爱的小生灵啊，对人无所求，给人的却是极好的东西。蜜蜂是在酿蜜，又是在酿造生活；不是为自己，而是在为人类酿造最甜的生活。蜜蜂是渺小的；蜜蜂却又多么高尚啊！"

3．抒情的要求

对抒情的要求，一是真挚、自然；二是生动、具体。

（1）真挚、自然。情真意切、自然流露才能动人，矫揉造作、虚情假意只能令人作呕。抒情必须建立在叙述、描写、议论等的基础上，是在叙述、描写、议论等之后内心感情的自然流露。抒情要与文章中的事物、事理协调一致，要有助于主题内容的表达，有助于作者、作品人物感情的抒发。

（2）生动、具体。感情是抽象的东西，抒情要防止抽象和空洞。可以采用比喻、拟人、夸张、反复、呼告等修辞手法，化抽象为具体，把抽象的、不易表达的感情写得具体而生动。

第二章 党政公文

第一节 概 述

一、党政公文的含义

党政公文或称机关公文,是中国共产党机关和国家行政机关公务文书的简称。

中共中央办公厅、国务院办公厅在 2012 年 4 月 16 日联合颁布的《党政机关公文处理工作条例》(以下简称《条例》)中规定:"党政机关公文是党政机关实施领导、履行职能、处理公务的具有特定效力和规范体式的文书,是传达贯彻党和国家方针政策,公布法规和规章,指导、布置和商洽工作,请示和答复问题,报告、通报和交流情况等的重要工具。"同时,《条例》还规定了党政公文的种类为 15 种,即决议、决定、命令(令)、公报、公告、通告、意见、通知、通报、报告、请示、批复、议案、函、纪要。

从不同角度,根据不同标准,党政公文可以分为不同的种类,如表 2-1 所示。

表 2-1 党政公文分类

划分标准	种类(名称)
用途、适用范围	命令(令),决定,公告,通告,通知,通报,议案,报告,请示,批复,意见,函,纪要,决议,公报
内容、性质	指挥性公文,报请性公文,知照性公文
行文方向	上行文,平行文,下行文
密级	绝密,机密,秘密,普通公文
紧急程度	特急,急件,平件

二、党政公文的特点

党政公文的特点主要有权威性、法定性、程式性。

(一)权威性

党政公文代表着党、国家和法律所赋予的法定职权,反映和传达发文机关的意图。公文的权威性体现为一种强制性和约束性。上级机关发送的公文具有指挥权,下级机关发送的请示具有要求答复的权力。这种权威性要求受文机关及其有关人员必须遵照执行党政公文，否则就意味着失职或渎职。

（二）法定性

党政公文的作者和内容都是法定的。所谓法定的作者，是指依法成立并能以自己的名义行使权力和承担义务的组织及其领导者。它可以是党政机关、机关部门，也可以是党和国家首长、机关领导人。所谓法定的内容，是指党政公文的内容要合乎国家的方针、政策、法律、法规，代表广大人民群众的意志和根本利益，切合实际。

（三）程式性

为了便于党政公文的传达和处理，推进党政机关公文处理工作科学化、制度化、规范化，提高工作效率，《党政机关公文处理工作条例》和《党政机关公文格式》对党政公文的格式作了统一的规定，任何党政机关、企事业单位和社会团体都必须严格遵守这一规定，不能自行其是。党政公文不仅用纸、装订都有特定的程式，书写格式也有特定的程式，甚至还有专门的习惯用语，如表2-2所示。

表2-2 公文惯用语表

类　别	习　惯　用　语
开头词	根据、据查、据反映、遵照、按照、依照；为了、对于、关于、由于；现接、兹因
引叙词	近接、前接、欣悉、近悉、敬悉、惊悉；业经、现经
称谓词	我部、本厂；你校、贵处；该单位、该同志
期请词	（上对下）请、希、望；（下对上）请、恳请、特请、敬请、请批示、请核示、请回复、请指示；（平行）请、希
过渡词	为此、对此、因此、据此、有鉴于此；综上所述、答复如下、通报如下、会议认为
询问词	当否、可否、是否可行、是否同意；如无不妥、意见如何
表态词	责成、同意、不同意、可行、不可行；照办、迅即办理、业已颁发、现予转发、准予备案
结束词	命令：此令 决定：希即执行、遵照执行 决议：请认真贯彻执行 公告：特此公告、此告 通告：特此通告、此告、专此通告 通知：希遵照办理、希参照执行、希研究执行、希贯彻执行、希准时出席 报告：（呈报性）以上报告，请审查；特此报告、专此报告 　　　（呈转性）以上报告如无不妥，请批转各地执行 请示：当否，请审批；妥否，请核批 批复：此复、特此批复、专此批复 函：特此函达、请复函、特此函复

三、党政公文的作用

(一) 领导和指导作用

党政公文是传达、贯彻党和国家方针、政策的有效工具,不仅上级机关通过它传达工作决策和安排,而且它又是下级机关开展各种公务活动的行动纲领和重要依据。一般来说,直接的上级领导机关的党政公文对下级机关有具体领导的作用,上级业务领导机关的党政公文对下级职能机关起业务指导作用。

(二) 规范和准绳作用

党和国家的各种法规都是以党政公文的形式制定和发布的,这些法规性文件一经颁布生效,便成为全社会的行为规范,成为约束行为的准绳。法规性文件的规范和准绳作用带有强制性,党和国家以强制手段保证它的实施,谁如果违反,就要受到行政处分、经济处罚甚至法律制裁。

(三) 联系和沟通作用

党政公文作为处理行政事务的书面工具,就像一条纽带,把上下级机关之间、平行机关之间、不相隶属机关之间紧密地联系起来。各单位、各部门通过它们上情下达,下情上达,互相交流,互相协商,密切配合,协调一致,使得各项工作有条不紊、卓有成效。

第二节 指 挥 类

指挥类公文是上级机关表达决策意图、指挥下级机关行动而发出的公文,包括命令(令)、决定、批复、意见、纪要和决议六个文种。

一、命令(令)

(一) 命令(令)的特点

命令(令),适用于公布行政法规和规章、宣布施行重大强制性措施、批准授予和晋升衔级、嘉奖有关单位和人员。

命令(令)具有权威性、强制性和严肃性等特点。一经发布,有关机关或人员必须无条件地服从和执行;违抗或延误,都会被追究责任和受到严肃处理。命令(令)的文句简洁、准确,语气坚定、严肃。

（二）命令（令）的种类

根据命令（令）的适用范围，可以把命令（令）分为公布令、行政令、嘉奖令等类型。还有用途特殊的戒严令、特赦令。

1. 公布令

公布令主要用于依照有关法律公布行政法规和规章。在公布令的后面，常常附上法律、法规、条例、制度、规定、办法等的全文。

2. 行政令

行政令主要用于宣布施行重大强制性行政措施。

3. 嘉奖令

嘉奖令主要用于嘉奖有关单位及人员。省级以下机关多用表扬性通报。

（三）命令（令）的写作

命令（令）的结构包括命令标志、令号、正文、签发人、成文日期。

1. 命令标志

命令标志由发文机关全称加"命令"或"令"组成，如《中华人民共和国国务院令》。

2. 令号

令号用"第×号"的形式，它的编制自发第 1 号令开始，不受年度限制，与普通的发文字号不同。

3. 正文

正文部分必须交代清楚命令（令）的具体内容，以便遵照执行。

（1）公布令。由公布对象、公布根据和公布决定构成。

（2）行政令。由发布缘由、命令要求和执行办法构成。

（3）嘉奖令。由嘉奖缘由、嘉奖内容、希望与号召构成。

4. 签发人

签发人部分编排签发人职务和签名章。

5. 成文日期

成文日期部分写上成文日期。

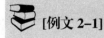
[例文 2-1]

中华人民共和国国务院令

第 647 号

《南水北调工程供用水管理条例》已经 2014 年 1 月 22 日国务院第 37 次常务会议通过，

现予公布，自公布之日起施行。

总理　李克强
2014 年 2 月 16 日

《南水北调工程供用水管理条例》（略）

二、决定

（一）决定的特点

决定，适用于对重要事项作出决策和部署、奖惩有关单位和人员、变更或者撤销下级机关不适当的决定事项。

决定具有较强的权威性和指令性，具有一定的法规性和约束力，能够直接指导工作、规范行为。

（二）决定的种类

决定可以分为指挥性决定和知照性决定。

1. 指挥性决定

有的指挥性决定侧重于确定某方面的方针、政策，以统一认识和行动，对某些重要的问题进行政策交代或者政策引导，方针、政策性较强；有的侧重于对重大的经济、政治、行政活动做出安排，规定性较强。

2. 知照性决定

知照性决定着重知照、宣告，让下级单位和人员知晓领导机关、有关部门的重大安排，或者告知群众将要采取的重大措施。

（三）决定的写作

决定的结构一般由标题、正文和落款组成。

1. 标题

标题通常由发文机关+事由+文种组成，如《中共中央关于经济体制改革的决定》；也可由发文机关+文种或事由+文种组成。

2. 正文

正文一般包括原因和根据、决定的事项、执行的要求等。

（1）原因和根据。交代背景情况，阐明作出决定事项的理由、政策依据、原因和目的。

（2）决定的事项。一般分条列项或分题列项，一一阐述所涉及的问题，一般不作细致分析。必要时可以使用小标题。

（3）执行的要求。即提出执行方面的具体要求。

3. 落款

在正文右下方写上发文机关和成文日期。如果属于会议通过的日期，就写在标题的下面，外面加上括号。

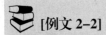

[例文 2-2]

<h3 style="text-align:center">国务院关于加快发展民族教育的决定</h3>

国发〔2015〕46号

各省、自治区、直辖市人民政府，国务院各部委、各直属机构：

党和国家历来高度重视民族教育工作。经过各地和有关部门的共同努力，民族教育事业快速发展，取得了显著成绩，教育规模不断扩大，办学条件明显改善，教师队伍素质稳步提升，学校民族团结教育广泛开展，双语教育积极稳步推进，教育教学质量不断提高，培养了一大批少数民族人才，为加快民族地区经济社会发展、维护祖国统一、促进民族团结作出了重要贡献。由于历史、自然等原因，民族教育发展仍面临一些特殊困难和突出问题，整体发展水平与全国平均水平相比差距仍然较大。为了加快推进少数民族和民族地区教育发展，实现国家长治久安和中华民族繁荣昌盛，现就加快发展民族教育作出以下决定。

一、准确把握新时期民族教育的指导思想、基本原则和发展目标（略）

二、打牢各族师生中华民族共同体思想基础（略）

三、全面提升各级各类教育办学水平（略）

四、切实提高少数民族人才培养质量（略）

五、重点加强民族教育薄弱环节建设（略）

六、建立完善教师队伍建设长效机制（略）

七、落实民族教育发展的条件保障（略）

八、切实加强对民族教育的组织领导

……

（三十二）认真落实各项政策措施。地方政府在编制区域发展战略规划和地方经济社会发展规划时，要把民族教育摆到突出位置，优先发展、重点保障，并列为政府目标考核的重要内容。研究制订民族教育发展专项规划和年度计划，明确发展目标、主要任务、改革举措、重大项目和保障措施。民族自治地方可以依据法律，结合实际，制定民族教育法规。建立健全民族教育政策落实情况监督检查机制，国务院教育行政部门要会同有关部门定期开展专项督导检查。

国务院
2015年8月11日

三、批复

(一) 批复的特点

批复,适用于答复下级机关的请示事项。

批复是与请示相对应的,有请示才有批复,没有请示就没有批复。批复是被动行文。

批复具有针对性和指示性。批复针对的是下级机关请示中提出的请求指示、批准的问题。批复由领导机关制发,代表领导机关的职权和意图,具有指示性,而且往往很具体。对下级的请示,或同意或不同意,或批准或不批准,或暂缓或添加附加意见,都反映上级机关的决策,有行政约束力,要求下级机关认真遵守或执行。

(二) 批复的种类

根据内容特点,批复可以分为批准型批复、否决型批复和解答型批复三种。

1. 批准型批复

批准型批复是指对下级机关的请示事项表示同意。有时不但同意下级机关的请示事项,还对请示事项的落实、执行或重要意义谈点指示性意见。

2. 否决型批复

否决型批复是指对下级机关的请示事项加以否决。要讲清否决的理由。

3. 解答型批复

解答型批复是指针对下级对有关法律、法规、政策、措施等的询问而进行解答。法律、法规、政策的解释权往往在制定机关,本机关无权解释的可逐级向上请示,直到有权作出解释的机关。这种解答对下级具有指示性,是下级开展工作的依据。

(三) 批复的写作

1. 标题

(1) 完全性标题。由发文机关+事由+文种组成,如《国务院关于太湖流域防洪规划的批复》。

(2) 省略性标题。由事由+文种组成,如《关于天津市城市总体规划的批复》。

有以下几点需要说明:第一,可以在批复的标题中加上"同意""不同意"等以标明态度;第二,标题中批复的事由可以与请示的事由相同;第三,用介词"对"加上被批复文件的名称或文号,都是不规范的标题形式。

2. 主送机关

主送机关是上报请示的机关。一般只有一个,如果向不止一个机关联合请示,那么主送机关也不止一个。

3. 正文

（1）引语。是批复的缘由和依据，即为什么有这个批复。其模式是引叙来文。引叙来文时，应当先引标题，后引发文字号。

（2）意见。对请示的事项或问题表示同意、否决或作出解答。不管持什么态度，都应该根据党和国家的方针、政策并且结合实际情况作出简洁而明确的答复。有的还要提出希望和要求，以便贯彻执行。针对不同的请示事项，在写作时可以选择不同的侧重点。对于内容单一的请示，可以只表明态度。对于内容比较复杂的请示，则要逐项表态，并且说明有关事项的重要意义，进一步提出比较具体的指示意见与要求。写作批复意见时，要注意以下两点。

① 要体现政策性和可行性。批复要有政策依据和现实依据，在批复前必须进行充分的调查研究。首先，要认真研究来文的内容和背景，审核其准确性与必要性，根据事实判断其请示理由的合理性。其次，要查阅有关的规定和指示，以便使批复的意见符合政策和法律、法规。最后，如果是处理过的问题，就应该查阅相关材料，以保证处理问题的连续性；如果请示的事项涉及其他机关或部门，就应该与其协商并取得一致意见，以避免互相矛盾或抵触。

② 态度要明确，答复要具体。批复要有针对性，要紧扣请示事项，明确给予答复。同意或否决都要表明态度，下级请示什么，就答复什么。不要空发议论，借题发挥，节外生枝。

（3）结语。常用"此复""特此批复"等。

4. 落款

在正文右下方写上发文机关和成文日期。

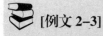

[例文 2-3]

国务院关于环渤海地区合作发展纲要的批复

国函〔2015〕146 号

北京市、天津市、河北省、山西省、内蒙古自治区、辽宁省、山东省人民政府，发展改革委：

发展改革委《关于报送环渤海地区合作发展纲要（修改稿）的请示》（发改地区〔2015〕1507 号）收悉。现批复如下：

一、原则同意《环渤海地区合作发展纲要》（以下简称《纲要》），请认真组织实施。

二、《纲要》实施要全面贯彻落实党的十八大和十八届二中、三中、四中全会精神，按照党中央、国务院决策部署，牢牢把握实施"一带一路"、京津冀协同发展等国家重大战略的历史机遇，主动适应经济发展新常态，以提高经济发展质量和效益、促进区域协调发展为主要目标，立足主体功能定位和自身优势，着力调整优化经济结构，着力扩大对内对外开放，着力创新合作体制机制，以基础设施互联互通、生态环境联防联治、产业发展协同协作、市场要素对接对流、社会保障共建共享为重点，努力把环渤海地区建设成为我国经济增长和转型升级新引擎、区域协调发展体制创新和生态文明建设示范区、面向亚太地区的全方位开放合作门户。

三、北京市、天津市、河北省、山西省、内蒙古自治区、辽宁省、山东省人民政府要切实加强对《纲要》实施工作的组织领导，强化责任分工，明确任务要求，积极探索实施绩效考核和奖惩激励措施，制定具体实施方案和专项规划，把《纲要》落到实处。同时，要抓紧建立由北京市牵头的环渤海地区合作发展协调机制并切实发挥其作用，加强七省（区、市）协调配合，形成工作合力。《纲要》实施中涉及的重大项目要按规定程序报批。

四、国务院有关部门要按照职能分工，在规划编制、政策实施、项目安排、体制创新等方面给予积极支持，协调解决基础设施互联、生态环境治理、产业发展协作等重点领域的困难和问题，为环渤海地区合作发展创造良好的政策环境……

加快环渤海地区合作发展，是推进实施"一带一路"、京津冀协同发展等国家重大战略和区域发展总体战略的重要举措，事关国家改革开放和区域协调发展大局。各有关方面要提高认识、紧密合作，共同推动《纲要》的落实。

国务院

2015年9月15日

四、意见

（一）意见的特点

意见，适用于对重要问题提出见解和处理办法。

意见具有建设性和指导性的特点。意见用于对重要问题提出见解和处理办法，所提意见如果涉及其他部门职权范围内的事项，主办部门应当主动与有关部门协商，取得一致意见后方可行文；如有分歧，主办部门的主要负责人应当出面协调，仍不能取得一致时，主办部门可以利用各方理据，提出建设性意见，并与有关部门会签后报请上级机关决定。意见用于对下级的工作进行原则性的指导，并不强制下级执行，有别于指令性。

（二）意见的种类

按照内容，意见可以分为见解性意见和处理性意见等。

1. 见解性意见

见解性意见用于提出见解、建议、设想。业务职能部门或专业机构就某项专门工作、业务工作进行调查、研究后,把商定的结果写成意见提供给有关方面作为决策依据。

2. 处理性意见

处理性意见用于提出处理办法、布置工作。对下级有一定的规范作用和行政约束力,比较注重原则性和灵活性,给下级单位留有较大的余地。

(三) 意见的写作

意见通常由标题、正文和落款构成。

1. 标题

标题常常只写事由和文种(意见),如《关于进一步加强证券公司监督的若干意见》。

2. 正文

(1)缘由。交代提出意见的原因和根据。或言简意赅,或列举证明,根据具体情况而定。末尾常用"现提出如下意见""特制定补充意见"等过渡。

(2)意见内容。针对有关情况提出具体的见解和处理办法。这是正文的核心内容、主要部分。一般分项列举,从原则到具体,或从大到小,或从主到次。

(3)执行要求。针对前面的具体意见提出执行方面的要求,一般是原则性或时间性要求,也有比较具体的。

3. 落款

在正文右下方写上发文机关和成文日期。

[例文2-4]

国务院关于加快构建大众创业万众创新支撑平台的指导意见

国发〔2015〕53号

各省、自治区、直辖市人民政府,国务院各部委、各直属机构:

当前,全球分享经济快速增长,基于互联网等方式的创业创新蓬勃兴起,众创、众包、众扶、众筹(以下统称四众)等大众创业万众创新支撑平台快速发展,新模式、新业态不断涌现,线上线下加快融合,对生产方式、生活方式、治理方式产生广泛而深刻的影响,动力强劲,潜力巨大。同时,在四众发展过程中也面临行业准入、信用环境、监管机制等方面的问题。为落实党中央、国务院关于大力推进大众创业万众创新和推动实施"互联网+"行动的有关部署,现就加快构建大众创业万众创新支撑平台、推进四众持续健康发展提出以下意见。

一、把握发展机遇,汇聚经济社会发展新动能

四众有效拓展了创业创新与市场资源、社会需求的对接通道,搭建了多方参与的高效

协同机制,丰富了创业创新组织形态,优化了劳动、信息、知识、技术、管理、资本等资源的配置方式,为社会大众广泛平等参与创业创新、共同分享改革红利和发展成果提供了更多元的途径和更广阔的空间。

众创,汇众智搞创新,通过创业创新服务平台聚集全社会各类创新资源,大幅降低创业创新成本,使每一个具有科学思维和创新能力的人都可参与创新,形成大众创造、释放众智的新局面。

众包,汇众力增就业,借助互联网等手段,将传统由特定企业和机构完成的任务向自愿参与的所有企业和个人进行分工,最大限度利用大众力量,以更高的效率、更低的成本满足生产及生活服务需求,促进生产方式变革,开拓集智创新、便捷创业、灵活就业的新途径。

众扶,汇众能助创业,通过政府和公益机构支持、企业帮扶援助、个人互助互扶等多种方式,共助小微企业和创业者成长,构建创业创新发展的良好生态。

众筹,汇众资促发展,通过互联网平台向社会募集资金,更灵活高效满足产品开发、企业成长和个人创业的融资需求,有效增加传统金融体系服务小微企业和创业者的新功能,拓展创业创新投融资新渠道。

当前我国正处于发展动力转换的关键时期,加快发展四众具有极为重要的现实意义和战略意义,有利于激发蕴藏在人民群众之中的无穷智慧和创造力,将我国的人力资源优势迅速转化为人力资本优势,促进科技创新,拓展就业空间,汇聚发展新动能;有利于加快网络经济和实体经济融合,充分利用国内国际创新资源,提高生产效率,助推"中国制造2025",加快转型升级,壮大分享经济,培育新的经济增长点;有利于促进政府加快完善与新经济形态相适应的体制机制,创新管理方式,提升服务能力,释放改革红利;有利于实现机会公平、权利公平、人人参与又人人受益的包容性增长,探索一条中国特色的众人创富、劳动致富之路。

二、创新发展理念,着力打造创业创新新格局(略)

三、全面推进众创,释放创业创新能量(略)

四、积极推广众包,激发创业创新活力(略)

五、立体实施众扶,集聚创业创新合力(略)

六、稳健发展众筹,拓展创业创新融资(略)

七、推进放管结合,营造宽松发展空间(略)

八、完善市场环境,夯实健康发展基础(略)

九、强化内部治理,塑造自律发展机制(略)

十、优化政策扶持,构建持续发展环境(略)

各地区、各部门应加大对众创、众包、众扶、众筹等创业创新活动的引导和支持力度,加强统筹协调，探索制度创新，完善政府服务，科学组织实施，鼓励先行先试，不断开创大众创业、万众创新的新局面。

国务院
2015年9月23日

五、纪要

（一）纪要的特点

纪要，适用于记载会议主要情况和议定事项。

纪要具有要点化的特点。纪要是根据会议记录整理、提炼出来的主要精神和议定事项。这些主要精神和议定事项经过分析综合和理论概括，以要点的形式有条有理地罗列出来，就形成纪要的主要内容。

纪要可以下发给下级机关，以指导下级机关的工作，也可以在报刊上发表。

（二）纪要的种类

根据内容和用途，纪要可以分为办公会议纪要、工作会议纪要和讨论会议纪要三类。

1. 办公会议纪要

办公会议纪要用于机关、单位的领导成员定期召开、形成惯例的会议，研究机关、单位的工作安排和进度，或对某些问题提出处理意见。一般是内部文件。

2. 工作会议纪要

工作会议纪要一般用于范围较大、较重要的会议，如全国、全省或全市性的工作会议，或重要领导机关的联席会议，具有明显的指示和指导作用。

3. 讨论会议纪要

讨论会议纪要用于学术研讨会、理论研讨会、座谈会、协商会等。记载会议座谈和讨论的情况，反映与会者对议题的认识等。

（三）纪要的写作

1. 标题

（1）由会议名称+文种构成，如《××纪要》。

（2）报刊发表时常采用正题和副题的形式，如《搞好国企改革 推动新一轮发展——"加快发展建设上海工业新高地"座谈会纪要》。

2. 正文

（1）概况。交代会议召开的时间、地点、与会者、主持人、目的要求、会议议程等。

（2）要点。写明主要精神和议定事项，包括会议研究、讨论的问题，对过去工作的评价，会议作出的决定等。

（3）结尾。常常用于提出希望，发出号召，以便让有关机关、单位更好地贯彻执行。

正文常常使用一些专用词语，如"会议听取了""会议讨论了""会议认为""会议考虑""会议强调""会议要求""会议号召"等。

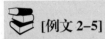 [例文2-5]

全国东西扶贫协作工作纪要

2008年3月20日至21日，国务院扶贫办在广东省东莞市召开全国东西扶贫协作工作会议，进一步贯彻党的十七大和"两会"精神，深入落实科学发展观，全面总结2007年工作，交流工作经验，重点就贯彻落实《国务院扶贫办关于2008年东西扶贫协作工作的指导意见》进一步统一思想认识，明确工作措施。会议还实地考察了东莞市统筹城乡发展的经验。国务院扶贫办王国良副主任出席会议并讲话。全国26个省区市扶贫协作部门负责人及相关处长参加了会议。

会议认为，在党中央、国务院的正确领导下，各有关省区市党委、政府高度重视，东西部协作双方干部群众共同努力，东西扶贫协作工作取得了显著的成效，有力地推动了我国扶贫开发总体进程，促进了东西部区域协调发展，增强了中华民族的凝聚力和向心力，生动体现了中国特色社会主义的优越性，对于深入贯彻科学发展观，构建社会主义和谐社会，具有不可替代的独特作用和重大战略意义，得到了党中央、国务院的充分肯定和社会各界特别是西部贫困地区广大干部群众的广泛赞誉。2007年4月12日，胡锦涛总书记在宁夏视察扶贫工作时，亲切接见福建对口帮扶宁夏的挂职干部，高度肯定东西扶贫协作工作，明确指示"先发展起来的地区，有责任支持和帮助中西部地区的发展"，并要求东西扶贫协作挂职干部"要把东部发展的经验和做法带到西部贫困地区"。胡锦涛总书记的重要指示对我们进一步做好东西扶贫协作工作具有十分重要的指导意义。

会议分析了我国扶贫开发工作面临的总体形势。（略）

在充分肯定扶贫工作成绩的同时也必须看到我国扶贫开发面临的严峻形势。（略）

党的十七大明确要求到2020年要"基本消除绝对贫困现象"，同时要"加大对革命老区、民族地区、边疆地区和贫困地区的扶持力度""逐步提高扶贫标准""提高扶贫开发水平"。十一届人大一次会议政府工作报告也明确提出要"加大扶贫开发力度，继续减少贫困人口""适当提高扶贫的标准""进一步加大对革命老区、民族地区、边疆地区、贫困地区发展的扶持力度"。扶贫工作的必要性、重要性和长期性决定了我国东西扶贫协作工作的必要性、重要性和长期性。作为全国扶贫工作的重要组成部分，东西扶贫协作要深入贯彻落实十七大和"两会"精神。

会议全面总结了2007年东西扶贫协作工作。2007年东西部各有关省区市在财政援助、企业协作、人才交流、社会帮扶等方面取得了明显成效。据初步统计，2007年东部省市党政领导到西部贫困地区实地考察达4 351人次，比2006年增加了80.2%；其中省级领导68人次，比2006年增加112.5%；地厅级572人次，比2006年增加99.3%。西部省区市党政领导到东部考察3 674人次，比2006年增加53.7%。东部向西部提供财政援助5.47亿元，社会捐款1.21亿元，两项合计达7.5亿元。东西双方共有4 091家企业签订合作协议。东部向西部派出挂职干部359人，西部向东部派出交流干部355人。东部为西部举办党政干部培训班159期，培训干部4 181人次；派出专业技术人员738人次，举办专业技术人才培训班317期，共培训5.3万人次。西部贫困地区向东部省市有组织输出劳动力53万人，合作开展劳务培训班668期，培训8.1万人次。

会议也具体分析了工作不足。一是个别西部省区对东西扶贫协作的指导思想存在定位偏差，没有把东西扶贫协作纳入扶贫工作的总体部署。二是部分东部省份存在畏难情绪，对这项工作的长期性、艰巨性认识不足，领导重视不够，有的省市已经连续几年没有主要领导深入西部对口帮扶省区实地考察。三是东西扶贫协作在工作管理规范化、制度化方面还需进一步加强。

会议重点研究了2008年东西扶贫协作工作，并提出了明确要求。

第一，进一步开拓创新，提高认识，解放思想。（略）

第二，切实改进工作作风，把各项工作落到实处。（略）

第三，加大工作力度，争取各项工作上一个新台阶。（略）

六、决议

（一）决议的特点

决议，适用于会议讨论通过的重大决策事项。

决议可以针对会议提出的全部事项，也可以针对会议提出的某一个事项或某一项工作。决议有关于工作报告的，有关于某些重大问题的，也有关于某个文件的。

决议的特点是民主性、指导性。决议的形成通常按照一定的组织原则和程序，召开组织成员会议、代表大会或代表会议，经过集体认真讨论和表决通过才能有效，并且以会议名义发布。但是，决议讨论的内容是重大决策或重大事件，一旦作出，就要贯彻执行。

决议与决定都是下行文，都要求有关单位贯彻执行，都有法规性和约束力，但二者不同。决议的使用范围比决定窄，限于本系统、本部门、本单位，决定使用于机关、团体等范围。决议的内容是有关全局性、原则性、纲领性的意见和要求，决定是对具体事项采取的具体措施。决议的制发机关必须是会议，决定除了会议以外，还可以通过党政机关及其领导制发。

（二）决议的写作

决议的结构一般由标题、签署和正文三个部分组成。

1．标题

（1）由发文机关+事由+文种构成，如《中共十一届六中全会关于建国以来党的若干历史问题的决议》。

（2）由事由+文种构成，如《关于若干历史问题的决议》。

2．签署

写明通过决议的会议名称和时间等，外面加上圆括号，居中排列。

3．正文

（1）开头。写明在什么时间、什么地点、什么会议上对什么报告、什么问题或什么文件通过了决议。

（2）主体。具体写明决议的主要内容。包括报告的主要内容及其评价，提出的意见和要求；对于有关问题的立场、观点和态度；文件的意义和作用等。

（3）结尾。对贯彻执行决议发出号召，提出要求。

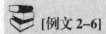
[例文2-6]

中国共产党第十八次全国代表大会
关于《中国共产党章程（修正案）》的决议

（2012年11月14日中国共产党第十八次全国代表大会通过）

中国共产党第十八次全国代表大会审议并一致通过十七届中央委员会提出的《中国共产党章程（修正案）》，决定这一修正案自通过之日起生效。

大会认为，十六大以来，以胡锦涛同志为主要代表的中国共产党人，坚持以邓小平理论和"三个代表"重要思想为指导，根据新的发展要求，深刻认识和回答了新形势下实现什么样的发展、怎样发展等重大问题，形成了以人为本、全面协调可持续发展的科学发展观。科学发展观，是同马克思列宁主义、毛泽东思想、邓小平理论、"三个代表"重要思想既一脉相承又与时俱进的科学理论，是马克思主义关于发展的世界观和方法论的集中体现，是马克思主义中国化最新成果，是中国共产党集体智慧的结晶，是党必须长期坚持的指导思想。大会一致同意在党章中把科学发展观同马克思列宁主义、毛泽东思想、邓小平理论、"三个代表"重要思想一道确立为党的行动指南。大会要求全党同志更加深入地学习科学发展观，进一步增强贯彻落实科学发展观的自觉性和坚定性，不断完善贯彻落实科学发展观的体制机制，把科学发展观贯彻到我国现代化建设全过程、体现到党的建设各方面。

大会认为，中国特色社会主义道路，中国特色社会主义理论体系，中国特色社会主义制度，是党和人民长期奋斗、创造、积累的根本成就。全面建成小康社会，加快推进社会主义现代化，实现中华民族伟大复兴，必须坚定不移走中国特色社会主义道路。把中国特色社会主义制度同中国特色社会主义道路、中国特色社会主义理论体系一道写入党章，有利于全党深化对中国特色社会主义的认识、全面把握中国特色社会主义的内涵。大会强调……
……

大会要求，党的各级组织和全党同志高举中国特色社会主义伟大旗帜，以马克思列宁主义、毛泽东思想、邓小平理论、"三个代表"重要思想和科学发展观为指导，更好地学习党章、遵守党章、贯彻党章、维护党章，坚持党要管党、从严治党，进一步加强党的执政能力建设、先进性和纯洁性建设，以改革创新精神全面推进党的建设新的伟大工程，全面提高党的建设科学化水平，坚定不移地沿着中国特色社会主义道路前进，为全面建成小康社会而奋斗。

第三节 报请类

报请类公文是下级机关在工作中向上级机关汇报情况、请示问题和提出建议时所用的公文，包括议案、报告和请示三个文种。

一、议案

（一）议案的特点

议案，适用于各级人民政府按照法律程序向同级人民代表大会或人民代表大会常务委员会提请审议事项。

议案的制发机关是各级人民政府，如国务院，各省、自治区、直辖市、市、区、县、乡、镇人民政府。它的主送机关是同级人民代表大会或人民代表大会常务委员会。例如，上海市人民政府制发的议案要送交上海市人民代表大会或上海市人民代表大会常务委员会，徐汇区人民政府制发的议案应送交徐汇区人民代表大会或徐汇区人民代表大会常务委员会。

议案具有专用性和法定性的特点。它专门用于各级人民政府（或人民代表）向同级人民代表大会提请审议事项，其他机关、团体、企事业单位和个人都不得使用。议案是国家宪法及有关法律专门规定的公文，从提出、汇总、立案到审议、议决、通过，都必须依法、循序进行，政府机关必须依照法律程序行使职权或履行职责。

当然，在实际使用中，向人民代表大会或人民代表大会常务委员会提交议案的，不仅可以是同级人民政府，也可以是人民代表或其他机关、个人。

（二）议案的种类

根据主体的不同，议案可以分为两种：一种是国家机关提出的提请审议事项的议案；另一种是人民代表提出的提请列入人民代表大会议程的建议、批评和意见议案。

根据客体的不同，议案大致可以分为法律法规议案、重大事项议案、机构改革议案、批准条约议案和人事任免议案。

（三）议案的写作

议案一般由标题、主送机关、正文和落款四部分构成。

1. 标题

（1）完全性标题。由发文机关+事由+文种组成，如《国务院关于提请审议兴建长江三峡工程的议案》。

（2）省略性标题，一般有以下几种。

① 由发文机关+文种组成，如《政协上海市委员会议案》。

② 由事由+文种组成，如《关于打击抢劫活动的议案》。

③ 由会议全称+文种组成，如《北京市人民代表大会议案》。

2. 主送机关

主送机关是国家或地方人民代表大会及其常务委员会。

3. 正文

（1）理由。也就是提出议案的根据。要摆事实，讲道理，阐述解决问题的必要性。

（2）办法。着重阐明解决议案所涉及的问题的合理化建议及科学论证、解决问题的具体办法和措施。

（3）结语。用"妥否，请审议""请审议决定"等常用语结束。

4. 落款

在正文右下方写上发文机关和成文日期。如果提议案者是人民代表个人，就写上人民代表的姓名。

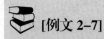
[例文 2-7]

国务院关于提请解释
《中华人民共和国香港特别行政区基本法》
第五十三条第二款的议案

全国人民代表大会常务委员会：

香港特别行政区署理行政长官曾荫权于 2005 年 4 月 6 日向国务院提交了《关于请求国

务院提请全国人民代表大会常务委员会就〈中华人民共和国香港特别行政区基本法〉第五十三条第二款作出解释的报告》（附后）。国务院研究认为，该报告中提出的问题关系到《中华人民共和国香港特别行政区基本法》第五十三条第二款的正确实施，关系到新的行政长官人选的顺利产生和此后中央人民政府对行政长官的任命。依据《中华人民共和国宪法》和《中华人民共和国香港特别行政区基本法》的有关规定，现提请全国人民代表大会常务委员会对《中华人民共和国香港特别行政区基本法》第五十三条第二款作出解释。

国务院
2005年4月10日

二、报告

（一）报告的特点

报告，适用于向上级机关汇报工作、反映情况，回复上级机关的询问。

报告是行政机关在行政管理过程中使用的一种公文，在适用范围、管理职能和写作要求上与调查报告等其他种类的报告都不同。

报告具有陈述性的特点。报告只是向上级机关汇报做了什么工作，是怎样做的，或者发生了什么事情，有些什么情况，今后如何打算，重点在于讲述事实。即使阐述观点或论证道理，也要在叙述事实的基础上进行。

（二）报告的种类

按照内容性质，报告可以分为工作报告、情况报告和答复报告。

1. 工作报告

工作报告是本单位、本部门、本系统或本地区工作到了一定阶段向上级机关所作的汇报。一般是全面的、综合性的。

2. 情况报告

情况报告是就某一方面问题或某一偶发事件向上级机关反映情况的报告。一般是单一的、专题性的。

3. 答复报告

答复报告是下级机关为回答上级机关的询问而写的报告。根据上级询问的问题和提出的要求做答，是被动行文，与主动行文的报告不同。

（三）报告的写作

1. 标题

（1）由发文机关+事由+文种组成。事由要准确概括报告的主要内容，如《铁道部关于193次旅客快车发生重大颠覆事故的报告》。

(2) 由事由+文种组成,如《关于××的报告》。

2. 主送机关

报告应该坚持"主送一个机关"的原则。如果需要,可以抄报有关的上级机关。

3. 正文

(1) 缘由。简要写出报告的目的、根据或起因,概括报告的主要内容,给人以总的印象。常常用过渡语"现将情况报告如下""特将这一情况报告于后""特提出如下意见(或建议)"引出主体部分。

(2) 主体。一般要写明工作进程,取得的成绩、经验,存在的问题、教训,以及今后的打算等。不同类型的报告,写法也各有侧重。工作报告具体陈述基本做法、所获成绩、主要经验、存在问题、今后计划等。情况报告具体分析发生原因、主要教训等,并且提出处理意见、改进措施。答复报告应当根据上级的询问,有条有理、简明扼要地回答。上级怎么问,下级就怎么答;上级问什么,下级就答什么。内容较多的报告,可以分条列项,或分为几个部分来写。

(3) 结语。简要概括全文,进一步强调行文的目的,点明或深化主题。也可以使用专门用语,如"特此报告,请审阅""专此汇报""以上报告,如有不妥之处,请指正""以上报告,如无不妥之处,请批转各地区遵照执行"等。

4. 落款

在正文右下方写上发文机关和成文日期。

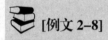
[例文 2-8]

安徽省发改委关于落实省分解 2009 年反腐倡廉
主要工作任务的具体目标和工作措施的报告

皖发改监察〔2009〕27 号

省党风廉政建设责任制工作领导小组:

按照省委办公厅《关于转发省党风廉政建设责任制工作领导小组〈省直单位 2009 年反腐倡廉主要工作任务分工意见〉的通知》(皖办发〔2009〕5 号)要求,我们对分解今年由我委承担主要责任单位的 5 项任务进行了认真研究。现将研究制定的关于落实这 5 项任务的具体目标和工作措施报告如下。

一、加强对实施"861"行动计划、28 项民生工程等情况的监督检查

(一)加强对实施"861"行动计划的监督检查工作

1. 具体目标

2009 年,安排"861"项目 2 563 个,年度计划投资 3 001.8 亿元。其中,续建项目 1 088 个,年度投资 2 311.3 亿元;新开工项目 519 个,年度计划投资 690.5 亿元;前期和储备项

目956个，总投资10 633.1亿元；年度计划竣工项目194个。

2．工作措施

为深入推进"861"行动计划的实施，确保完成2009年"861"项目投资计划目标任务，省发改委将根据省委、省政府统一部署，深入贯彻省"861"行动计划暨铁路建设工作会议精神，做好以下工作。

一是健全项目推进机制。继续严格落实投资项目责任制，进一步完善省、市、县三级项目协调调度机制，加强部门联动配合，做好全程跟踪服务工作。

二是加强项目谋划储备。力争每年新增项目储备超过2 000亿元，计划在全省范围内精选10～20个发展前景好、资源和企业优势明显、可实现国际联合或跨省合作的重大项目或重大基础设施项目提升为省级谋划项目。

三是狠抓项目融资。继续办好银企对接活动，加大直接融资规模，大力推进招商引资工作。

四是加强监督检查，对项目建设及进展情况进行不定期的检查，发现问题及时纠正并督促整改。

五是强化项目管理。完善全省重点项目管理信息系统，尽快建立与市、县和部门信息互通、资源共享、管理高效的投资管理平台，力争上半年全面投入运行。加强调查研究，加强投资运行监测和预警，及时深入研究重点项目投资和运行过程中存在的主要问题，有针对性地提出解决办法和合理化建议。

六是搞好宣传报道。加大"861"项目扶持政策、规划、前期工作、建设进展、先进典型等方面的宣传力度，扩大宣传范围，激发全社会关心支持重大项目建设的热情，继续营造全社会关注"861"行动计划的良好氛围。

（二）实施28项民生工程的监督检查工作（略）

二、严格控制新建楼堂馆所，纠正超标准装修办公用房（略）

三、加强对实施成品油价格和税费改革有关政策落实情况的监督检查，严肃查处变相新增收费项目、乱收费等行为（略）

四、认真治理工程建设领域的问题，加强对政府投资工程招标投标的监管（略）

五、深入推进投资体制改革（略）

安徽省发展和改革委员会
2009年3月23日

三、请示

（一）请示的特点

请示，适用于向上级机关请求指示、批准。

请示具有期盼性的特点。从行文目的来看，下级机关发出请示，是为了期盼上级机关对提出的问题给予答复。不论是批准还是指示，都是下级机关所期望的。只有等到上级机关给予答复，下级机关才能采取行动。

请示与报告都是上行文，但是它们有区别。一是性质要求不同。报告是陈述性公文，目的是汇报情况，不要求上级批复；请示是期盼性公文，要求上级批复并以批复作为行动指南。二是行文时间不同。报告一般是事后行文，只是把工作情况汇报给上级；请示是事前行文，不经过上级批复，不能擅自处理。

（二）请示的种类

按照行文目的，请示可以分为请求指示型和请求批准型两种。

1. 请求指示型

请求指示型用于以下情况：对某些规章制度中的个别条文不理解，需要上级进一步明确；工作中遇到新问题、新情况，无章可循，感到拿不定主意、掌握不了分寸。

2. 请求批准型

请求批准型用于以下情况：单位、部门出现了某些新问题，对这些问题也有了处理意见，但这些处理意见需要上级机关批准；业务主管部门在开展工作的过程中，由于级别等原因，对一些单位、部门不能直接指挥，工作的实施意见需要上级批转有关单位去具体执行；虽然有章可循，但是上级规定不经过批准不能办理某些事项；工作中遇到困难，如资金短缺或人力、物力不足等，需要上级帮助解决。

（三）请示的写作

1. 标题

标题由事由（请示事项）+文种构成，如《关于××问题的请示》。要准确点出请示事项，正确使用"请示"这一文种名称。

2. 主送机关

请示应该坚持"主送一个机关"的原则，收文单位应该是直接的上级主管部门。如果需要同时送往其他机关的，应当使用抄送形式。

不能越级请示。如果直接的上级主管部门决定不了，应该逐级向上请示。如果因为事情重大或情况特殊而必须越级行文，应该抄送越过的直接的上级主管部门。

3. 正文

（1）请示缘由。就是请示的根据、原因和理由，需要详细阐述。阐述缘由的必要性，一定要合理、充分，情况要真实，数据要准确。

（2）请示事项。要明确交代请示什么问题，要求批准什么事情，要求解决什么困难等。请求资金要写明数额，请求物资要写明品名、规格、数量。提出的处理意见要有根有据，切实可行。如果认为不止一种解决办法,要一一列出。如果本单位意见有分歧,应该分别陈述,比较利弊,提出倾向性意见。

(3)结语。用征询性习惯用语,如"妥否,请批复""是否妥当,请指示""以上如无不当,请批准""以上意见如可行,请批转有关单位执行",提出期盼要求。

4. 落款

在正文右下方写上发文机关和成文日期。

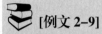[例文 2-9]

天津市河北区教育局关于申请专项经费的请示

北教〔2008〕63 号

河北区人民政府:

为发展我区教育事业,我局所属 14 中学示范校建设一期工程进展顺利,各项配套设施正在落实中,为保证秋季开学正式使用,目前急需订购各类设备,因资金不足,特向区政府申请购置设备专项经费 100 万元,用于该校基本办学设备的订购。

可否,请批示。

天津市河北区教育局
2008 年 6 月 16 日

第四节 知 照 类

知照类公文是向有关对象通报具体情况、关照某种事项的公文,包括公告、通告、通知、通报、函和公报六个文种。

一、公告

(一)公告的特点

公告,适用于向国内外宣布重要事项或者法定事项。

公告是一种公布性文种,具有郑重性和公开性的特点。它没有阅读范围限制,也没有密级,由国家领导机关制发,一般的企事业单位不能随便使用。

(二)公告的种类

按照公告的性质,公告可以分为知照性公告和祈使性公告两类。知照性公告主要是向国内外公众宣布某个重大事项,如《中华人民共和国全国人民代表大会公告》。祈使性公告在向国内外公众宣布某个重大事项的同时,还要求遵守公告的有关规定,如《中华人民共和国国家安全部公告》。

按照公告的范围,公告可以分为行政公告和专业公告两类。行政公告主要用于国家权力机关和行政机关向国内外宣布国家领导人选举结果、重大国事活动,颁布法规、规章,宣布重大行政措施,公布重大科技成果等。专业公告由政府有关职能部门,依据有关法令、法规,按照法定程序发布。

(三)公告的写作

公告一般由标题、正文和落款构成。

1. 标题

标题可以分为完全性标题、省略性标题和简单性标题。

(1)完全性标题。由发文机关+事由+文种组成,如《国家测绘局关于启用珠穆朗玛峰高程新数据的公告》。

(2)省略性标题。由发文机关+文种或事由+文种组成,如《中华人民共和国国家安全部公告》《关于发行二〇一六年国库券的公告》。

(3)简单性标题。只写明文种,即《公告》。

2. 正文

(1)依据。简要交代发布公告的政策依据或者背景、理由。

(2)事项。写清时间、地点、事件或决定、要求等内容。

(3)结语。用"特此公告""现予公告"等。

3. 落款

在正文右下方注明发文机关和成文日期。

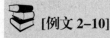

[例文2-10]

国家工商总局

关于《互联网广告监督管理暂行办法(征求意见稿)》

公开征求意见的公告

为规范互联网广告活动,促进互联网广告健康发展,保护消费者的合法权益,维护公平竞争的市场经济秩序,发挥互联网广告在社会主义市场经济中的积极作用,国家工商行政管理总局起草了《互联网广告监督管理暂行办法(征求意见稿)》。现向社会公开征求意见。公众可通过以下途径和方式提出反馈意见:

1. 登录中国政府法制网(网址:http://www.chinalaw.gov.cn),通过网站首页左侧的"部门规章草案意见征集系统"对征求意见稿提出意见。

2. 登录国家工商总局网站（网址：http://www.saic.gov.cn），通过首页右侧"规章草案意见征集"栏提出意见。

3. 通过信函方式将意见寄至：北京市西城区三里河东路8号 国家工商总局广告司（邮编：100820）。

4. 通过电子邮件方式将意见发送至：ggsgl@saic.gov.cn。

意见反馈截止时间为2015年7月31日。

国家工商总局
2015年7月1日

二、通告

（一）通告的特点

通告，适用于在一定范围内公布应当遵守或者周知的事项。

通告具有使用的普遍性和内容的专业性等特点。通告与公告同是公布性公文，但通告与公告有所不同。公告的使用级别比较高，而通告各级行政机关、企事业单位均可使用。公告的内容为国家重大事项，面向国内外宣布，而通告仅限于某一方面内容，面向有关的单位和人员，涉及范围小于公告。

（二）通告的种类

按照公布的内容和性质，通告可以分为法规性通告和周知性通告两种。

1. 法规性通告

法规性通告主要用于在一定范围内公布政府的法规、政策，要求下级单位和个人遵照执行，约束力较强。

2. 周知性通告

周知性通告主要用于在一定范围内公布需要周知或办理的事项，约束力不强，只要求达到知晓、明了、遵守即可。

（三）通告的写作

通告一般由标题、正文和落款构成。

1. 标题

（1）完全性标题。由发文机关+事由+文种组成，如《北京市公安局关于第十一届世界女子垒球锦标赛交通管制的通告》。

（2）省略性标题。由发文机关+文种或事由+文种组成，如《湖北省人民政府通告》《关于加强卡式炉及其燃气罐安全管理的通告》。

（3）简单性标题。只写明文种，即《通告》。

2. 正文

（1）根据。说明发布通告的原因和目的。

（2）事项。要求列出所公布的事项的具体内容。

（3）希望。提出贯彻、执行的希望、要求，一般带有强调性质。

3. 落款

在正文右下方注明发文机关和成文日期。

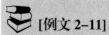

[例文2-11]

北京市公安局
关于第十一届世界女子垒球锦标赛交通管制的通告

经市政府批准，第十一届世界女子垒球锦标赛定于2006年8月27日至9月5日在丰台体育中心垒球场举行。为维护女垒赛的顺利进行，保障比赛期间的交通安全，根据《中华人民共和国道路交通安全法》及《中华人民共和国道路交通安全法实施条例》的有关规定，通告如下：

一、8月27日至9月5日，每日7时至22时，丰体北路、丰体西路、丰体南路北侧辅路、西四环路西辅路（丰体北路东口至丰北桥路段），除公共汽车和持有组委会核发证件的机动车辆外，禁止其他机动车辆通行。

二、在上述交通管制区域内的道路两侧，禁止停放各种机动车辆。

三、在丰台体育中心交通管制区域沿线有机动车的单位和市民请于8月21日至27日持身份证明和机动车行驶证到丰台区东大街东路3号（丰台交通支队）领取临时通行证。

请社会单位和广大市民给予理解和支持，自觉遵照执行。

特此通告。

北京市公安局
2006年8月3日

三、通知

（一）通知的特点

通知，适用于发布、传达要求下级机关执行和有关单位周知或者执行的事项，批转、转发公文。

通知具有广泛性和灵活性的特点。通知的内容广泛，从国家大事到社会生活的各个方面都能涉及；通知的用途广泛，使用通知没有级别限制，上至国务院，下到基层乡镇人民政府都可以制发通知，其他机关、团体、企事业单位也可以使用通知。通知用途广，种类多，但都是以传达具体事项为主，因此在写作时可以根据具体情况，灵活安排内容结构。

（二）通知的种类

根据内容和用途的不同，通知可以分为批转性通知、转发性通知、指示性通知和知照性通知。

1. 批转性通知

批转性通知用于上级机关批准下级某一单位的公文并转发给下级有关单位贯彻执行。下级机关的公文一旦被上级机关批转，就包含了上级机关的意图，与上级机关亲自制发的公文一样，具有同等效力。批转性通知的转发对象是下级机关的公文。

2. 转发性通知

转发性通知用于把上级机关或不相隶属机关的公文发给自己的下级单位贯彻执行。由于是上级机关转发的公文，所以也具有同等效力。转发性通知的转发对象是上级机关或不相隶属机关的公文。

3. 指示性通知

指示性通知用于传达领导或职能部门的指示、意见、规定等事项或向下级单位布置工作。指示性通知的指导性、强制性比较强，下级机关必须遵照执行，不得违反。

4. 知照性通知

知照性通知主要用于传达需要有关单位周知或共同执行的事项，如建立、撤销或调整某个机构，召开会议、启用新章等。知照性通知的作用主要是告知。

（三）通知的写作

1. 标题

（1）完全性标题。由发文机关+事由+文种组成，如《××省教委转发〈国家教委关于教育统计工作的暂行规定〉的通知》。

（2）省略性标题。由发文机关+文种或事由+文种组成，如《市教委通知》《关于不得对纳税人实行物质奖励的通知》。

（3）简单性标题。只写明文种，即《通知》。

通知在使用大标题套小标题形式时，要注意以下几点。

第一，分清通知的类别，准确使用"批转"或"转发"。如果被批转或转发的是法规、规章性文件，如办法、规定、条例、章程等，就需要在这些文件名称上加书名号，否则就不能加书名号。

第二，避免重复使用"关于"。

第三，如果被批转或转发的文件是几个机关联合行文，那么标题中可以只写主办机关名称，其他发文机关用"等"字省略。

第四，经过层层转发的文件标题往往很长，可以省略中间的发文机关，只保留公文发源处的名称。

2．主送机关

通知是下行文，它的主送机关是下级机关。

3．正文

不同类型的通知，正文的写法也有差别。

（1）批转性通知的特点是先批后转，批转的是下级单位的公文。正文开头通常先用"同意"或"批准"表明态度，然后转发下去，要求贯彻执行。

（2）转发性通知的特点是只转不批，转发的是上级机关或不相隶属机关的公文。正文有时要先交代转发的依据，通常是"××（被转发的文件）已经上级机关同意（或批准）"，然后是"现转发给你们，请遵照执行"。有时，发文机关还要结合本地区、本部门或本系统的具体情况，对批转或转发的文件作一些补充、阐发，点明要旨、意义，申明发文意图，提出相应的要求和指导性意见等。

（3）指示性通知的针对性、规范性比较强，写作时要从实际出发，摆情况、谈问题，提出处理原则或具体明确的要求。

（4）知照性通知主要用来通报情况、传递信息、交代事项，只要写清应知应办的事项，就达到了目的。

会议通知是比较通用的一种知照性通知，用于通知会议的召开及其有关事项。会议通知一般应当包括以下内容：召开会议的缘由和依据；会议的主题或议程；与会人员的条件及名额；会议召开的时间、地点；应该准备的有关材料、费用等；报到的时间、地点、联系事宜。

4．落款

在正文右下方写上发文机关和成文日期。

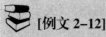
[例文2-12]

国务院办公厅关于推广随机抽查 规范事中事后监管的通知

国办发〔2015〕58号

各省、自治区、直辖市人民政府，国务院各部委、各直属机构：

为贯彻落实党中央、国务院关于深化行政体制改革，加快转变政府职能，进一步推进简政放权、放管结合、优化服务的部署和要求，创新政府管理方式，规范市场执法行为，切实解决当前一些领域存在的检查任性和执法扰民、执法不公、执法不严等问题，营造公平竞争的发展环境，推动大众创业、万众创新，经国务院同意，现就推广随机抽查、规范事中事后监管通知如下：

一、总体要求

认真贯彻落实党的十八大和十八届二中、三中、四中全会精神，按照《国务院关于印发2015年推进简政放权放管结合转变政府职能工作方案的通知》（国发〔2015〕29号）部署，大力推广随机抽查，规范监管行为，创新管理方式，强化市场主体自律和社会监督，着力解决群众反映强烈的突出问题，提高监管效能，激发市场活力。

……

二、大力推广随机抽查监管（略）

三、加快配套制度机制建设（略）

四、工作要求（略）

随机抽查不仅要在市场监管领域推广，也要在各部门的检查工作中广泛运用。各部门要根据本通知要求，抓紧制定实施方案，细化在本部门、本领域推广随机抽查的任务安排和时间进度要求，于2015年9月底前报国务院推进职能转变协调小组。国务院推进职能转变协调小组办公室要加强统筹协调，抓好督促落实，总结交流经验，务求推广随机抽查工作取得实效，把简政放权改革向纵深推进，为经济社会发展营造公平竞争的市场环境。

国务院办公厅
2015年7月29日

四、通报

（一）通报的特点

通报，适用于表彰先进、批评错误、传达重要精神和告知重要情况。

通报是知照性的下行文，一般在机关、团体、企事业单位的内部使用。通报常常抄送上级领导机关，以扩大宣传教育的范围。

通报具有典型性和政策性的特点。通报对象无论是集体还是个人，无论是正面的还是反面的，都必须是真实的典型，而不能是一般的好人好事或坏人坏事。通报只有具有典型性，才有说服力，才有较大的宣传价值和教育意义。通报表彰或批评都要以党和国家的方针、政策为依据，指导意见也要体现有关的方针、政策。

通报与通知都有知照功能，但两者有区别。一是行文目的不同。通报是使受文者了解某一情况或事件，从而受到教育；通知是使受文者了解发文机关要求做什么、怎么做，从而行动起来。二是所提要求不同。通报必须针对事件和本系统实际提出要求,可繁可简;通知重在告知事项,提出的要求比较具体而且指挥性、强制性突出。三是表达方式不同。通报有叙述有议论,叙述告知事实,议论点明意义;通知重在说明,把应该知道、应该办理的事情交代清楚。

(二)通报的种类

1. 按内容性质分

(1)表彰性通报。用于表彰先进集体或先进个人。它通过公布好人好事,树立典型,推广经验,鼓励先进,弘扬正气,以达到教育群众的目的。

(2)批评性通报。用于批评有关单位或个人的错误或不良倾向。它通过揭露错误事实和不良倾向,分析问题发生的原因,指出造成的严重后果,从而引起有关方面的重视。

(3)情况性通报。用于传达重要精神或情况,主要是向下级机关传达某种信息、动向或新情况、新问题,以便上情下达,使下级了解全局,自觉地与上级协调一致,从而推动工作的开展。

2. 按写作形式分

(1)直述式通报。直接叙述被通报的事件。

(2)转述式通报。把下级单位报来的通报、报告、简报等文件加上批语以转发给有关单位。

(三)通报的写作

1. 标题

(1)通常由事由+文种组成,也可以有发文机关。事由部分要准确、简要地概括出所通报的事件或者情况的主要内容,表明作者的态度,如《国务院办公厅关于××省××县红星玻璃钢厂擅自制作和出售国徽的通报》。

(2)用"第×号通报"的形式。这种形式常常用于对重要情况的系列通报。

(3)转述式通报虽然也是转发文件,但不像转发性通知,它的标题中不出现"批转"或"转发"字样,也不出现被转发文件的名称,其中的事由常常根据被转发文件的内容重新进行概括。

2. 主送机关

主送机关一般是本机关、本系统的下属单位,常常不止一个,而且常常抄送上级机关和有关单位。普发性的或者在本单位内部公开张贴的通报,可以不写主送机关。

3. 正文

(1)直述式通报。直述式通报可分为以下几种情况。

① 事实或情况。把具体事件发生的时间、地点、涉及的单位或个人、主要情节、原因

和结果交代清楚。

② 经验或教训。表彰性通报要对先进人物、先进事迹进行评价,指出其精神实质、典型意义。批评性通报要对错误或事故进行分析,指出其原因、性质和危害。情况性通报要对重要情况进行评述,表明态度。要站在一定的政治高度和理论高度,揭示出事件的本质。

③ 意见或决定。表明对有关单位或个人的表彰或处分,或者对重要问题的处理。

④ 号召或希望。或号召学习先进,做好工作;或要求吸取教训,防微杜渐;或提出改进工作意见等。

（2）转述式通报。转述式通报是指正文由上级机关在来文的基础上加写转发意见并与原文合成新的公文。写作重点在于转发意见,不必重复叙述来文的具体内容,只要交代明白转述的事情,讲清转发机关的态度、要求即可。但是,要体现文件的转发性。开头往往加写"现将××文件通报（印发）给你们"的字样。也可以有事实或情况、经验或教训、意见或决定、号召或希望四个部分,但要站在上级机关的角度来写,要高度概括。

4. 落款

在正文右下方写上发文机关和成文日期。

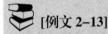
[例文2-13]

国务院办公厅关于对全国第二次大督查
发现的典型经验做法给予表扬的通报

国办发〔2015〕54号

各省、自治区、直辖市人民政府,国务院各部委、各直属机构：

　　为推动党中央、国务院重大决策部署进一步落实并取得成效,2015年5月下旬至6月中旬,国务院部署开展了对重大政策措施落实情况的第二次大督查。从督查情况看,各地区、各部门认真贯彻落实党中央、国务院重大决策部署,胸怀全局、主动作为、改革创新、不畏困难、讲求实效,围绕稳增长、促改革、调结构、惠民生出新招、出实招、出硬招,不断推动各项重点工作取得积极进展,在工作实践中创造出一些好经验、好做法。

　　为进一步调动各方面的积极性、主动性和创造性,总结经验,宣传典型,扎实推进各项重大政策措施落地生效,经国务院同意,对天津市推动重大项目开工建设等20项地方工作典型经验做法和发展改革委加强宏观政策统筹协调等16项部门工作典型经验做法予以通报表扬,供各省（区、市）和国务院各部门学习借鉴。希望受到表扬的地区和部门珍惜荣誉,再接再厉。

　　各地区、各部门要按照党中央、国务院的总体部署,主动适应和引领经济发展新常态,坚持稳中求进工作总基调,振奋精神,奋发有为,勇于担当,攻坚克难,学习借鉴典型经验做法，创造性开展工作，进一步推动重大稳增长工程尽快实施、重大改革政策尽快落地、重大民生举措尽快见效，确保完成全年经济社会发展主要目标任务。

  附件：1. 地方工作典型经验做法（共20项，略）
     2. 部门工作典型经验做法（共16项，略）

国务院办公厅
2015年7月20日

五、函

（一）函的特点

  函，适用于不相隶属机关之间商洽工作、询问和答复问题、请求批准和答复审批事项。

  函具有商洽性的特点。函的发文机关和受文机关是不相隶属关系。无论是商洽工作，还是询问和答复问题，还是请求批准和答复审批事项，发文机关和受文机关之间没有指导与被指导、服从与被服从的关系。函不具有指示或指挥作用。但是，函与其他主要文种一样，具有由制发机关权限决定的法定效力。发文机关和受文机关双方处于平等的地位，对于共同关心的问题互相协商，以求达成一致。

  "函的形式"是公文格式中区别于"文件格式"的"信函格式"。以"信函格式"行文应当注意选择使用与行文方向一致、与公文内容相符的文种。

（二）函的种类

根据内容和作用，函可以分为询问函和答复函两种。

1. 询问函

询问函用于不相隶属机关之间商洽工作、询问问题和请求批准事项，是要求回答公务事项时而发出的函。

2. 答复函

答复函用于不相隶属机关之间商洽工作、答复问题和答复审批事项，是答复对方公务事项时而发出的函。

（三）函的写作

1. 标题

标题由事由和文种（函或复函）组成，也可以有发文机关，如《国家税务总局关于运动队队歌征集大奖赛获奖作者的奖金征收个人所得税的复函》。

2. 主送机关

主送机关是询问或者答复机关。

3. 正文

（1）询问函。包括以下几个部分。

① 缘由。交代要求回答的公务事项的基本情况或根据、要求。

② 事项。写明要求回答的公务事项的具体内容。

③ 结语。常用"请予函复""望予函告""可否，请予审批""盼复"等。

（2）答复函。包括以下几个部分。

① 缘由。首先引叙来文，然后写"经研究，现函复如下"等。

② 事项。针对对方要求回答的公务事项一一给予具体、明确的答复。

③ 结语。常用"特此函复""特此函答""专此回复""特此函告"等。

4. 落款

在正文右下方写上发文机关和成文日期。

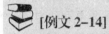

[例文2-14]

国务院办公厅关于同意在上海等9个城市开展国内贸易
流通体制改革发展综合试点的复函

国办函〔2015〕88号

上海市、江苏省、浙江省、福建省、山东省、河南省、湖北省、广东省、四川省人民政府，商务部：

你们关于请求批准在上海等9个城市开展国内贸易流通体制改革发展综合试点的请示收悉。经国务院批准，现函复如下：

一、国务院同意在上海市、南京市、郑州市、广州市、成都市、厦门市、青岛市、黄石市和义乌市9个城市开展国内贸易流通体制改革发展综合试点。

二、试点工作要坚持市场化改革方向，以建设法治化营商环境为主线，以新的流通创新为引领，通过深化改革，推动政府转变职能、简政放权，打破地区封锁和行业垄断，充分发挥市场配置资源的决定性作用，优化内贸流通发展的体制机制，完善流通法规、规则和诚信体系，逐步形成政府依法行政、企业守法经营、中介组织规范自律、社会公众有效监督的法治化营商环境和分工明确、协调高效的内贸流通管理体制，增强内贸流通服务经济社会发展全局的能力。

三、试点城市人民政府要根据《国内贸易流通体制改革发展综合试点方案》，围绕探索建立创新驱动的流通发展机制、建设法治化营商环境、建立流通基础设施发展模式、健全统一高效的流通管理体制等主要任务，结合实际，突出特色，制订本市试点工作方案，报商务部备案。

四、试点城市人民政府要加强对试点工作的组织领导，搞好综合协调，强化政策保障，认真落实各项试点任务，及时总结报送试点工作进展及取得的经验。试点城市所在省级人民政府要高度重视，加强对试点工作的指导和政策支持。

五、商务部要会同发展改革委、工业和信息化部、财政部、交通运输部、工商总局、质检总局、邮政局和供销合作总社做好宏观指导和督查落实，适时开展考核评估，并将考核结果报国务院。

附件：国内贸易流通体制改革发展综合试点方案（略）

国务院办公厅
2015 年 7 月 29 日

六、公报

（一）公报的特点

公报，适用于公布重要决定或者重大事项。

公报的特点是公开性。公报是知照性公文、下行文，用于党政最高权力机关及其领导人向国内外公开发布重要决定或者重大事件。公报制发的机关级别很高，公布的事情极其重要，公布的范围非常广泛。公报可以通过新闻媒体或会议的形式发布。公报内容的重要性和形式的多样性，都是为了在国内外民众中产生重大的影响。

（二）公报的种类

公报有会议公报、新闻公报、专题公报和联合公报（外交公报）之分。

1. 会议公报

会议公报是指党和国家召开会议之后就会议的重要决定或者重大事件公开发表。

2. 新闻公报

新闻公报是指就重大事件以新闻的形式公开发表。

3. 专题公报

专题公报是指就社会有关情况和问题公开发表。

4. 联合公报

联合公报是指两个政党或国家及其领导人就双方达成的协议公开发表。

（三）公报的写作

公报一般由标题、签署和正文三个部分组成。

1. 标题

（1）完全性标题。由发文机关+事由+文种构成，如《中国共产党第×届中央委员会第

×次全体会议关于××问题的公报》。

(2) 省略性标题。由事由+文种构成,如《××党与××党联合新闻公报》。

(3) 简单性标题。只写公报文种,如《新闻公报》《联合公报》等。

2. 签署

签署部分写明制发机关、会议名称、发布时间等,外面加上圆括号,居中排列。

3. 正文

(1) 开头。交代制发公报的原因、理由。会议公报交代会议概况,包括会议召开的时间、地点、出席人员和主持人、会议议题等。新闻公报概括主要新闻事实。专题公报交代有关专题概况。联合公报交代双方会谈的时间、地点、领导人等。

(2) 主体。公布重要决定或者重大事件。一般分条列项。会议公报陈述会议决定事项,阐明会议精神。新闻公报交代清楚事件的各个要素并加以展开。专题公报详细说明有关项目及具体数据。联合公报陈述双方讨论的主要内容、达成的共识、对有关问题的看法和观点等。

(3) 结尾。提出希望、要求,发出号召。专题公报对有关项目及数据进行补充解释、说明。

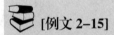

[例文2-15]

**中国共产党第十七届中央委员会
第六次全体会议公报**

(2011年10月18日中国共产党第十七届中央委员会第六次全体会议通过)

中国共产党第十七届中央委员会第六次全体会议,于2011年10月15日至18日在北京举行。

出席这次全会的有,中央委员202人,候补中央委员163人。中央纪律检查委员会常务委员会委员和有关方面负责同志列席了会议。党的十七大代表中部分基层文化工作者和从事文化研究的专家学者也列席了会议。

全会由中央政治局主持。中央委员会总书记胡锦涛作了重要讲话。

全会听取和讨论了胡锦涛受中央政治局委托作的工作报告,审议通过了《中共中央关于深化文化体制改革、推动社会主义文化大发展大繁荣若干重大问题的决定》。李长春就《决定(讨论稿)》向全会作了说明。

全会充分肯定党的十七届五中全会以来中央政治局的工作。一致认为,面对风云变幻的国际形势和艰巨繁重的国内改革发展稳定任务,中央政治局全面贯彻党的十七大和十七届三中、四中、五中全会精神,高举中国特色社会主义伟大旗帜,以邓小平理论和"三个代表"重要思想为指导,深入贯彻落实科学发展观,团结带领全党全军全国各族人民,隆重庆祝中国共产党成立90周年,制定实施"十二五"规划纲要,着力稳物价、调结构、保民生、促和谐,推动国民经济继续朝着宏观调控的预期方向发展,全面推进社会主义经济建设、政治建设、文化建设、社会建设及生态文明建设,全面推进党的建设新的伟大工程,各项工作取得新进展,为实现"十二五"时期良好开局打下了坚实基础。

全会研究了……

全会指出……

全会强调,坚持中国特色社会主义文化发展道路,深化文化体制改革,推动社会主义文化大发展大繁荣,必须全面贯彻党的十七大精神,高举中国特色社会主义伟大旗帜,以马克思列宁主义、毛泽东思想、邓小平理论和"三个代表"重要思想为指导,深入贯彻落实科学发展观,坚持社会主义先进文化前进方向,以科学发展为主题,以建设社会主义核心价值体系为根本任务,以满足人民精神文化需求为出发点和落脚点,以改革创新为动力,发展面向现代化、面向世界、面向未来的,民族的科学的大众的社会主义文化,培养高度的文化自觉和文化自信,提高全民族文明素质,增强国家文化软实力,弘扬中华文化,努力建设社会主义文化强国。

第三章 事务文书

第一节 概　　述

一、事务文书的含义

事务文书是指国家机关、政党、企事业单位、社会团体在处理日常事务过程中形成的通用文书。

事务文书可以分为管理类、规章类、会务类、考核类等。

二、事务文书的特点

（一）专职性

事务文书是具体的职能部门处理日常事务时使用的文书，它的重要职能是管理日常事务。管理类根据实际情况制定或调整决策，以便更好地改进工作。规章类对日常行为规范作出规定，以便有章可循。会务类利用会议对工作进行指导。考核类对工作中的成绩和不足进行评价，以便今后扬长避短。这些都是对事务的管理。事务文书的管理职能，有的表现得比较明显、直接，如规章类；有的表现得比较隐蔽、间接，如考核类。

（二）综合性

事务文书是实践和理论的结合，管理的事务涉及日常生活的各个方面，具有很强的综合性。事务文书必须从实际出发，了解和收集所涉及对象的大量的第一手材料，在掌握了大量材料之后才进入具体的理论写作阶段。事务文书必须在实践中具有指导意义和可靠性，才会有价值。例如，计划是否可行，只能在工作执行中才能得到证明；规章制度制定得是否合理，也要在本单位、本社区经过一段时间的检验。

（三）灵活性

事务文书在使用、制作和写作等方面具有一定的灵活性。第一，使用范围广泛，使用频率高，作用多种多样。第二，在制作目的、制作者、文种类型方面具有多样性。第三，写作格式上相对灵活。

三、事务文书的作用

（一）沟通情况，指导工作

国家机关、政党、企事业单位、社会团体通过事务文书发布消息，交流信息，可以沟通情况，总结工作中成功的经验和失败的教训，从而更好地指导工作。例如，可以利用简报和调查报告把基层的情况反馈给上级部门，便于上级指导工作；计划是对未来工作的步骤、方法的指导；总结、述职报告通过分析工作中得失的原因，可以避免以后重犯或者尽量少犯类似的错误。

（二）宣传政策，教育群众

事务文书在指导工作的同时，也担负着宣传党和国家的方针、政策，教育广大人民群众的作用。例如，会务类文书大都免不了向听众讲述当前的政治形势、国家的大政方针、目前的任务等，号召大家同心同德、为实现目标、任务而奋斗；简报除了交流信息以外，也有宣传政策、教育群众的作用；考核类文书和规章类文书在规范行为、约束行动的同时，也起到了宣传和教育的作用。

（三）规范行为，约束行动

事务文书可以告诉人们应该做什么、不该做什么，应该怎样做、不该怎样做，这样就能起到规范行为、约束行动的作用。例如，规章类文书一经通过生效，就具有约束力，有关组织或个人必须遵守；考核类文书通过肯定优点、指出不足，可以间接地起到规范、约束当事人行为的作用。

第二节 管 理 类

管理类事务文书，是国家机关、政党、企事业单位、社会团体等对公共事务进行宏观管理时所使用的文书。包括申论、调查报告、计划、总结、简报等。

一、申论

（一）申论的特点

申论是针对当前的时政热点问题从政府的角度提出可行性的对策并进行申述、论证。申论具有针对性、模拟性和广泛性等特点。

1. 针对性

申论具有很强的现实针对性。申论涉及的材料都是当前社会生活中的时事政治热点，与国家和人民的利益密切相关，需要政府尽快解决。对策、措施等要针对存在的主要问题提出，论证要针对主要问题和对策展开。

2. 模拟性

申论模拟公务员日常工作的实际情况，把真实的情景和材料展示出来，让考生进行处理。考生作为潜在的公务员，模拟政府官员、主管部门负责人、职能部门公务员等的身份，从相应的角度提出对策并且进行论证。

3. 广泛性

申论的主题非常广泛，都是社会热点。往年国考申论的主题分别是：噪音扰民（2000）、PPA风波（2001）、网络安全（2002）、重大安全生产责任事故（2003）、汽车工业及城市交通拥堵（2004）、农村与农民（2005）、公共安全应急机制（2006）、土地可持续性发展（2007）、开发与保护水资源（2008）、粮食生产（2009）、海洋的保护与开发（2010）、黄河治理与中华文化（2011）、道德建设（2012）、文化遗产（2013）、社会心理（2014）、科技利用（2015）。

（二）申论的作用

申论具有考察能力、提供参考等作用。

1. 考察能力

申论通过模拟公务员的日常工作情况，可以考察应试者的各方面的工作能力。公务员申论考试大纲明确规定应考察应试者的以下能力：阅读理解能力，综合分析能力，贯彻执行能力，提出和解决问题能力，文字表达能力等。

2. 提供参考

虽然申论的作者和对策千差万别，但是其中有些作者具有丰富的实践经验和较高的理论水平，提出的对策、措施、方案等必定有一些针对性、可行性、有效性，并且进行了充分的论证，可供有关部门参考。

（三）申论的准备

1. 关注时政热点

时政热点是普遍存在的急需政府解决的社会热点，涉及政治、经济、文化等各个领域。多听、多看时政要闻、时事评论等，不仅能够把握重大的时事，而且能够学会分析时政热点的方法，对于写作者是大有裨益的。

2. 了解考试动态

申论给定的材料数量越来越多，难度越来越大。出题的角度越来越灵活，越来越务实。题型既有所继承，又有所发展。了解申论考试动态，平时多下些工夫，考试时就成竹在胸，临危不乱。

3. 进行实战练习

阅读理解能力、综合分析能力、贯彻执行能力、提出和解决问题能力、文字表达能力，需要通过实践来获得。模拟考试环境，限定时间，解答历年申论考试真题，不仅能够检查自己的实力，而且能够调节心理状态，从而增强应试能力和公务员必备的各项能力。

（四）申论的写作

申论大致包括概括材料、提出对策、进行论证等部分。各部分都要严格以给定材料为依据，不能超出给定材料的范围。

1. 概括材料

（1）概括材料的步骤。

① 归纳段义。迅速找出各段关键句，关键句常常在段落开头、结尾或中间。如果没有关键句，就自己归纳。

② 调整顺序。把意义相近的段落归并在一起，并且按照内在联系调整段落顺序。

③ 逻辑推理。推理出材料反映的主题、主要问题、主要内容等。

（2）概括材料的方法。

① 追根溯源。大致包括以下环节：分析过程，理清关系，找出原因，分清主次，确定性质。根据材料反映出来的现象，由此及彼，由表及里，分析事物产生的原因或事情成败的根源，确定事物的性质或事情的本质，找出材料所要表达的观点。

② 求同存异。大致包括同中求异、异中求同、异中求异等方法。去粗取精，去伪存真，分析材料所包含的相同点和不同点，找出材料反映的主题或表达的观点。

例如，2014年国考（副省级）申论试题：

一、"给定资料2"揭示了当前社会心理方面存在的若干"缺失"，请对此予以归纳概括。

[参考答案]

1. 工作压力大，产生社会心态焦虑和抑郁，幸福指数下降；
2. 体制机制不够完善，事实上的不公平，容易引发心理失衡、社会矛盾；
3. 缺乏安全预期、对未知充满担忧、对变化心理准备不足、对多元心理认同不够，出现信任危机；
4. 社会陌生感，产生孤独自卑感，出现"社会隔离"人群心理失根；
5. 因存在羞耻感，社会对心理疾病存在偏见和歧视。

2. 提出对策

（1）提出对策的要求。

① 针对性。对策、措施等要针对主要问题提出，还要符合题目要求的身份。

② 可行性。对策、措施等应该符合当前的主客观条件，具有很强的可操作性。

（2）提出对策的方法。

① 抓住重点，先急后缓。造成问题产生的因素很多，重要的程度不一样，解决的急迫性也不一样。要分清轻重缓急，区别对待。要先解决眼前的，后解决长远的。一般按照"制止错误行为——补偿受害一方——惩处犯错一方——进行制度建设"这样的顺序进行。

② 标本兼治，照顾全面。社会问题的产生往往有多方面的原因。为了防止类似问题再次出现，必须杜绝问题产生的各种根源。这就要求全面出击，标本兼治。要调动各方面的积极因素，发挥主客观优势，以利于问题的解决。

例如，2015年国考（副省级）申论试题：

四、阅读给定资料4，谈谈你从中国高铁、中兴通讯和中国装备制造业的发展中能分别获得哪些启示？

[参考答案]

1. 我国在推动自主技术创新时要有坚定的决心，不因一时的挫折和质疑而停止前进的步伐，应该抓住机遇，总结经验教训，勇攀高峰；

2. 我国自主技术创新要不畏"强敌"，积极开拓国际市场，推动"走出去"战略，但是，在此过程中要执行严格的质量标准，以过硬的实力赢得尊重、扩大影响，提升企业和国家的知名度与国际地位；

3. 我国企业要想在激烈的国际市场竞争中占有份额，获得立足之地，就必须坚持自主创新，以优秀的自主品牌和技术推动企业和产业转型升级，用质量过硬和具有吸引力的产品赢得消费者；

4. 要实现中国从制造业大国向制造业强国的迈进，必须推动装备制造业的大力发展，而通过技术创新不断提高产品的质量和国际竞争力是其基础。与此同时，在与强大的国际同类企业进行竞争的时候，还要注重产品的个性化与全方位的服务。

3. 进行论证

可以按照"提出问题——分析问题——解决问题"的思路进行，各部分之间要紧密联系，互相照应。

（1）提出问题。

① 高度概括给定材料涉及的主要事实或主要内容。

② 提出主要问题或中心论点。

提出问题要开门见山，简明扼要。

（2）分析问题。

① 列举问题的由来、主要表现。

② 分析问题产生的原因。可以包括现实的和历史的、主观的和客观的、内部的和外部的、一般的和根本的，如此等等。
③ 指出问题的发展趋势、后果、危害、影响。
④ 揭示问题的性质、根源。
⑤ 强调问题解决的必要性和紧迫性。

分析问题要恰切、深刻，有理有据。不能面面俱到，主次不分。

（3）解决问题。
① 指明解决问题的原则、依据。
② 提出解决问题的具体方法、建议。

解决问题要符合国家的路线、方针、政策，有很强的针对性、可行性，合情合理合法。

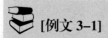[例文3-1]

让科技闪耀生命之光

实现人的全面自由发展，是人类社会的终极追求。……科技，这一人类智慧的结晶，在人与世界矛盾共生的永恒张力中，扮演着举足轻重的角色，一方面显著延长了人类探索世界的触角，增强了人类改造世界的能力，另一方面又在一种自我演进和强化的逻辑中变成了物质世界异化人类的帮凶。在科技进步、日新月异的今天，如何让科技更紧密地站在人类一边，尽可能褪去冷酷的表情，闪耀出生命的光芒，成为人类重要的课题。

科技从其诞生的那一刻起，就规定了其本质属性是为人的。粗陋如石斧，精妙如芯片，无不是为了人类能更好地生存、生产、生活。但是原子能既能为人类带来近乎源源不断的能源，却也能变身为足以毁灭全人类无限次的核弹；通信技术既能将"天涯若比邻"的美好幻想变为现实，却也能让人们沦为智能手机的奴隶，而恰恰忽略了面对面的情感交流；克隆技术既能带来医疗事业的革命性进展，却也可能为人类带来无法直面的伦理困境；塑料制品在为人们的生活带来极大便利的同时，却也造成了严重的生态危机。为人的科技转身而成为人类异化的头号推手，这多少让人觉得有点猝不及防，不过，它终究应该不是必然的。这一切表面看起来都是科技自身内在的复杂性使然，其实，却不外乎人类自身的选择。是追求科学逻辑的极致，还是人类伦理范围内的合宜；是放任盲目的物质至上主义，还是让物质力量更好地服务于人类精神力量的升华，在各种生态、伦理困境不断显露的当下，应该不是一个艰难的抉择。

让科技闪耀生命之光，需要为科技创新，尤其是应用性的技术性创新注入人性的光辉。人的自由是真善美的高度统一。科技成果及产品的创造，必须彻底改变以"求真"为单一目的的单向度演进逻辑，而始终纳入人类生存与发展的宏观背景之下。重要的科技创新必须尊重和服从人类现实的伦理秩序；科技产品不能只是充当人类征服与改造世界的硬件工具，而必须同时有助于满足人类审美的需求，改变整体性价值导向，而更加注重个性化的需求，变成人们精神升华的阶梯。

让科技闪耀生命之光，需要合理利用科技成果，摆脱科技对人类的异化困境。科技的腾飞确实为人类带来了变革自然的强大力量，却也正因如此，资源枯竭、环境恶化、电磁辐射、人际冷漠成了高悬于人类头顶的达摩克利斯之剑。因此，人类必须改变对技术力量的"炫耀性"试用，在面对自然时保存一份必要的敬畏，推崇人与自然的和谐、共生和适度消费。在"上天入地"毫无悬念，光速移动伴随生活的同时，在内心里保持一份田园退思，对身边平常的人、事、物多一份关切与爱护。

科技是生命的点缀，永远无法也不应喧宾夺主。要在利用科技所带来的巨大便利的同时，抵御其异化的诱惑。让科技真正闪耀生命之光，人类共同的觉醒是必需的。

二、调查报告

（一）调查报告的含义

调查报告是指根据特定的调查目的在对客观事物和社会问题进行深入细致的调查研究之后写成的揭示事物本质和规律的文书。

考察报告、调查、调查记、调查汇报、调查综述、情况调查、信访调查等，都属于调查报告的范畴。

调查报告的形成可以分为调查和报告两个主要环节或阶段。调查包括对事实材料的了解、考察、收集、鉴别及对事实材料的分析、研究与归纳、概括。报告是把调查、研究得到的典型材料和从中归纳、概括出来的观点、经验、教训或问题写成文章。

（二）调查报告的种类

按照内容性质，调查报告可以分为经验调查报告、问题调查报告和情况调查报告。

1. 经验调查报告

经验调查报告主要介绍具有普遍指导意义的典型经验，为有关部门提供具体的经验、做法，以推动工作的全面开展。

2. 问题调查报告

问题调查报告主要揭露实际工作中的缺点、失误，违背党的方针、政策和违反党纪国法的行为，以及社会生活中的不良现象和倾向。目的是通过大量的事实，总结教训，揭示问题产生的根源，提出相应的解决方案，以引起有关部门的重视和全社会的关注。

3. 情况调查报告

情况调查报告包括反映工作情况的调查报告和反映新生事物的调查报告。反映工作情况的调查报告，是针对某项工作的现状或群众普遍关心的热点问题、关系国计民生的重大问题进行深入调查和分析研究之后提出的建议，为领导机关、决策部门了解情况、研究问题、制定和修改有关政策、采取相应措施提供依据。反映新生事物的调查报告，是对社会生活中出现的新生事物的产生背景、原因、发展过程和规律，以及它的存在意义、影响和发展前途进行调查、分析以后，发表的看法，以帮助人们提高认识，树立正确的态度，采取正当的行动。

另外，按照范围，调查报告可以分为综合调查报告和专题调查报告。按照内容，调查报告可以分为市场调查报告、商情调查报告、股票交易调查报告、青少年犯罪调查报告、社会治安调查报告、成人教育调查报告、职工收入调查报告等。按照目的，调查报告可以分为新闻性调查报告、总结性调查报告和研究性调查报告等。

（三）调查报告的作用

调查报告的作用可以概括为提供依据、推广经验、明辨是非。

1. 提供依据

调查报告可以为制定方针、政策和改进工作方法提供依据和参考。它强调调查研究，实事求是，一切从实际出发，能够真实、深刻地反映现实工作的基本情况，揭示客观事物的本质规律。对于上级领导部门制定方针、政策，提高决策水平，实现决策的科学化和民主化，具有重要的依据作用和参考价值；对于克服官僚主义和主观主义，改进工作方法，提高工作水平，也具有十分重要的意义。

2. 推广经验

调查报告可以推广具有普遍指导意义的典型经验。它反映实际工作中普遍存在的现象和问题，把具体的经验和做法提供给有关部门，促进单位之间的信息交流，以利于更加有效地开展工作。

3. 明辨是非

调查报告可以辨别真伪，明辨是非。它反映某项工作、某个问题或某种社会现象的本来面目，深入揭示事物的存在和发展的根本原因与本质规律，有利于广大群众明辨是非，开阔视野，提高认识水平。

（四）调查报告的特点

调查报告的主要特点是针对性、客观性、深刻性。

1. 针对性

调查报告有明确的调查目的和特定的调查对象。或者总结、推广先进经验，介绍新生事物；或者反映情况，研究问题；或者揭露弊端，展示矛盾。针对性越强，就越符合实际工作需要，价值就越大。作者必须围绕报告目的，从工作的实际需要出发，从客观存在的问题入手，有针对性地进行事实调查和分析研究。例如，揭示问题的调查报告，就可以针对揭示问题、解决问题的目的，从问题的产生过程、产生原因、弊端和危害、解决方法及今后的防范措施等方面进行调查分析。

2. 客观性

调查报告是对客观事物的真实的、科学的反映。事实材料来自现实生活，从中得出的观点也要符合客观事实情况。客观性是调查报告的生命，是调查报告的价值和意义所在。调查报告必须从客观实际出发，以真人真事为依据，通过对事实材料的分析研究，得出正确的结论。调查时不仅要选取适当的调查方法，也要运用可靠的材料，如统计数据、典型事例、现实材料、历史资料。要克服主观性、表象性和片面性等错误，尽量做到客观、全面。

3. 深刻性

调查报告揭示的是客观事物的本质和规律。或者展示事物发展、变化中的主要矛盾，或者引导读者深入地思考，或者给人以思想的启迪。这是调查报告实现其社会作用和价值的要求。调查报告偏重于反映比较重大的题材，反映社会的热点问题和人们普遍关心的问题，这就要求调查报告不能仅仅停留在就事论事上，而要有一定的理论深度。在统计、分析和研究的基础上，寻找出事实材料的内在本质和事物发展的基本规律，提炼出富于思想性和科学性的主题观点，将感性认识上升为理性认识，用于指导我们的实践。

（五）调查研究的实施

1. 调查之前的准备工作

（1）根据意义和价值的大小，确定调查的课题项目。
（2）明确调查的指导思想。
（3）研究调查的对象和范围。
（4）确定调查的起止时间。
（5）建立临时调研组织，确定调查人员，明确分工。
（6）研究调查的方法、手段和技术的运用。
（7）分析有关调查对象的历史和现状的资料。
（8）预算调查经费。
（9）分析调查中可能出现的问题，制定应对策略。
（10）请有关专家和领导对课题项目及其实施方案进行评估。

2. 调查的方法

调查的方法可以分为具体调查法和基本调查法。具体调查法有访问调查法、问卷调查法、文献调查法、实验调查法、观察调查法。基本调查法有个案调查法、抽样调查法、普遍调查法等。

（1）访问调查法。访问调查法是调查者通过面对面的直接交谈而向被调查者了解情况、收集资料的调查方法。包括直接访问法、间接访问法和座谈访问法三种。直接访问法是调查者单独与调查对象直接交谈而获得有关资料的方法。间接访问法是调查者通过访问调查对象周围的人而获得有关资料的方法。座谈访问法是通过召开座谈会进行集体座谈而获得有关资料的方法。

（2）问卷调查法。问卷调查法是调查者把根据研究课题制成的调查表发给被调查者填写以收集资料、掌握情况的调查方法。

设计问卷时，要遵循以下原则。

① 提问要力求简明扼要，通俗易懂。

② 提问要单一、具体，容易回答。

③ 提问要全面、客观。

④ 提问应该先易后难。

（3）文献调查法。文献调查法是通过查阅文献以获取有关资料的调查方法。文献资料包括文字文献、数字文献、图像文献和有声文献等。要熟悉各类工具书，如年鉴、年表、手册、图谱、索引、类书等。要掌握各种检索法，如顺查法、逆查法、追溯法等。到图书馆查阅文献时，一般按照从本单位到外单位，从国内到国外的顺序。

（4）实验调查法。实验调查法是按照人工操作的设计程序对调查对象的活动进行观察、记载和分析以揭示其本质和规律的调查方法。它有详明的对照性，或者以实验对象自身实验前的状态作为自我对照，或者选取与实验对象相类似的单位作为对照。作为对照的参照物可以是一个，也可以是一组或几组。实验可以重复，以检验实验调查的结果。

（5）观察调查法。观察调查法是通过对调查对象进行深入、细致的观察和分析而获得有关资料的调查方法。要细致、全面地观察，客观如实地做好观察记录，这样才能保证公正地作出评价。

（6）个案调查法。个案调查法是通过对个别对象进行深入、细致的调查而认识同类事物的调查方法，也叫典型调查法。个案调查涉及面小，内容全面。个案调查可以是历史的，也可以是现实的；可以是纵向的，也可以是横向的；可以调查日记、书信、传记、地方志、档案、文物、照片等，也可以调查思想、观念、精神、态度、心理等。

（7）抽样调查法。抽样调查法是对整体对象中的一部分样本进行调查、研究而推断出整体的状况、特征等的调查方法。抽样调查有随机抽样和非随机抽样之分。随机抽样可以分为简单抽样、分组抽样等，非随机抽样可以分为配额抽样、追溯抽样等。

（8）普遍调查法。普遍调查法是对所有的调查对象进行调查而获得调查资料的调查方法。普遍调查法涉及面广，内容全面，得出的结论也比较真实可信，但是工作量大。它要求对所有的调查对象进行全面调查，因此只有在调查对象比较少时才使用。

(六) 调查报告的写作

调查报告的结构一般由标题、正文和落款三个部分组成。

1. 标题

（1）公文式标题。明确标明调查的对象、内容和文种，如《关于黄河断流原因的调查报告》。为了引起读者思考，也可以采用提问式标题，如《谁在消费保健品？》。

（2）论文式标题。常常直接概括调查报告的主题和内容，如《城乡居民收入差别及其决定因素研究》。

（3）综合式标题。采用双标题形式，由正题和副题组成。正题一般揭示调查报告的主题，副题一般补充说明调查的对象和内容，如《百姓与"家轿"——关于影响购买家庭轿车主要因素的调查》。

2. 正文

正文一般由前言、主体和结尾组成。

（1）前言。内容主要包括调查的时间、地点、目的、对象、问题、范围、方式、结论等。前言主要是给读者留下一个总体印象，要开门见山，提纲挈领，紧扣主题，吸引读者。前言部分的写法比较灵活，常见的有以下几种形式。

① 概述文章的主题，交代调查的目的、对象、时间、范围、方式等。

② 概括调查对象的成绩，通过今昔对比提出问题。

③ 介绍调查对象的基本情况。

④ 提出总观点，并作简要说明。

⑤ 从分析政策或事理入手，引出调查对象。

（2）主体。详细阐述调查的主要内容，揭示客观事物的本质和规律，表达作者的观点和见解。经验调查报告和问题调查报告，在叙述事实材料之后，从中概括出观点来，说明经验的现实意义或问题的实质、后果与教训等。情况调查报告可以具体介绍调查对象各个方面的情况。

主体部分可以采用横式结构、纵式结构和综合结构。

① 横式结构。按照事物的性质或内在联系归类，从几个方面组织材料，几个部分之间呈横向并列关系。

② 纵式结构。按照事物发生、发展的时间顺序或内在逻辑来组织、安排材料，逐层递进、深入，揭示事物的本质和规律。

③ 综合结构。横式结构和纵式结构交错运用、互相配合。综合结构兼有横式结构和纵式结构的特点，适用于内容复杂、头绪繁多的大型调查报告。

（3）结尾。可以使用以下形式。

① 对调查的情况和问题，提出解决的办法、措施、建议或意见。

② 概括全文观点，进一步深化主题。
③ 提出新问题，引人深入思考。
④ 指出问题，找出差距，表明态度。
⑤ 展望未来，指明方向。

3．落款

落款写上调查者姓名和成文日期。如果调查报告用来发表或交流，可以把调查者姓名放在标题的下面。

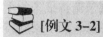[例文3-2]

2010年中国语言生活状况调查报告

一、中央政府重视语言文字事业（略）
二、语言文字工作亮点突出（略）
三、社会大众关注语言生活

社会大众关注语言生活，往往形成社会热点。2010年是中国教育特别是语文教育的重要一年。《国家中长期教育改革和发展规划纲要（2010—2020年）》带来的期待，引发了诸多有关教育改革的议论。从高等院校招生取消语文考试，到更换中学语文教材篇目；从学生汉语能力下降，到汉字书写能力退化；还有母语教育弱化、国民语言文字应用能力下降等问题，越来越引起人们的关注和担忧。主要关注点有：

1．有的高校自主招生取消语文考试

有的高校在1月份的自主招生考试中，取消语文考试。舆论认为，此举草率、短视、不负责任、急功近利，会使学校的语文教学更加边缘化。出现了"语文教育危机""母语文化生存危机""汉语危机""汉语消亡"等呼声。

2．中学语文教材篇目更换

9月初，有篇微博写道：《孔雀东南飞》《药》《阿Q正传》《记念刘和珍君》《雷雨》《背影》等名篇已从高中语文教材中剔除了。此消息引起社会各个方面热议。一些人认为，鲁迅文章传达的社会责任是超时代超地域的，撤下鲁迅的文章就是割断传统文化的血脉。另外一些人认为，新时代需要新经典，鲁迅作品有时代局限性，现今已然过时，只有新时期的新作品才更具当下价值。因涉及鲁迅多篇文章，舆论又称这次讨论是由"鲁迅大撤退"或"去鲁迅化"引起的。

3．学生汉语能力下降

一项对首都部分大学生汉语应用能力的测试显示，不及格的学生占30%，得分在70分以下的占68%，测试结果不容乐观，人们不得不质疑学生的汉语应用水平。《中国青年报》

的一项民意调查显示,确认当前社会存在汉语应用能力危机的占80.8%,认为汉语应用能力不存在危机的占19.2%;认为造成汉语应用能力危机的原因在于"很多人重视外语学习,轻视汉语学习"的占52.0%,认为"现在人们喜欢解构汉语,稀奇古怪的词语层出不穷"的占43.6%,认为"影像文化占据绝对优势,文字越来越不重要"的占30.1%。

汉语使用的不规范、不严肃,引起社会广泛忧虑,担心当代中国人与自身传统文明之间出现了裂痕,母语文化受到削弱。

4. 汉字书写能力退化

2010年3月"两会"期间,有政协委员提交了《关于加强青少年汉字书写教育的提案》,多家报纸和网站的调查结果印证了国人汉字书写能力确实呈下降趋势。这些调查还引起英国《卫报》及美国《洛杉矶时报》的关注,他们的报道传至国内,又引发对传统文化的忧思。

多数观点认为,广泛使用计算机、手机等电子产品,使得人们普遍手写汉字机会减少。对汉字书写要求不严,书法教育薄弱,对书写标准无明确规定,致使汉字书写教学逐渐边缘化,国人汉字书写能力下降。

专家呼吁,应尽快制定大中小学生的汉字书写等级标准,各种考试和招聘应适当增加汉字规范书写的要求,通过强制性的标准让书写教育回归学生课堂,回归人们的日常工作生活当中。

5. 普通话与方言的关系

普通话是国家通用语言,推广普通话为的是克服不同方言地区之间的交际障碍,方便沟通和交流,而不是歧视、禁止使用方言。

广州"撑粤语"事件 为了提升广州亚运会软环境建设水平,广州市政协6月份在网上进行"关于广州电视台播音情况的调查"。有网友发出微博"广州电视台要取消粤语",顿时"粤语危亡论"四起,引起"粤语存废"之争。7月5日,广州市政协提交《关于进一步加强亚运会软环境建设的建议》的提案,其中包括《关于广州电视台综合频道应增加普通话节目播出时段的建议》。又有政协委员发微博,称"母语危矣"。舆论出现"推普废粤""粤语危亡论"等伪命题,进而出现"捍卫粤语"的一些活动。广州"撑粤语"事件是方言与普通话之争的极端事例,并不仅仅是语言问题,其背后有本土文化与外来文化的冲突。

上海传媒的方言问题 2009年2月4日,《新民晚报》"闲话"版刊登一文写到:到浦东,尤其是陆家嘴,都说普通话,说上海话是没有文化的表现。其中"说上海话是没有文化的表现"一句,在主张"保卫上海话"的老上海人中间引起反响。网上有人发帖,持否定意见。次日,该报的社区版编辑部发表致歉声明,表示该文摘自《上海市井》一书,因文字摘编处理不当,伤害了上海读者的感情,"特向读者致以真诚的歉意"。

这些事件引发了推广普通话和保护方言的大讨论。实际上，普通话和方言从来都不是对立的，依法推广普通话的目的是克服交际障碍，方便沟通和交流，而不是歧视、禁止方言。方言是客观存在的，有其自身的产生发展规律和使用价值，并在一定领域和特定地区内将长期存在。普通话在全国通用，方言在方言区使用，二者互相依存，互相促进，各自发挥其功能作用，满足不同层面的需求。对方言，特别是一些濒危的方言，还应利用现代技术手段，如有声数据库的建设等进行调查、整理、研究和开发应用。

四、微博、新词语、热词成为新的信息传递方式（略）

五、自然灾害和人道主义救援中的语言援助问题引起关注（略）

六、关注国际语言生活（略）

七、媒体用字用语情况（略）

八、少数民族语文教材状况（略）

九、海外汉语教材与东南亚华文教材用字用词状况（略）

十、中文博客语言状况

博客调查语料来自新浪、网易和搜狐三家网站，这些网站都公布了名博列表。本次调查统计了这些列表中的 1 929 个博客用户全年发布的共计 176 089 个博客帖。调查内容包括博客用户发帖情况、博客用字用语情况和博客标签使用情况。

1．发帖量

年发帖量小于或等于 50 的用户约占总用户数的 60%，发帖量小于或等于 200 的用户占总用户数的 88.44%。发帖量最多的用户全年共发帖 3 076 篇，有 72 个用户全年共发帖 1 篇，平均每个用户发帖 91 篇。发帖量最多的用户主要是一些机构用户。

2．博客帖长度分布

长度在 1 000 到 2 000 个字符之间的博客帖比例最大，占总量的 34%；长度小于 4 000 的博客帖占总数的 88.63%。

三、计划

（一）计划的含义

计划是指党政机关、企事业单位、社会团体或个人为了完成未来的某项工作或任务结合实际情况作出的打算和安排的文书。

现实生活中常见的规划、纲要、工作意见、工作要点、打算、设想、安排、方案等都属于计划的范畴，但是它们在时间长短、内容详略、范围大小等方面有区别。规划、纲要是时间较长、范围较广、内容概括，展示宏观目标和发展远景的计划。工作意见、工作要点是领导部门向所属部门布置工作和任务，偏重于政策性、原则性指导的计划。打算、设想是非正式的、粗线条的计划。安排是内容具体、时间较短的计划。方案是对重要工作的目的、要求、方式、方法、进程等进行安排，经过上级批准以后才能执行的计划。

（二）计划的种类

按照内容性质，计划可以分为学习计划、工作计划、生产计划、科研计划等。

1．学习计划

学习计划是组织或个人为了开展学习而制订的计划。

2．工作计划

工作计划是党政机关、社会团体、事业单位为了开展工作而制订的计划。

3．生产计划

生产计划是企业单位为了进行生产而制订的计划。

4．科研计划

科研计划是组织或个人为了进行科学研究而制订的计划。

另外，按照内容含量，计划可以分为专题性计划和综合性计划。按照范围，计划可以分为系统计划、单位计划、个人计划等。按照时间，计划可以分为长期（五年以上）计划、中期（一到三年）计划、短期（季度、月份、周）计划等。按照写作形式，计划可以分为文字式计划和表格式计划。

（三）计划的作用

计划的作用主要表现在指导工作、优化配置。

1．指导工作

计划一旦制订，就要按照计划执行。为了实现计划制订的目标、任务，就必须采取相应的步骤、措施。计划是一种工作决策，是一定时期内的行动纲领。在一定时期里，人们的行动都要围绕计划进行，不能有与计划相抵触的行为，更不能与计划背道而驰。只有大家齐心协力，步调一致，计划才能实现。如果把计划搁置一边，各行其是，就不能保证计划得到实现，计划就等于一纸空文。当然，计划的制定必须符合工作实际。

2．优化配置

为了保证计划的顺利实现，就必须优化配置。计划可以调动人们的积极性、主动性和创造性，把各个环节、各个方面有机地配合起来，使人力、物力、财力有效地结合起来，形成整体结构的最优化，充分发挥整体作用。系统内部优化配置好了，必然会提高工作效率和劳动生产率，为计划的顺利实现创造良好的条件。领导者、管理者为了实现整体的优化配置，往往把计划作为对全局进行宏观调控的有效手段和对系统内部进行协调的有效工具。

（四）计划的特点

计划的特点可以概括为预见性、可行性、明确性。

1. 预见性

计划是对未来工作的预测性设想和安排。计划有待于实际工作的检验。预测计划要尽量做到科学,这样制订出来的计划才能发挥现实作用。制订计划要在深刻理解党和国家的方针政策、把握政策导向的基础上,深入实际,调查研究,充分掌握历史的和现实的、全局的和局部的情况与资料,认真讨论,反复论证,使计划能够准确地预测未来。

2. 可行性

为了达到预期的目标,保证有序地、高效地完成任务,计划必须切实可行。任务指标的制定要来自实践,既不能过高,让执行者觉得可望而不可即,又不能过低,让他们觉得轻而易举,否则就会使计划的制订失去意义。计划的目标、任务可以稍微高于执行者的能力,经过努力可以实现。制订的方法要得当,措施要得力,步骤要具有可操作性。计划如果没有可行性,就没有执行的价值。

3. 明确性

计划的目标、任务、要求、步骤、期限、方法、措施等都要十分具体而明确。只有这样,计划才能具有可操作性,才能保证计划的顺利实现。如果计划不明确,执行者就无从执行。为了保证计划的明确性,制订计划时要使用一些精确的数据,做到项目细致,表达清楚,逻辑严密。

(五)计划的写作

计划一般由标题、正文和落款构成。

1. 标题

标题可以采用以下几种形式。

(1)单位+时间+事由+文种,如《复旦大学2018年博士研究生招生计划》。

(2)单位+事由+文种,如《上海科技馆建设计划》。

(3)时间+事由+文种,如《2017—2018年青年教师培训计划》。

(4)事由+文种,如《教学计划》。

如果标题中没有注明单位、时间,落款中就要注明单位、时间。

如果计划还需要经过讨论才能定稿,就应该在标题后面的括号里注明"征求意见稿""初稿""草案""讨论稿"等。

2. 正文

正文包括前言、主体和结尾三个部分。

(1)前言。交代指导思想和基本情况。指导思想说明制订计划的目的、依据,就是为什么制订此计划,根据是什么。基本情况从总体上分析本单位的主客观条件,说明完成任务的必要性和可能性等。

(2) 主体。

① 目标、任务。主要说明做什么。要写清楚计划应该达到的目标、完成的任务指标和要求等，具体明确地落实到工作数量、质量、效率、效益等方面。提目标要宏观科学、切实可行，提任务要确定重点、分清主次，提要求要条理清楚、具体明确。

② 措施、步骤。主要说明怎么做，什么时间做。具体说明为完成目标、任务采取的具体方法、措施，人力、物力、财力的调配运用，有关部门的具体分工，不同时限达到的具体要求等。例如，怎样利用优势，依靠哪些力量，采取何种方法，创造什么条件，克服哪些困难，人员如何分工，程序如何划分，奖惩如何进行。

(3) 结尾。可以采用以下方式：点明工作重点，强调主要环节；说明注意事项，分析可能出现的问题；提出希望与号召，激励大家为完成计划而努力奋斗。总之，结尾要言简意赅，自然收束，有鼓动性，有号召力。

3．落款

写上制订计划的单位名称、个人姓名和成文日期。单位名称如果在标题中已经出现，这里就可以省略。

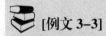
[例文 3-3]

大学阶段生活计划

终于步入梦寐以求的大学了。大学阶段是人生的重要阶段，以后的发展如何，在很大程度上取决于这时掌握的知识、获得的技能和培养的能力。怎样度过美妙的大学时光？怎样使大学生活过得充实而有意义？怎样使身心得到健康发展？怎样塑造健全的人格？怎样在跨入社会的时候更具有竞争力？……为了解决诸如此类的问题，以指导丰富多彩的大学生活，首先要为大学阶段的生活制订一份周密的计划。

一、主要目标和任务

大学阶段要认真安排自己的生活，认真对待每一件事情，德、智、体全面发展，积极投身社会实践，拿到奖学金，争做三好学生、优秀干部，争取早日入党，并且为将来找到合适的工作打下良好的基础。

（一）努力学习和熟练掌握科学文化知识和基本技能

1．刻苦学习各门文化科学知识。文化科学知识是对于自然界、社会和思维的科学认识，是前人的研究成果、间接经验的结晶，可以帮助我们少走弯路，少犯错误。基础课程能够提高我们的基本素质，专业课程能够教给我们专业方面的知识。

2．广泛涉猎课外百科知识。仅有课堂知识是不够的，还必须大量阅读课外书籍，以丰富我们的头脑，开阔我们的视野。

3．努力掌握计算机和外语技能。计算机和外语这两项基本技能不熟练，将会极大地影响我们以后的工作。

（二）积极参加文化娱乐体育活动

1．主动参加体育锻炼。身体是本钱，因此要十分重视体育锻炼。体育锻炼不仅可以增强体格，还可以培养人的意志。

2．热心参与文化娱乐活动。文化娱乐活动不仅可以密切人与人之间的关系，还可以陶冶情操，增强兴趣，发展特长，培养能力。

（三）投身社会实践，提高工作能力

1．为校内学生服务。竞选班干部、学生会干部或团委干部，为大家做一些事情。根据自己的兴趣，参加社团活动。这些都能增长自己的才干。

2．到校外兼职。兼职不仅能够更深入地了解社会，还能够培养自己的能力，为将来找工作增添砝码。

（四）加强思想修养，争取早日入党

优秀的品德是一个人取得成功的重要保证。努力学习马列主义、毛泽东思想、邓小平理论和"三个代表"重要思想，不断加强思想修养，早日加入党组织。

（五）结交各界朋友，扩大交际范围

良好的人际关系也是取得成功的一个重要因素。除了与同学搞好人际关系以外，还要与老师结交，与社会有关人士结交。另外，如果条件成熟，要谈一场轰轰烈烈的恋爱。毕竟，大学是人生的一个重要阶段。

二、主要步骤与措施

按照主要任务的不同，大学生活可以划分为两个相对独立的阶段。每一个相对独立的阶段还可以划分为更小的阶段。除了完成学业以外，每一个阶段还有重要的事情要做。

（一）第一阶段：以完成学业为主

这一阶段，上课认真听讲，每天抽出一小时的时间复习当天学习的课程，抽出半小时到一小时的时间参加体育锻炼。争取通过计算机、英语等级考试。

1．大一学年，完成学业，拿到计算机等级证书。利用晚上、双休日和节假日的时间，参加计算机培训。争取大一上学期拿到计算机初级证书，大一下学期拿到计算机中级证书。

2．大二学年，完成学业，通过英语四六级考试。每天早上保证半小时的时间学习外语，课余抽出一个小时左右的时间学习外语。利用晚上、双休日和节假日的时间，参加英语四六级培训。争取大二上学期通过英语四级考试，大二下学期通过英语六级考试。

（二）第二阶段：以社会实践为主

这一阶段，除了完成学业以外，如果没有通过计算机、英语等级考试，就继续努力，通过计算机、英语等级考试。另外，还要到校外兼职，写论文，找工作。

1. 大三学年，完成学业，寻求兼职。兼职要根据自己的兴趣和特长，选择合适的职业，但是也不要固定在某一狭小范围内。同时，兼职可以与写论文和找工作结合起来，为写论文收集材料，为找工作打基础。

2. 大四学年，完成学业，寻找工作。多向指导老师请教，写好毕业论文。调动各种关系，采取多种形式，参加招聘会，争取找到合适的工作。

以上只是对大学阶段的生活作了粗线条的勾勒，还要根据具体情况不断进行调整和修改。不过，不论情况如何变化，以上主要目标和任务一定要保证实现。我想，只要按照这个计划执行，我的大学生活就一定会有所收获！

白　帅

××××年××月××日

四、总结

（一）总结的含义

总结是指组织或个人对过去的工作进行回顾、检查、反思和综合、归纳、分析以找出经验、教训并使之条理化、系统化的文书。

对一定时期内的生活、工作、学习、实验、训练等实践过程，或者对一项已经完成的任务，进行客观的回顾、检查、研究，从中找出经验和教训，形成总体评价，并且加以条理化、系统化，上升为规律性的理性认识，反过来用以指导今后的实践活动，这就是总结。有人把总结的基本内容概括为：回顾过去，评价得失，指导将来。

总结是与计划相对应的文书。总结可以看作是对计划执行情况的检查和评价。通过总结，可以发现计划的制订是否合理、执行计划取得的成绩和存在的问题。这些对制订下一阶段的计划具有重要的指导和借鉴意义。

（二）总结的种类

按照内容含量，总结可以分为综合性总结和专题性总结。

1. 综合性总结

综合性总结是对一定时期内各方面工作的全面总结。它涉及面广，内容详细，能够展现以往工作的全貌，如工作开展的基本情况、经验和体会，存在的问题、不足和努力方向。综合性总结一般用来向上级单位汇报工作，指导本组织或个人的工作实践。

2. 专题性总结

专题性总结是就某项具体工作或专项活动进行的总结。它内容单一、具体，并且常以总结典型经验为主。专题性总结针对性强，富有指导意义。

另外，按照内容性质，总结可以分为工作总结、学习总结、思想总结、生产总结、教学总结、科研总结等。按照时间，总结可以分为年度总结、季度总结、月份总结、阶段总结等。按照范围，总结可以分为系统总结、单位总结、班组总结、个人总结等。按照功能，总结可以分为汇报性总结和经验性总结。

（三）总结的作用

总结的作用主要在于提高认识、汇报情况、改进工作。

1. 提高认识

常常会出现这种情况：工作虽然做了，但是由于各种因素的影响，人们一时看不清楚问题的实质，或者看法不一，评价不一。总结通过去粗取精、去伪存真、由此及彼、由表及里的分析、研究，可以把感性认识上升为理性认识，掌握客观事物的本质和规律。可见，总结的过程，就是提高认识的过程。

2. 汇报情况

总结既可以上交上级领导部门，又可以在本单位、本部门进行交流。通过总结，上级领导部门和本单位、本部门可以了解工作的具体情况，如成败得失以及成功的经验、失败的教训、改进的方法等，以便今后制订计划时有的放矢。

3. 改进工作

通过总结，可以从中提取经验，吸取教训，明确方向，为领导者、管理者提供参考和依据，提高决策水平。通过总结，可以发现实际工作中与计划不相符合的地方。总结有利于在以后的工作中发扬成绩，纠正错误，克服盲目性，增强自觉性，进一步改进工作。

（四）总结的特点

总结具有典型性、规律性和理论性的特点。

1. 典型性

总结中概括出来的经验或教训具有较高的代表性，因而具有典型性。这些经验和教训具有普遍的指导意义，适用于类似的情况。吸取这些经验和教训，可以少走弯路，迅速取得成功。因此，要善于从总结中学到有益的东西，用于指导我们的实践。

2. 规律性

好的总结能够透过复杂的现实工作，找出实质性的内容。总结通过对具体工作的认识、把握，归纳出规律性的东西。只有规律性的总结，才能指导人们从事普遍意义的工作。

3. 理论性

总结的目的在于指导工作，总结的内容不能只是对工作事实的堆砌和对有关材料的罗列，而是要对大量的工作材料进行分析、思考，从感性认识上升到理性认识，体现出一定的理论水平，从而指导今后的工作。

(五) 总结的写作

总结一般由标题、正文和落款构成。

1. 标题

（1）公文式标题。这种标题比较醒目，适用于综合性总结和专题性总结。公文式标题有以下几种构成方式。

① 单位+时间+事由+文种，如《××图文传播学院2016年工作总结》。
② 单位+事由+文种，如《上海市水文局治理黄浦江工作总结》。
③ 时间+事由+文种，如《2016年职工培训总结》。
④ 事由+文种，如《引进人才总结》。
⑤ 时间+文种，如《季度总结》。
⑥ 只写文种，如《总结》。

（2）论文式标题。这种标题比较简明，常常直接概括总结的内容和主题，适用于经验性总结，如《向管理要质量要效益》。

（3）综合式标题。采用双标题形式，由正题和副题组成。正题一般采用论文式标题，揭示总结的内容或主题；副题一般采用公文式标题，补充说明单位、时间、事由及文种，如《适应新形势，研究新情况，解决新问题——××市信访办公室2016年工作总结》。这种标题比较全面，适用于经验性总结和有特点的总结。

2. 正文

（1）前言。概括叙述基本情况。包括工作开展的背景，内外部环境，主客观条件，总结的时限和范围，对工作情况的总体评价等。应该根据总结的内容有所侧重，要简洁精练、提纲挈领。

（2）主体。具体阐述成绩与经验。包括所取得的成绩，采取的主要措施和做法，在实际工作中的切身体会和具有典型意义的经验等。阐述时要有充分的事实、典型的材料和确凿的数据。要事理结合，点面结合，条理清楚，逻辑严密。可以使用小标题。

主体部分可以采用纵式结构或横式结构。

① 纵式结构。以成绩或经验为纲。首先把取得的成绩、成效分为几个方面，按照主次轻重排列，接着详细介绍采取的措施、主要做法，然后阐述经验、体会。纵式结构常常用于专题性总结或经验性总结。

② 横式结构。以工作内容为纲。按照性质把工作内容分成几个方面，分别介绍做法、措施、经验和体会。横式结构常常用于综合性总结。

（3）结尾。交代问题和打算。包括存在的问题、不足，改进的措施，今后的打算，努力的方向等。要具体、实在，不能写得很详细，也不能写得太笼统。

3. 落款

落款写上进行总结的单位名称、个人姓名和成文日期。单位名称如果在标题中已经出现，这里就可以省略不写。如果总结用来发表或交流，可以把单位名称或个人姓名放在标题的下面。

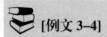[例文 3-4]

××市两年新产品开发总结

两年来，我市按照国家技术开发的方针、政策，围绕着增强企业活力，狠抓了新产品开发这个关键。通过各级领导重视和调动科技人员的积极性，出现了多层次搞开发、多渠道投资、多形式争项目的局面，使新产品开发取得了较大的成绩。××××年和××××年，全市研制成新产品494种，通过部、省、市级鉴定的135种，其中国内首创15种，达到国家先进水平的22种，省内先进水平的51种。有9种获得国家经委金龙奖，44种被评为××省优秀新产品。仅×××年统计，新产品实现产值6 284.1万元，占全市工业总产值的1.87%；实现利税1 132.68万元，占全市利税总额的6.3%。

在新产品开发工作中，我市主要抓了如下几项工作：

一、提高思想认识，增强开发新产品的紧迫感（略）

二、深入调研，开发市场急需的产品（略）

三、推行项目承包责任制，调动科技人员开发新产品的积极性

为了调动科技人员和职工开发新产品的积极性，在新产品开发中，我们坚持推行多种形式的项目承包经营责任制，做到项目有责任，质量有保证，时间能兑现，投资有效益，把科技人员和广大职工的切身利益同新产品开发工作紧密结合起来。具体做法是：一是单项承包，立功受奖；二是新产品开发难题招标承包，组织社会力量攻关；三是组织"三结合"攻关组，开发新产品。××制氧机厂40m³乙炔溶解设备，是××省新产品开发项目，该厂把这套设备的四个部分、十个主要部件的设计试制任务分别承包给八名工程技术人员，通过定任务、定时间、定质量、定奖励，提高了技术人员的积极性，不到半年就试制成功了。产值利润高达30%以上，产品供不应求。

四、坚持多渠道、多形式筹措新产品开发资金（略）

五、借助社会技术力量，开发新产品（略）

我市的新产品开发工作虽然取得了一些成绩，但与上级的要求还有很大的距离，与迅速发展的新形势也不相适应，有些问题还没解决好，如新产品开发速度还不够快，高水平的拳头产品还不多，新产品投产率还比较低，一些产品的效益还没有完全发挥出来，部分企业还没有引起足够的重视，产品单一，多年"一贯制"的状况没有得到根本改变，实现

产品结构合理化的任务还很重。所以，我们一定继续努力，使新产品开发工作取得更大的成绩。

×××× 年 ×× 月 ×× 日

五、简报

（一）简报的含义

简报是指国家机关、政党、企事业单位、社会团体为汇报工作、沟通信息、交流经验、反映问题而编写的简明文书，是对工作情况的简要报道，也叫动态、简讯、情况反映、内部参考等。

简报是对工作情况的简明反映。如实、客观、具体、简要地反映情况是对简报的基本要求。它可以只反映具有指导意义或者参考价值的重要情况的片段或局部，可以不加任何评论，可以不直接表明作者的观点和看法。

简报是对工作情况的简要报道。简报是流通于组织内部的消息。它不像党政公文那样具有法定效力和行政约束力。上级下发的简报没有指令性，下级上报的简报不要求批复，平级交换的简报不互相制约。

（二）简报的作用

简报具有反映情况、互通信息、指导工作的作用。

1. 反映情况

简报可以迅速地向上级机关汇报情况，反映问题，便于上级了解下情，及时地给予指导。

2. 互通信息

简报能够在各部门之间沟通情况，交流信息，促进相互之间的了解，有利于开展工作。

3. 指导工作

简报还可以向所属部门传达有关指导意见和工作意图，向下级指导工作。

（三）简报的特点

简报的特点可以概括为快、新、简、密。

1. 快

快，即时效性强。与新闻报道相似，简报反映现实情况的速度比党政公文都快，有很强的时效性。简报只有迅速、及时地推广具有普遍意义的经验，反映有倾向性的问题，传送有参考价值的信息，才能发挥它应有的作用。重要信息必须在一两天甚至几个小时之内报道出来，让有关部门和领导获悉。如果拖拖拉拉，就会贻误时机，使重要情况失去价值。编写简报要树立强烈的时间观念，快思、快写、快印、快发。

2. 新

新，即内容新颖。一是材料新颖，即所反映的是新事物、新问题、新情况、新动态。只有材料新颖，才能引起人们关注，启发人们思考。如果材料人所共知，事过境迁，就没有什么价值。二是观点新颖，即要反映新的认识和见解。对于客观情况的分析、研究，要选择新的角度，挖掘新的内涵，阐发新的见解，总结新的经验。即使材料不够新鲜，也要独辟蹊径，写出新意。

3. 简

简，即形式简短。这是由简报自身的特点决定的。简报，就要求篇幅简短、语言简练，否则就快不起来，不仅不能及时地写出，而且不能及时地审阅。这就要求迅速地反映情况，把重要的、有价值的情况简洁明了地、直截了当地表达出来；篇幅短小精悍，一般以一千字为宜，最长不要超过两千字。如果内容确实十分重要，可以编成一个简报系列，用统一的主题，分成几期来写。

4. 密

密，即机密性严。简报不在报纸上公开发表，这是与新闻报道的一个重要区别。简报有严格的阅读范围和阅读对象的限制，尤其是涉及机密的简报，在一定时间内具有保密性质。机密简报常常在报头部分的左上角注明"内部刊物，注意保存"或"机密"等字样，以起到提示的作用。简报的机密程度视内容的具体情况而定。

（四）简报的种类

按照内容性质，简报可以分为工作简报、动态简报和会议简报。

1. 工作简报

工作简报是指反映工作情况的简报，包括反映日常工作情况和问题、经验和教训，反映某项中心工作情况，报道某项专门工作等。工作简报着眼于推动系统内部的业务工作，也用来向上级机关汇报工作情况和问题，供上级研究参考。工作简报应用范围很广泛，适用于各国家机关、政党、企事业单位、社会团体。

2. 动态简报

动态简报是指反映思想动态的简报，包括各个阶层人们对国内外形势变化的认识，对党和国家的方针、政策和重大措施的公布、实施的思想反映，对日常生活各种问题的看法等。动态简报以其客观、准确的事实材料，为有关部门研究问题和决定方针、政策及制定具体措施提供依据，具有较高的参考价值，保密性也较强。这类简报一般只报送上级有关领导，领导据此掌握情况，采取措施，解决重大的认识问题和实际问题，保证党和国家的方针、政策的贯彻、落实。

3. 会议简报

会议简报是指反映会议情况的简报，包括反映会议召开情况，报道会议主要精神和与会人员的意见或建议等。一般由大会秘书处或主持单位编写。会议简报按照性质和特点可以分为连续性简报和综合性简报两种。

（1）连续性简报。也称会议进程简报，是随着会议进展而编发的简报。内容连续，能比较全面地反映会议各个阶段的情况，包括预备会情况、开幕式情况、大会发言、小组讨论情况、典型发言摘要等。

（2）综合性简报。也称会议纪要式简报，是在会议结束时所写的概括会议情况的简报。为了传达会议精神，可以综合反映会议进展情况，与会人员的发言、意见或建议，会议决定，领导人的讲话等。

按照内容含量，简报可以分为专题简报和综合简报。按照时间特点，简报可以分为定期简报和不定期简报，长期简报和临时简报。

（五）简报的写作

简报的结构包括报头、报体和报尾三个部分。

1. 报头

报头部分位于第一页的上方，大约占全页 1/3 的篇幅，常常用通栏红线与报体部分隔开，格式相对固定。内容包括六个方面：简报名称、简报期数、编印单位、编印日期、密级、编号。

（1）简报名称。位于报头中心位置，用套红大号字体，如"××简报""××动态""×× 信息"。如果内容特殊，需要改变分发范围，可以在简报名称下面加上"增刊"字样。

（2）简报期数。位于简报名称正下方，一般按年分期，按照次序编号。有的在年序号下面再标出出版以来的总序号，写为"总第×期"，增刊单独编期。

（3）编印单位。位于期数左下侧，如"××局党委办公室主编""××会议秘书处编"。

（4）编印日期。位于期数右下侧，年月日一般要写全。

（5）密级。位于报头左上角，注明"绝密""机密""秘密""内部刊物"等。

（6）编号。位于报头右上角，按照印数编号，以便于保存和查找。

2. 报体

报体部分是简报的核心，也就是编排文章的部分，大致包括目录、按语和简报稿。

（1）目录。综合性简报或内容较多的简报，为了醒目，常常在报头的下面编排目录。可以按照篇章的内容性质和重要程度编排，也可以按照页码顺序编排，还可以按照固定栏目形式编排。只包括一篇文章的简报，不用编排目录。

（2）按语。按语是针对正文内容为读者写的提示语，是简报制发主体加写的。它让读者理解办报机关的主张和意图，从事关全局的角度提出值得注意的带有倾向性的意见。转载的文章一般要加写按语。按语位于间隔线的下面、标题的上面，注明"编者按"或"编者的话"。按语也可以放在文章的后面，称为"编后"。按语的印刷字体与标题和正文都不同。按语两侧要留有余地，各缩进几个字。

按语可以分为三种类型：评论性按语、说明性按语、注释性按语。

① 评论性按语。主要是对文章所反映的问题加上评论，或直接陈述编者的意见，或揭示事件蕴涵的意义。

② 说明性按语。主要是说明文章刊载的目的，或说明文章的参考价值，或向读者交代某些情况，如传达领导指示，介绍作者情况，对读者、作者提出希望或要求等。

③ 注释性按语。主要是对文章中出现的读者不大熟悉的人物或事物加以简单的解释，如注解有关资料、解释专业术语等。

（3）简报稿。简报稿的结构由标题、正文和署名等部分组成。

① 标题。要做到确切、简练、醒目，最好是既能概括事件内容，又能表明作者的态度。可以采用双标题，即正标题加副标题。一般来说，正标题概括全文的思想意义；副标题交代报道对象及范围，对正标题起补充说明作用。

② 正文。可以采用消息报道式、文件汇编式或工作研究式的写法。

- 消息报道式。简报有机关内部的新闻报刊之称，常采用消息的写法。消息报道式的简报稿的正文包括导语、主体和结尾三个部分。
  - 导语部分，把全文的主要事实和中心思想用一句话或一段话简明扼要地概括出来。可以运用直接叙述式、提出问题式或交代结论式。一般要交代事件发生的时间、地点、人物、原因和结果。
  - 主体部分，运用典型事例或准确数据把导语具体化。要把具体情况说清楚，结构要恰当，层次要分明。主要采用叙述方式，可按时间、空间、逻辑等顺序来写。为了醒目，还可以给每个部分加上小标题。
  - 结尾部分，可以对主要事实作概括性小结；可以对事件或问题进行分析，肯定成绩，指出差距，总结经验，找出教训，指明今后努力的方向；可以提出希望和号召，动员群众为完成任务而努力奋斗。连续性报道还要说明"事情发展情况将陆续报道"或者"问题正在进一步调查研究中"。
- 文件汇编式。国家机关、政党、企事业单位、社会团体的日常公务中有大量的文件，但是每人都看到这些文件既无必要也不可能。简报通过将大众应该知道的文件内容摘要编写出来，或将一些有参考价值的非保密文件编发出来，可以加强单位内部信息的交流，促进工作的开展。文件汇编式的简报稿，正文的前面常常加写按语。
- 工作研究式。要针对工作中存在的问题进行分析、研究，提出解决问题的意见和办法，以推动工作的开展。它常常结合工作实际，具有较强的针对性和理论性。一般文字简洁，篇幅较短。

③ 署名。写上撰稿者或供稿单位，外面加上圆括号。

3. 报尾

报尾部分位于简报最后一页的下方，是报体横隔线以下的部分，包括发送范围和印发份数两项内容。

（1）发送范围。注明收文者。在横隔线下方，顶格从上往下依次写"报""送""发"。后面从左到右分别写上单位名称，换行时左边对齐，不顶格。"报"的单位是上级机关，"送"的单位是平级或不相隶属机关，"发"的单位是下级机关。

（2）印发份数。注明本期总印数，写在发送单位右下方。有的还注明本期责任编辑。写完上述两项内容以后，习惯上再加一条横线。

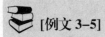 [例文 3-5]

节水工作简报

第 79 期

全国节约用水办公室　　　　　　　　　　　　2005-07-13

浦东新区大力推进节水型社会建设

2004 年浦东新区被确定为上海市节水型社会建设试点以来，新区区委、区政府高度重视试点建设，集中多方力量，大力推进节水型社会建设工作。

一是加强领导，提供组织保障。为充分保障浦东新区节水型社会建设工作的顺利开展，新区成立了节水型社会建设试点工作领导小组，由上海市水务局局长、浦东新区区长担任组长，新区人大、政协人口资源环境保护委员会、新区计划、规划、财政、水务、环保、建设等多个部门负责人为领导小组成员，组织、协调和推进节水型社会建设试点工作。

二是编制工作方案，保障节水型社会建设工作的有序开展。浦东新区于 2004 年 12 月编制了《浦东新区节水型社会建设试点工作方案》，并分别征询了新区人大、政协和计划、规划、财政、建设等职能部门的意见，同时还聘请了不同行业的专家、学者进行论证，从不同角度修改完善工作方案。

三是推进体制改革，提供体制保障。2000 年 9 月，浦东新区成立了水务、环保、市政、绿化和市容于一体的浦东新区环境保护和市容卫生管理局（水务局），并把节约用水工作划归水务局管理，建立节约用水责任制，有效地解决了涉水部门之间的配合问题，为节水型社会建设提供了体制保障。

四是实施总量控制和定额管理等一系列用水管理制度。浦东新区通过选取基础较好的用水单位开展定额管理试点，编制用水考核计划，指导企业科学合理用水，提高计划用水率。浦东新区积极推进产业结构调整，禁止引进和逐步淘汰高耗水、高污染的工业项目，有效抑制了用水需求。

五是加强宣传，创造良好的节水型社会建设氛围。（略）

（中华人民共和国水利部《××简报》）

报：××、×××、××××、××××××
送：××、××、××、××、××、××、××××
发：××、××、××、××、××、××××、××××××

共印××份　　责编：onesmile

第三节　规　章　类

规章类事务文书，是国家机关、政党、企事业单位、社会团体为了规范行为所制定的文书。

规章类事务文书可以分为法规性的、规范性的和规约性的。法规性规章类事务文书是党政机关、社会团体和企事业单位对某些事项的处理或对某项法律、法令、法规的实施所作的规定，包括条例、规定、办法、细则等。规范性规章类事务文书是党政机关、社会团体和企事业单位制定的本机关、本单位、本团体共同遵守的准则，包括章程、制度、守则等。规约性规章类事务文书是为规范社会成员的行为所作的规定，包括须知、公约等。

一、条例

（一）条例的特点

条例是指党和国家权力机关为了保证某一方面的工作或活动得以长期正常进行而提出原则与要求的文书。

条例经常用来规定和调整经济、政治、文化等领域的某些事项，或者某方面的规则，或者某个机构的组织与职权等。条例往往涉及范围广泛的、时期较长的经常性的公务活动。

条例具有原则性的特点。条例是国家级权力机关制定的法规性文件，特别是在经济领域里，条例常常以法的形式进行经济管理。条例常常全面地、系统地从正反两方面作出原则性的规定，以便人们遵照执行。

条例与规定、办法既有相同点也有不同点，具体如表3-1所示。

表3-1 条例与规定、办法的对比

文　种	内　容	表　达	法律约束力
条例	全面系统	原则性强	很强
规定	局部性强	比较概括	强
办法	事项单一	详细具体	较强

（二）条例的写作

条例一般由标题、题注和正文三个部分组成。

1．标题

标题一般由制发机关+事由+文种组成，如《中国共产党机关公文处理条例》，也可省略制发机关，如《治安管理条例》。对于考虑还不够成熟的条例，可以在标题中加上"暂行"或"试行"。

2．题注

一般在标题的下面注明公布机关和公布日期，外面加上括号。重要的条例，有时还要注明批准机关和批准日期。这时就应该先写批准机关和批准日期，再写公布机关和公布日期，分行并列，不加括号。如果是经过会议通过的，就要标明通过的机构、会议和日期。

3．正文

正文包括目的依据、主要内容和说明事项三部分，形式上一般采用"三则式"：总则、分则和附则。内容与形式有一定的对应。常常分章列条或分条列款。

（1）总则。阐明条例的目的依据。交代制发条例的原因和动机及法律与政策依据。

（2）分则。阐述条例的主要内容。这是条例的主体部分，具体阐述条文规定、要求和对违反条例的惩处等，具体明确，操作性强。

（3）附则。补充条例的说明事项。写明条例的生效时间、解释权、适用范围及对重要概念和术语的界定等。

[例文3-6]

中华人民共和国个人所得税法实施条例

（1994年1月28日中华人民共和国国务院令第142号发布 根据2005年12月19日《国务院关于修改〈中华人民共和国个人所得税法实施条例〉的决定》第一次修订 根据2008年2月18日《国务院关于修改〈中华人民共和国个人所得税法实施条例〉的决定》第二次修订 根据2011年7月19日《国务院关于修改〈中华人民共和国个人所得税法实施条例〉的决定》第三次修订）

第一条 根据《中华人民共和国个人所得税法》（以下简称《税法》）的规定，制定本条例。

第二条 《税法》第一条第一款所说的在中国境内有住所的个人，是指因户籍、家庭、经济利益关系而在中国境内习惯性居住的个人。

第三条 《税法》第一条第一款所说的在境内居住满一年，是指在一个纳税年度中在中国境内居住365日。临时离境的，不扣减日数。

前款所说的临时离境，是指在一个纳税年度中一次不超过30日或者多次累计不超过90日的离境。

第四条 《税法》第一条第一款、第二款所说的从中国境内取得的所得，是指来源于中国境内的所得；所说的从中国境外取得的所得，是指来源于中国境外的所得。

……

第三十六条 纳税义务人有下列情形之一的，应当按照规定到主管税务机关办理纳税申报：

（一）年所得12万元以上的；

（二）从中国境内两处或者两处以上取得工资、薪金所得的；

（三）从中国境外取得所得的；

（四）取得应纳税所得，没有扣缴义务人的；

（五）国务院规定的其他情形。

年所得12万元以上的纳税义务人，在年度终了后3个月内到主管税务机关办理纳税申报。

纳税义务人办理纳税申报的地点以及其他有关事项的管理办法，由国务院税务主管部门制定。

……

第四十四条 税务机关按照《税法》第十一条的规定付给扣缴义务人手续费时，应当按月填开收入退还书发给扣缴义务人。扣缴义务人持收入退还书向指定的银行办理退库手续。

第四十五条 个人所得税纳税申报表、扣缴个人所得税报告表和个人所得税完税凭证式样，由国务院税务主管部门统一制定。

第四十六条 《税法》和本条例所说的纳税年度，自公历1月1日起至12月31日止。

第四十七条 1994纳税年度起，个人所得税依照《税法》以及本条例的规定计算征收。

第四十八条 本条例自发布之日起施行。1987年8月8日国务院发布的《中华人民共和国国务院关于对来华工作的外籍人员工资、薪金所得减征个人所得税的暂行规定》同时废止。

二、规定

（一）规定的特点

规定是指党政机关、企事业单位、社会团体等针对某项工作或专门问题提出必须遵守和执行的要求与规范的文书。

规定的内容相对集中，不如条例那么原则，又不如办法那么具体。规定的适用范围比条例广泛，党政机关、企事业单位、社会团体等都可以使用。

规定具有局部性的特点。规定是一种法规性的规章制度，往往是针对某项工作或专门问题提出比较具体的要求和规范，以便于人们遵守和执行，确保活动的顺利开展和圆满完成，因而事务性较强。

（二）规定的写作

规定一般由标题、题注和正文三个部分组成。

1. 标题

（1）由单位名称+事由+文种组成，如《复旦大学研究生学籍管理规定》。

（2）由事由+文种组成，如《质量管理规定》。

2. 题注

一般在标题的下面注明制定单位和发布日期，外面加上括号。如果是经过会议通过的，就要标明通过的机构、会议和日期。

3. 正文

正文一般包括目的依据、规定内容和实施说明三个部分。

复杂的规定正文可以由总则、分则和附则三个部分组成。总则部分交代制定规定的原因、目的和依据等，分则部分阐述规定的具体内容，附则部分说明制定与生效时间、修改权和解释权等。简单的规定正文可以只包括具体内容。

规定的正文一般采用条文式结构分条来写。

[例文3-7]

北京市民用机场净空保护区域管理若干规定

（2010年5月25日北京市人民政府第67次常务会议审议通过）

第一条　为加强本市民用机场净空保护区域管理，保障飞行安全，根据《民用机场管理条例》等有关法律、法规，结合本市实际情况，制定本规定。

第二条　本规定适用于首都国际机场和本市其他民用机场净空保护区域。

市人民政府和民用机场所在地地区民用航空管理机构，按照有关规定划定本市民用机场净空保护区域，并向社会公布。

第三条　民用机场净空保护区域所在地区县人民政府负责相关区域内民用机场净空保护管理工作。

市口岸主管部门负责本市民用机场净空保护管理的综合协调工作。

第四条 区县人民政府和民用机场管理机构应当建立并完善巡查、报告、举报等制度，发现影响民用机场净空保护的行为，应当立即制止并依法处理，消除对飞行安全的影响。

区县人民政府和民用机场管理机构应当加强民用机场净空保护的宣传、教育工作，提高公民的净空保护意识。

任何单位和个人都应当依法履行净空保护义务，有权制止、举报影响飞行安全的违法行为。

第五条 区县人民政府应当会同民用机场管理机构，在民用机场净空保护区域设置警示标志。

……

第十四条 违反本规定第八条第二款，管理人未保证飞行障碍灯、标志正常使用的，民用机场管理机构应当通知改正，并及时报告区县人民政府。区县人民政府应当责令限期改正；逾期未改正的，处2万元罚款。

违反本规定第八条第三款，阻止安装飞行障碍灯、标志，或者影响飞行障碍灯、标志正常使用的，民用机场管理机构应当报告区县人民政府。区县人民政府应当责令改正；拒不改正的，处2万元罚款。

第十五条 区县人民政府可以委托区县行政主管部门、乡镇人民政府、街道办事处实施本规定有关行政处罚，并将受委托行政机关和受委托实施行政处罚的内容予以公告。

第十六条 本规定自2010年11月1日起施行。

三、办法

（一）办法的特点

办法是指某项工作的主管部门、党政机关、企事业单位为实施条例、规定而制定的阐明具体措施的文书。

办法要求密切联系实际，对某项工作或某个问题的实施，从各个方面加以详尽的阐明。

办法的特点是具体性。它是针对实施条例或规定所制定的具体措施和程序，比条例或规定更加具体和细致。在条例或规定只作出原则性说明的条款上，办法应该具体地、详尽地阐明必须遵循的程序或必须采取的措施。只有这样，才能使条例或规定切实可行而付诸实施。

（二）办法的写作

办法由标题、题注和正文三个部分组成。

1. 标题

（1）由发文机关+事由+文种组成，如《上海市交通局车辆管理办法》。

（2）由事由+文种组成，如《国家行政机关公文处理办法》。

2．题注

题注写明发布机关和发布日期，放在标题的下面，外面加上括号。

3．正文

正文包括目的依据、具体内容和实施说明三个部分。

复杂的办法正文可以由总则、分则和附则三个部分组成。总则部分交代制定办法的原因、目的和依据等，分则部分详细阐述办法的具体内容，附则部分说明制定与生效时间、修改权和解释权等。简单的办法正文则不必分成三个部分。

正文采用条文式结构，分章列条或分条列项。

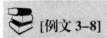
[例文 3-8]

《中国共产党党员领导干部廉洁从政若干准则》

实施办法

（中共中央纪律检查委员会 2011 年 3 月 22 日公布）

第一章　总　则

第一条　为贯彻实施《中国共产党党员领导干部廉洁从政若干准则》（以下简称《廉政准则》），正确处理违反《廉政准则》的行为，制定本实施办法。

第二条　有违反《廉政准则》行为的党员领导干部，应当主动检查纠正。能够主动检查纠正，情节较轻的，可以不予处分或者免予处分，但应当给予批评教育；情节较重的，可以从轻或者减轻处分，必要时可以给予相应的组织处理。不主动检查纠正的，依照本实施办法处理。

第三条　已到退休年龄尚未办理退休手续，以及已办理退休手续但返聘后又担任相应领导职务的党员领导干部，适用《廉政准则》。

国有和国有控股企业（含国有和国有控股金融企业）及其分支机构领导人员中的党员执行《国有企业领导人员廉洁从业若干规定》（中办发〔2009〕26 号）的有关规定，对于《国有企业领导人员廉洁从业若干规定》没有具体规定的，参照《廉政准则》执行。

第二章　廉洁从政行为规范

第一节　禁止利用职权和职务上的影响谋取不正当利益

第四条　《廉政准则》第一条第一项所称"以借为名占用"，是指利用职权和职务上的影响，以借用的名义占有或者使用管理和服务对象以及其他与行使职权有关系的单位和个人的财物超过六个月。

索取管理和服务对象以及其他与行使职权有关系的单位或者个人的财物的，依照《中国共产党纪律处分条例》（以下简称《党纪处分条例》）第八十五条的规定处理。

接受管理和服务对象以及其他与行使职权有关系的单位或者个人财物的，依照《党纪处分条例》第七十四条的规定处理；为他人谋取利益的，依照《党纪处分条例》第八十五条的规定处理。

以借为名占用管理和服务对象以及其他与行使职权有关系的单位或者个人财物的，依照《党纪处分条例》第七十二条的规定处理。

第五条　《廉政准则》第一条第二项所称"可能影响公正执行公务"，是指与执行公务相关联或者与履行职责相冲突。

接受可能影响公正执行公务的礼品的，依照《党纪处分条例》第七十四条的规定处理。

接受可能影响公正执行公务的宴请的，依照《党纪处分条例》第八十条的规定处理。

接受可能影响公正执行公务的旅游、健身、娱乐等活动安排的，依照《党纪处分条例》第八十二条的规定处理。

……

第三章　附　　则

第五十七条　本实施办法由中共中央纪律检查委员会负责解释。

第五十八条　本实施办法自发布之日起施行。1997年9月发布的《〈中国共产党党员领导干部廉洁从政若干准则（试行）〉实施办法》同时废止。

四、章程

（一）章程的特点

章程是指规定某一政党或团体的组织结构、活动形式和行动准则等内容的文书。

章程的内容包括组织的性质、宗旨，成员的条件、权利和义务，机构的设置和职权范围，活动的形式和规则，经费的来源和管理等。章程以书面形式把这些内容加以阐明并固定下来，是某一政党或团体的全体成员都必须遵守和执行的行动准则。章程是一种规范性的规章制度，违反章程的成员将受到制裁和处分。

联营企业或股份公司的章程常常就以下内容作出规定：经营宗旨，董事会的设置和任期，各级任职人员的职责和权限，联营期限，经营范围，资金构成，财务管理，盈亏分配等。

章程具有纲领性的特点。章程对某一组织的性质、宗旨、任务等都作出了明确的规定，是该组织存在、运作和发展的纲领性文件，不如制度、规则那么具体。章程对某一组织内部的全体成员都普遍适用，是全体成员都必须遵守的行为准则和行动纲领。

(二) 章程的写作

章程一般由标题、题注和正文三个部分组成。

1. 标题

标题一般由组织名称+文种组成,如《中国科学技术协会章程》。

2. 题注

一般在标题的下面注明制定组织和发布日期,外面加上括号。如果是经过会议通过的,就要标明通过的机构、会议和日期。

3. 正文

正文内容比较复杂的一般采用"三则式":总则、分则和附则。内容比较简单的则不必采用"三则式"。常常分章列条或分条列款。

(1) 总则。交代制定章程的目的、根据及组织成立的缘由、宗旨、性质、作用等。它是章程的序言、总纲。

(2) 分则。阐述组织的机构及其原则、职权,成员的条件及其权利、义务,活动的内容与程序等。它是总则精神的具体化,是实施的细则。

(3) 附则。补充说明章程的生效时间、适用对象、具体实施办法,章程的制定权、修改权和解释权,以及正文中引文的出处等。

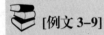
[例文 3—9]

中国科学院章程

(中国科学院院务会议 2005 年 12 月 28 日通过)

第一章 总 则

第一条 为确立中国科学院制度基础,科学办院,民主办院,依法办院,根据中华人民共和国有关法律、法规和国务院有关规定,制定本章程。

第二条 中国科学院遵守中华人民共和国宪法和国家其他法律法规,合法地开展活动。

第三条 中国科学院由学部和院属机构组成,是国家自然科学最高学术机构,在科学技术方面的最高咨询机构,自然科学与高技术综合研究发展中心。

第四条 中国科学院的宗旨是:成为具有国际先进水平的科学研究基地,培养造就高级科技人才的基地,促进我国高技术产业发展的基地,成为国家科学思想库,成为具有"一流的成果、一流的效益、一流的管理、一流的人才"的国家科研机构。

第五条 中国科学院的办院方针是:面向国家战略需求,面向世界科学前沿,加强原始科学创新，加强关键技术创新与系统集成，攀登世界科技高峰，为我国经济建设、国家安全和社会可持续发展不断作出基础性、战略性、前瞻性的重大创新贡献。

第六条 中国科学院的主要职责是：

（一）主要从事基础研究、战略高技术研究和经济社会可持续发展相关研究，重点解决我国现代化建设中的基础性、战略性、前瞻性重大科技问题，发挥在中国特色国家创新体系中的骨干引领与示范带动作用，提高我国自主创新能力，为促进我国经济社会全面协调可持续发展提供科学基础和技术源泉，积极推进科技成果转化，促进我国高技术产业发展。

（二）坚持以科研为中心，科研与教育并举，出成果与出人才并重，紧密结合科研工作，培养高级科技创新创业人才。

（三）为国家宏观决策提供咨询建议，对重大科技问题发表学术见解与评议。在全社会弘扬科学精神，倡导科学方法，传播科技知识，注重科学伦理，繁荣科学文化。

（四）广泛开展国内外科技合作与交流，成为具有重要国际影响的综合性科研机构和对全国科学家开放的国家研究基地。

（五）履行国务院直属事业单位的职责，承办国务院交办的其他工作。

第七条 中国科学院追求科学真理，尊重学术自由；鼓励竞争合作，提倡自主创新；坚持严谨治学，信守科学道德；崇尚爱国奉献，坚持创新为民。

第二章 领导体制（略）
第三章 中国科学院学部（略）
第四章 组织管理（略）
第五章 科技管理（略）
第六章 人力资源开发与管理（略）
第七章 资产与财务管理（略）
第八章 附 则

第四十九条 中国科学院中文简称为中科院，英文名称为 Chinese Academy of Sciences，缩写为 CAS。中国科学院院部机关设在中华人民共和国首都北京。中国科学院印章为圆形，中心置中华人民共和国国徽，外周标"中国科学院"名称，自左向右环行，由国务院制发。中国科学院院徽为圆形，由中国科学院中英文名称、物质结构和齿轮图案组成。

第五十条 本章程如有与国家法律法规相抵触之处，按国家有关法律法规执行并按程序及时修改。中国科学院制定的各项规定和管理制度与本章程相抵触的，以本章程为准，并根据本章程修订。

第五十一条 本章程经院务会议审议通过后生效，并报国务院备案。本章程解释权和修改权属院务会议。

五、制度

（一）制度的特点

制度是指党政机关、企事业单位、社会团体为加强某项工作的管理而制定的要求有关人员共同遵守的行为准则。

制度的特点是强制性。为了加强管理，保证工作的顺利开展，各部门、各单位必须建立一套专门的行为规范以约束有关人员并强制执行。制度是实现程序规范化、职责制度化、质量最优化、管理科学化的重要保证。

（二）制度的写作

制度一般由标题、正文和落款三个部分组成。

1．标题

（1）由制发机关+制度内容+文种组成，如《××大学财产管理制度》。

（2）由制度内容+文种组成，如《岗位责任制度》。

2．正文

（1）交代制定制度的目的、适用范围等。

（2）具体阐述制度的各项具体规定。

（3）说明制度的施行要求和生效日期。

3．落款

落款注明制发单位名称和制发时间。制发单位如果在标题中已经注明，这里就可以省略。

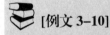 [例文3—10]

门卫管理制度

一、门卫是本厂精神文明的窗口。门卫工作人员在值班时间务须衣饰整洁，对来访者以礼相待，态度和蔼。

二、门卫工作人员必须坚守工作岗位，做好安全保卫工作。

三、传达室内除正常工作人员及外来联系工作人员以外，任何人不准在室内谈天闲坐。外来联系工作人员必须出示介绍信，并进行来访登记，然后方可进厂。

四、上班时间谢绝会客。凡私人电话除急事外一般不传呼。集体参观必须持有上级主管部门介绍信，并事先与本厂有关部门联系同意后才能参观。个别参观、照相一律谢绝。

五、凡本厂职工上班一律不准带小孩，不准带零食，不准穿拖鞋。进厂时必须衣冠端正，佩戴厂徽（佩在左侧上方），未佩戴者登记上报。外包工、临时工、外来学习培训人员应出示临时工作证。

六、凡本厂职工迟到者必须登记，在上班时间因公外出者，应持有出厂证；凡批准病假、事假、调休等人员应持有准假证；喂奶者必须持有喂奶证。所有持证人员必须在门卫登记后才能出厂。无证出厂者，门卫有权登记并及时上报人保科，一律以旷工考核。

七、凡厂内的原辅材料、生产设备、工具零件、成品、半成品等一切物资一律凭成品物资出厂单或实物现金发票出厂联出厂，凡私人拎包等物出厂要主动向门卫打招呼。对不符合手续出厂的物品门卫有权询问、检查或扣留。

八、各种车辆按指定地点停放，未经批准不准进入厂内。

××市××化工厂
××××年××月××日

六、公约

（一）公约的特点

公约是一定范围内的成员为了达到共同的目的经过民主讨论和协商而制定的共同遵守的道德规范和行为准则。

公约有日常管理公约和国际公约之分。

公约的特点是民主性。公约是所有成员在自觉、自愿的基础上，经过民主协商和讨论而制定的。公约是开放性的，随时可以接纳新成员的加入。公约的使用范围非常广泛，各行各业各区域都可以使用。公约的主要作用是自我教育，自我监督。

（二）公约的写作

公约一般由标题、正文和落款等部分构成。

1. 标题

（1）由内容+文种构成，如《爱国卫生公约》。

（2）由对象+文种构成，如《文艺工作者公约》。

（3）由地区（或单位）+对象+内容+文种构成，如《北京市各界人民拥军优属公约》。

2. 正文

（1）开头。说明制定公约的目的、意义。

（2）主体。一般分条写出各成员应该遵守的事项。

（3）结尾。提出执行公约的要求。

3. 落款

落款写明公约制定者名称和制定日期。

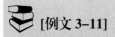

[例文3-11]

新闻出版广播影视从业人员职业道德自律公约

第一条 为践行社会主义核心价值观，追求职业理想，加强职业道德建设，遵守宪法法律法规，倡导弘扬行业良好风尚，新闻出版广播影视行业社团共同制定签署本公约。

第二条 新闻出版广播影视从业人员实行以下职业道德行为自律：

（一）维护党的领导和国家利益，不发表或传播损害党和国家形象的言论；

（二）秉持真实客观公正原则，不搞有偿新闻和虚假新闻；

（三）传递正能量，不在网络及其他媒介上制作或传播有害信息；

（四）追求健康向上的文化品位，不使用低俗粗俗媚俗的语言、文字和图像；

（五）确保制作服务质量，不提供粗制滥造的出版物、视听作品和技术服务；

（六）对社会公众负责，不制作、代言和传播虚假广告；

（七）崇尚契约精神，不做出影响行业诚信和秩序的违约行为；

（八）积极自主创新，不抄袭剽窃他人创意及成果；

（九）开展健康的媒介与文艺批评，不贬损他人名誉及作品；

（十）树立良好职业形象，不涉"黄赌毒"和违反公序良俗的行为。

第三条 签约社团将本公约相关内容纳入社团章程实施管理。

第四条 签约社团会员单位将本公约相关内容纳入与从业人员签订的聘用合同和劳动合同，并纳入与合作方签订的业务合同。

第五条 违背本公约者，根据情节轻重，由会员单位或行业社团责令其向受害人或社会公众道歉；在一定范围内批评和谴责；依据有关规定予以惩戒；按类别纳入不良行为记录。

……

第八条 欢迎社会各界对本公约的实施进行监督。

第九条 本公约自公布之日起生效。

签约发起社团：中国广播电影电视社会组织联合会
中国出版协会
2015年9月15日

第四节 会 务 类

会务类事务文书是党政机关、企事业单位、社会团体开会时所使用的文书，包括开幕词、闭幕词、演讲稿、讲话稿、会议报告等。

一、开幕词

（一）开幕词的特点

开幕词是指党政机关、企事业单位和社会团体的领导人在隆重的大会开始的时候所作的带有提示性、方向性和指导性的讲话。

开幕词的重要特点是指导性。开幕词是会议的序曲和基调，对会议具有指导意义。开幕词要紧扣会议的主旨，说明会议召开的背景、目的、任务、意义，对会议提出希望和要求等。

（二）开幕词的写作

开幕词由标题、时间、署名、称谓和正文五个部分组成。

1. 标题

标题有以下两种形式。

（1）单标题。由会议名称+文种构成，如《中国共产党第十六次全国代表大会开幕词》。在报刊上发表时常常在前面加上致开幕词的领导人的姓名，如《×××同志在××省社联第×次代表大会上的开幕词》。

（2）双标题。由正标题和副标题构成。正标题采用论文式标题，概括开幕词的主旨或主要内容；副标题采用公文式标题，对正标题加以补充、说明。例如，《我们的文学应站在世界的前列——中国作家协会第四次会员代表大会开幕词》。

2. 时间

会议开幕时间写在标题下面，外面加上圆括号。

3. 署名

致辞人的姓名写在会议开幕时间下面。如果在标题中已经出现过，这里就可以省略。

4. 称谓

根据与会人员的身份，称为"各位代表"、"同志们"或"朋友们"等。

5. 正文

正文包括开头、主体和结尾三个部分。

（1）开头。首先用简短、有鼓舞性的话宣布大会开幕，然后介绍参加大会的领导和各单位的来宾，通报到会代表人数和团体名称。

（2）主体。回顾过去的工作、成绩、经验及教训，提出会议的主要任务（议题和议程），阐明会议的意义并且作出预示性的评价，提出对与会者的希望和要求等。

（3）结尾。预祝会议成功或发出号召。一般只用一句话，如"预祝大会圆满成功"。要高度概括、集中，同时有号召力、鼓动性、预祝性，以调动与会者的积极性。

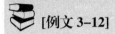 [例文 3-12]

在两院院士大会上的开幕词

（2008 年 6 月 23 日）

路甬祥

各位领导，各位来宾，各位院士：

中国科学院第十四次院士大会和中国工程院第九次院士大会今天隆重开幕了。首先，我谨代表两院主席团向出席开幕会的胡锦涛总书记等党和国家领导人，向参加会议的各位外籍院士、各位来宾和各界朋友表示热烈的欢迎和衷心的感谢！

这次两院院士大会，是在全国各族人民深入贯彻落实党的十七大精神、迎来改革开放30 周年和北京奥运会即将开幕的重要时刻召开的，也是在党中央、国务院坚强领导下全党全国为夺取抗震救灾斗争全面胜利而团结奋斗的关键时刻召开的。

……

各位院士，同志们！当今时代，能源、资源和环境问题等全球性挑战日益紧迫，以科学技术为重点的综合国力竞争日益激烈，人类社会步入了一个科技创新加快推进、经济结构加快调整的重要时期。党的十七大提出，提高自主创新能力，建设创新型国家，是国家发展战略的核心，是提高综合国力的关键。我们的发展比以往任何时候都更加迫切地需要坚实的科学基础和有力的技术支撑，包括广大院士在内的全国科技工作者肩负着时代赋予的光荣使命。

我们要秉持心系祖国、自觉奉献的爱国情怀，面向国家现代化建设、面向经济社会发展、面向广大人民需求，推动科学发展，促进社会和谐，努力为推动经济社会又好又快发展贡献力量。

我们要坚持严谨治学、勇于创新的科学态度，树立正确的科学价值观，大力弘扬科学精神，求真务实，开拓创新，深入贯彻科学发展观和社会主义核心价值体系，努力培养德才兼备的创新型科技人才。

我们要发扬不畏艰险、百折不回的探索勇气，奋力攀登科技高峰，努力提升我国自主创新能力，展示创新成果，示范创新行为，发展创新文化，以实际行动参与创新型国家建设。

我们要弘扬不慕虚华、淡泊名利的奋斗精神，恪守科学伦理道德和行为准则，献身科学，率先垂范，正确对待国家和人民给予的崇高荣誉，不辜负党、国家和人民的殷切希望。

> 让我们……全面贯彻党的十七大精神，高举中国特色社会主义伟大旗帜，以邓小平理论和"三个代表"重要思想为指导，深入贯彻落实科学发展观，用自己出色的创造性劳动，谱写科技创新的新篇章！

二、闭幕词

（一）闭幕词的特点

闭幕词是指党政机关、企事业单位和社会团体的领导人在隆重的大会结束的时候所作的带有总结性、评价性的讲话。

闭幕词的特点是评价性。闭幕词是大会的结束语，内容一般是概括大会所完成的任务，对大会所解决的问题进行评价，对大会的经验进行总结，对贯彻会议精神提出要求和希望等。

（二）闭幕词的写作

闭幕词由标题、时间、署名、称谓和正文五个部分组成。

1. 标题

（1）单标题。由会议名称+文种构成，如《中国共产党第七次全国代表大会闭幕词》。在报刊上发表时常常由致闭幕词领导人姓名+会议名称+文种构成，如《×××同志在××省科协第×次代表大会上的闭幕词》。

（2）双标题。由正标题和副标题构成。正标题概括闭幕词的主旨或主要内容，副标题对正标题加以补充、说明，如《继往开来　与时俱进——××省人民代表大会第×次会议闭幕词》。

2. 时间

会议闭幕时间写在标题下面，外面加上圆括号。

3. 署名

致辞人的姓名写在会议闭幕时间下面。如果在标题中已经出现过，这里就可以省略。

4. 称谓

根据与会人员的身份，称为"各位代表"、"同志们"或"朋友们"等。

5. 正文

（1）开头。简述大会议程和有关报告人所讲述的中心、重点，肯定大会的成绩或收获。

（2）主体。总结大会所通过的主要内容、基本精神并作出评价，提出今后贯彻执行的要求等。

（3）结尾。提出号召与希望，表示祝愿和感谢，最后宣布会议闭幕。

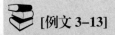
[例文3-13]

中国工会第十六次全国代表大会闭幕词

（2013年10月22日）

陈　豪

各位代表、同志们：

　　在党中央的亲切关怀和领导下，在全体代表的共同努力下，中国工会第十六次全国代表大会圆满完成了各项议程，即将胜利闭幕了。大会审议并通过了全总十五届执委会报告、财务工作报告、经审工作报告，讨论并通过了《中国工会章程（修正案）》，选举产生了中华全国总工会新一届领导机构。这次大会，是在全党全国各族人民贯彻党的十八大精神，为全面建成小康社会、实现中华民族伟大复兴的中国梦而奋斗的新形势下召开的。大会高举中国特色社会主义伟大旗帜，是一次继往开来、团结奋进、务实创新的大会。这次大会的成功召开，必将激励全国亿万职工和广大工会干部，在全面建成小康社会、实现伟大中国梦的历史进程中作出新贡献，谱写我国工运事业的新篇章！

　　党中央高度重视这次大会。习近平总书记等党和国家领导人出席了大会开幕式，刘云山同志代表党中央向大会致了祝词。李克强总理为全体代表作了经济形势报告。习近平总书记还将与全总新一届领导班子成员集体谈话，并发表重要讲话。党中央高度评价我国工人阶级在改革开放和社会主义现代化建设中的重要作用和卓越功勋，充分肯定各级工会组织坚持和探索中国特色社会主义工会发展道路，围绕中心、服务大局，全面履职、发挥优势，各方面工作取得的新成绩，对工人阶级和工会组织在全面建成小康社会、实现伟大中国梦中充分发挥作用提出了新的要求。党中央对工人阶级和工会工作的一系列重要指示，充分体现了对工人阶级的亲切关怀，对工会组织的殷切期望，为我们指明了前进方向。我们深受鼓舞、倍感振奋，一定要深入学习领会，并切实贯彻落实到工会各项工作中去。

　　……

　　过去五年，在党中央的坚强领导下，中华全国总工会第十五届执行委员会和各级工会组织围绕中心坚定自觉，服务职工有力有效，各项工作成绩显著。这些成绩的取得，凝聚着广大工会干部的心血和汗水。这次大会后，有些同志由于工作变动或年龄等原因，不再担任全总第十六届执行委员会委员和经审会委员。他们在任期间尽心尽力、尽职尽责，为党的工运事业作出了积极贡献。

　　在这里，请允许我以这次大会的名义，向中华全国总工会第十五届领导班子成员、全总执行委员、经审委员和各级工会干部表示衷心的感谢，向全国总工会的老领导、老同志，向所有关心支持工会工作的各级党政领导和各界朋友致以崇高的敬意！这次大会选举产生了中华全国总工会新一届执行委员会和主席团，这是全体代表和全国广大职工对我们的信任。我谨代表十六届执委会全体成员，对全体代表表示衷心的感谢！

各位代表，中华全国总工会第十六届执行委员会任期的五年，是全面贯彻落实党的十八大精神、全面建成小康社会的决定性阶段。党对我们寄予厚望，职工群众对我们充满期待。面对新的形势和要求，我们深感责任重大、使命光荣。我们一定要高举中国特色社会主义伟大旗帜，坚定对中国特色社会主义的道路自信、理论自信、制度自信，坚持全心全意依靠工人阶级方针，牢牢把握党和国家工作大局，引导广大职工始终做坚持中国道路的柱石，弘扬中国精神的楷模，凝聚中国力量的中坚，全面深化改革的推动者、参与者，为全面建成小康社会、实现伟大中国梦作出新贡献。我们一定要坚定不移走中国特色社会主义工会发展道路，贯彻党中央关于不断探索、深化内涵的要求，坚定信念、改革创新、埋头苦干，不断丰富这条道路的实践特色、理论特色、时代特色，始终保持工会工作正确的政治方向。我们一定要全心全意服务职工群众，坚持群众路线，树立群众观点，强化服务意识，增强服务实效，切实维护好职工群众合法权益，让职工群众真正感受到工会是"职工之家"，工会干部是最可信赖的"娘家人"。我们一定要加强学习，不断提高工会工作科学化水平，坚持实事求是思想路线和理论联系实际作风，以改革创新精神，加强工会自身建设，努力建设学习型、服务型、创新型工会，充分发挥党联系职工群众的桥梁纽带作用、国家政权的重要社会支柱作用、职工利益的代表者和维护者作用。

……

各位代表、同志们，全面贯彻党的十八大精神，坚持和发展中国特色社会主义、实现"两个一百年"的奋斗目标，工会组织使命光荣，责任重大。让我们更加紧密地团结在以习近平同志为总书记的党中央周围，高举中国特色社会主义伟大旗帜，以邓小平理论、"三个代表"重要思想、科学发展观为指导，坚定不移走中国特色社会主义工会发展道路，团结动员亿万职工为全面建成小康社会、加快推进社会主义现代化、实现中华民族伟大复兴的中国梦而努力奋斗！

三、演讲稿

（一）演讲稿的特点

演讲稿是在公开场合发表个人观点、见解和主张的文稿。

演讲稿的特点主要是灵活性。演讲稿选材比较灵活、主动，可以根据听众的愿望和要求，有的放矢。可以运用多种表达方式，诉说生活体验，动之以情，晓之以理。较多地运用口语、短句，以及幽默、双关、反语等修辞手法，以达到吸引听众的目的。

演讲稿可以宣传自己的观点、见解和主张，为演讲提供依据和规范。演讲可以借助表情、手势等,起到宣传教育、鼓动感召作用。

(二)演讲稿的写作

演讲稿由标题、时间、署名、称谓和正文五个部分组成。

1. 标题

(1)公文式标题。由演讲人+事由+文种构成,如《在中国共产党成立九十周年大会上的讲话》。

(2)论文式标题。概括演讲稿的主旨或主要内容,如《我有一个梦想》。

2. 时间

演讲时间写在标题下面,外面加上圆括号。

3. 署名

演讲人的姓名写在时间下面。如果在标题中已经出现,这里就可以省略。

4. 称谓

针对听众的身份,称为"同志们""朋友们"或"女士们""先生们"等。

5. 正文

(1)开头。或开门见山,揭示主题;或说明情况,介绍背景;或提出问题,引起关注。

(2)主体。或论证论点,或叙述事件,或说明情况,重点阐述观点或问题,多方阐述,逐层深入。节奏要紧凑,衔接要自然,条理要清楚,语言要通俗。

(3)结尾。或概括主要内容,或提出希望、号召,或表示祝愿、感谢。在高潮中结束演讲。

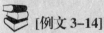[例文3-14]

在清华大学的演讲

(××××年××月××日)

俞敏洪

同学们:

有人说,女生到社会上会遇到比学校更优秀的男生,而男生很难找到比在学校更好的女生。我现在告诉你,这句话你们都理解错了。这句话的意思是,男生在校园都还不成熟,19到25岁的男孩一般都比同龄女孩显得放不开,但到社会上,很快男人就变得优秀得多了,这说明大学几年是男生成熟的重要时期。而女生到社会变得实际了,于是就有了你们经常听到的那一句话!而我一直认为,清华大学比北京大学的男生优秀就在于清华大学的男生能学会等待!这也就是为什么清华出的国家领导人要远远多于北大。

一个男人，是需要孤独的，如果你忍受不了孤独，只能说明你内心还不够强大！很多男生认为能证明自己的魅力在于自己有多少朋友，有多么漂亮的女朋友，那么我只能说你真的还需要成长。一个真正的优秀男人一定是朴实无华，甚至是谨小慎微的，一定是一个孤独者，因为只有静才能生智，而不是急！诸葛亮的《戒子书》中说："静以修身，俭以养德。"如果在这一个男人最重要的几年中，你投资的是一个女人，那么你后边几十年里，你将不断地求着这个女人不要离开你。你如果投资的是自己，那么在剩下的几十年里，你会很顺利地收获真正属于你的爱情。记住，爱情是以物质为基础的奢侈的精神享受！

还有，我曾经在郑州大学说过怎么看一个男人是否将来会很优秀，那就是长得比我还要难看的却能很自信地笑的男生。为什么？因为在大学中，这种男生一般不会太引人注意，他们更不会受到女生的青睐，于是他们只能做好自己的事，来弥补被人冷落的空虚。可事实证明，干好自己的事情，比被谁青睐都更有价值！自己不哭没泪，走好自己的路，才能走出未来！

第三，感谢那些离开你的女生，男人可以不勇敢，可以不斯文，但不能没有胸怀，有多大的心就有多大的未来！何况调查发现，一个男人要被4到5个女人伤害才会变成熟，所以可以说是离开你的那些女人造就了你的优秀，何况人家是在用一个女人最美好的时光来教育你，这个投资应该说相当大了，所以你应该感激！这就是为什么俞敏洪、马云、史玉柱、李阳，这些老男人能有今天。你可以去看看，我们当初有谁在学校特别被人欢迎？没有！我们倒是都自卑过，因为长相，因为穷！所以，不要认为你一无所有。当你一无所有的时候，是上帝帮你倒空了垃圾，让你装进去对你最有用的东西，此时，你离那个人生腾飞点已经很近了！

……假如你已经有了女朋友，别整天都把你们的情情爱爱放嘴上，认真地做好你自己的事，努力地提高自己。假如她感觉你为了做自己的事而冷落了她，她因此也离开了你，那么我敢说这样的女生是没有远见的，你不要也罢。但假如她理解你，认为你就是一个潜力股，那么当你升值时，千万别让人家贬值，人家可是用自己最美丽的年华在等你啊！爱了，让她自由；不爱，让爱自由。

最后加一句，一个人独自在外闯荡，受了再大的委屈，也不要放弃，早晚有一天，你也会成功的。一辈子不长，不要活在回忆里，不要做让自己后悔的事；要做，就做让别人后悔的事。不要相信誓言，不要相信承诺，真正爱你的人，不需要给你太多的誓言和承诺。不要太依赖一个人，因为依赖，所以期望；因为期望，所以失望。

四、讲话稿

（一）讲话稿的特点

讲话稿是指在会议上郑重地、系统地发表意见和主张，进行宣传和鼓动工作的文稿。

讲话稿的特点主要是庄重性。讲话一般是在会议等比较正式的场合，具有较高地位的人代表政府或单位发表意见和主张，进行宣传和鼓动工作。一般选择比较重大的题材，较多地运用书面语和长句子，以达到宣传、鼓动的目的。

讲话稿可以发表意见和主张，为讲话提供依据和规范。讲话可以起到交流思想、汇报情况、推动工作、宣传方针政策、教育动员群众等重要作用。

演讲稿和讲话稿有些共同的地方：一是涉及的问题都是针对听众关心的问题；二是都要考虑听众的情况，包括年龄、文化程度、职业、兴趣爱好甚至性别等；三是都要有的放矢，感染读者，引起共鸣。

（二）讲话稿的写作

讲话稿由标题、时间、署名、称谓和正文五个部分组成。

1. 标题

（1）单标题。由会议名称+文种构成，如《在中国共产党成立九十周年大会上的讲话》。在报刊上发表时常常在前面加上讲话人姓名，如《邓小平同志在党的理论工作务虚会上的讲话》。

（2）双标题。由正标题和副标题构成。正标题概括讲话稿的主旨或主要内容，副标题对正标题加以补充、说明，如《调整国民经济　改革经济管理体制——李先念在中央工作会议上的讲话》。

2. 时间

讲话时间写在标题下面，外面加上圆括号。

3. 署名

讲话人的姓名写在时间下面。如果在标题中已经出现，这里就可以省略。

4. 称谓

针对听众的身份，称为"同志们""朋友们"或"女士们""先生们"等。

5. 正文

（1）开头。或开门见山，或现场发挥，或提出疑问。一般要对讲话的内容作一个简要概括，让听众快速抓住要领。

（2）主体。重点阐述开头部分提出的观点，可以把总论点分成几个分论点分别加以阐述，也可以按照事物发展的顺序进行阐述。注意论据充分，论证有力，条理清楚，语言流畅。

（3）结尾。或概括主要内容，或提出希望、号召，或表示祝愿、感谢。要让听众精神振奋，回味无穷。

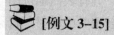
[例文 3-15]

在纪念中国人民抗日战争暨世界反法西斯战争胜利 70 周年大会上的讲话

（2015 年 9 月 3 日）

习近平

全国同胞们，尊敬的各位国家元首、政府首脑和联合国等国际组织代表，尊敬的各位来宾，全体受阅将士们，女士们、先生们，同志们、朋友们：

今天，是一个值得世界人民永远纪念的日子。70 年前的今天，中国人民经过长达 14 年艰苦卓绝的斗争，取得了中国人民抗日战争的伟大胜利，宣告了世界反法西斯战争的完全胜利，和平的阳光再次普照大地。

在这里，我代表中共中央、全国人大、国务院、全国政协、中央军委，向全国参加过抗日战争的老战士、老同志、爱国人士和抗日将领，向为中国人民抗日战争胜利作出重大贡献的海内外中华儿女，致以崇高的敬意！向支援和帮助过中国人民抵抗侵略的外国政府和国际友人，表示衷心的感谢！向参加今天大会的各国来宾和军人朋友们，表示热烈的欢迎！

女士们、先生们，同志们、朋友们！

中国人民抗日战争和世界反法西斯战争，是正义和邪恶、光明和黑暗、进步和反动的大决战。在那场惨烈的战争中，中国人民抗日战争开始时间最早、持续时间最长。面对侵略者，中华儿女不屈不挠、浴血奋战，彻底打败了日本军国主义侵略者，捍卫了中华民族 5 000 多年发展的文明成果，捍卫了人类和平事业，铸就了战争史上的奇观、中华民族的壮举。

中国人民抗日战争胜利，是近代以来中国抗击外敌入侵的第一次完全胜利。这一伟大胜利，彻底粉碎了日本军国主义殖民奴役中国的图谋，洗刷了近代以来中国抗击外来侵略屡战屡败的民族耻辱。这一伟大胜利，重新确立了中国在世界上的大国地位，使中国人民赢得了世界爱好和平人民的尊敬。这一伟大胜利，开辟了中华民族伟大复兴的光明前景，开启了古老中国凤凰涅槃、浴火重生的新征程。

在那场战争中，中国人民以巨大的民族牺牲支撑起了世界反法西斯战争的东方主战场，为世界反法西斯战争胜利作出了重大贡献。中国人民抗日战争也得到了国际社会广泛支持，中国人民将永远铭记各国人民为中国抗战胜利作出的贡献！

女士们、先生们，同志们、朋友们！

经历了战争的人们，更加懂得和平的宝贵。我们纪念中国人民抗日战争暨世界反法西斯战争胜利 70 周年，就是要铭记历史、缅怀先烈、珍爱和平、开创未来。

那场战争的战火遍及亚洲、欧洲、非洲、大洋洲，军队和民众伤亡超过 1 亿人，其中中国伤亡人数超过 3 500 万,苏联死亡人数超过 2 700 万。绝不让历史悲剧重演,是我们对当年为维护人类自由、正义、和平而牺牲的英灵,对惨遭屠杀的无辜亡灵的最好纪念。

战争是一面镜子,能够让人更好认识和平的珍贵。今天,和平与发展已经成为时代主题,但世界仍很不太平,战争的达摩克利斯之剑依然悬在人类头上。我们要以史为鉴,坚定维护和平的决心。

为了和平,我们要牢固树立人类命运共同体意识。偏见和歧视、仇恨和战争,只会带来灾难和痛苦。相互尊重、平等相处、和平发展、共同繁荣,才是人间正道。世界各国应该共同维护以联合国宪章宗旨和原则为核心的国际秩序和国际体系,积极构建以合作共赢为核心的新型国际关系,共同推进世界和平与发展的崇高事业。

为了和平,中国将始终坚持走和平发展道路。中华民族历来爱好和平。无论发展到哪一步,中国都永远不称霸,永远不搞扩张,永远不会把自身曾经经历过的悲惨遭遇强加给其他民族。中国人民将坚持同世界各国人民友好相处,坚决捍卫中国人民抗日战争和世界反法西斯战争胜利成果,努力为人类作出新的更大的贡献。

中国人民解放军是人民的子弟兵,全军将士要牢记全心全意为人民服务的根本宗旨,忠实履行保卫祖国安全和人民和平生活的神圣职责,忠实执行维护世界和平的神圣使命。我宣布,中国将裁减军队员额 30 万。

女士们、先生们,同志们、朋友们!

"靡不有初,鲜克有终。"实现中华民族伟大复兴,需要一代又一代人为之努力。中华民族创造了具有 5 000 多年历史的灿烂文明,也一定能够创造出更加灿烂的明天。

前进道路上,全国各族人民要在中国共产党领导下,坚持以马克思列宁主义、毛泽东思想、邓小平理论、"三个代表"重要思想、科学发展观为指导,沿着中国特色社会主义道路,按照"四个全面"战略布局,弘扬伟大的爱国主义精神,弘扬伟大的抗战精神,万众一心,风雨无阻,向着我们既定的目标继续奋勇前进!

让我们共同铭记历史所启示的伟大真理:正义必胜!和平必胜!人民必胜!

五、会议报告

(一) 会议报告的特点

会议报告是指党政机关、企事业单位、社会团体的领导人代表领导机关,按照法定程序和工作需要,就本系统、本部门、本单位的工作,向特定会议所作的全面的、系统的报告。

会议报告具有全面性的特点。它着眼于工作的全局,要求全面地、系统地反映本系统、本部门、本单位工作的整体情况。会议报告一般要从不同侧面、不同角度进行汇报、传达和部署,内容所涉及的时间较久,空间较大,问题较多,篇幅较长。会议报告不只是报告者个人的思想、观点和态度,而是领导组织集体意志的反映。它概括了会议的主要内容,决定着会议的质量和效果,是贯彻落实会议精神的重要依据,具有汇报工作、传达精神、部署任务、动员群众等重要作用。

(二)会议报告的种类

按照目的、内容,会议报告可以分为汇报性会议报告、传达性会议报告和部署性会议报告三类。

1. 汇报性会议报告

汇报性会议报告用来向有关代表大会或本系统、本部门、本单位的干部群众汇报工作情况。

2. 传达性会议报告

传达性会议报告用来向有关代表大会或本系统、本部门、本单位的干部群众传达党和国家的方针、政策、法令、决议及上级机关的重要指示和重要会议精神等。

3. 部署性会议报告

部署性会议报告用来向有关代表大会或本系统、本部门、本单位的干部群众对下一阶段的工作进行动员和部署,阐明工作活动的宗旨、目的、意义和任务等。

(三)会议报告的写作

会议报告由标题、时间、署名、称谓和正文五个部分组成。

1. 标题

(1)单标题。可以由事由+文种构成,如《政府工作报告》;也可以由报告人姓名+事由+文种构成,如《×××同志关于当前经济形势的报告》。

(2)双标题。由正标题和副标题构成。正标题概括会议报告的主题,副标题对正标题加以补充、说明,如《全面开创社会主义现代化建设的新局面——在中国共产党第十二次全国代表大会上的报告》。

2. 时间

报告发布或通过的时间写在标题下面,外面加上圆括号。

3. 署名

报告人的姓名写在时间下面。如果在标题中已经出现,这里就可以省略。

4. 称谓

根据听众的身份,称为"各位代表""同志们""朋友们""全厂干部职工同志们"等。

5. 正文

(1)汇报性会议报告。

① 开头。说明报告人代表什么组织,作什么方面的报告,并请求大会对报告进行审议。

② 主体。包括以下内容。
- 总结过去的工作情况,包括工作中取得的成绩和经验,缺点和失误。既要全面系统,又要突出重点。同时要实事求是,客观公正。
- 分析当前的形势和现状。要有针对性,并把本单位放进大的背景环境中去,通过比较,找出本单位的优势和劣势。
- 指出今后一个时期的奋斗目标、主要任务和具体措施。

③ 结尾。一般向大会表示夺取未来新胜利的决心。

(2) 传达性会议报告。

① 开头。一般交代会议的性质、宗旨和传达的事项。

② 主体。除了传达上级的指示精神以外,还要结合本单位的实际情况提出贯彻落实上级指示精神的具体方案。

③ 结尾。向与会者提出贯彻落实上级指示精神的要求。

(3) 部署性会议报告。

① 开头。交代会议的宗旨,说明将要开展的工作的目标、任务等,或者直接提出主要工作要点。

② 主体。阐述开展工作的重要意义,提出开展工作的具体办法、步骤、措施、要求等。

③ 结尾。向与会者发出号召,提出希望。

 [例文3-16]

沿着有中国特色的社会主义道路前进

——在中国共产党第十三次全国代表大会上的报告

(1987年10月25日)

赵紫阳

同志们:
  我受十二届中央委员会委托,向大会作报告。
  一、历史性成就和这次大会的任务
  党的第十二次全国代表大会,坚持和发展了十一届三中全会的路线,提出了全面开创社会主义现代化建设新局面的纲领。十二大以来,党中央召开了七次全会和一次全国代表会议,就一系列重大问题及时作出正确决策,有力地推进了改革和开放,加强了物质文明和精神文明建设。
  从十一届三中全会开始,经过十二大,到这次大会,共九年时间。这九年,在建国以来社会主义建设取得巨大成就的基础上,开辟了党的历史发展的新阶段,国家面貌发生了深刻的变化。

我们紧紧把握住经济建设这个中心，使国民经济持续稳定增长。九年间国民生产总值、国家财政收入和城乡居民平均收入都大体上翻了一番。现在看来，到本世纪末实现十二大提出的经济发展目标是完全有把握的。

……

九年来的成就，是全国各族人民团结奋斗的结果。请允许我以中国共产党的名义，感谢人民对我们党的信任和支持。一切亲身经历这九年伟大变革并贡献了自己力量的中华儿女，一切关心祖国命运的炎黄子孙，都有理由为我国的历史性变化感到自豪。

但是，我们没有任何理由自满。必须清醒地看到，我们面临的问题和困难还很多，比预料的多。我们在领导工作中还有不少失误。新旧体制正在交替，许多制度尚不健全，各方面的管理和监督还跟不上形势的发展。经济工作中急于求成的倾向仍然存在，社会总需求大于总供给的矛盾尚未根本缓解。资产阶级自由化思潮还有市场，僵化思想仍然束缚着一些同志的头脑。特别是对不少环节上不同程度存在着的官僚主义和腐败现象，全党同志和广大群众是很不满意的。我们一定要正视它，努力去消除它，不辜负人民对我们的期望。

还必须清醒地看到，我们以后的路程更长，任务更艰巨。我们原来的基础很差，过去耽误的时间又太多了，现在还相当落后。当今世界，新技术革命迅猛发展，市场竞争日益加剧，国际政治风云变幻，我们面临的挑战是紧迫的、严峻的。如果对这种形势缺乏认识，不加倍努力，我们国家和民族就可能更加落后，世界上就将没有我们应有的地位。历史决定了我们这一代和下几代中国人，首先是共产党人，必须警醒起来，团结一致，奋起直追。

这次大会的中心任务是加快和深化改革。改革是振兴中国的唯一出路，是人心所向，大势所趋，不可逆转。我们要总结经验，坚持和发展十一届三中全会以来的路线，进一步确定今后经济建设、经济体制改革和政治体制改革的基本方针，确定在改革开放中加强党的建设的基本方针。正确解决这个任务，将有力地促进全党团结和党与各族人民的团结，保证我们沿着有中国特色的社会主义道路继续前进。

二、社会主义初级阶段和党的基本路线（略）

三、关于经济发展战略（略）

四、关于经济体制改革（略）

五、关于政治体制改革（略）

六、在改革开放中加强党的建设（略）

七、争取马克思主义在中国的新胜利

有中国特色的社会主义，是马克思主义基本原理同中国现代化建设相结合的产物，是扎根于当代中国的科学社会主义。它是全党同志和全国人民统一认识、增强团结的思想基础，是指引我们事业前进的伟大旗帜。

……

> 中国的革命和建设，是人类进步事业的重要组成部分。中华人民共和国的诞生，曾经震撼世界，增强了世界进步力量和马克思主义的影响。中国社会主义现代化建设的成功，必将对世界和平与人类进步事业作出新的贡献，进一步增强科学社会主义的吸引力。在实现社会主义现代化宏伟目标的征途上，我们已经取得了第一步胜利。我们还要为夺取第二步、第三步新的更大的胜利而奋斗。我们坚定地相信，建设有中国特色的社会主义的道路，必将越走越宽广！

第五节 考 核 类

考核类事务文书是党政机关、企事业单位、社会团体进行考核时所使用的文书，包括述职报告、组织鉴定等。

一、述职报告

（一）述职报告的特点

述职报告是指领导干部、公务员、专业技术人员和生产经营管理人员等向所在工作单位的组织人事部门、上级机关和职工群众如实陈述本人在一定时期内履行岗位职责情况的文书。

述职报告的重要特点是述评性。它要求述职者对照所在岗位的行为规范、岗位职责、目标任务，实事求是地陈述履行岗位职责的情况，包括取得的成绩、犯过的错误和存在的不足。述职报告陈述的是工作情况和事实，即个人任务完成的情况，工作质量与效率，所做的主要贡献，个人的态度表现，要突出工作的实绩。对于事实材料，述职者要精心筛选，做到不夸大，不缩小，不添加，不隐瞒，不虚构。述职者除了客观地陈述工作事实以外，还要结合行为规范、岗位职责、目标任务等有关标准，对履行岗位职责的情况进行简要、中肯的自我评价。

述职报告有利于了解干部职工的理论水平、道德修养和工作能力，有利于管理工作的科学化、民主化，是组织部门和上级领导考核、评优、晋升的重要依据，是干部职工认识自己、鞭策自己和实施民主监督、民主管理的有效工具。

（二）述职报告的写作

述职报告由标题、称谓、正文、附件和落款五个部分组成。

1. 标题

标题比较常用的有以下三种。

（1）直接写上文种名称，如《述职报告》。
（2）由"我"+文种构成，写成《我的述职报告》。
（3）由述职者职务+姓名+文种构成，如《××大学校长×××的述职报告》。

2．称谓

称谓就是述职报告的呈送单位、部门或负责人，如组织部、人事处、单位职称评定委员会等。

3．正文

正文包括开头、主体和结尾三个部分。

（1）开头。交代任职情况，包括所任职务，任职时间，所负责的具体工作等。还可以对所做的工作进行总体评价。

（2）主体。为了突出重点，主次分明，取得良好的表达效果，要按照一定的顺序来组织安排内容材料。包括以下内容。

① 履行岗位职责的情况，把自己的工作分成几个方面，阐述各方面工作的主要进程，采取的主要措施，取得的主要成绩。要注意区分主要与次要、宏观与微观、战略与战术、整体与局部的关系。要注意各项具体措施之间的逻辑关系。要注意密切联系实际，用工作事实和工作实绩说明自己是怎样履行岗位职责的，做到丰富、生动、具体、客观。

② 存在的问题与不足。剖析自己，找出原因，归纳教训，不遮遮掩掩，不泛泛而谈，不做表面文章。

③ 今后努力的方向和打算。主要针对缺点和不足提出。

（3）结尾。常常写上"以上报告，请审查""专此报告，请审阅""特此报告""专此述职"等。

4．附件

如果有需要补充说明正文的文字材料、图表，如获奖证书、文章转载情况等，可以作为附件附在述职报告的最后。述职报告的正文末尾左下方写明附件的名称及其数量。

5．落款

1．署名。写上述职人的职务和姓名。如果标题中已经出现过，也可以省略不写。
2．日期。写上成文日期。

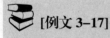
[例文3–17]

述 职 报 告

各位领导、各位老师：

在过去的一年里，本人共承担了8个班的大学语文和6个班的大学写作的教学工作任务，还担任了两个班的班主任。在工作中，不怕困难，勇挑重担，顽强拼搏，敢于创新，在教学、管理和科研等方面取得了一定的成绩。

一、主要成绩和措施

（一）思想道德方面

1. 坚持理论学习，把握政治方向

本人按时参加学校、学院和教研室的各项活动。努力学习马列主义、毛泽东思想、邓小平理论和"三个代表"的重要思想，不断提高政治觉悟和理论水平。坚持四项基本原则，拥护和贯彻党的路线、方针、政策，严格遵守国家法律、法规和校纪、校规。自己虽然不是党员，但是时时以党员的标准严格要求自己。

2. 恪守师德，以身作则

本人注意严格遵守师德规范，以身作则，为学生作出表率。时时、处处不忘自己是一名教师，注意自己的一言一行。要求学生做到的事情，自己首先做到。听从领导安排和组织调遣，服从组织分配，按时完成上级布置的任务。富有协作意识，配合能力较强。不讨价还价，不打折扣。"五一"节、国庆节值班，本人从来没有缺席过。工作认真负责，脚踏实地，不怕吃苦，敬业精神强，出勤率高，无迟到、早退、矿工现象。多次牺牲节假日时间，加班加点，不计报酬。感冒发烧、身体不适仍然坚持上班、上课。

（二）教学手段及方法

为了调动学生上课参与的积极性，发挥学生的主体地位，提高课堂教学的效果，我采取了如下的一些措施和方法。

1. 积极探索新的教学方法，全面提高学生的语文素质

语文课的工具性特点决定了这一门学科靠死记硬背是学不好的，它体现的并不是你明白了多少语文知识，而是一种语文素养的全面提高，着重体现在"听、说、读、写"四个方面。这种能力的提高，单单靠语文课堂教学又是不够的。在这种教学理念的促使下，我不断地探索、尝试新的教法、新的课型。在一年中，我不间断地开设了诸如"演讲竞赛""书法比赛""讲故事比赛""作文比赛"等。这些活动的开展，不仅是对课堂教学内容的有益补充，更激起了同学们对于语文这一门课程的热爱，使他们对于语文这一门学科"爱学""乐学"。同时，他们的语文能力、语文素养也在一种轻松活泼的氛围中不知不觉地得到了提高。实践证明，学生们很喜欢上这样的课，这也是我以后继续探索、努力的方向。

2. 注重课堂提问的艺术，引入竞争机制，让学生上课积极思考

提问是一门艺术，教师在上课的时候会不断地提出问题。我在每一节课上课之前，都做了认真的准备，做到心中有数。在回答问题的时候，针对学生的掌握情况，分别叫不同的学生来回答。由于问题设计得比较合理，学生接受起来就容易多了。为了调动学生上课

参与的积极性,我常常采取小组竞赛的方法让学生自己去发现问题,解决问题。为了给自己这一组争光,可以说学生个个都积极地思考,小组讨论的气氛也相当热烈。学生上课参与的积极性高了,上课的效果自然也就好了。

3. 运用多媒体教学,提高语文课堂教学的效果

由于多媒体教学集文字、声音、图像、动画于一体,有很强的可感性、趣味性,所以得到了学生们的热烈欢迎。由于运用多媒体教学的效果比较好,我利用课余时间加紧钻研,努力学习,逐渐掌握了这种新兴的授课方式,适当加以运用,让语文课取得更好的效果。

(三)班主任工作方面

在教书的同时,我也很注重育人。在班主任工作中,主要做到了两个字——"爱"和"严",这使我在班主任工作中取得了较好的成绩,既改变了一批后进生,又培养了一批优秀的学生。

1. 有颗爱心,这是做好工作的前提

带着一颗"爱心"去工作,可以让学生觉得你是真心地关心他,缩短了师生之间的距离,同时,当他们犯了什么错误时,也就容易接受你的教育,很快地加以改正。这种爱,有对学生思想形成的正确引导,更有对学生生活上实实在在的关心。我班有一个学生,中途提出退学申请。经过了解才发现,他家里经济状况很差,家里人决定让他辍学,出去打工挣钱。于是我鼓励他去兼职,然后又让他把他的情况写成书面材料,使他在享受助学贷款的同时还减免了学杂费。

2. 严格要求,这是做好工作的保证

"严是爱,松是害",在对学生关心爱护的同时,也不忘对他们严格要求。我班制定了严格的班级文明公约,在班上宣读、张贴后,师生一起严格遵守。例如,以前我班迟到、旷课的情况严重,常常在学校受到批评。针对这种情况,我充分发挥班干部和寝室长的作用,实行"连坐"。凡是有严重迟到、旷课情况的同学,除了他们自己不能参加评优以外,同宿舍的班干部和寝室长也取消评优资格。通过努力,班里迟到、旷课的情况几乎不再发生。

(四)教学研究工作

在教学的同时,我也不忘提高自己的理论水平。在阅读大量文献的基础上,结合自己的体会,撰写教学研究论文。本年度本人共撰写论文3篇,其中在CSSCI期刊发表1篇。

二、存在问题及努力方向

本人虽然取得了一些成绩,但是还存在一些问题,需要在今后的工作中继续努力。

(一)狠抓班级管理工作

工作方面出问题,常常是因为管理滞后。今后,要学习先进的管理方法,向管理要质量,要效益。以班干部为骨干,以党员活动积极分子为依托,树立文明、健康的班风。

（二）进一步搞好课堂教学

　　课堂教学是一切教学管理工作的中心。今后，要进一步探索各种合适的教学手段和方法，使学生在快乐的学习中，不但学到丰富的知识，而且学到恰当的方法，学到切实的本领。

　　（三）积极从事教学研究

　　教学研究反映教师的理论水平。今后，要更加积极地投入到教学研究活动中去。除了撰写论文之外，还要想办法争取科研基金项目，使自己的科研水平迈上一个新台阶。

　　"捧着一颗心来，不带半根草去"，陶行知先生的真知灼言，言犹在耳。我深感一位人民教师的责任，也深感一位人民教师的光荣。作为一名青年教师，我知道我的工作才刚刚开始，党在新时期下的素质教育的方针政策已经确定，我唯有勇于进取，不断创新，才能取得更大的成绩。

　　以上报告，请审查。

钟　书
××××年××月××日

二、组织鉴定

（一）组织鉴定的特点

　　组织鉴定是指党政机关、企事业单位、社会团体等的组织部门或负责人对干部职工或其他成员的德才素质和工作实绩进行定期考察之后作出抽象概括和综合评价的文书。

　　组织鉴定的重要特点是评价性。它是各单位、各部门针对其成员平时各方面的表现所作出的评价。平时表现包括许多方面，例如干部职工的德、能、勤、绩，学生的德、智、体。组织鉴定就是组织根据一定的标准，肯定成员做得好的方面，指出做得不好的方面。评价要客观、公正，实事求是，既要肯定成绩，也要指出不足。评价要观点明确，态度鲜明，不能模棱两可，含糊其词。

　　组织鉴定对干部职工等的平时表现作出评价，对他们具有教育监督作用，也是组织人事部门任用、选拔干部的重要依据。

（二）组织鉴定的写作

　　组织鉴定一般由标题、正文和落款三个部分组成。

1. 标题

　　标题由被鉴定人的姓名+时限+文种构成，如《××同志年终鉴定》《××同学毕业鉴定》；也可以只写文种。如果是在附表上，栏目中已经有"鉴定"字样，标题可以省略不写。

2. 正文

正文一般包括以下几个方面。

（1）肯定成绩。全面考虑被鉴定者各方面的表现，进行一定的抽象和概括，按照一定的顺序逐项写出。

（2）指出缺点。抓住主要的缺点或不足，一般不要写得太多。

（3）明确今后努力方向。要有较强的针对性。

3. 落款

（1）署名。写明组织名称。如果是负责人代表组织来写鉴定，也可以写上负责人姓名。

（2）日期。注明写鉴定的具体日期。

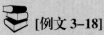
[例文3-18]

×××同志的年终鉴定

一年来，×××同志认真学习和贯彻党的十八大以来的路线、方针、政策。工作主动、热情。刚调到党校就积极、主动地要求工作，事业心较强。具有一定的专业水平和工作能力。教学工作认真，教学效果较好，除完成教学工作外，还能任劳任怨地从事各项教务和群众工作，出色地完成各项任务。作风正派，艰苦朴素，平易近人，团结同志。组织观念较强。不足之处是对党校教学工作的特点和规律还不够熟悉，今后要多加注意。

××系××教研室
××××年××月××日

第四章 司法文书

第一节 概述

一、司法文书的含义

司法文书是指公安机关、人民检察院、人民法院等法律机关在处理刑事案件、民事案件或行政案件等执法活动中,企事业单位、机关、团体、公民在进行诉讼活动、民事往来等有法律意义的活动时,依法制作的,具有法律效力、法律价值或法律意义,并能引起法律后果的文书。

按照案件的处理方式,司法文书可以分为诉讼类、协调类、仲裁类和公证类等。

二、司法文书的特点

(一)合法性

司法文书是为了执行、实施法律而制作的,是法律的具体运用和体现,因此司法文书的写作必须符合法律的规定。例如,刑事诉状、民事诉状或行政诉状所陈述的理由必须能在现有法律中找到依据,必须符合我国宪法。

(二)严肃性

司法文书的内容必须真实可靠。一是司法文书依据的事实或证据要真实。如果是虚构或捏造的事实、证据,那么就不具有法律效力,当事人可以申请人民法院等国家机关宣告其无效或予以撤销等。二是司法文书的语言要准确。不能夸大其词、大肆渲染,也不能轻描淡写、闪烁其词。

(三)强制性

司法文书的用途、内容、格式等,一般都由法律直接作出规定,任何组织和个人都不得违背法律的规定,任意制作和使用司法文书。司法文书一经制作,经过一定期限,就产生法律效力。生效的司法文书对当事人具有约束力,当事人必须依照司法文书的规定执行。一方当事人拒不执行时,另一方当事人可以依法强制执行或申请强制执行。

三、司法文书的作用

司法文书的作用是：为司法机关提供书面审案依据，维护当事人的合法权益。

（一）提供审案依据

在日常生活中，由于种种原因，常常会发生这样那样的矛盾和纠纷。从矛盾和纠纷的内容和性质来看，有的属于刑事案件，有的属于民事案件，有的属于行政案件。发生了刑事、民事或行政案件，就需要经过协商、调解、打官司或仲裁等程序来解决。为此，当事人必须向司法机关提供书面依据或实物依据，司法机关才能立案处理。向司法机关提供的书面依据，就包括司法文书。有时，司法机关处理案件时，也要制作司法文书并且作为依据保存下来。

（二）维护合法权益

为了替自己所受到的损害挽回损失，或者预防可能给自己造成的损害，当事人可以向司法机关提出申请。向司法机关提交司法文书，是法律赋予当事人的合法权利。通过司法文书，当事人可以陈述案件事实，讲清请求理由，提供法律条文，阐明诉讼目的和请求事项，以便于司法机关进行审理。司法机关查明真相，作出正确的裁决。因此，司法文书是当事人维护自身合法权益的重要手段和有力武器。

第二节 诉讼类

诉讼类司法文书是指企事业单位、党政机关、社会团体或公民为了进行刑事、民事或行政等活动依法制作的文书，包括起诉状、上诉状、申诉状、答辩状、辩护词、抗诉书、公诉词等。

一、起诉状

（一）起诉状的含义

起诉状是指当事人（个人或组织）或其法定代理人为维护自身（即原告）权益，依法向人民法院提出的指控被告、请求裁判的文书。

按照案件的性质，起诉状可以分为刑事起诉状、民事起诉状和行政起诉状三类。

刑事起诉状是指刑事案件的被害人或其法定代理人为追究被告人的刑事责任而直接向人民法院提起诉讼的文书。

民事起诉状是指民事案件的原告为维护自己的民事权益就有关民事权利和义务的争议向人民法院提起诉讼的文书。民事案件的原告既可以是与案件有直接利益关系的自然人，也可以是企事业单位、机关、团体等法人。无自诉行为能力的，可以由其法定代理人或由法院指定的代理人代为提起诉讼。

行政起诉状是指公民、法人或其他组织认为行政机关及其工作人员的具体行政行为侵犯了其合法权益时依据事实和法律向人民法院提起诉讼的文书。

（二）起诉状的写作

起诉状由首部、正文和尾部三个部分组成。

1. 首部

（1）标题。一般写具体案件的类别，如《刑事起诉状》《民事起诉状》《行政起诉状》。

（2）基本情况。即当事人的基本情况，分别写明原告和被告的姓名、性别、年龄、民族、籍贯、职业、工作单位和住址等。如果原告、被告不止一人，就分别写明各自的基本情况。如果当事人是单位、机关或团体，就先写其名称、地址，再写法定代表人的姓名、职务。以原告为例，写法如下："原告：××厂，厂址在××市××路××号"；另起一行写"法定代表人：×××（姓名），厂长"。如果法定代表人委托律师为诉讼代理人，就在下一行写"×××（姓名），××律师事务所律师"。

写作时要注意以下几点。

第一，单位、机关、团体的名称要写全称，不要写简称，所在地址要写得具体、详细，以便联系。

第二，要明确法定代表人与诉讼代理人的概念，两者不能混用。

第三，法定代表人应该是单位、机关、团体的行政主要负责人，如工厂厂长、公司经理、学校校长等，而不应该是党组织的负责人。

第四，法定代表人，写姓名、职务两项即可，其他项目不用写。

2. 正文

正文包括请求事项、事实与理由等内容。

（1）请求事项。主要写明请求人民法院依法解决原告一方要求的有关权益争议的具体问题。例如，要求解决损害赔偿、债务清偿、履行合同、归还产权，要求与被告离婚，要求被告给付赡养费、抚养费，要求继承遗产等。

这一部分的写作要求如下所述。

第一，内容要合理、合法。提请求事项要以事实为根据，以法律为准绳，从实际出发，合情合理。例如遗产继承案件，原告对被继承人尽的赡养多，要求继承的份额多一些是可以的，但是如果提出继承全部财产的要求，就既不合情理，又违反有关法律规定。

第二，事项要明确、具体。例如，请求保护所有权的应该写清楚是确认所有权还是返还原物、原财产或赔偿损失等。又如，离婚案件应该写明：准予同被告离婚，子女归谁抚养及费用由谁承担，财产如何分割等。

第三，文字要概括、简练。一般写清楚请求事项就可以了。注意不要与下文的"事实与理由"部分内容重复。

（2）事实与理由。这是全文的核心部分，包括事实和理由两个方面的内容。这部分既要摆事实，又要讲道理；既要以事动人，又要以理服人。事实部分与理由部分应该分开来写。

① 事实部分。具体的写法要求如下。
- 按照事件发生、发展的顺序，围绕中心来写。例如离婚案件，主要围绕夫妻感情演变的过程来写。首先，写双方结婚时的感情基础，主要写清楚双方结婚的方式（是自由恋爱还是家长包办、他人介绍），结婚时的感情状况（很好、较好、一般、不好）。其次，写结婚以后感情的演变情况，主要写清楚双方什么时候因为什么事情发生矛盾，感情开始恶化，又怎样发展到破裂的地步。
- 先写当事人争执的标的情况，后写争执的原因和焦点。比较简单的民事纠纷，可以采用这种写法。例如财产继承案件，其纠纷过程不复杂，写事实时，可以先交代当事人与被继承人之间的关系，再写争执的情况，后写争执的原因和焦点。

② 理由部分的写法。
- 应该先高度概括纠纷事实，后逐条阐述起诉理由。具体的写作要求如下。
  - 分析纠纷的性质，说明是非曲直。
  - 分析证据，说明起诉所依据的事实是可靠的。
  - 论证权利与义务的关系，说明提出的诉讼请求是合理合法的。
  - 引用恰当的法律条文，说明起诉是有法律依据的。
- 应该从实际出发，根据具体的案情来写。要抓住特点，抓住关键，有所侧重。
- 结尾写明请求法院判决。常常用"为此，特依法向你院起诉，请依法判决""请求对被告人依法惩处"等。

3. 尾部

尾部包括结语、落款和附项等内容。

（1）结语。写明"此致""××人民法院"，各占一行。

（2）落款。落款要求注明署名和日期。

① 署名。写"原告人×××"或"具状人×××"。如果是律师代书，就写明"××法律顾问处（或律师事务所）律师×××代书"。

② 日期。写明写起诉状的年月日。

（3）附项。写明以下内容：本状副本×份，证物×件，书证×件。

公诉词是国家公诉人在人民法院审理刑事案件时为当庭控告被告人而制作的法律文

书。公诉词与起诉状写法类似，只不过原告是人民检察院等国家公诉人。

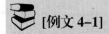[例文 4-1]

行政起诉状

原告：××省××汽车贸易公司
法定代表人：陈×，总经理
地址：××市××区××路 27 号
被告：××省××市工商行政管理局
诉讼请求：
请依法撤销××省××市工商行政管理局于 2011 年 12 月 9 日作出的××市工商处字〔20××〕302 号处罚决定书。
事实和理由：
20××年 2 月，××市供电局到原告处购买××汽车公司生产的××汽车 1 辆，双方商定价格为 49.5 万元。由于原告处暂时无此车，遂由原告出面联系，××市供电局直接到××商贸公司验车、提车。一年后，××市供电局到原告处要求退车，称该车在使用过程中，经常发生故障，是一辆事故车。原告考虑到该车非直接由本公司供货，涉及第三人，且究竟是什么原因造成质量问题，原告也不知情，故提出应由几方共同协商，一并解决。但未得到供电局同意。
20××年 12 月 9 日，被告××市工商行政管理局以原告用不合格产品冒充合格产品进行销售为由，作出××工商处字〔20××〕302 号处罚决定，责令原告向供电局退还车款 49.5 万元，并赔偿供电局修理费、旅差费 58 276 元。同时处罚：没收非法所得 2.3 万元，处以罚款 3.75 万元。
原告认为，被告××市工商行政管理局的上述决定没有事实和法律依据。
一、被告超越了地域管辖权。原告的上述销售行为发生在××市，而非××市。
二、原告主观上没有过错。如果原告的上述行为是应受到行政处罚的违法行为，即以不合格产品冒充合格产品进行销售，那么原告在主观上必须是故意。事实上，对被告认定的汽车的所谓质量问题，原告销售时完全不知情；与供电局一样，当时也无法发现质量问题。如果说供电局是受害者，那么原告也同样是受害者，而不是造假、售假者。
三、被告对原告罚款数额较大，但作出处罚决定前，未告知原告有要求举行听证的权利，故程序违法。
综上所述，原告与××市供电局之间的问题仅为经济纠纷，原告所应承担的责任也仅为民事责任，而非行政责任。××市工商行政管理局滥用职权，错误定性，违法处罚。故诉请人民法院予以审理，公正判决。
　　此致
××省高级人民法院

具状人：××省××汽车贸易公司
××××年××月××日

二、上诉状

（一）上诉状的含义

　　上诉状是指诉讼当事人或其法定代理人，不服法院的第一审判决或裁定，在法定的期限内，向原审法院的上一级法院提起诉讼，请求撤销或变更原审裁判的文书。

　　按照案件的性质，上诉状可以分为刑事上诉状、民事上诉状和行政上诉状三类。

　　上诉是被告人依法享有的一项诉讼权利，对被告人的上诉权，任何人不得以任何借口加以剥夺。民事、刑事案件的当事人是指民事案件的原告或被告、刑事自诉案件的自诉人和被告人、一般刑事案件的被告人和刑事附带民事案件的民事原告人。刑事附带民事诉讼的当事人和他们的法定代理人只能对第一审判决、裁定中的附带民事诉讼提出上诉，对刑事部分则无权上诉。

　　上诉状与起诉状的区别主要表现在两个方面：一是针对对象；二是写作方法。起诉状是针对被告的；上诉状是针对原审判的。起诉状必须写清楚事实，多用叙述和说明；上诉状不必列写事实，只要明确指出原审判的错误或不当之处，概括出不服原审判的理由，侧重于据理反驳，讲求事理分析，符合逻辑，常用夹叙夹议的手法。

（二）上诉状的写作

1. 首部

　　（1）标题。根据具体案件的情况，分别以《刑事上诉状》、《民事上诉状》或《行政上诉状》等为标题。

　　（2）基本情况。即当事人的基本情况，分别写明上诉人和被上诉人的姓名、性别、年龄、民族、籍贯、职业、工作单位和住址等。如果上诉人、被上诉人不止一人，就分别写明各自的基本情况。

　　如果当事人是单位、机关或团体，就先写其名称、地址，再写法定代表人的姓名、职务。以上诉人为例，写法如下："上诉人：××工厂，厂址在××市××路××号"；另起一行写"法定代表人：×××，厂长"。如果法定代表人委托律师为诉讼代理人，就在下一行写"×××（姓名），××律师事务所律师"。

　　自诉案件先写上诉人，后写被上诉人。公诉案件只写上诉人。当事人在第一审中的诉讼地位（是原告、被告还是第三人）用括号注明。例如，上诉人（一审原告）：×××（姓名）；被上诉人（一审被告）：×××（姓名）。公诉案件没有被上诉人。职业一项要求写明具体的工作单位和所任职务。

2．正文

（1）案由。一般写上："上诉人因××（案由）一案，不服×××人民法院于×××年××月××日×字第×号×事判决（或裁定），现提出上诉。"

（2）请求事项。主要写明上诉人不服原审判决（或裁定），要求第二审人民法院撤销、变更原审判决（或裁定），或请求重新判决。

（3）事实与理由。用来论证请示事项，这一部分是否充分、有力，直接关系到请示事项能否成立。

① 刑事上诉状的写作内容。

- 认定事实。如果一审判决（或裁定）认定事实有错误，包括某种事实或行为根本不存在或者有重大出入，或遗漏了重要事实，缺乏证据，作出的判决（或裁定）就不可能正确，那么就要用确凿的证据说明事实真相，阐明否定原判决（或裁定）的理由。

- 定性和适用法律。如果一审判决（或裁定）在认定事实方面没有错误，但在认定案件性质、确定罪名方面有误或适用实体法不当，那么就要运用具体的法律依据，指明一审判决（或裁定）的错误。

- 审判程序。如果原审法院在审理案件和最后判决（或裁定）中，存在着违反诉讼程序的错误，包括应该回避而没有回避，应该有辩护人而没有辩护人，应该公开审理而没有公开审理，审判组织不合法等方面的问题，也应该根据有关的法律规定，指明原审违反诉讼程序，导致实体处理不当的错误。

② 民事上诉状和行政上诉状的写作内容。除了指明原审判决（或裁定）认定事实有误和违反诉讼程序以外，还要围绕权利和义务及行政机关的侵权行为来写，并说明原审判决（或裁定）适用法律不当，提出纠正的法律依据。

结尾一般写上："为此，特向你院上诉，请依法撤销（或变更）原判""支持上诉人的诉讼请求"等。

3．尾部

（1）结语。写明"此致""××人民法院"，各占一行。

（2）落款。落款要求注明署名和日期。

① 署名。写"上诉人×××"或"具状人×××"。如果是律师代书，就写明"××法律顾问处（或律师事务所）律师×××代书"。

② 日期。写明写上诉状的年月日。

（3）附项。写明以下内容：本状副本×份，证物×件，书证×件。

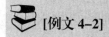 [例文 4–2]

刑事附带民事上诉状

上诉人（一审被害人）：陈××，男，1959年4月18日生，汉族，××省××县人，个体司机，住××县××镇××村×组。

被上诉人（一审被告）：漆××，男，1973年5月8日生，汉族，××省××县人，个体工商户，住××县××镇××号。

被上诉人（一审被告）：邹××，男，1973年7月27日生，汉族，××省××县人，高中文化，系中国工商银行××县支行职工，住该行宿舍楼。

上诉人因不服××省××县人民法院〔20××〕×刑初字第087号判决，特提出上诉。

请求事项：

一、判决被告人漆××、邹××故意伤害罪，并追究其刑事责任。

二、判决被告人漆××、邹××承担上诉人的经济损失（医药费、误工费、营养费、护理费、后期治疗费）合计11 941元。

理由如下：

一、原审法院判决所依据鉴定结论有误，两被告人故意伤害罪名是成立的。根据法律的规定，鉴定结论应当由案发时的伤情作出，××市中级人民法院司法技术复核鉴定为轻伤，是准确、及时的，应当作为定案的依据。而二被上诉人从案发之日起直到上诉人的伤害已基本康复的情况下，在时间长达三年多后，才提出重新鉴定，是严重违反法律的。且原省高院的鉴定上清楚写明：耳朵的轻伤是由于治疗而好的，现原审法院把轻伤抹杀了，不再追究被告人的刑事责任，完全是违反法律规定的。

二、原审法院判决的经济损失数额严重偏低，无法补偿上诉人的经济损失，原审法院判决赔偿经济损失8 157.23元，没有具体写明数额组成，因此，上诉人认为应当参照××省交通事故赔偿办法的规定，其赔偿数额应当是医药费2 581元、误工费6 000元、伙食补助费1 560元、护理费800元、后期治疗费1 000元，合计11 941元，才是正确的、合理的。

三、（略）

综上所述，原审法院的判决严重违反法律，没有合理的事实为依据，特请求上级法院切实维护上诉人的合法权益，支持上诉人的诉讼请求。

此致

××人民法院

具状人：陈××

××××年××月××日

三、申诉状

(一) 申诉状的含义

申诉状,也称申诉书,是诉讼当事人及其法定代理人、被害人及其家属或者其他公民,不服已经生效的判决、裁定,向人民法院或人民检察院提出申请复查纠正的文书。

按照案件的性质,申诉状可以分为民事申诉状、刑事申诉状、刑事附带民事申诉状、行政申诉状、行政附带民事申诉状等类。

申诉状与上诉状的区别表现在:申诉状是对已经发生法律效力的判决、裁定认为确实有错误而提出申请复查纠正的文书;除了专属性申诉以外,一般不受时间限制。上诉状是对还没发生法律效力的判决、裁定认为确实有错误而提起诉讼,请求撤消或变更原审裁判的文书;除了审判监督程序的抗诉书以外,一般都有上诉期限的限制。

(二) 申诉状的写作

1. 首部

(1) 标题。根据具体案件的情况,分别以《刑事申诉状》《民事申诉状》《行政申诉状》《刑事附带民事申诉状》《行政附带民事申诉状》等为标题。

(2) 基本情况。写明申诉人的姓名、性别、年龄、民族、籍贯、工作单位、职业和住址。如果是刑事案件的在押人申诉,应该写明现押处所;如果是被告人的辩护人、近系亲属或其他公民申诉,应该写明申诉人的姓名、职业、与被告人的关系等情况。如果是民事案件的当事人申诉,在申诉人基本情况的下一行还应该写明对方当事人的身份情况。如果是行政案件的当事人申诉,还要写明被申诉的行政机关的名称及其法定代表人的姓名、职务,书写项目与申诉人相同。公诉刑事案件的当事人申诉,只写申诉人,不写对方当事人。

2. 正文

(1) 案由。一般写上:"申诉人因××(案由)一案,不服×××人民法院××××年××月××日第×号刑事(或民事、行政等)判决(或裁定),特提出申诉。"

(2) 请求事项。简要提出请求人民法院解决的问题,申诉所要达到的目的。不管是刑事案件,还是民事、行政等其他类案件,申诉人都应该提出请求法院撤销、变更原审判决、裁定再审。

(3) 事实与理由。

① 辨明事实。先综合叙述案件事实真相、原来的处理经过和最后的处理结果,然后针对原审判决的具体情况,阐明自己的不服之点。分别就事实认定不清、采用证据不当、案件定性有误、适用法律法规不准确、违反法定诉讼程序或审判人员枉法等,分析辩驳原审裁判的不当之处。

② 分析证据。在摆事实、讲道理的基础上，列举可靠证据，依据法律条文，加以充分论证，进行自我辩护，充分阐述自己不服原审判决的事实根据和法律依据。写作中应该抓住原审判决、裁定的主要问题，把与请求目的相符的人证、物证、书证等明确列出，依据事实和法律进行充分、具体的分析，指出其中的错误或不当之处，讲清楚申诉的道理。

③ 依法推理。在叙事说理、分析论证的基础上，进行归纳总结。结尾一般写上："特向×××人民法院提起申诉，请求提审改判，依法准予所请"等。

3. 尾部

（1）结语。写明"此致""××人民法院（或人民检察院）"，各占一行。

（2）落款。落款要求注明署名和日期。

① 署名。写"申诉人×××"或"具状人×××"。如果是律师代书，就写明"××法律顾问处（或律师事务所）律师×××代书"。

② 日期。写明写申诉状的年月日。

（3）附项。写明以下内容：本状副本×份，证物×件，书证×件。

 [例文 4-3]

民事申诉状

申诉人：张××，男，41岁，汉族，××省××县人，现无职业，在灌港镇租屋住。

被申诉人：杨××，女，42岁，汉族，××省××县人，××县房地产综合开发公司职工，住××县职业高中。

申诉人因被申诉人杨××诉其房屋租赁返还转让费纠纷一案，不服××县人民法院作出和已生效的〔20××〕×法城民初字第538号《民事判决书》之判决，认为其确实存有错误。曾向××县法院提出申诉，××县法院以〔20××〕×法民字第5号《驳回申诉通知书》驳回申诉，现特向中级人民法院提出申诉，请求中级人民法院依法直接提审此案，终止本案执行，依照审判监督程序，直接对本案进行审理。具体请求如下。

一、驳回杨××诬告申诉人的起诉。

二、判令杨××赔偿因其诬告诉讼，执行申请造成申请人的损失费用3 000元。

三、责令杨××公开向申诉人赔礼认错，消除不良影响。

四、判令杨××承担本案申诉人支出的诉讼费用1 000元。

事实与理由：

××县人民法院〔20××〕×法城民初字第538号《民事判决书》存有下列错误。

一、错列被告。申诉人不是本案的被告人，因为杨××与申诉人从未发生门店租赁关系（见移交清单），双方根本不存在权利和义务的法律关系，申诉人曾多次在送达回证明确表示与杨××无任何关系,而法庭置之不理,不知有何依据?

二、原审判决申诉人返还杨××门店转让费10 000元,是没有事实根据的,纯属原告人杨××虚构事实。杨××与申诉人既然不存在房屋租赁关系,哪来的返还门店转让费呢?即使是杨××提供的货物清单,亦不能自圆其说,更不能证实杨××与申诉人之间有任何法律关系存在的事实,因此,〔20××〕×法民字第5号《驳回申诉通知书》理由是不能成立的。虚构事实是非法的,不能作为法律依据,因而判定申诉人返还门店转让费是错判,应予撤销原判。

三、原审接受杨××申请执行,更是错上加错,查封申诉人的住房,非法拘留申诉人之妻,使申诉人全家老小六人无处居住,只得在外典屋栖身。租我家房屋的店主,也被封逐走,给申诉人造成重大经济损失,杨××负责赔偿。同时原审两次搜查,将我家现金350元没收,既无扣押清单又无收款凭证,应予返还。

据上所述,杨××虚构事实致使原审判决事实确实有误,错判被告,申请执行查封,侵犯了申诉人及其他共有人的合法权益,使申诉人蒙受重大经济损失和精神创伤,杨××对此应承担全部赔偿责任。

为维护申诉人合法权益,根据《中华人民共和国民事诉讼法》第178条的规定,特向××市中级人民法院提起申诉,请求中级人民法院依法提审改判,依法准予所请。

此致
××市中级人民法院

申诉人:张××
××××年××月××日

四、答辩状

(一) 答辩状的含义

答辩状是指刑事案件、民事案件或行政案件的被告人或被上诉人,在收到起诉状或上诉状副本以后,在法定期限以内,针对原告或上诉一方的指控所进行的回答和辩解的文书。

答辩状是与起诉状或上诉状相对应的文书。有刑事起诉状、民事起诉状,就有刑事答辩状、民事答辩状;有刑事上诉状、民事上诉状,就有刑事被上诉答辩状、民事被上诉答辩状。

按照程序,答辩状可以分为一审程序上的答辩状和二审程序上的答辩状。民事、刑事被告人对原告和自诉人的诉状提出的答辩状,是一审程序上的答辩状,如民事答辩状、刑事答辩状。被上诉人针对上诉人提出的答辩状,是二审程序上的答辩状,如民事被上诉答辩状、刑事被上诉答辩状。

（二）答辩状的写作

1. 首部

（1）标题。答辩状的标题一审与二审稍微有所不同。一审写为：《刑事答辩状》《民事答辩状》《行政答辩状》等。二审写为：《刑事被上诉答辩状》《民事被上诉答辩状》《行政被上诉答辩状》等。

（2）基本情况。写明答辩人的姓名、性别、年龄、民族、籍贯、工作单位、职业和住址。如果答辩人是单位、机关或团体，就先写其名称、地址，再写法定代表人的姓名、职务。对方当事人的基本情况可以在答辩事由中说明起诉人或者上诉人是谁，起诉或上诉的案由是什么。

2. 正文

（1）案由。

① 一审答辩状一般写为："因××（案由）一案，根据起诉状所列事实、理由和请求，现答辩如下"或"答辩人于××××年××月××日收到××人民法院交来原告（或上诉）因××一案的起诉（或上诉）状的副本，现提出答辩如下"。

② 二审答辩状一般写为："为×××（姓名）诉××（案由）一案，上诉人不服原判，现就上诉状所列各点，答辩如下"或"××××年××月××日接到上诉人×××的上诉状副本，现提出答辩如下"。

（2）事实与理由。要根据原告的起诉状或上诉人的上诉状的内容来确定。除了被告或被上诉人愿意承认原告或上诉人的诉讼请求以外，答辩的事实与理由部分要针对原告在起诉状或上诉人在上诉状中提出的请求事项、事实与理由进行答辩，并且提出相反的事实、证据和理由，证明自己提出的理由是正确的，意见和要求是合理的。

起诉状所列的事实和理由、诉讼请求可以概括为以下四种情况。

① 事实、理由、请求都合理、合法。对此，应该予以放弃。
② 事实部分虚假。应该针对虚假事实予以驳斥。
③ 隐瞒、歪曲事实。对此，应该补充事实，予以澄清。
④ 事实不存在，曲解法律，要求不合理。对此，应该反驳其曲解了法律，指出其提出的要求不合理。

结尾写明请求法院判决。

3. 尾部

（1）结语。写明"此致""××人民法院"，各占一行。

（2）落款。落款要求注明署名和日期。

① 署名。写"答辩人×××"或"具状人×××"。如果是律师代书，就写明"××法律顾问处（或律师事务所）律师×××代书"。

② 日期。写明写答辩状的年月日。

（3）附项。写明以下内容：本状副本×份，证物×件，书证×件。

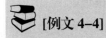
[例文4-4]

行政答辩状

答辩人名称：××省××市××区环境保护局

所在地址：××省××市××区××街××号

法定代表人姓名：刘××，局长，电话：××××××。

因原告不服我局〔20××〕×环处字第37号环保行政处罚一案，提出答辩如下。

一、原告违反环境保护法，造成环境污染的事实存在，有据可查。原告烟囱排放的黑色烟尘，给周围居民的身体健康造成一定危害。原告所在地的四邻，曾多次向原告提出意见，原告未予理睬，继续向空中排放大量黑烟。我局接到群众举报后，也曾3次派环保监察员前去原告单位，予以制止，并让其改进。原告不听劝阻，仍然排放超标准烟尘。经用仪器测试，原告排放的烟尘严重超标，且对周围大气环境已造成严重污染。为此，我局根据《中华人民共和国大气污染防治法》第33条第1款的规定，对原告给予罚款处罚。原告烟囱长期排放超标准烟尘，不仅有我局的仪器测试结果在案，而且有居住在××市××区××街××段××里××号的居民王××、宋××、李×等多人证实。

二、我局作出的行政处罚，引用了《中华人民共和国大气污染防治法》第33条第1款和有关技术标准，具有充分证据作依据。根据法律的规定，行政机关在法定幅度内，作出罚款处罚，这是法律赋予行政机关的自由裁量权。原告说我局的罚款处罚"是乱罚款"，这是对法律的误解，对行政机关行使行政管理权的误解。

综上所述，我们认为，原告提起诉讼的请求无理，没有法律依据；我局〔20××〕×环处字第37号环保行政处罚决定正确，请求人民法院依法维持我局的行政处罚决定。

此致

××省××市××区人民法院

附：本答辩状副本1份。

答辩人　××省××市××区环境保护局
××××年××月××日

五、辩护词

（一）辩护词的含义

辩护词是指为了维护刑事犯罪嫌疑人、被告人的合法权益，辩护人依法在法庭上提出证明犯罪嫌疑人、被告人无罪、罪轻或减轻、免除其刑事责任的材料和意见的演说词。

犯罪嫌疑人、被告人在受到法庭审理时，为了维护自身的合法权利，有权进行辩护。除了自己行使辩护权以外，还可以委托律师或法律许可的其他人员为自己辩护。

（二）辩护词的写作

1. 首部

（1）标题。

① 完全性标题。由被告人姓名+案件名称+文种构成，如《×××（被告人姓名）××案件的辩护词》。

② 省略性标题。只写文种，即《辩护词》。

（2）称谓。顶格写明："审判长、审判员"或"审判长、人民陪审员"。

2. 正文

正文包括序言、主体和结尾。

（1）序言。主要写明以下几点。

① 辩护人出庭的合法性。辩护人应该说明自己出庭为被告人辩护的合法地位。辩护人出庭为被告人辩护有两种方式：一是经过人民法院指定、被告人指定，如律师；二是受被告人委托、法院许可。

② 辩护人开庭前的准备工作。辩护人受理案件以后，要查阅案卷，会见被告人，走访被害人和证人，调查案情等。如果是一审的辩护律师在二审中继续作辩护，就应该简要介绍一审辩护的主要意见及一审法院是否采纳等情况。

③ 辩护人对本案的基本看法，以及其他需要说明的问题。

（2）主体。阐明辩护理由，可以从以下几个方面进行。

① 针对起诉书指控的犯罪事实和情节与案件的客观情况的出入进行辩护。

- 事实存在，但是混淆罪与非罪的界限，把无罪当成有罪。
- 事实部分存在，但被夸大、歪曲，例如把正当防卫当作故意行凶，把轻罪当作重罪。
- 主要事实不清楚，证据不足或没有证据。主要从证据方面论证事实的存在与否。
- 事实根本不存在。
- 事实清楚，证据确凿。可以考虑从从轻、减轻方面予以辩护。

② 针对起诉书适用的法律不当进行辩护。

- 把无罪当成有罪，例如情节轻微、不构成犯罪却被认定为犯罪。
- 确定罪名不当，例如把盗窃定为抢劫。
- 量刑不当，对应该予以认定的从轻情节却没有认定，例如自首、认罪态度好。

③ 从犯罪行为发生过程中的情理方面进行辩护，例如被告人的行为造成的后果不严

重,犯罪行为有其客观因素。

④ 从法理或诉讼程序方面辩护,例如应该回避而没有回避,证据没有经过查实。

⑤ 从其他方面进行辩护。

(3) 结尾。重申辩护人的基本观点,以引起法庭的重视,并且请求法庭作出判决、裁定。

① 辩护人对自己的发言进行归纳、总结,提出结论性的意见。

② 对被告人的定罪、量刑,提出自己的看法、要求和建议。

③ 请求法庭考虑辩护人的意见,作出判决、裁定。

3. 尾部

(1) 结语。写明"此致""××人民法院",各占一行。

(2) 落款。落款要求注明署名和日期。

① 署名。写"辩护人×××"。如果是律师代书,就写明"××法律顾问处(或律师事务所)律师×××"。

② 日期。写明写辩护词的年月日。

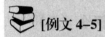
[例文 4–5]

辩 护 词

审判长、审判员:

根据我国刑事诉讼法第36条的规定,我经××市第×律师事务所指派,接受被告人张×的委托,担任被告张×流氓一案的一审辩护人,出庭为他辩护。

在出庭前,我已经查阅了本案全部案卷,并和被告人谈了话,对案情的全过程进行了分析。刚才又听取了公诉人的发言和法庭对被告张×流氓事实及经过的公开调查。

作为辩护人,以下我就起诉书中的指控和张×在本案行为中的心理状态、悔罪表现及其认罪态度等,提出我的辩护意见。

一、张×打伤谷×后有后悔心理和主动悔罪表现

据张×自己讲,打伤谷×后非常后悔,并且他没有耽搁,主动把谷×送到××医院,看病的费用也是由他和其他工人凑出。在谷×看病时,张×一直陪在旁边,直至派出所来人把他带走。以上可以说明:张×在打伤谷×的问题上,主观恶性程度不大。因为,在他伤人后他并没有放任这一伤害后果蔓延或逃之夭夭,而是及时地、主动地采取了补救措施,即马上带谷×治伤。以上可以看出,张×后悔的心理和悔罪的行为是一致的。这一行为,虽然还不是自首行为(这里不排除张×在法律上的无知),但也足以说明张×能主动悔罪这一问题。同时,其行为对谷×的伤愈也有促进作用。所以根据张×的悔罪表现,望法院在量刑时给予考虑。

> 二、张×的认罪态度
> 　　从卷宗中和庭审调查中可见，张×对其所犯罪行供认清楚，并能主动交代其他事情，这说明他的认罪态度是真实的、诚恳的，也反映了他有主动悔罪、愿意重新做人的心理。此外，在卷宗中以及在我与被告人的谈话中，被告人也一再表示，希望家里为其赔偿谷×的治疗费和补养费，表示了他的内疚和悔恨。
> 　　审判长、审判员，根据我国一贯实行给予悔罪的犯罪人出路的政策，本人亦希望法庭对张×的悔罪态度和悔过行为进行分析，并在量刑中给予适当考虑。
> 　　三、对起诉书中所指认张×纠集刘××、刘×拦打谷×的问题，本人请法庭对"纠集"这一指认予以纠正
> 　　就这一问题，本律师曾与被告交谈并查阅卷宗，核实证言（见卷宗P47、P52），认为张×在20××年12月4日晨打伤谷×一事，并无事先与刘××、刘×预谋，而是临时的犯意，所以恳请法庭对"纠集"之事认真分析、查证。因为犯罪人的事先预谋和临时的犯意在主观恶性程度上应有区别，故"纠集"一词直接关系到张×的判罪量刑，望法庭对此含义给予慎重查实，并给予必要的纠正。
> 　　审判长、审判员，综上所述，被告人张×无论从主观方面还是客观方面，都有适当减轻处罚的情节，望法庭明断。
> 　　此致
> ××人民法院
>
> 　　　　　　　　　　　　　　　　　　　　　　辩护人：×××
> 　　　　　　　　　　　　　　　　　　　　　　××××年××月××日

第三节　协　调　类

　　协调类司法文书是法院或其他有关法律机构为解决争议双方当事人的协商、调解事宜而制作的文书，包括调解书等。

调解书

（一）调解书的含义

　　调解书是指人民法院在处理民事纠纷案件和自诉刑事案件、行政案件附带民事诉讼时，通过调解的方式，在说服教育和民主协商的基础上，当事人自愿达成协议后所制作的文书。

　　调解贯穿于诉讼的全过程，在开庭审理前到判决前，在第一审程序、第二审程序和审判监督程序中，都可以进行调解。与此相应，按照程序，调解书可以分为第一审调解书、

第二审调解书和再审调解书。按照案件性质,调解书有民事调解书、刑事(附带民事)调解书、行政案件的附带民事诉讼部分所制作的调解书。

制作调解书的原则:一是要双方自愿,不是靠法院或当事人任何一方的强迫来达成协议;二是要合法,依法调解和制作;三是要查明事实,分清是非。

调解书与其他类型的司法文书具有同等的法律效力。

(二) 调解书的写作

1. 首部

(1) 标题。

① 完全性标题。由法院名称+文种构成,一般分为两行。第一行写明法院名称,如"××省××市×××人民法院";第二行写明文种名称,如"民事调解书""刑事调解书"。

② 省略性标题。只写文种,如《民事调解书》《刑事调解书》。

(2) 基本情况。民事调解书的诉讼参与人包括原告、被告、第三人、法定代表人、诉讼代理人等。原告、被告、第三人如果是自然人,就分别写明姓名、性别、年龄、民族、籍贯、职业、工作单位和住址。原告、被告、第三人如果是企事业单位、机关、团体,就分别写明工作单位全称和所在地,下一行分别写明其法定代表人的姓名和职务。原告、被告、第三人如果有诉讼代表人,就分别写明是法定代理人、指定代理人或委托代理人,不能笼统地写作"诉讼代理人"。除了律师以外的其他代理人,都要写明姓名、性别、年龄、职业、工作单位、住址和与被代理人的关系。

刑事调解书的当事人有自诉人和被告人,如果附带民事诉讼,就在自诉人之后注明其为附带民事原告人。如果自诉人、被告人有诉讼代理人或辩护人,那么他们的姓名和身份等情况,也要在原告或被告的下一行写明。

2. 正文

(1) 案由。民事调解书的案由直接写明,如"强占房屋"。

刑事调解书的案由部分一般写为:"自诉人×××诉被告人×××犯××罪(如果附带民事诉讼,还要写上'及要求民事赔偿'等)一案,经本院审理查明。"

(2) 事实。或把双方协议的事实与法院认定的事实综合起来写;或写明双方当事人之间的关系,纠纷的起因、经过、现状,双方的请求及所持的理由;或写明纠纷发生的时间、地点、起因、过程、现状,诉讼理由,诉讼请求,答辩理由等。

刑事调解书一般写明以下几个方面的内容。

① 经过人民法院审理认定的案件的基本事实。

② 自诉或附带民事原告人自诉的内容和提出的诉讼请求。

③ 被告人的答辩内容。

④ 人民法院调解的经过和当事人的态度等。

（3）理由。调解理由是指人民法院在查清事实的基础上，根据法律，针对当事人争议的问题，作出公正、合理的评判，核准当事人达成协议的原因和道理。

民事调解书，要讲明道理、分清是非，对当事人正当的意见、要求予以支持、肯定，对不正当的予以批评、教育，使当事人心悦诚服。

刑事调解书，主要写清楚人民法院认定被告人行为已经构成犯罪但又同意当事人达成协议的理由。刑事附带民事调解书，除了对被告人应当承担的刑事责任及其行为所构成的罪名予以认定以外，还要明确被告人应该承担的民事责任及人民法院不支持自诉人不合理请求的理由，被告人的答辩是否成立的理由等。

（4）协议内容。协议内容是指当事人经过协商，就有关问题取得的一致性意见。协议内容主要包括两个方面：一是案件实体问题的解决意见；二是诉讼费用的负担。刑事调解书可以写为："自诉人×××放弃追究被告人×××刑事责任请求。"

（5）文书效力。注明文书效力，写上："本调解书与判决书具有同等法律效力。"

3．尾部

（1）审判人员署名。审判人员包括审判长、审判员等。

（2）书记员署名。

（3）写上调解成立的年月日。

判决书与调解书的写法相似，但要把协议内容改为判决结果。

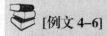

[例文4-6]

××省××市中级人民法院民事调解书

原告：陶××，男，汉族，1977年7月生，住××省××市××区××村××号。

委托代理人：秦××，××律师事务所律师。

被告：××药业股份有限公司。

法定代表人：何××，××药业股份有限公司董事长。

委托代理人：傅××，××药业股份有限公司党委副书记。

委托代理人：李××，××律师事务所律师。

案由：债务纠纷。

原告诉称，被告在与××味精股份有限公司长期业务往来过程中，拖欠该公司货款180万元，为偿还该债务，被告同××味精股份有限公司及原告于20××年7月1日签订协议，约定以原告的一辆"丰田佳美"牌小轿车作价58万元抵偿被告欠××味精股份有限公司的债务。协议签订后，原告将该车交给被告，被告将车交付给××味精股份有限公司，后被告仅向原告支付10万元车款，剩余的48万元拒不支付，请求判令被告立即支付48万元及银行利息。

被告辩称，原告所诉的事实存在，但利息不应承担。经查明，被告与××味精股份有限公司有长期业务，于20××年7月1日同××味精股份有限公司及原告签订《协议书》一份，约定被告用原告所有的一辆日产"丰田佳美"牌轿车（车牌号为湘××，发动机号为××，车架号为××）抵偿××味精股份有限公司的债务58万元，××味精股份有限公司表示愿意接受，车况和车辆手续问题，被告不承担任何责任，原告协助办理车辆过户手续。车辆交付后，××味精股份有限公司出具了收条及冲抵债务的证明，被告仅支付原告车款10万元，剩余48万元一直未给付。故原告陶××于20××年12月26日诉至本院。

本案在审理过程中，经本院主持调解，双方当事人自愿达成如下协议：

被告××药业股份有限公司支付原告陶××车款48万元，在本调解书送达之日一次性付清。

本案诉讼费15 015元，保全费5 000元，由被告××药业股份有限公司承担。

上述协议符合有关法律规定，本院予以确认。

本调解书经双方当事人签收后，即具有法律效力。

审 判 长：占××
审 判 员：吕××
代理审判员：游××
书 记 员：严××
××××年××月××日

第四节 仲 裁 类

仲裁类司法文书是争议双方当事人根据仲裁协议通过仲裁机构解决争议的过程中运用的文书，包括仲裁协议书、仲裁申请书等。

一、仲裁协议书

（一）仲裁协议书的含义

仲裁协议书是双方当事人自愿将他们之间已经发生的争议或可能发生的争议提交仲裁机构解决而使用的文书。

仲裁协议书是仲裁机构处理案件的前提，也是当事人提出仲裁申请的依据。如果没有仲裁协议书，任何一方当事人都不能强迫另外一方当事人履行仲裁程序，仲裁机关也不受理。凡是订有仲裁协议书的，法院都不得强制管辖，即使一方当事人违反协议书向法院提起诉讼，法院也不得立案受理。

仲裁协议书是在争议发生以后签订的，表示愿意将双方当事人之间已经发生的争议提交仲裁机构解决的协议文书。另外，合同中有仲裁条款，是在争议发生以前签订的。

（二）仲裁协议书的写作

1. 首部

（1）标题。

① 由双方当事人名称+文种组成。

② 只写文种，即《仲裁协议书》。

（2）基本情况。交代双方当事人的名称，并且指定甲方、乙方等。

2. 正文

（1）案由。包括仲裁的缘由，当事人各自的观点等。

（2）协议内容。包括以下几点。

① 提交仲裁的事项。对争议的具体事项的概述要简明。

② 仲裁机构和仲裁地点。

③ 仲裁程序和仲裁规则。

④ 仲裁裁决的效力。

⑤ 仲裁费用的承担。一般由败诉方承担。

（3）文书保存。写明协议书的份数和保存方法。

3. 尾部

（1）署名。写明双方当事人的名称、代表人姓名。

（2）日期。写明协议书签订日期。

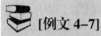
[例文 4-7]

中国××进出口公司与×国 H 公司仲裁协议

中国××进出口公司（以下简称买方）于×××年××月××日与×国 H 公司（以下简称卖方）签订第×号购货合同，订购食用 M 油 100 公吨。该批油装××轮于××××年××月××日运抵×港。货到后，经××商品检验局抽样检查发现，该批食用油质量存有问题，买方即致函卖方，提出退货要求或以原价的 10%处理作工业用油。卖方拒绝，并提出了异议。经三个月的协商，双方均各执己见，相持不下。现经共同协商，一致商定如下仲裁协议：

1. 此案提交中国国际经济贸易仲裁委员会仲裁。仲裁地点是中国上海。

>   2．此案根据该仲裁委员会制定的仲裁程序规则进行仲裁。
>   3．仲裁庭的一切裁决都是终局性的，甲乙双方应无条件地共同服从。
>   4．本案仲裁手续费用，由败诉方承担。
>   本协议一式四份，甲方乙方各执两份。
>
>   　　　　甲　　方　　　　　　　　　乙　　方
>   　　　中国××进出口公司　　　　　×国H公司
>   　　　代表×××（签字）　　　　　代表×××（签字）
>
>   　　　　　　　　　　　　　　　　　　　××××年××月××日

二、仲裁申请书

（一）仲裁申请书的含义

仲裁申请书是当事人根据仲裁协议将已经发生的争议提请仲裁机构仲裁以保护自身合法权益的书面请求。

仲裁申请书是仲裁机构受理案件、审理案件的凭据，也是被诉人应诉答辩的根据。

（二）仲裁申请书的写作

1．首部

（1）标题。一般就写文种，即《仲裁申请书》。

（2）称谓。写接受申请的仲裁机构的名称。

（3）基本情况。包括申请人和被诉人的名称、地址，代理人姓名、单位、地址等。

2．正文

（1）案由。简要说明争议案件的性质等。

（2）请求事项。说明要求仲裁机构裁决的具体问题，如确认协议无效、支付违约金、赔偿损失等。

（3）事实与理由。简明扼要地说明协议内容、争议情况、索赔经过和具体理由等。这是仲裁申请书的主要内容，它不仅是申请人提请仲裁的主要依据，也是仲裁机构进行裁决的主要依据。要条理清楚，主次分明，言简意赅，重点突出，有理有据，实事求是。

（4）结尾提请申诉、指定仲裁员，提出索赔和仲裁手续费等方面的要求。要明确、具体。

3．尾部

（1）结语。请求仲裁机构受理、裁决，写明"以上申请，请仲裁委员会受理审议""请仲裁委员会审议并作出公正裁决"等。

（2）落款。注明申请人姓名和申请日期。

（3）附件。注明有关文件的名称和数量。附件包括协议书、合同、有关证明书等。

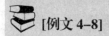[例文4-8]

仲裁申请书

中国国际经济贸易仲裁委员会：

申请人：中国××进出口公司

地　　址：中国××市××路××号

被诉人：×国H公司

地　　址：×国××市××路××号

申请人于××××年××月××日与×国H公司（被诉人）签订第×号合约（见附件1），订购食用M油100公吨。该批油装××轮于××××年××月××日抵×港，实际到货100公吨，价值××万美元。

货到后，经××商品检验局抽样检查发现，该100公吨食用M油沉淀多，有异味，色泽深，有2%的杂质，即使加工后也不能食用（见附件2检验证明）。

申请人于××××年××月××日去函给×国H公司提出保留索赔权（见附件3），又于××××年××月××日去函将有关商检证明寄给该公司，并提出索赔（见附件4）。××××年××月××日，H公司×先生来我公司洽商索赔事宜。双方共同察看了M油的外观情况，并请×先生一起对M油的质量又一次作了检验。×先生当场承认了我们所提出的该商品的质量问题，但对我们的检验手段提出异议，要求带M油样品回国试验。事至今日已逾三月，H公司并未将检验结果告我。在此期间，我方曾于××××年××月××日、××××年××月××日、××××年××月××日连续去电去函催促（见附件5、6、7），对方均未作答复。据此，我方又于××××年××月××日去函再次提出索赔（见附件8）。但H公司竟不遵守合约规定，来函矢口否认油质有问题，拒绝赔偿（见附件9）。

在这种情况下，我们不得不向贵仲裁委员会提出申诉。

仲裁员拟请仲裁委员会主任代为指定。

仲裁手续费预付人民币×元，另行汇上。

索赔清单：

合约×号项下食用M油100公吨，计×万美元；

银行利息，月息×厘，按一年计算，计×万美元；

仓租，共×公吨，共×m^2，计×万美元；

海运费计×万美元；

检验费计×万美元；

> 共计×万美元。
> 以上申请，谨请贵委员会早日开庭审理。
>
> 中国××进出口公司
××××年××月××日
>
> 附件：
> 1．影印件合约1份；
> 2．商检证明1份；
> 3．索赔电函6份；
> ……

第五节 公 证 类

公证类司法文书是指企事业单位、机关、团体或公民在进行民事等活动时为了记载法律行为、法律事实而制作的具有法律意义并产生一定法律后果的文书，包括公证书、遗嘱等。

一、公证书

（一）公证书的特点

公证书是国家公证机关根据公民、法人或者其他组织的申请依法证明其法律行为、有法律意义的文书和事实的真实性、合法性的文书。

公证书具有效力性的特点。经过司法机关制作的公证书，具有法律效力和证据效力。经过公证的文书和事实，可以确认其真实性，证明其合法性，使其具有法律上的可靠性，从而产生证据上的效力，以保护公民、法人或者其他组织的人身的合法权益和财产的所有权、转移权。

公证书的主要任务是为国家机关、企事业单位、社会团体、公民等证明遗嘱、赠与、继承、转让、合同、委托、房屋买卖等法律行为，证明结婚、离婚、学历、经历、出生、死亡、失踪、亲属关系等具有法律意义的文书和事实。公证书对于健全法制，防止与减少由于继承、遗嘱、委托、收养、买卖等所引起的纠纷，保证安定团结，都有重要意义。

（二）公证书的写作

1. 首部

标题写明事由+文种，如《××公证书》，也可以只写文种，即《公证书》。

2. 正文

公证书正文的写法根据公证的问题而定。只要把所要证明的问题说清楚就可以了。一般包括以下两点。

（1）基本情况。交代被公证人的姓名、性别、年龄等。

（2）公证事项。写明被公证人要求证明的具体问题的真实情况。

3. 尾部

（1）署名。写上公证机关的名称和公证人的姓名。

（2）日期。写上公证书的制作日期。

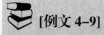[例文4-9]

财产公证书

李××，男，××××年××月××日生，××市××区人，身份证号码为××××××××××××××××××，××软件开发公司职工。刘××，女，××××年××月××日生，××市××县人，身份证号码为××××××××××××××××××，××中学教师。李××与刘××20××年××月××日在××路××号××公寓购买2室1厅住房1套，面积×平方米，价值×万元，户主为李××。已付×万元，其中有李××万元，刘××万元，剩余×万元分×年按月从李××工资中扣除。另外，房屋装修费×万元，冰箱、彩电、空调、家具等价值×万元，也是李××所出。

特此公证。

××市××公证处
公证员　×××
20××年××月××日

二、遗嘱

（一）遗嘱的特点

遗嘱是指死者生前按照法律规定的方式处理遗产和其他事务并在其死亡之后发生法律效力的文书。

遗嘱具有私密性、合法性和事后性等特点。遗嘱是单方面的法律行为，死者生前不需要征得继承人的同意。遗嘱是立遗嘱人行使其法定所有权的一种方式。遗嘱在立遗嘱人死亡之后才发生效力。

遗嘱的制定体现了法律对公民财产所有权的确认。国家通过法律形式保护公民依法享有财产的所有权、继承权。用遗嘱处理个人财产，可以减少和避免纠纷，有利于家庭的和睦和社会的安定团结。

（二）遗嘱的种类

遗嘱按照法律形式，可以分为公证遗嘱和非公证遗嘱。按照存在形式，可以分为书面形式的遗嘱和口头形式的遗嘱。按照主体，书面形式的遗嘱可以分为自书遗嘱和代书遗嘱。按照载体，口头形式的遗嘱可以分为录音遗嘱和口头遗嘱。

1. 公证遗嘱

公证遗嘱是经过公证机关公证的遗嘱。我国继承法规定："自书、代书、录音、口头遗嘱，不得撤销、变更公证遗嘱。"

2. 自书遗嘱

自书遗嘱是死者生前亲笔书写的遗嘱。

3. 代书遗嘱

代书遗嘱是立遗嘱人因故不能书写而委托他人代写的遗嘱。代书时，应该有两个以上无利害关系的见证人在场，由其中一人代书。

4. 录音遗嘱

录音遗嘱是用录音机录下立遗嘱人的讲话而制成的遗嘱。录音时，应该有两个以上无利害关系的见证人在场，并录下他们的见证语言。

5. 口头遗嘱

口头遗嘱是立遗嘱人在危急的情况下口授给他人的遗嘱。这时应该有两个以上无利害关系的见证人在场。危机情况过后，能改为其他形式遗嘱的，所立的口头遗嘱无效。一般情况下不能采用口头遗嘱。

（三）遗嘱的写作

遗嘱一般由首部、正文和尾部三个部分组成。

1. 首部

（1）标题。有两种形式：一种是只写文种，即《遗嘱》；另一种是写姓名+文种，如《×××（姓名）遗嘱》。

（2）基本情况。包括立遗嘱人姓名、性别、年龄、籍贯、住址等。

2. 正文

正文一般要交代清楚以下几个方面的内容。

（1）遗嘱订立的动机和目的。

（2）遗嘱的继承人和馈赠人。

（3）遗产范围和分配份额。

（4）对继承人或受赠人的要求。

（5）遗嘱执行人。

3. 尾部

（1）结语。写上"特立此遗嘱"或"立此遗嘱为证"等。

（2）落款。立遗嘱人、见证人和代书人签名、盖章，写明订立遗嘱的日期、地点。

（3）附项。说明遗嘱的份数及执行情况。

授权委托书要写明委托人和受托人双方的基本情况、委托事项和委托权限等。

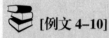[例文 4-10]

李木子遗嘱

立遗嘱人：李木子，男，73岁。××省××市人。××公司退休工人，现居住在××市××路××号。

近来我年老体衰，病魔缠身，健康状况越来越差，担心一旦卧床不起，子女之间为遗产继承而发生纠纷，特立以下遗嘱，留我子女各自遵守，切勿争执。

妻子已先我而去，我现有长虹彩电一部，海尔牌冰箱一台，定期存折一个，内有存款肆万元。身无债务，与他人无财务纠纷。我死后，财产如下处理：

一、长子李龙一家长期与我一起生活，平素对我极为孝顺，在我卧床不起期间，端茶送水，照顾得十分周到，我决定将长虹彩电、海尔牌冰箱，外加存款贰万元让他继承。

二、次子李虎受过高等教育，现为公务员，已结婚成家，我决定从存款中拨出壹万元让他继承，希望他努力工作，为国家多作贡献。

三、女儿李凤，现在合资企业工作，已结婚生子，生活较为富裕。我决定从存款中拨出壹万元由她继承。

四、家中其他杂物，由长子李龙全权做主分配。

特立此遗嘱。

立遗嘱人　李木子
××××年××月××日

第五章 财经文书

第一节 概 述

一、财经文书的特点

财经文书是指在财政、经济活动中形成和发展起来的，部门或个人专门用于处理财政、经济业务，反映财政、经济内容的应用文体。按照内容性质，财经文书可以分为协议类和报告类等。

财经文书具有专业性和精确性等特点。

（一）专业性

财经文书是专业性很强的应用文体。财经文书是以反映财政、经济活动为内容和对象的，而财政、经济活动本身具有很强的专业性，所以财经文书也必然具有很强的专业性。财经文书写作是财经领域的专业性写作。它的理论基础是反映财经工作和经济发展规律的经济理论，它的各个文种是为搞好经济管理、提高经济效益而确定的，它的写作内容贯穿于财经管理活动的全过程。要写好财经文书，必须熟悉有关专业和业务，必须正确认识和准确表达财政、经济专业知识和专业术语。

（二）精确性

财经文书具有精确性的特点。财经文书所出现的事实材料、统计数据和所依据的政策、法律必须真实可靠、准确无误，不能出现偏差。许多文种，离开统计数据或事实材料就难以得出结论，也就不能进行写作。如果内容不确实或表达不精确，就可能无法据以办事，或者造成损失。在从事财经文书的写作时，必须了解有关的政策和法律，熟悉相关的事实材料和统计数据。

二、财经文书的作用

财经文书的作用可以概括为：维护主体的合法权益，保证经济的健康发展。

（一）维护主体的合法权益

大多数财经文书，可以起到维护组织或个人正当、合法的经济权益的作用。根据国家政策、法律制作的财经文书，是国家政策和法律的体现，可以作为维护经济主体合法权益的依据。例如，协议类文书一经签订，就具有法律效力，当事人必须遵照执行，如有违反，就要承担一定的经济责任或法律责任。经济主体要维护自己的合法权益，在写作财经文书时必须符合国家有关的政策和法律。

（二）保证经济的健康发展

有些财经文书，可以起到保证经济健康发展的作用。财经文书的法律效力，有助于维护正常的经济秩序，克服经济发展中的弊端，从而保证经济的健康发展。例如，报告类文书比较重视事实材料和统计数据，从中可以发现经济发展的有利和不利因素，有针对性地制定改进措施，促使经济沿着正常的轨道运行，保证经济的健康发展。

第二节 协 议 类

协议类财经文书是当事人各方就有关经济等问题达成的一致性意见而签订的文书，包括协议书、合同、备忘录等。

一、协议书

（一）协议书的特点

协议书是指当事人各方就有关经济问题或其他事务的某些问题的要点、原则经过协商达成一致性的意见而签订的文书。

协议书具有灵活性的特点。协议书的使用比较灵活，不宜签订合同的合作形式，只要各方当事人协商同意均可签订协议书。协议书对合作的内容、条件、要求等一般只作粗线条的约定，详细内容经过充分协商签订正式的合同。协议书内容的安排、条款的详略等完全由各方当事人协商议定。

（二）协议书的种类

按照作用，协议书可以分为三类。

1. 意向式协议书

意向式协议书制作于正式合同之前，为正式签订合同提供依据和参考，是签订合同的前奏、序曲。它是为正式签订合同作准备，起意向作用。

2．补充、修订式协议书

这种协议书制作于正式合同之后，补充、修订合同条款内容的不足，是合同签订后的尾声。它补充、修订合同条款，起合同作用。

3．合同式协议书

凡是在《中华人民共和国合同法》规定的 15 种合同形式以外的合作形式，都可以以协议书的形式来表现。它实际上就是合同，具有与合同相同的法律效力。

（三）协议书的写作

协议书的结构一般包括四部分：标题、当事人名称、正文、落款。

1．标题

标题可以只写文种，即《协议书》；也可以由事由（合作项目）+文种构成，如《就业协议书》。

2．当事人名称

在标题左下方，并列写上签订协议书的各方当事人的名称、法定代表人姓名或委托代理人姓名，并且分别在各方后面用括号注明"甲方""乙方"等。

3．正文

正文写明当事人各方所议定的事项，各自享受的权利和承担的义务，即完成什么项目，达到什么要求，什么时候完成，所得的报酬，不能按时完成时的责任，不能按时付酬时的责任等。具体包括以下内容。

（1）标的。
（2）数量和质量。
（3）价款或报酬。
（4）履行的期限、地点和方式。
（5）违约责任。
（6）协议份数、保管方、有效期限及附件。

4．落款

落款注明签订协议书的各方当事人的名称、代表姓名和签订日期。

［例文 5–1］

协作协议书

××乡××村（以下简称甲方）
××乡××村（以下简称乙方）
　　为了充分利用××水库的水，扩大灌溉面积，发展农业生产，经双方协商，决定共同修建一条渠道，特立本协议书。

一、渠道南北走向，共长5 000米，深1米，底宽1米，上宽3米。北段3 000米，占用甲方土地；南段2 000米，占用乙方土地。

二、工程北段由甲方负责施工，南段由乙方负责施工。双方均要按照协议绘制的渠道图纸修建。

三、工程从今年秋末冬初开始，春节前竣工、验收。

四、需要工具由双方自备……

五、所需经费由双方受益多少分配；劳力报酬由各方负责解决；新渠和旧干渠接口处闸门修建费由双方平均负担。

六、双方各抽调干部3人共同组成工程指挥部负责修渠组织工作。甲方出1人为指挥，乙方出1人为副指挥，其他人为指挥部成员。

七、请乡长负责监督工程实施和本协议执行情况，如有一方工程不合格或违反协议，依据情节予以批评，或责令弥补损失。

八、本协议及附件3种1式4份，双方各存1份，负责监督的乡长1份，另1份送县人民政府存查。

××乡××村（盖章）　　　　　　××乡××村（盖章）

代表人：×××（签名）　　　　　代表人：×××（签名）

××××年××月××日

附件：

1. 工程图纸1张（略）
2. 经费预算、经费分配表1张（略）
3. 指挥部成员名单1张（略）

二、合同

（一）合同的含义

合同是指当事人之间产生、变更、终止民事权利义务关系的协议文书。

合同的当事人包括自然人、法人和其他单位，是平等的民事主体。合同的本质，是当事人之间通过自由协商，决定其相互权利义务关系，并且根据其意志调整他们相互之间的关系。

合同对于保护当事人的合法权益，维护社会经济秩序，促进社会主义现代化建设，都具有重要作用。

《中华人民共和国合同法》（以下简称《合同法》）由中华人民共和国第九届全国人民

代表大会第二次会议于 1999 年 3 月 15 日通过，以中华人民共和国主席令第十五号形式发布，从 1999 年 10 月 1 日起实施。其附则规定《中华人民共和国经济合同法》《中华人民共和国涉外经济合同法》《中华人民共和国技术合同法》同时废止。

（二）合同的种类

1. 从内容上分

《合同法》按照内容把合同规定为 15 种，即：买卖合同，供用电、水、气、热力合同，赠与合同，借款合同，租赁合同，融资租赁合同，承揽合同，建设工程合同，运输合同，技术合同，保管合同，仓储合同，委托合同，行纪合同，居间合同。

2. 从形式上分

合同可以分为书面合同、口头合同和其他合同。

书面合同是指合同书、信件以及数据电文（包括电报、电传、传真、电子数据交换和电子邮件）等可以有形地表现所载内容的形式。书面合同常见的有以下几种：文字叙述合同，表格合同，车票、保险单等合同凭证，合同确认书，定式合同。

（三）合同的特点

合同的特点可以概括为合法性、合意性。

1. 合法性

《合同法》作为调整平等民事主体之间的交易关系的法律，规定合同的订立，合同的有效或无效，合同的履行、变更、解除、保全，违反合同的责任等问题，是民法的重要组成部分。合同的订立和履行，是当事人受到法律保护和监督的法律行为。合同的订立只有符合法律法规的要求，才具有法律约束力，才能受到法律的保护。当事人任何一方不履行合同，都要承担由此引起的法律后果。

2. 合意性

《合同法》以平等主体之间的合意为出发点，合同的订立和执行应该遵守合同自由原则、公平正义原则和诚实信用等原则。合同必须是在平等、自愿的基础上订立的，必须符合当事人各方的意志。订立合同是为了设立、变更或终止债权债务关系，为了实现各自的利益。合同的内容必须是两个以上当事人互相协商达成的一致性意见。超越他人之上签订的合同，强迫他人签订的合同，都存在被撤销的可能。

（四）合同的写作

结构一般包括标题、编号、当事人名称、正文、附件、落款。

1. 标题

写明合同的性质和文种，如《买卖合同》《仓储合同》《铁路货物运输合同》。

2. 编号

在标题的右下方，写上合同编号，以便于管理和查阅。

3. 当事人名称

当事人名称是签订合同的各方的名称，要写全称。为了表达方便，一般依据合同内容称"借方""贷方"，"供方""需方"，"承租方""出租方"，或规定"甲方""乙方"等，外面加上括号。

4. 正文

正文可以分为开头、主体和结尾三个部分。

（1）开头。写明签订合同的依据或目的。各方当事人签订合同的目的要明确，依据必须是《合同法》及有关政策规定。常常写作"根据××有关规定，经双方协商一致，签订本合同。主要条款如下"等。

（2）主体。阐述协议的主要条款。一般包括：标的，数量和质量，价款或报酬，履行的期限、地点和方式，违约责任，合同的变更、解除、争议仲裁等。

① 标的。标的是合同当事人各方权利和义务共同指向的对象。合同必须写明标的名称，以确定当事人的权利和义务。标的不明确或没有标的，合同就无法履行。

标的可以分为有形物、无形财产和经济行为等。有形物是能够被人类控制和支配的生产、使用、占有和交易的物质，包括自然财富和人类劳动的产品、固定充当一般等价物的货币和有价证券等。无形财产是人类智力劳动的成果。经济行为是合同主体为达到一定的经济目的所进行的活动，包括完成一定的工作、提供一定的劳务等。

② 数量和质量。数量是衡量标的多少的指标和确定权利与义务大小的尺度。数量规定要准确，计量单位要明确，有些产品应当注明合理磅差、正负尾数、自然增减的单位和计量方法，否则发生纠纷难以分清责任。质量是区别标的具体特征以及检验标的内在素质和外观形态优劣程度的标准。产品质量要求，包括物理或机械性能、化学性能、使用特性、性能指标、工艺要求、卫生和安全要求等。要明确规定双方协议的具体标准和检验方法，以减少纠纷的发生。

③ 价款或报酬。价款是取得标的的一方当事人向另一方当事人支付的以货币表示的代价。报酬是取得劳务的一方当事人向另一方当事人支付的货币。除了以物易物或劳务交换以外，合同一般都要详细、具体地写明价款或报酬的计算标准、结算方式或付款程序。除了法律另有规定以外，必须用人民币支付；在签订对外贸易合同时，要注意写明使用什么货币支付。除了国家允许使用现金支付以外，必须通过银行转账结算。如果价格有变动，合同中也要写明，否则临时协商解决。

④ 履行的期限、地点和方式。履行期限是当事人交付标的和支付价款或报酬的时间界限。明确期限有利于当事人各方合理安排生产和工作，分清责任，按时完成任务。履行地点是当事人各方提交标的的地方。履行方式是支付标的的手段，包括包装要求、费用承担、

交货方式、运输负担等。

⑤ 违约责任。违约责任是当事人一方不按照合同规定履行义务时的制裁措施,包括经济责任和法律责任。违约责任包括违约金、赔偿金和其他制裁方法。不可抗力事件一般不能视为违约行为,它不是由于当事人任何一方的过失,而是由于发生了当事人无力事先采取预防措施的意外事件,以致无法履行合同。不可抗力事件包括两种情况:一是社会力量引起的,如政府禁令、战争等;二是自然力量引起的,如地震、水旱灾害、风暴等。合同中应该写明不可抗力事件的范围。

⑥ 合同的变更、解除、争议仲裁。应当写明合同变更、解除、争议仲裁的条件。如果当事人一方感到合同有不完善或不合理的地方,在征得另一方当事人的同意后可以变更合同。如果当事人一方违反合同,以致严重影响订立合同所期望的经济利益,另一方就可以根据有关规定,通知对方解除此项合同。如果合同当事人发生争议,就可以到有关仲裁机关提起诉讼。

(3) 结尾。写明合同的生效时间,合同的文字形式及份数,合同签订的时间和地点,合同的补充办法等。

5. 附件

如果有相关的文书、表格、图纸或实物样品等,可以附在合同后面,在这里注明附件的件数和名称。

6. 落款

(1) 署名。写明签订合同的当事人各自的单位名称全称、单位地址,法定代表人姓名或委托代理人姓名、电话、电报挂号、开户银行、账号、邮政编码等。合同如果需要审核或鉴(公)证,还应当写明审核机关或鉴(公)证机关的全称,并且加盖公章。

(2) 日期。注明签订合同的日期。

[例文5-2]

购 销 合 同

购货单位:××市第一百货公司(以下简称甲方)
供货单位:××服装厂(以下简称乙方)

根据《中华人民共和国合同法》和本市有关规定,经甲乙双方充分协商,特订立本合同,以便共同遵守。

一、产品的名称、品种、规格

1. 产品的名称:婚纱礼服。
2. 产品的品种、规格:男式西服,女式套裙,按照身高各分为不同型号。

二、产品的数量和质量

1. 产品的数量：男式西服、女式套裙各10 000套，1年交清。
2. 产品的质量：参照有关标准，将婚纱礼服分为高、中、低档。

三、价款

男式西服、女式套裙高档每套各800元，中档每套各500元，低档每套各200元。乙方交货的同时，甲方将货款打入乙方账户。

四、履行的期限、地点和方式

1. 产品的包装：产品由乙方包装，外包装用纸箱，每箱100套；内包装用塑料袋，每袋1套；中包装也用纸箱，每箱10套。
2. 产品的运输：由甲方到乙方仓库提货，自行运输。
3. 产品的交货方式：每月5日交一次货，每次男式西服、女式套裙各800套（其中高档200套，中档400套，低档200套）。4月和9月每次男式西服、女式套裙各1 000套（其中高档200套，中档400套，低档400套）。
4. 产品的验收：甲方在验收中，如果发现产品的品种、型号、规格、花色和质量不合规定，应一面妥为保管，一面在30天内向乙方提出书面异议；在托收承付期内，甲方有权拒付不符合合同规定部分的货款。甲方怠于通知或者自标的物收到之日起过1年内未通知乙方的，视为产品合乎规定。甲方因使用、保管、保养不善等造成产品质量下降的，不得提出异议。乙方在接到甲方书面异议后，应在10天内负责处理，否则，即视为默认甲方提出的异议和处理意见。

五、违约责任

（一）甲方责任

1. 甲方拒收或中途退货，应向乙方偿付拒收或退货部分货款30%的违约金。
2. 甲方自提产品未按合同规定的日期提货的，应比照中国人民银行有关延期付款的规定，按逾期提货部分货款总值计算，向乙方偿付逾期提货的违约金，并承担乙方实际支付的代为保管、保养的费用。
3. 甲方逾期付款的，应按中国人民银行有关延期付款的规定向乙方偿付逾期付款的违约金。

（二）乙方责任

1. 乙方不能交货的，应向甲方偿付不能交货部分货款的20%的违约金。
2. 乙方所交产品品种、型号、规格、花色、质量不符合合同规定的，如果甲方同意利用，应当按质论价；如果甲方不能利用，应根据产品的具体情况，由乙方负责包换或包修，并承担修理、调换或退货而支付的实际费用。
3. 乙方因产品包装不符合合同规定，必须返修或重新包装的，乙方应负责返修或重新包装，并承担支付的费用。甲方不要求返修或重新包装而要求赔偿损失的，乙方应当偿付甲方该不合格包装物低于合格包装物的价值部分。因包装不符合规定造成货物损失的，乙方应当负责赔偿。

4. 乙方逾期交货的，应比照中国人民银行有关延期付款的规定，按逾期交货部分货款计算，向甲方偿付逾期交货的违约金，并承担甲方因此所受的损失费用。

5. 乙方提前交货的产品、多交的产品的品种、型号、规格、花色、质量不符合规定的产品，甲方在代保管期内实际支付的保管、保养等费用以及非因甲方保管不善而发生的损失，应当由乙方承担。

（三）不可抗力

甲乙双方的任何一方由于不可抗力的原因不能履行合同时，应及时向对方通报不能履行或不能完全履行的理由，以减轻可能给对方造成的损失，在取得有关机构证明以后，允许延期履行、部分履行或者不履行合同，并根据情况部分或全部免予承担违约责任。

（四）其他

按本合同规定应该偿付的违约金、赔偿金、保管保养费和各种经济损失的，应当在明确责任后10天内，按银行规定的结算办法付清，否则按逾期付款处理。任何一方不得自行扣发货物或扣付货款来充抵。

六、合同的变更、解除、争议和仲裁

1. 本合同如发生纠纷，当事人双方应当及时协商解决，协商不成时，任何一方均可请业务主管机关调解或者向仲裁委员会申请仲裁，也可以直接向人民法院起诉。

2. 本合同自×××年××月××日起生效，合同执行期内，甲乙双方均不得随意变更或解除合同。合同如有未尽事宜，须经双方共同协商，作出补充规定，补充规定与合同具有同等效力。

本合同正本一式二份，甲乙双方各执一份；合同副本一式二份，分送甲乙双方的主管部门各留存一份。

购货单位（甲方）：××市第一百货公司（公章）

法定代表人：×××（盖章）

地址：××市××路××号

开户银行：中国××银行××市分行××支行

账号：××××××××××××××

电话：××××××××

供货单位（乙方）：××服装厂（公章）

法定代表人：×××（盖章）

地址：××市××路××号

开户银行：中国××银行××市分行××支行
账号：××××××××××××××××
电话：×××××××

××××年××月××日

三、备忘录

（一）备忘录的特点

备忘录是国家的政府或群众团体之间就某个具体问题所阐明的立场、态度或要求等。

备忘录的特点主要是非正式性。备忘录不如照会或协议那样正式，只是表达一定的意向。就某个具体问题所阐明的立场、态度或要求，可以达成一定程度的理解与谅解或一致意见，也可以详细说明和提出论点或进行辩驳。如果需要更正式的文件，则在进一步商谈之后给予照会或签订协议。

（二）备忘录的作用

备忘录主要具有备忘和依据作用。各方在磋商的过程中，对某些事项达成一定程度的理解与谅解或一致意见，将它们以备忘录的形式记录下来，作为今后进一步磋商、达成最终协议的参考，并作为今后双方合作的依据，但不具有法律约束力。对某一具体问题的详细说明和提出的论点或辩驳，便于对方记忆或查对，使自己所作的口头陈述明确而不至于引起误解。

（三）备忘录的写作

备忘录的结构包括标题、正文和落款等。

1. 标题

标题由各方当事人+事由+文种构成，如《中华人民共和国商务部和美国国际发展署关于中美发展合作及建立交流沟通机制谅解备忘录》。

2. 正文

（1）缘由。简要介绍各方当事人是谁、就什么问题取得了什么结果。

（2）目的、范围。简要介绍制定备忘录的目的、备忘录适用的范围等，就有关关键词作出解释。

（3）备忘内容。详细阐明各方对某个具体问题的立场、态度或要求，可以是达成的一定程度的理解与谅解或一致意见，也可以是详细说明和提出论点或进行辩驳。

（4）文件效力。规定备忘录生效、实施和终止的时间、条件等。写明备忘录的生效时间、文字形式及份数、签订时间等。

3. 落款

落款写明签订备忘录的各国政府名称、代表人签字。

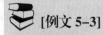[例文 5-3]

中华人民共和国政府与美利坚合众国政府
关于便利中国旅游团队赴美利坚合众国旅游的谅解备忘录

中华人民共和国政府和美利坚合众国政府（以下简称"双方"）

希望中国旅游团队赴美国旅游能够为促进中美两国旅游业的合作发展作出积极贡献；

愿为中国旅游团队赴美国旅游提供便利，并根据相关法律法规，为美国旅游产品在中国做广告宣传提供便利；

确定本备忘录应遵循两国的法律法规，并考虑到以下因素：

美国欢迎中国公民访问美国，并且不限制签证的数量；

美国已经有为参加旅游团队的个人安排面试并受理其签证申请的机制；

市场营销和宣传是扩大中美旅游市场需求的一个重要因素；

就中国旅游团队赴美国旅游事宜达成谅解如下：

第一条 定义

一、"中国公民"系指……

二、"美国领土"系指……

三、"旅游团队成员"或"中国旅游团队"系指使用中国国家旅游局制定的《出境旅游团队名单表》的中国赴美国旅游的游客。该名单表内容包括名字、护照号码和其他身份鉴别信息，由中国国家旅游局和其他中国政府机构留存。

第二条 目的和适用范围

一、本备忘录适用于由中国国家旅游局指定旅行社组织的中国旅游团赴美国旅游。

二、开展中国旅游团赴美国旅游应遵照本备忘录的规定和要求组织实施。

第三条 签证程序

一、只有中国国家旅游局指定的旅行社可以遵照本备忘录的程序，经美国使、领馆签证处主管官员同意，通过美国使、领馆的签证信息电话中心，为参加旅游团队赴美旅游的中国公民专门预约团队面试。

二、中国旅游团队成员的签证申请应该提交给驻中国的美国使、领馆；申请材料应该包括美国法律法规规定的信息和文件。经美国使、领馆签证处主管官员认可的中国国家旅游局指定旅行社可以代表旅游团队成员向美国使、领馆提交签证申请。

三、驻中国的美国使、领馆将根据美国的法律法规和程序受理中国旅游团队的签证申请。

四、旅游团队成员的签证可以由指定旅行社中经中国国家旅游局批准的签证专办员到美国使、领馆指定的地点代领。

第四条 旅游团队

一、旅行社与地接社

（一）中国国家旅游局指定旅行社

中国国家旅游局向美国驻华使、领馆提供中国国家旅游局指定旅行社的名单，内容包括指定旅行社的名称、地址、电话号码、传真号码、电子信箱及联系人。

（二）美国地接社

美国地接社包括在美国以公司或其他形式依法成立并具有良好信誉、并为保障本备忘录的执行与中国国家旅游局指定旅行社进行合法旅游业务往来的旅行社。美国相关的旅游行业协会向中国国家旅游局提供一份定期更新的美国地接社名单。美国地接社的名单内容应包括旅行社名称、地址、电话、传真号码、电子信箱和联系人等信息。

双方的旅行社应在对方提供的名单范围内选择业务伙伴，并签订业务合同。

双方旅行社名单若有变动，中国国家旅游局和美国相关旅游行业协会将以书面形式通知对方。

二、中国游客权益的保障

中美两国相应的法律适用于依据本备忘录由中国前往美国并在美国领土内旅游的中国公民及其合法权益。

三、领队和导游

中国国家旅游局指定旅行社为每个根据本备忘录规定赴美国旅游的中国旅游团队指派一名领队。

美国旅行社应为中国旅游团队在美国旅游期间提供导游。导游应全程陪同旅游团，并努力与中方领队共同协商解决旅游中出现的任何问题。

第五条 广告和市场营销活动

一、中国国家旅游局和美国商务部愿共同合作，为欲对中国公众开展旅游目的地宣传的美国各州、地区的旅游组织在华成立非营利性的代表处依法提供便利。

二、美国旅游目的地的旅游组织、行业协会及企业可以遵照有关法律法规的规定，开展广告和市场营销活动。允许的广告和市场营销活动包括但并不限于：与中国旅行商共同推出赴美旅游产品，参加旅游展会，在包括平面和电子媒体在内的各种媒体上刊登广告。

第六条 交换信息

一、为保证中国旅游团队赴美旅游顺利、有序地进行，双方有关部门将在中美商贸联委会旅游工作组框架下及时交换资料和数据，共同努力合作，完善中国旅游团队赴美旅游业务。

二、任何一方均可以要求与另一方就此谅解备忘录的实施进行商讨,妥善解决备忘录实施中产生的问题。

第七条 生效、实施和终止

一、本备忘录自签字之日起生效。

二、中方指定中国国家旅游局,美方指定商务部为监督和实施本备忘录的部门。

三、任何一方欲终止本备忘录,应以书面形式通知另一方终止本备忘录。本备忘录自通知之日起三个月后终止。

本备忘录于2007年12月11日在北京签订,一式两份,每份均用中文、英文写成,两种文本同等作准。

中华人民共和国政府　　　　　　美利坚合众国政府
代表　　　　　　　　　　　　　代表

（国家旅游局）

第三节　报　告　类

报告类财经文书是向上级主管部门及领导汇报工作情况的文书,包括项目建议书、可行性研究报告、经济预测报告、经济活动分析报告、纳税检查报告、审计报告、质量检查报告等。

一、项目建议书

（一）项目建议书的特点

项目建议书,是指企事业单位就有关项目所提建议、方案的缘由、依据、内容、实行方法等呈报给上级主管部门以求审批的文书。

项目建议书具有报请性的特点。它既有报告的任务,又有请示的目的。它主要通过对所报项目的性质、任务、预期目标、必要性和可能性、工作计划与方法步骤等内容的详细汇报达到请示（要求上级审核批准）的目的。

（二）项目建议书的写作

结构由四个部分组成:标题、正文、附件、落款。

1. 标题

一般采用公文式标题。

（1）完全性标题。由单位名称+事由+文种构成,如《××乡关于建立服装厂的项目建议书》。

（2）省略性标题。由事由+文种构成，如《关于兴建××工程的项目建议书》。

2．正文

正文全面介绍所报项目的各个有关内容：申请单位，企业性质，经济形式，项目名称，项目性质（新建、翻建、扩建、迁建等），经营方式（自营、联营），经营范围，建设规模（产品名称、产量、产值、建筑面积、投资金额等），建设地点，环境保护，主要协作条件，组织实施意见，必要性和可能性分析，经济效益及社会效益分析，进度安排，项目负责人，联系人等。

正文通常采用分条列款的形式，也可以采用表格的形式按项填写。表达方式主要用说明。在介绍情况、叙述过程的时候，也常常运用概括叙述的方法。总之，要思路周密，内容完备，条理清晰，措辞准确，讲究实际。

3．附件

注明附件的名称和件数。附件附在项目建议书的后面。项目建议书常常带有以下附件：意向书、市场调研资料、外出考察计划。

4．落款

落款注明呈报的单位名称和时间。

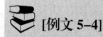

[例文 5-4]

香菇颗粒项目建议书

××县人民政府：

香菇产量逐年增加，传统的香菇销售随着产量的递增越来越难，市场需要花色品种多样的不断更新的香菇产品，菇农盼望不断开发新的香菇产品来增加香菇的销售量和开辟新的销售渠道。

香菇颗粒简称"菇粒"，采用香菇叶和香菇脚经切割定型后烘干，再经剔选去杂等工序精制而成。该产品主要是为国内外的方便食品厂提供原料，为市场提供清洁、卫生、食用方便的商品，市场需求量大，需求不断增加。目前国内市场方便汤料不多见，利用以菇粒为主配合其他辅料开发多种风味的香菇系列汤料，能被消费者接受。上述菇粒和汤料的生产立足于当地，面向国内外市场，既有一定的科技含量又属劳动密集型产品，能安排数百名劳动力就业。××县是全国最大的香菇集散地，鲜菇原料非常丰富，而且菇粒加工可以利用开袋菇和残次菇，提高了鲜菇的利用率和价值，菇农欢迎。××县及周边地区劳动力资源充足，产品加工所需场地不大，设备投资少，容易形成规模生产。

一、项目名称：年产 600 吨香菇精制品生产项目。

二、项目内容：新增一条年产500吨香菇颗粒生产线，新增一条年产100吨香菇系列方便汤料生产线。

三、项目总投资：750万元，其中固定资产320万元，技术引进、试产、试销30万元；流动资金400万元；中方投入380万元，外方投入370万元。

四、合作方式：合资、合作。

五、需要外方投资方式：资金。

六、效益分析及投资回收期：新项目投产后，总成本2 700万元，年销售收入3 012万元，年税费100万元，年利润182万元，公共积累30万元，投资回收期2年。

七、中方合作单位现状。

（一）所有制形式：股份制有限责任公司。

（二）基础设施：占地1 000m²，建筑面积600m²。

（三）固定资产：50万元。

（四）上年销售收入（营业额）80万元，利润3万元（××××年××月至××月营业额）。

八、建厂规模。

根据市场需求情况，结合××县实际，建厂规模为年产菇粒500吨，产值1 412.5万元（菇叶粒、菇脚粒各50%）；汤料100吨，产值1 600万元；合计600吨，产值3 012.5万元。

九、建厂条件。

（一）生产车间800m²，需要资金40万元；仓库300m²，需要资金13.5万元；其他用房150m²，需要资金8.25万元；道路、绿化、空地、其他设施750m²，需要资金8.25万元；土地使用费12万元。合计：2 000m²，投资82万元。

（二）要求在清洁卫生、通风良好、交通方便、电水充足、没有污染的地方建厂或利用旧厂房改建。

（三）工厂无废气，无废渣，只有少量清洗用水排放，容易处理，不存在污染问题。

十、主要设备（略）

十一、技术来源和劳动力来源（略）

十二、建厂进度安排（略）

十三、需要资金、资金来源（略）

十四、效益和还贷计划（略）

十五、项目负责人：王××。

十六、联系人：张××。

××县农业科技开发股份有限公司
××××年××月××日

二、可行性研究报告

（一）可行性研究报告的特点

可行性研究报告是指在制定某一建设或科研项目之前，全面分析、论证该项目实施的可行性和有效性，为投资决策提供依据的文书。

可行性研究报告具有预见性和论证性的特点。

1. 预见性

可行性研究报告要在综合前人成果的基础上，对拟建项目的可行性和有效性进行详细的分析，周密的研究，科学的预测。这一系列活动都必须建立在科学的基础上。运用的数据要依据科技原理和经济学原理在调查研究的基础上经过计算得出，在说明项目的可行性时所依据的理论和原理要科学。

2. 论证性

可行性研究报告要在科学预测的基础上，对拟建项目的可行性和有效性进行充分的论证。只有这样，才真实可信，才能得到上级主管部门的审批。在论证拟建项目技术上和经济上的可行性和有效性时，运用的方法要科学。

（二）可行性研究报告的作用

可行性研究报告的作用，一是帮助决策；二是提供依据。

1. 帮助决策

可行性研究报告可以帮助有关部门制定决策。一切大、中型项目和重要建设项目在编报设计任务之前，都必须进行可行性研究，否则上级不予批准。通过可行性研究报告，国家有关主管部门可以正确决定是否审批该项目，从而控制好国家建设资金的流向，加强国家对建设项目的宏观调控能力，避免或减少决策失误。通过可行性研究报告，企事业单位才能正确决定某一项目是否应该实施、什么时候实施及怎样实施等问题，从而提高资金利用率和经济效益。

2. 提供依据

可行性研究报告为有关部门的工作提供重要依据。可行性研究报告不仅是计划管理部门批准的依据，也是银行贷款和证券部门募股的依据，还是有关部门编制计划和项目设计的依据。如果没有可行性研究报告，就无法得到批准、贷款和募股，就无法编制计划和项目设计。有了可行性研究报告，这些工作才能顺利完成。

（三）可行性研究报告的内容

1. 投资可行性研究

投资可行性研究是对投资机会进行鉴定，是可行性研究的低级阶段。其重点是对建设项目进行初步分析。通过对自然资源、原料来源、市场需求、项目规模、投资效益、交通位置等进行调查和分析，对投资项目的发展机会和发展潜力作出评价、提出建议，寻找投资机会，决定是否进行投资及是否进行更加详细的研究。

2. 技术可行性研究

技术可行性研究是对技术经济进行预测，是可行性研究的高级阶段。其主要任务是对拟建项目的各个方面，包括市场需求、生产规模、产品选择、工艺技术、厂址选择、投资总额、建设周期、人员组成等进行全面、深入的技术经济分析，提供准确的经济、技术数据，提出完备的实施方案，从而为项目决策提供可靠的技术和经济依据。

（四）可行性研究报告的写作

可行性研究报告的结构分为四个部分：标题、正文、附件、落款。

1. 标题

（1）完全性标题。由项目主办单位+事由（项目内容）+文种组成，如《宝山钢铁厂技术改造可行性研究报告》。

（2）省略性标题。由事由（项目内容）+文种组成，如《建设上海东北科技园区可行性研究报告》。

2. 正文

正文可以分为总论、主体和结论三个部分。

（1）总论。简要地说明项目提出的背景、项目的历史和现状，投资的必要性、可能性和重要性，研究工作的依据、范围、方法、过程和结果等。

（2）主体。对项目的各个方面从经济上和技术上进行可行性分析和论证。既要全面、细致地深入分析，又要突出重点、难点，并且提出有效的办法和措施。要求事实充分，数据准确，分析深入，论证有力。

主体部分包括以下内容。

① 需求预测和拟建规模。
② 资源、原材料、燃料以及公用设施情况。
③ 建厂条件和厂址方案。
④ 设计方案。
⑤ 环境保护、劳动保护和安全防护。
⑥ 企业组织、劳动定员和人员培训。
⑦ 工程实施进度。
⑧ 投资估算和资金筹措。
⑨ 经济效益和社会效益。
⑩ 最佳方案选择。

（3）结论。提出投资少、建设快、成本低、利润大、效益好的建设方案，并以科学的数据表明结论意见。

3．附件

注明附件的名称和件数。附件附在报告的后面。

4．落款

落款写上报告人的单位名称和日期。

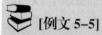[例文5-5]

××弹簧厂技术改造的可行性研究报告

一、××弹簧厂情况

××弹簧厂现有职工600人，占地面积5 366m²，固定资产原值1 650万元，是国内最大的专业化螺旋弹簧生产厂之一。现能生产钢丝直径0.3~60m²的各种压缩、拉伸、扭转等1 000余种不同规格的弹簧，年产量2 200余万件。总产量及利润总额分别占全国弹簧行业总数的18%和41%。

目前，该企业主要存在以下问题。

（一）生产能力低，难于满足市场需求

根据市场预测，弹簧需求量将逐年增加，10年后，需求量比目前增加1倍，而该厂产品产量却难以提高。其主要原因是：

1．厂内生产场地过于狭窄。（略）

2．工艺落后。（略）

3．设备过于陈旧，经常出现故障。（略）

（二）产品质量有待提高（略）

二、技术改造方案

（一）技术改造的总体方案

1．研制油泵弹簧、气门弹簧等关键弹簧新品种。产品性能、质量基本上达到世界先进水平，使用寿命达6 000小时。

2．生产纲领。到20××年，油泵弹簧和气门弹簧生产量为1 000万件，其中油泵弹簧300万件，气门弹簧700万件。

3．生产工艺。组建油泵弹簧、气门弹簧的生产流水线车间，充实生产、试制和检测设备，引进先进工艺、设备，建立试验研究基地。

（二）技术改造项目构成

1．翻建厂房2 100m²。拆除原破旧厂房730m²，然后翻建成四层楼房，净增建筑面积

1 370m²。

 2．购置生产设备 16 台，其中引进设备 7 台。
 ……
 （三）技术和设备（略）
 （四）"三废"治理措施（略）
 （五）生产组织、劳动定员及人员培训计划（略）
 （六）建设工期
 1．勘测设计：20××年××月—20××年××月。
 2．旧厂房搬迁拆除：20××年××月—20××年××月。
 ……
 三、投资估算与成本估算（略）
 四、财务评价（略）
 附录：
 1．复利系数表符号说明（略）
 2．表 1 新增设备一览表（略）
 ……

三、经济预测报告

（一）经济预测报告的特点

  经济预测报告是指对未来的经济状况和发展趋势作出评估和预测的文书。
  经济预测报告的重要特点是前瞻性。它根据过去和现在的事实材料推断未来经济发展变化的趋势和规律。推断所依据的前提，一是过去经济发展变化的客观过程及其规律；二是当前经济已经出现或者正在出现的可能性。经济的发展变化会出现某些征兆，抓住这些征兆，就能预见经济发展变化的方向、趋势和规律。经济预测报告就是要对未来的经济状况、趋势、性质、数量等作出准确的推断和描述。

（二）经济预测报告的作用

  经济预测报告起着提供参考依据和指导经济生活的作用。
  1．提供参考依据
  经济预测报告可以为有关部门制定计划和决策提供参考依据。无论国家还是企事业单位，都需要制定经济计划和决策。计划和决策是否科学、可行，关键在于是否具有预见性。经济预测报告根据过去和现在经济发展变化的客观过程和规律，参照已经出现的可能性，经过科学的预测，推断今后发展变化的趋势和可能达到的水平，必然能为有关部门制定计划和决策提供重要的参考依据。

2. 指导经济生活

经济预测报告可以指导人们的经济生活。经济预测报告通过科学的预测，在一定程度上反映了人们的现实或潜在要求，揭示了经济发展变化的客观规律，从而引导人们在进行物质生产、调节商品流通、组织物资供应等方面发挥积极的作用，能够促进经济生活协调、健康地发展。

（三）经济预测报告的程序

1. 确定预测目标

要进行经济预测，必须首先确定预测目标。如果不确定预测目标，经济预测就无法进行。只有预测目标明确，才能确定收集什么材料、怎样收集材料，才能采取科学的预测方法，使预测工作少走弯路。确定预测目标要紧密结合自身情况，从总体上、宏观上考虑。确定预测目标包括：为什么进行预测，要解决什么问题，预测对象是什么，预测期限有多长，牵扯的因素有哪些，涉及的范围有多广等。

2. 收集预测资料

资料是预测的基础，如果资料丰富、详实、可靠，就能保证预测在一定程度上的正确性。如果资料缺乏，就很难保证预测的科学性。收集资料要围绕预测目标，全面、系统地收集各种历史的和现实的、宏观的和微观的、内部的和外部的、直接的和间接的数据和资料，了解事物发展变化的前因后果，抓住事物的本质属性和客观规律。

3. 进行科学预测

在获取大量真实、可靠的资料以后，还必须进行科学的预测。进行科学的预测，离不开科学的预测方法。常用的科学的预测方法有定性预测法、定量预测法、目标预测法、专家预测法、类比预测法、因果预测法等。

（1）定性预测法。通过对预测对象的属性、组成要素等直观材料进行分析，依靠人的经验和感觉进行思考与判断，来推断预测对象的未来。它要求具有比较丰富的经验，较强的分析、判断能力和把握事物本质的能力。

（2）定量预测法。在掌握大量统计资料的基础上，对影响事物变化的各种因素进行数量分析和测算，通过计算和图解的方式，预测事物未来的发展趋势。这是一种数学预测法、统计分析法。它要求必须掌握足够的数据，才能进行客观的预测。

（3）目标预测法。根据社会的未来需要和目标、价值、条件限制等因素，对预测对象未来发展的可能性和可行性进行分析预测。它要求必须有明确的目标，预测预测对象应该朝什么方向发展及实现这一目标应该采取的措施和手段。

（4）专家预测法。选择一定数量的专家，用系统的程序，采取匿名的方式反复进行，轮番征询不同专家的意见，求同存异，从而得出比较一致的预测结果。

(5) 类比预测法。通过对共同因素的归纳和类似现象的发现来预测未来的发展趋势。

(6) 因果预测法。根据因果原理，从已知事物的发展变化趋向，来推断、预测目标的未来发展趋向。

(四) 经济预测报告的写作

经济预测报告的结构包括四个部分：标题、正文、附件、落款。

1. 标题

（1）单标题。

① 公文式标题。可以由时间+地区+对象+文种构成，如《2018年我国西部经济发展趋势预测》；也可以由对象+文种构成，如《财政发展预测》。

② 论文式标题。揭示预测报告的具体内容或范围，如《加入世界贸易组织对我国经济的影响》。

（2）双标题。由正题和副题构成。正题采用论文式标题，揭示预测报告的主旨，如《加入世界贸易组织对我国经济的影响》。副题进一步揭示预测报告的具体内容或范围，如《2018年我国东南沿海经济发展趋势预测》。

2. 正文

（1）概况。交代预测对象的概况，包括历史和现状。

（2）分析预测。要对大量的资料、数据进行分析、综合、判断、推理，预测经济发展变化的趋势和规律。要经过科学的计算和分析，推断出未来经济发展的前景。分析论证要有理有据，判断推理要符合逻辑。

（3）结论。在分析、预测的基础上，得出科学的结论。同时，在基本结论的基础上，提出具体的建议和意见。

3. 附件

注明附件的名称和件数。附件附在报告的后面。

4. 落款

落款注明作者和日期。如果标题下面已经写了作者，这里就省略。

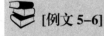[例文5-6]

20××年中国经济预测报告

20××年我国经济将温和回升，预计全年GDP增速为8.4%左右，增速较20××年上升约0.6个百分点。预计20××年我国第一产业增加值增速为4.7%，第二产业为8.9%，第三产业为8.8%。消费、投资和净出口对GDP增长的拉动分别为4.5、4.2和-0.3个百分点。

预计20××年我国经济增长呈现前低后高趋势，上半年为8.3%左右，下半年为8.5%左右。

预计在当前政策环境不变的情况下，20××年全年CPI上涨3.5%左右，PPI上涨0.9%左右，PPIRM上涨0.7%左右，均高于20××年的水平。从20××年全年走势来看，CPI、PPI、PPIRM均要高于20××年的水平，全年呈现出逐步走高的趋势，20××年初期将较快回升，但之后增长幅度逐渐放缓。20××年中国CPI整体属于上行区间，但若干下降因素会制约物价的上行幅度，一些不确定因素可能引发物价走势的震荡。

伴随着世界经济的缓慢复苏及我国经济的企稳回升，20××年我国对外贸易可实现温和增长，增速将高于20××年。预计全年总进出口增速约为8.5%，其中出口增速约为8.3%，进口增速约为8.6%，顺差规模与上一年基本持平。对美国出口增长保持强劲，预计全年对美出口增速约为8.5%，自美进口增速约为9.1%，对美贸易顺差进一步增大。对欧盟出口增速有望转正，预计全年对欧出口增速约为2.3%，自欧进口增速约为3.2%。机电和高新技术产品出口仍将保持稳定增长，但机电产品在欧美的进口市场份额有下降之势，应特别予以注意。预计全年机电产品出口增速约为8.4%，进口增速约为7.9%，高新技术产品出口增速约为8.4%，进口增速约为8.6%。

预计20××年我国粮食播种面积会继续增加，初步预测20××年全国粮食播种面积为111 930千公顷左右，比20××年增加663千公顷，即增加1 000万亩左右。如果不遇到严重的自然灾害，在天气中等或中等偏差的情况下，预计会比20××年增产150亿斤左右，我国有可能实现20××年以来的连续第×年粮食增产。如果20××年夏秋季节出现气候恶劣的情况，例如持续的大面积旱灾，则全年粮食可能减产100亿斤左右。预计20××年我国棉花播种面积将继续减少；预计20××年我国的油料播种面积将小幅增加，如果生长期气候良好，预计会实现增产。

在房地产调控政策保持稳定的情况下，预计20××年全国商品房平均销售价格为6 200元/平方米左右，同比上升7.6%。全国商品房平均销售价格走势为前高后低，其中一、二线城市商品房平均销售价格保持上涨，三、四线城市出现下跌。20××年一季度商品房平均销售价格累计同比上涨7.9%；20××年一、二季度商品房平均销售价格累计同比上涨8.3%；20××年一至三季度商品房平均销售价格累计同比上涨8.1%；20××年一至四季度商品房平均销售价格累计同比上升7.6%。20××年商品房销售面积仍将保持上扬，市场需求保持增长。房地产投资额增幅有所增加，土地购置面积将同比下降，新开工面积和竣工面积增幅基本持平。

……

预计20××年我国电力需求将逐渐回暖，第三产业用电和居民用电稳步增长，第二产业用电增速将缓慢回升，电力生产增速将继续上升，电力供需基本平衡，20××年我国电力行业将处于上行阶段。预计我国煤炭行业景气将在20××年一季度达到谷底，20××年二季度以后将处于上升阶段，20××年煤炭行业整体形势将是前低后高走势，呈现供需宽松的局面。20××年石油需求增长依然疲弱。石油供应方面，欧佩克整体减产的幅度不大，主要产油国的原油产量继续增加，原油供应将相对充裕，国际石油价格不会有太大的上涨。随着我国经济企稳回升，柴油和汽油等成品油仍将保持较大的刚性需求，石油进口和石油加工也将进一步增加，预计20××年我国石油行业景气仍将处于上升阶段。

20××年中国物流业将继续保持平稳增长的基本态势。预计20××年中国社会物流总额约为200万亿元，按可比价格计算，同比增长15.3%，增速高于20××年水平；物流业增加值将达到4.0万亿元，按可比价格计算，同比增长13.3%，增速高于20××年的10.6%；社会物流总费用将达到10.5万亿元，同比增长12.6%，增幅比20××年上升1.3个百分点。

××预测科学研究中心
××××年××月××日

四、经济活动分析报告

（一）经济活动分析报告的特点

经济活动分析报告是指以经济理论和经济政策为指导，根据计划指标、会计核算、统计材料和调查研究所掌握的情况，对某一部门、某一单位的经济活动状况进行科学分析而写成的文书。

经济活动分析报告的重要特点是理论性。经济活动分析报告往往涉及的问题复杂、因素众多，因此必须站在理论高度上，根据相关的经济政策和计划指标，对复杂的问题进行具体分析，找出关键性的东西，抓住主要的矛盾，解决重点问题，透过现象发现本质和规律并加以描述，从而以点带面地对未来的经济活动起到指导作用。要运用一系列经济理论和专门的经济分析方法，对经济活动进行调查研究和统计分析，并且加以概括总结，上升到理论高度，不能只停留在就事论事上。

（二）经济活动分析报告的种类

经济活动分析报告从不同的角度可以分为不同的种类。

1. 从内容上分

经济活动分析报告可以分为统计分析报告、预测分析报告、市场分析报告、资金运动情况分析报告、税收执行情况分析报告、基本财务决算汇编分析报告等。

2. 从性质上分

经济活动分析报告可以分为综合经济活动分析报告和专题经济活动分析报告。

3. 从范围上分

经济活动分析报告可以分为宏观经济活动分析报告和微观经济活动分析报告。

4. 从时间上分

经济活动分析报告可以分为定期经济活动分析报告和不定期经济活动分析报告。

(三) 经济活动分析报告的作用

经济活动分析报告的作用：一是管理、监督；二是依据、参考。

1. 管理、监督作用

经济活动分析报告有助于企业和政府经济职能部门发挥管理和监督作用。就企业来说，通过经济活动分析报告，可以总结成绩和经验，找出存在的问题，分析其中的原因，自觉地按照客观规律办事，有效地控制生产经营，提高管理水平，增进经济效益。通过经济活动分析报告，政府经济职能部门可以发现经济运行过程中出现的异常情况，及时进行调控，促进各部门各单位更好地贯彻执行国家的经济政策和财经制度，保证国民经济健康发展。

2. 依据、参考作用

经济活动分析报告可以为企业和政府经济职能部门制定经济决策提供依据和参考。企业通过经济活动分析报告，可以把握经济活动的发展趋势，预见市场变化，正确地作出相应的决策，掌握市场竞争的主动权。政府经济职能部门通过经济活动分析报告，可以了解基层情况，从实际出发，按照经济规律办事，制定正确的经济政策和经济计划。

(四) 经济活动的分析方法

对于经济活动的分析，可以采用比较分析法、因素分析法、动态分析法。

1. 比较分析法

比较分析法是把在同一基础上的时间、内容、项目、条件等具有可比性的数据资料进行比较分析，借以说明异同，并且分析原因，提出改进措施。

比较分析法着眼于发现矛盾，着重于数据和情况的比较。采用比较分析法，可以从以下几个方面进行比较。

（1）比计划。比较本期的实际指标与计划指标，从而说明计划执行的情况，分析指标完成情况的原因，找出成绩或差距，总结经验或教训。

（2）比历史。比较本期的实际指标与上期或上年同期的实际指标及历史最高水平，从而分析企业经济活动的发展趋势，认识企业经济活动的变化规律，改进经营管理。

（3）比先进。比较本期的实际指标与客观条件相近的同类企业的先进指标，从而找出本单位存在的薄弱环节和差距，学习先进经验，赶超先进。

2. 因素分析法

因素分析法是在对比分析的基础上，进一步分析产生差距和问题的各种因素及其原因。因素分析法着眼于探究产生矛盾的原因，着重于事实的说明和原因的分析。形成差异的因素多种多样，必须从错综复杂的因素及其联系中抓住本质的关键的因素，说明经济活动的规律和特点，从而制定符合经济规律的决策和计划。

3. 动态分析法

动态分析法是用发展变化的观点来分析研究对象的变化原因和发展趋势。

动态分析法以揭示客观事物发展趋势的数量特征为标准，判断被研究对象的发展是否符合正常发展的要求，并且探究其偏离正常发展趋势的原因，以便采取措施，促进客观事物的发展。

（五）经济活动分析报告的写作

经济活动分析报告由标题、正文、附件和落款等部分组成。

1. 标题

（1）单标题。

① 公文式标题。可以由单位名称+时间+对象+文种构成，如《××公司2016年上半年财务分析报告》；也可以由时间+对象+文种构成，如《2016年上半年财务分析报告》。

② 论文式标题。揭示经济活动分析报告的主旨，如《加强商品购销过程中的经济核算》。

（2）双标题。由正题和副题构成。正题采用论文式标题，揭示经济活动分析报告的主旨。副题采用公文式标题，进一步说明经济活动分析报告的内容或范围。

2. 正文

正文包括开头、主体和结尾三个部分。

（1）开头。概述分析对象的基本情况，分析的课题、背景、目的、意义，总体评价或基本结论等。

（2）主体。根据目的和要求，运用事实和数据，结合具体情况，紧扣主题，围绕重点进行分析。综合分析报告，要对各项重大经济指标的完成情况等进行分析。专题分析报告，针对专题的要求深入进行分析。主体部分的内容包括以下两个方面。

① 资料数据。包括有关分析对象的情况的文字说明和数字说明，如指标、百分比及其他有关数据。

② 分析论证。运用恰当的分析方法，对有关数据进行运算推导，对有关资料进行分析论证，得出评价或结论。

在分析时，既要分析经济活动的成败，总结经验教训，又要揭露矛盾，找出产生矛盾的主客观原因。分析不能就事论事、就数据论数据，要结合生产经营的实际情况，通过事实和准确的数据，揭示经济活动的本质和规律。

（3）结尾。针对取得的成绩或存在的问题，提出具体的、切实可行的建议、意见和措施。

3. 附件

注明附件的名称和件数。附件附在报告的后面。

4. 落款

落款注明报告单位、作者和日期。如果标题中已经出现过单位名称或标题下面已经出现过作者姓名，这里就省略。

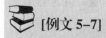[例文 5-7]

20××年中国税收分析报告

20××年全国税收总收入突破 10 万亿元，12.1%的同比增速为近三年最低水平。有关负责人详细解答了 20××年税收数据的特点及增速下滑的原因。

数据显示，20××年全国税收总收入增速分别比 20××年和 20××年低 10.5 和 10.9 个百分点。

在分析 20××年税收收入增长特点时，有关负责人表示，分季度来看，20××年税收收入增速呈现"前高后低、逐步回落"走势，四季度略有回升。主体税种收入增速明显回落。国内增值税、营业税和企业所得税同比分别增长 8.9%、15.1%和 17.2%，比上一年增速分别回落 6.1、7.5 和 13.4 个百分点。进口货物增值税消费税和关税同比分别增长 9.1%和 8.7%，比上一年增速分别回落 20.2 和 17.5 个百分点。

从主要税种来看，20××年，占税收总收入的比重为 26.2%的增值税实现收入 26 415.69 亿元。在 20 个重点工业行业中，钢坯钢材和煤炭行业增值税收入下降幅度较大。增幅下滑的原因有三个：一是工业增加值增速回落；二是价格水平回落使得增值税税基相应缩小；三是部分工业品及原材料市场持续低迷，价格普遍降低，使得相关行业增值税收入下降。

占税收总收入的比重为 15.6%的营业税实现收入 15 747.53 亿元。分行业看，除金融业外，其他行业营业税增速均有所回落。其中，租赁和商务服务业营业税下降 16.5%，比上一年增速回落 47.7 个百分点；交通运输业、建筑业和房地产业营业税同比分别增长 6.7%、18.6%和 11.6%。

而消费税增速与上一年基本持平，增幅为 13.5%。有关负责人表示，主要原因有两个：一是烟酒产品结构升级，高档产品增长较快；二是贵重首饰销售额持续增长。

……

对此，有关负责人表示，20××年税收收入增速大幅回落是经济增长放缓、企业效益增速下滑、进口增长乏力及实施结构性减税政策的综合反映。

×××

××××年××月××日

五、纳税检查报告

（一）纳税检查报告的特点

纳税检查报告是指税务行政机关的纳税检查人员，根据国家税法和其他相关法律规范，通过税务查账等方式，对纳税人履行纳税义务的情况进行监督，并就税收违法问题及其处理意见写成的文书。

纳税检查报告重要的特点是针对性。纳税检查报告针对的是纳税检查中查出的纳税人的税收违法行为，反映纳税人在财务管理方面存在的问题。对查出的问题作出的原始记录和取得的其他证据进行归类整理，把查出的问题依据有关税收法规条款作出分析，并且正确地计算出应该补退的税款。纳税检查报告针对查出的问题，提出处理意见和改进建议。经过税务检查，未发现问题的，一般不制作纳税检查报告。

（二）纳税检查报告的作用

1．实施监督和管理

纳税检查是纳税检查人员通过税务查账等方式，对纳税人履行纳税义务的情况进行监督。纳税检查报告是根据纳税检查写成的文书，同样对纳税人具有监督作用。纳税检查报告对纳税人的经营管理情况进行检查，有利于纳税人加强经营管理，提高经济效益。纳税检查报告在一定程度上反映了税收管理存在的问题，有利于税收机关健全纳税资料，加强税收管理。

2．提供前提和依据

纳税检查报告是税务机关对纳税人进行纳税检查审理的前提和作出处理决定的主要依据。纳税检查报告对查出的问题作出的记录和取得的其他证据进行分析与整理，有利于全面、系统、准确地反映检查的结果。根据税收法规的有关规定，对查出的税收违法问题客观、公正地提出综合性的处理意见，有利于审理部门和领导审理、审批和准确定案。

（三）纳税检查报告的写作

纳税检查报告一般包括标题、主送机关、正文、附件、落款。

1．标题

标题可以由被检查单位名称+文种组成，如《关于××公司的税务检查报告》；也可以直接写明文种，即《纳税检查报告》。

2．主送机关

主送机关一般是税务主管机关。

3. 正文

一般包括四个部分：概况、主要问题、处理意见、结语。

（1）概况。

① 概括交代案件涉及的有关情况，包括案件来源、检查目的、检查人员、检查范围和检查时间。往往有统一的表格填写。

② 概括交代被查单位的基本情况，包括单位名称、法人代表、经济性质、生产经营范围、经营规模、人员概况、主要经济指标完成情况和经济效益等。

（2）主要问题。把检查出来的主要问题按照性质分类，分别说明违反了税法的哪些有关规定，应该补交的税款数额等。要分条列项。

（3）处理意见。对检查出来的各类主要问题，根据国家有关规定，恰当定性，并且提出处理意见，如追缴偷税漏税税款、罚款、调整账务等。

（4）结语。常常使用期请用语，如"以上报告当否，请予审理""以上报告如无不妥，请批准执行"。

4. 附件

注明附件的名称和件数。附件附在报告的后面。附件部分包括以下两个方面内容。

（1）税务检查底稿。主要包括检查的账簿名称、凭证序号、记账时间、对应科目、问题摘要和金额等。税务检查底稿是在检查的实施阶段对查出的纳税违法问题进行记录的表格，是对违法问题定案的主要事实依据和编写报告的主要根据。

（2）其他证据材料。主要包括与违法事实有关的资料、凭证、原始单据等。这些证据材料是纳税检查定案、作出结论的重要依据。

5. 落款

注明检查人员姓名和报告完成时间。

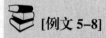
[例文 5-8]

税务稽查报告

案件编号	×地税稽字09×	纳税人识别号	×	×	×	×	×	×	×	×
纳税人	空调机厂	经济类型	集体			法定代表人		董××		
检查时间	20××年度	检查人	赵××、王××							
检查类型	日常检查	检查实施时间	20××年××月××—××日							

根据日常检查计划的安排，我检查组与国税局稽查局联合对××厂20××年度的纳税情况进行了3天的检查。该厂为市属集体企业，20××年度企业有职工500人，总资产4 000

万元,申报的产品销售收入 1 400 万元,利润总额和应缴税所得额均为 89 000 元,适用所得税税率 27%,应纳所得税 24 030 元,应纳各税税额 56 万元。

一、查出的问题

经过检查,对该企业在缴纳企业所得税、营业税、城建税、投资方向调节税及教育费附加方面共查出以下问题:

1. "其他应付款"账××月××日银收 23 号,将房屋出租收入记入往来账,违反了《中华人民共和国营业税暂行条例》第一条关于提供的应税劳务应纳营业税的规定,逃避了应纳的营业税及其附加税费;同时,违反了《房产税暂行条例》第三条关于房产出租的,以租金收入计征房产税的规定,逃避了应纳的房产税;违反了《企业所得税暂行条例》第一条、第三条、第四条、第五条有关租金收入应纳企业所得税的规定,逃避了企业所得税。

2. "原材料"账××月××日银付 8 号,将购进的基建用钢材记入材料账,核算了增值税进项税额,在少纳增值税的同时少纳了附加税费。该账××月××日转字号,将基建领用的钢材记入管理费用中,违反了《企业所得税暂行条例》第七条关于资本性支出不得在税前扣除的规定,减少了应纳的所得税额,少纳了企业所得税;同时违反了《固定资产投资方向调节税暂行条例》第二条等有关基建投资应纳税的规定,该项支出应缴未缴投资方向调节税。

3. "管理费用"账和"产品销售费用"账两账合计,全年共列支业务招待费 85 000 元……少纳了所得税。

4. "产成品"账××月××日转字 12 号……少缴了所得税。

5. "营业外收入"账××月××日银收 21 号,销售钢材下脚料计入营业外收入中,在少纳增值税的同时少纳了附加税费。

二、应补退的各种税费

1. 将房屋租金收入记入"其他应付款"账应补税费。(略)

2. 对于基建用钢材,购进时核算进项税额,领用时记入管理费用应补税费。(略)

3. 全年多列支业务招待费 15 000 元,应调增应纳税所得额。(略)

4. 将空调转作固定资产应补税费。(略)

5. 将钢材下脚料收入计营业外收入应补税费。(略)

6. 计算应补缴的所得税。(略)

7. 应补各种税费合计。(略)

三、处理意见

根据营业税、企业所得税、城市维护建设税、房产税、投资方向调节税暂行条例及其实施细则、教育费附加和《税收征管法》第四十条的有关规定,对该企业查出的以上纳税问题,均属于"在账簿上多列支出或者不列、少列收入,或者进行虚假的纳税申报的手段,不缴或者少缴应纳税款"的偷税行为，应追缴所偷税款。该企业所偷税额超过 10 000 元，但经计算未超过应纳税额的 10%；同时鉴于该企业在 20××年曾经因偷税被税务机关处罚过一次，而在这次检查中企业能如实提供材料的情况，建议处以偷税数额 2 倍的罚款，即 77 216 元（38 608×2）。另外，要求按规定调整账务。

以上报告当否，请予审理。

附：
1. 税务检查底稿
2. 税务稽查调账事项表

检查人：赵××、王××

××××年××月××日

六、审计报告

（一）审计报告的特点

审计报告是指审计人员受国家审计机关、企业主管部门或财政、税务、银行等单位的指派或委托，对国家机关或企事业单位的财务收支及经济活动、经营管理进行审查以后，将审计情况、审计结果、处理意见和改进建议进行汇报的文书。

审计报告具有答复性和评价性的特点。

1. 答复性

审计工作是审计人员受国家审计机关、企业主管部门或财政、税务、银行等单位的指派或委托，对国家机关或企事业单位的财务收支及经济活动、经营管理进行审查。审计工作结束时，审计人员必须对交办单位或委办单位有所交代。审计报告以国家法规为标准，针对交办单位或委办单位的要求和目标，一一进行答复说明，使交办单位或委办单位能够对有关问题做出正确的、恰当的处理。

2. 评价性

审计人员在围绕审计任务开展审计工作时，每进行一步，都要做好详细记录。审计工作结束时，审计人员以这些记录为原始材料，对事实进行科学分析，对被审计单位的财务、工作作风等情况进行全面评价，并且提出处理意见和改进建议，上报给交办单位或委办单位。

（二）审计报告的作用

审计报告的作用可以概括为鉴定作用、参考作用。

1. 鉴定作用

审计报告是具有鉴定作用的文书，具有合法的证明效力。审计报告是专业的、权威的审计机关或审计人员以第三者的身份写作的，它不仅真实地、准确地反映出被审计单位的财经纪律执行情况、经济指标完成情况和存在的问题，还依据国家有关法规和规定对事实作出了客观公正的评价，提出了具体的审计意见和处理建议，为交办单位或委办单位作出审计结论和处理决定提供了主要依据。

2．参考作用

审计报告是经济职能部门进行决策的重要参考，对于它们加强宏观调控和科学管理具有重要的参考作用。通过审计报告，财政部门可以了解财政拨款的使用有没有截留利润等情况，税收部门可以了解企业是否照章纳税、有没有偷税漏税等情况，银行可以了解贷款使用情况和整个资金流动情况等。

（三）审计报告的种类

按照审计主体，审计报告可分为外部审计报告和内部审计报告。

1．外部审计报告

外部审计报告是国家审计机关或经过国家有关部门审核批准的民间审计组织对被审计单位进行审计以后撰写的审计报告。国家审计机关是执法机关，具有很高的权威性，它的审计报告的结论具有法律的强制性。会计师事务所等民间审计组织受委托进行审计，多数只是出具鉴定证明或者提供咨询意见，它的审计报告多数具有鉴定性质。

2．内部审计报告

内部审计报告是机关、企事业单位内部审计组织按照国家有关法规和规定对本部门、本单位或所属单位的财务、经济效益等进行审计以后撰写的审计报告。它用以审核各项经济业务活动和会计资料、统计资料是否真实可信，并且提出审核意见和改进建议，目的是堵塞漏洞，挖掘潜力，为优化管理提供依据。

另外，按照审计范围，审计报告可以分为综合审计报告和专题审计报告。按照审计内容，审计报告可以分为财政审计报告、财务审计报告、经济效益审计报告和财经法纪审计报告。

（四）审计报告的写作

审计报告一般包括标题、主送机关、正文、附件、落款。

1．标题

一般采用公文式标题，常常由被审计单位名称+审计内容+文种构成，如《关于××厂2016年度财务收支情况的审计报告》。

2．主送机关

审计报告的主送机关是交办单位或委办单位，即派出审计组的审计机关或委托审计单位。

3. 正文

正文主要包括审计概况、情况与问题、评价与结论、意见与建议。

(1) 审计概况。交代以下内容:审计目的(任务)、审计依据(理由)、审计范围(时间跨度、业务范围)、审计时间(工作日期)、审计工作完成情况。

(2) 情况与问题。

① 被审计单位的基本情况。说明业务性质、规模、经营的主要业务、财产资金情况、主要经济指标、内部经济管理组织、职工人数等。

② 被审计单位存在的主要问题。写明每一问题发生的时间、过程、结果等,要分清主次,证据确凿。写作时要注意:

- 问题要有针对性。不要牵扯其他无关的事项。
- 问题要有实质性。凡是列入审计报告的差错金额,必须是对于有关财务指标和有关项目有实质性影响的。至于技术性差错,可以通知企业纠正,不必列入审计报告。
- 问题要有严重性。凡是有意弄虚作假,违法乱纪,金额巨大,情节严重,以及影响恶劣、群众关心的问题,都要作为重点。

(3) 评价与结论。针对查明的情况和问题,在对其产生的性质、原因等进行认真的分析以后作出结论性的评价。评价要一分为二,客观公正;既要肯定长处,又要指出问题的所在。正面的可以简明扼要,反面的要抓住重点,明确具体。

(4) 意见与建议。针对查明的情况和问题提出切实可行的处理措施。对于严重违法乱纪的单位或个人,要根据问题的性质、情节,依据有关法律、法规和政策的规定,提出追究经济责任或法律责任的决定。

4. 附件

写明附件的名称及件数。具体材料附在审计报告的后面。附件的有关证明材料包括:有关人员的征询,调查时的记录,重要凭证等。

5. 落款

落款写明主要审计人员签名、盖章,并且注明审计报告完成日期。

[例文 5-9]

关于××高速公路××段
竣工财务决算草案的审计报告

××省审计署:

根据《中华人民共和国审计法》的规定,××省审计署于××××年××月至××月,对××高速公路××段(以下简称××高速)竣工财务决算草案进行审计,重点检查了项目概算执行、投资控制和建设管理等情况。现将审计情况报告如下。

一、基本情况

××高速全长×千米，批复概算总投资×亿元，竣工财务决算草案金额×亿元，项目建设单位为××高速公路集团有限公司（以下简称××高速集团）。该项目于×××年××月开工，×××年××月建成通车，由××高速集团运营管理。交工验收报告表明，该项目工程质量总体合格。

二、审计评价

审计情况表明，××高速集团及相关参建单位能够建立健全规章制度，不断完善现场管理；树立环保意识，切实加强生态保护。作为连接××地区的重要通道，××高速的建成通车，使××省与××省的交通更加快捷，有力促进了××地区商贸、旅游业的快速发展。

但审计也发现，××高速建设中存在超概算投资、多计工程款、招投标不规范等问题。

三、审计发现的主要问题及整改情况

（一）××高速批复概算投资×亿元，竣工财务决算草案金额×亿元，超出批复概算×亿元（占概算投资的×%）。造成投资增加的主要原因是征地补偿标准提高、材料价格上涨和超规模建设高速公路服务区等。

审计指出上述问题后，××高速集团已向上级部门申请调增概算，今后将从提高概算编制的科学性、严格设计变更管理等方面切实加强投资控制。

（二）××高速集团在与×家施工单位（见附件1）结算时，多结算工程价款×亿元。

审计指出上述问题后，××高速集团已扣减多结算的×亿元，相应调整了决算及交付使用资产价值。

（三）××高速×家施工单位（见附件2）对票据审核不严，作为财务凭证报账的发票中，有×万元假发票。

审计指出上述问题后，××高速集团正督促上述×家施工单位进行整改。

（四）××高速集团在工程实施中，未按规定将×个勘察、设计、施工、监理及采购合同项目进行公开招标，涉及金额×亿元；在土建工程招投标中，把招标文件出售时间设定为×天，将最后一份招标补遗书发出至投标文件递交的截止时间间隔设定为×天，均短于有关规定所要求的5天和15天期限。

审计指出上述问题后，××省人民政府督促××高速集团认真清理整改，并要求在今后工程建设招标投标工作中严格做到依法合规。

……

（六）××高速于×××年××月开工建设，但××高速集团×××年××月才着手办理施工许可，至×月才上报交通运输部并获得批复，晚于开工时间近××月。

审计指出上述问题后，××省人民政府已责成××高速集团切实加强项目管理、完善制度，杜绝此类问题再次发生。

附件：
1. 多结算工程价款的×家单位名单
2. 使用假发票入账的×家单位名单

××省审计署赴××公司审计组
组长：×××
××××年××月××日

七、质量检查报告

（一）质量检查报告的特点

质量检查报告是指国家指定的质量监督部门或者单位内部的质量管理部门根据标准化的规定，对技术、工程、产品等的优劣程度进行检验测试而写成的文书。

质量检查报告具有数据性和分析性的特点。

1. 数据性

质量检查报告涉及大量的数据资料。在对被检测对象进行评价时，必须把事物已经达到的各项具体指标与据以说明事物优劣程度的参照标准进行对比，必须对影响和制约被检测对象质量的原料、劳动力、设备、技术水平、管理水平及国内外市场等诸多变动因素进行搜集。只有对大量的具体数据和经济、技术、管理等情况资料进行分析研究，才能写出符合实际的质量检查报告。

2. 分析性

质量检查报告要对大量的数据资料进行分析研究。质量检查报告的关键就是在检测数据的基础上进行质量分析。既要分析质量水平，又要分析影响质量水平的各种主客观因素。只有经过全面、深入的分析，才能发现质量问题，才能找到解决质量问题的办法。

（二）质量检查报告的作用

质量检查报告的作用是：反馈信息，提供依据；强化意识，改善管理。

1. 反馈信息，提供依据

质量检查报告可以向原单位反馈质量信息，为新的质量决策提供依据。质量检查报告可以全面地、准确地反映检测对象的性能指标及其与国家规定的标准之间存在的距离，使原单位及时认清自己的优势与不足，确定下一步努力的方向，制定正确的决策。

2. 强化意识，改善管理

质量检查报告有助于有关单位和部门强化质量意识，改善内部管理。国家质量监督部门组织质量检测，撰写质量检查报告，可以强化有关单位和部门的质量意识。为了提高质量，增强竞争能力，被检测单位必须改进技术，采取有效措施，而这些依赖于改善内部管理。只有质量意识强，内部管理硬，质量才能上档次、上水平。

（三）质量检查报告的种类

按照检查对象，质量检查报告可以分为工作质量检查报告、产品质量检查报告、工程质量检查报告和环境质量检查报告等。

1. 工作质量检查报告

工作质量检查报告是指对企事业单位的综合管理水平、技术水平、组织领导及完成目标情况等方面进行检查分析而写成的文书。

2. 产品质量检查报告

产品质量检查报告是指对产品的适用性、可靠性、经济性、功效性等质量特征进行检查测试、分析研究而写成的文书。

3. 工程质量检查报告

工程质量检查报告是指对一个完整的生产过程进行检查分析而写成的文书。

4. 环境质量检查报告

环境质量检查报告是指对人类赖以生存的水、空气、土壤等自然资源状况进行检查分析而写成的文书。

另外，按照工艺流程，质量检查报告可以分为预先质量检查报告、中间质量检查报告和完工质量检查报告。按照检查数量，质量检查报告可以分为全数质量检查报告和抽样质量检查报告。按照检查指标，质量检查报告可以分为全面质量检查报告和专题质量检查报告。

（四）质量检查报告的写作

质量检查报告由标题、正文、附件和落款四个部分组成。

1. 标题

（1）完全性标题。由被检查单位名称+被检查对象+文种构成，如《第一变压器厂A-4新型变压器质量检查报告》。

（2）省略性标题。由被检查对象+文种构成，如《A-4新型变压器质量检查报告》。

2. 正文

（1）基本情况。介绍质量检查活动的主要情况，包括检查时间、被检查对象、检查方法、检查仪器、检查项目、检查结果等。

（2）质量分析。主要针对检查结果，通过具体数据的对比和情况资料的分析，说明被检测对象的质量状况。在肯定优点的同时，还要指出存在的问题，并且分析问题产生的主客观原因。在分析、论证各项指标时，要分清主次，突出重点。

（3）建议措施。针对质量分析提出解决办法和措施。

3. 附件

写明附件的名称及件数。具体材料附在质量检查报告的后面。

4. 落款

落款写明检测单位和完稿日期。

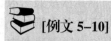
[例文 5-10]

关于××型自卸汽车的质量检查报告

××××年××月××日,我所对本公司生产的××型自卸汽车的安全环保、基本性能和可靠性行驶三个项目进行了检验。本次检验采取的是随机抽样方式,样品数量为两辆,编号分别为07、08。

一、检验及评定依据

1. QC/T900-1997《汽车整车产品质量检验评定方法》。

2. ××汽车质量监督检验所文件——×质字〔20××〕1号《关于20××年整车可靠性检验规定》。

3. ××汽车质量监督检验所文件——×质字〔20××〕5号《关于20××年整车检验结果评定方式的规定》。

4. ××汽车公司整车技术条件。

二、检验结果(见表1和表2)

表1 整车安全环保项和基本性能检验结果汇总表

项 目			单 位	技术要求	检验结果 07	检验结果 08
安全环保	排放	污染物	PPG	/	/	/
		柴油车自由加速烟度	FSH	>3.5	3.2	2.5
	噪声	加速行驶车外噪声	dB(4)	>84	85.0	84.0
		匀速行驶车外噪声	dB(4)	/	76.5	76.0
	制动距离(50km/h)		m	>22	26.2	28.0
	汽车用车速表(GB15082)	40km/h	km/h	32.7~40	39.2	37.0
		80km/h	km/h	69.1~80	79.5	75.8
基本性能	直接档最低稳定车速		km/h	/	15.3	15.6
	直接档从20km/h加速到70km/h所需时间		s	/	31.20	34.40
	二档起步连续换档加速到80km/h所需时间		s	/	40.30	42.58
	限定条件下	燃油消耗量	1/100km	/	7.8	7.4
		平均技术车速	km/h	/	49.8	50.7
	最高车速		km/h	/	100.3	96.7

表2 可靠性行驶检验结果

项目		单位	检验结果 07	检验结果 08
致命故障	次数	次	0	0
	首次故障里程	km	>5 000	>5 000
一般故障	次数	次	8	2
	首次故障里程	km	0	0
轻微故障	次数	次	6	4
	首次故障里程	km	0	0
单样车故障扣分		分	920	280
多样车综合评定扣分		分	100	
可靠性行驶检验截止里程		km	5 000	
首次故障里程		km	0	
平均故障间隔里程	点估计值（Tb）	km	1 000	
	区间估计值（TbL）	km	649.2	

表3 整车可靠性行驶检验汇总（略）

三、检验结论

经过对两辆样车的检验，检验结论如下：

1．整车安全环保项检验，两辆样车加速行驶车外噪声不合格，其余项目合格。
2．整车基本性能检验结果见表1。
3．整车可靠性行驶检验扣分数为600分。

四、分析及建议

1．此次可靠性检验渗漏油故障较多，主要故障部位在变速箱输出轴后部、后桥主减速器、制动分泵管接头。
2．橡胶管老化故障较多，占故障总数的30%，建议提高其抗老化性能。
3．传动轴防尘套脱落，主要原因是传动轴伸缩时将防尘套撕裂，造成脱落，建议加大防尘套的伸缩量。

因没有整车基本技术条件，本报告只列出基本性能检验结果。

附：1．附录A 检验对象
　　2．附录B 检验条件

××汽车质量监督检验所
××××年××月××日

第六章 商贸文书

第一节 概 述

一、商贸文书的特点

商贸文书是指组织或个人专门用于从事商业、贸易活动，反映商品、市场内容的应用文体。

按照内容性质，商贸文书可以分为商品类、市场类和商函类等。

商贸文书具有现实性和广泛性的特点。

（一）现实性

商贸文书一旦发挥作用，就会带来现实的经济效益。商贸文书与企业、消费者和市场密切相关，企业和商家通过商贸文书把自己的商品推向消费者和市场，如果被接受，并且转化为现实，利润就能实现，从而产生巨大的经济效益。商贸文书要实现它的实用性，必须密切结合消费者心理和市场变化，以市场为导向，只有这样，才能"百战不殆"。

（二）广泛性

商贸文书涉及众多的消费者和企业，并且把它们紧密地联系在一起。企业和商家通过商贸文书向消费者宣传自己的产品，了解消费者需求和市场动态，以及时调整自己的经营策略。企业和商家要拥有更多的消费者，必须下大工夫，注意商贸文书的作用。

二、商贸文书的作用

商贸文书具有联系沟通作用和促进提高作用。

（一）联系沟通作用

商贸文书是商品供求双方之间联系的纽带、沟通的桥梁。商贸文书把企业和商家与消费者联系起来，形成生产经营者与消费者之间信息的互相传送。例如，企业通过商业广告、商品说明书，推销自己的产品，向消费者服务；通过招标书、投标书，按照一定的法律程序，展开竞争性的活动；通过市场预测报告、市场调查报告，了解消费者，熟悉市场，调整对策；通过催款书、索赔书联系业务、处理问题。

（二）促进提高作用

商贸文书可以促进企业改进经营管理，提高经济效益。企业要在激烈的市场竞争中取得胜利，在关注市场动态的同时，必须不断完善和提高自己，以适应消费者和市场的要求。通过商贸文书，企业和商家可以扩大产品的影响，推销自己的产品，开拓和占领市场，扩大销售范围，提高经济效益。

第二节 商 品 类

商品类商贸文书介绍商品的性质、特点、用途等，包括商标、商业广告、商品说明书等文种。

一、商标

（一）商标的特点

商标是指商品生产经营者在其生产、制造、加工、拣选、经销商品的过程中为了与其他商品生产经营者的商品区别开来而制作的一种外在标志。

商标一般包括品名和品标两个部分。品名通常由文字、字母或数字组成，便于称说，如长虹牌彩电。品标通常由图形、记号、象征、特殊色彩等组成，不能发音。同时具备品名和品标的商标，可以同时发挥听觉效应和视觉效应。有的商标只有品名。

商标的特点是标志性和外在性。

1. 标志性

商标是商品的独特标志。每一种商品都可以有一种商标，当然同一家企业的不同商品也可以使用同一种商标。但是不同企业的商品不能使用同一种商标。商标就是商品生产者或销售者为了把自己的商品与其他商品生产者或销售者的商品区别开来而使用的独特标志。从商标可以识别不同类型的商品。

2. 外在性

商标贴在商品的外包装上，从商品的外观上就可以识别商品的商标。商标是商品的外在标志，从商标可以看出企业的精神和商品的品位。

（二）商标的种类

商标从不同的角度可以分为不同的种类。

1. 从结构成分划分

从结构成分划分,商标可以分为词组商标、字母商标、数字商标、图形商标和组合商标等。

2. 从使用范围划分

从使用范围划分,商标可以分为独用商标和共用商标。独用商标是只供一种商品使用的商标。共用商标是同一家企业的非同一种商品共同使用的商标。

3. 从使用对象划分

从使用对象划分,商标可以分为制造商标、销售商标和服务商标。制造商标是生产者使用的商标,销售商标是销售者使用的商标,服务商标是服务者使用的商标。

4. 从注册程序划分

从注册程序划分,商标可以分为注册商标和未注册商标。

(三) 商标的作用

1. 维护企业利益

利用商标可以识别商品,进行商品宣传,保证商品质量,维护商品信誉,极大限度地维护生产经营者的利益。商标是商品的标志,有了商标,商品生产经营者在其生产、制造、加工、拣选、经销商品的过程中更加方便、快捷,自己的商品才能与其他商品生产经营者的商品区别开来。商标品牌是企业的象征,好的商标品牌可以起到宣传企业商品的作用。为了自身的信誉,企业会在商品质量上下大工夫,努力创造好的商品品牌。

2. 保障顾客利益

消费者如果发现购买的是假冒伪劣商品,可以根据商标向有关企业索赔,或者向管理部门投诉,甚至向法院起诉,讨回公道。生产经营者也不敢利用自己的商标公开进行非法活动。这无疑起到了保障消费者利益的作用。

(四) 商标创制的原则

商标创制的原则应该是凝练、奇特、和谐。

1. 凝练

高度集中、概括的语言,不仅言简意赅,而且便于记忆,能够给人留下深刻的印象。凝练绝不等同于简单,而是包含了丰富的内容。要创制凝练的商标文字,可以发掘丰富的文化内涵,从诗词、成语等语言精华中汲取营养,或者引用神话、传说、故事等加以提炼,让消费者产生联想、想象等,以吸引消费者。

2. 奇特

奇特就是要出人意料,避免雷同。似曾相识、千篇一律的商标没有新鲜感,不能打动消费者。创制商标必须出奇制胜。这就要求有独特的思维方法。要善于说出人人心中皆有但人人口中皆无的话。要运用所有的知识进行重新的排列组合和加工提炼。

3．和谐

商标不仅要与商品的性质、特点、外形等保持一致，还要与民族文化、风俗习惯、宗教信仰和爱好忌讳等保持一致。创制商标要从商品本身的特点出发，不能只凭自己的主观爱好随心所欲地杜撰，以至于与商品大相径庭。创制商标时，除了考虑自己的民族文化特点以外，还要考虑其他相关民族的文化特点。

（五）商标的文字创制

商标的文字创制大致有以下类型：企业名类、功能名类、人名类、地名类、动物类、植物类、文字类（简称类、音译类、新词类）、数字类等。

1．企业名类

企业名类以商品所属的企业名称作商标，或者以出名商品的商标取代企业名称。例如，杏花楼集团公司生产的杏花楼月饼，长虹企业集团生产的长虹电器。

2．功能名类

功能名类以商品本身的用途、效用等功能作商标名称，如美而雅西服、美加净牙膏。

3．人名类

人名类以人名或姓氏名作商标。大致有以下几种情况。

（1）以创始人命名，如李宁牌运动服。

（2）以设计者命名，如皮尔·卡丹服饰。

（3）以历史人物命名，如孔府家酒。

（4）以传说人物命名，如阿诗玛香烟。

（5）以官衔职务命名，如外交官牌。

4．地名类

地名类以地名作商标，如柳州糖果、浏阳鞭炮。

5．动物类

动物类以动物名称作商标，如凤凰牌自行车、鹦鹉牌磁带。

6．植物类

植物类以植物名称作商标，如玫瑰牌墨水、两面针牌牙膏。

7．文字类

文字类可以分为简称类、音译类、新词类等小类。

（1）简称类。以企业名称等的简称或缩写字母作商标，例如，SW 是上海微型轴承厂的简称"上微"的汉语拼音开头的字母，美国 IBM 计算机是其公司名称的英文字头缩写。

（2）音译类。以其他民族的词语音译作商标，例如，索尼牌是根据 sony 音译过来的。

（3）新词类。以新出现的词语作商标，例如酷哥牌。

8. 数字类

数字类以数字作商标，如三九胃泰、999 感冒灵。

二、商业广告

（一）商业广告的特点

商业广告是指广告主通过各种媒体，向人们宣传有关商品、劳务、服务、观念等信息，从而使消费者对企业生产和经营的产品、服务产生强烈兴趣和消费动机，以促进销售、获得赢利的有偿传播形式。

商业广告是狭义的广告，也称经济广告。广义的广告，是"广而告之"，除了商业广告以外，还包括公益广告、海报、启事、声明等。

商业广告具有广泛性和有偿性的特点。

1. 广泛性

商业广告的范围、手段、受众等都十分广泛。它的传播对象是整个社会大众；它的职能是传播商品、劳务、服务、观念等信息；它的传播媒体有报纸、期刊、图书、广播、电视、电影、录像、幻灯、车船、路牌、霓虹灯、电子显示器、橱窗等。它的传播时空无限，可以说在商品经济时代无处不在，无时不有。

2. 有偿性

企业、商家发布广告，必须付给传播媒体一定的费用。商业广告的发布以赢利为目的，必然要以付酬为前提。广告费用的高低，随传播媒体、传播方式的不同而有所差别。不同的国家和地区，广告费用也不同。

（二）商业广告的作用

商业广告的作用是推销商品服务，引导大众消费。

1. 推销商品服务

商业广告是企业、商家推销商品和服务的有效途径。随着科技的迅猛发展，社会商品和服务项目日益丰富。企业、商家要减少商品积压，提高经济效益，必须让消费者了解自己的商品和服务，而广告是让消费者了解商品和服务的很好的形式。企业、商家通过广告把自己商品的特点和优势及服务项目等信息灌输给消费者，以刺激消费者的消费欲望，从而起到推销商品和服务的作用。

2. 引导大众消费

商业广告可以领导消费潮流，引导大众消费。当今世界，商品琳琅满目，服务丰富多彩，劳务五花八门。面对纷繁的世界，消费者常常无所适从，难以选择。作为市场竞争的主体，要在激烈的市场竞争中取得胜利，除了产品质量好、价格低、适销对路以外，还必须借助商业广告，宣传自己的商品、服务、劳务，使企业形象和产品形象深入人心，这样才能领导消费潮流，引导社会消费。

（三）商业广告的种类

商业广告从不同的角度可以分为不同的种类。

1．从内容性质分

按照内容性质，商业广告可以分为商品广告、劳务广告、观念广告等。

（1）商品广告。是由企业、商家向消费者介绍自己的商品的广告，也叫产品广告。主要内容是向人们介绍商品的用途、特点、质量、价格等。

（2）劳务广告。是由服务性的组织如饭店、旅馆、保险公司、银行等单位发布的为公众提供劳务或者服务的广告。内容主要是介绍劳务的性质，服务的内容、特点、质量，顾客获得的利益等。

（3）观念广告。是以树立一种新观念或者改变某种旧观念为主要内容的广告。它可以沟通企业、商家与消费者之间的关系，使消费者形成某种有利于企业产品销售的观念。

2．从传播媒体分

按照传播媒体，商业广告可以分为印刷品广告、电子音像广告、实物广告、交通工具广告、活体广告等。

（1）印刷品广告。是以印刷品为传播媒体的广告，包括报纸、杂志、图书、电话号码簿、包装品、挂历、台历等上面刊登的广告。印刷品广告的优点是可以传阅，便于存查；缺点是除了报纸以外，一般时效性差，接触对象有限。

（2）电子音像广告。是以电子音像制品为传播媒体的广告，包括电视、电影、广播、计算机网络、电子屏幕、录像播放等发布的广告。电子音像广告的优点是声形兼备，传播迅速及时，覆盖面广；缺点是播放时间受到一定限制，内容难以记住，容易消逝。

（3）实物广告。是以实物为传播媒体的广告，包括橱窗、路牌、广告牌、霓虹灯、灯箱、门面装潢、广告模型、市场悬挂物、商品介绍传单等形式的广告。实物广告比较重视现场气氛，以配合售货员销售商品。

（4）交通工具广告。是在汽车、人力观光旅游车、火车、轮船、飞机等交通工具的内部或外部刷上企业名称或者商品广告画面而进行的商品宣传。交通工具广告的特点是宣传面广，流动性强。

（5）活体广告。是由模特队或营销人员身披绶带或者印有企业名称或商品标志的服装在城市街道或商场等公共场所进行的商品宣传。活体广告必须注意人员的选择要能够展示企业或商品形象。

另外，按照宣传形式，商业广告可以分为文字广告、物像广告、综合式广告等。按照表达方式，商业广告可以分为陈述体广告、论证体广告、抒情体广告、问答体广告、文艺体广告、书信体广告等。

（四）商业广告创意的原则

成功的广告一般要经过五个环节：引起注意、产生兴趣、激发购买欲望、促成买卖行为、买后满足。商业广告的创意非常重要，它可以决定广告的成败。商业广告的创意必须遵循以下原则。

1. 真实、简洁

广告必须真实。真实是商业广告的生命。追求真实，不仅是一种时尚，而且是必需的。虚假的广告既违反法律，又损害消费者的利益，并且最终破坏企业自身的形象，影响企业自己的利益。适度的夸张是允许的，但是不能超过一定的限度。同时，广告还要做到简洁。广告是一种有偿性的商业活动，耗费的时间和空间越多，花费的金钱就越多。要以最小的投资换取最大的收益，就要制作出简练鲜明、易懂易记的广告，以缩小耗费的时间和空间，减少花费的金钱。也只有简洁的广告，才能使消费者有耐心读或听下去，才能收到较好的效果。

2. 新颖、生动

广告要取得成功，必须标新立异，出奇制胜。新颖的事物容易引起人们的重视，人们对新出现的形式总是很敏感。企业要在激烈的市场竞争中脱颖而出，占据主动地位，就要追求商品广告的新颖和个性化，否则就会导致广告的失败，从而影响商品销售和企业效益。商业广告必须生动，才能吸引消费者，使消费者产生购买欲望，最终推销出商品。广告是文字和画面（甚至还包括声音）相结合的艺术，要想取得预期的广告效果，必须深入挖掘语言和画面的表现力，给人留下深刻的印象和无穷的回味。

3. 手法多样、注重效益

商业广告的表现手法可以多种多样。要打动消费者，推销出商品，单靠生动的、新颖的内容还不够，还必须有多样的形式。要注意吸收语言、图像、音乐等多种表现形式，运用比喻、夸张、双关等修辞手法，结合各种表现手段，综合考虑，创造和谐。另一方面，在注重经济效益的同时，还要注重社会效益。广告也是一种精神产品，对社会文化心理、社会价值取向具有一定的影响。广告应该给人以积极的、正面的教育和审美享受，防止和杜绝不健康的广告出现。

（五）商业广告创意的方法

商业广告的创意，关键是要选准角度，一般可以从商品特征、消费动机或名牌效应等方面着手。

1. 抓住商品特征

商品一般都具有形态、构造、性能、用途、价格等方面的特征。广告的创意不能面面俱到，而应该突出与众不同的特色。例如，格力空调的广告抓住格力空调性能上的卓越品质来创意，表现它低至 45W 的"节能"的主题：

格力 1 赫兹变频空调，国际领先变频技术。最低功率只需 45W，卓越品质，让节能舒适一路领先。1 赫兹，好变频。格力掌握核心科技。

2．抓住消费动机

抓住消费者的心理，诱发他们的消费欲望，达到推销产品的目的，是广告的重要出发点和归宿。消费者的消费动机，一是实用性；二是装饰性。

（1）实用性。实用是消费者对商品内容方面的要求。消费者购买商品，是用来使用的。商品是否实用，关系到消费者对商品的评价，关系到消费者的心理和行为。因此，商业广告的创意要抓住不同阶层的消费者的实用性心理。例如，福建国际通信有限公司厦门分公司为其产品信息通做的广告，就是抓住信息通的众多的信息服务功能及价格的变迁来打动消费者的心。信息通的功能特点有：个人传呼功能（提供全省免费漫游），股票寻呼服务功能，实时股票行情服务功能，图形显示功能，到价提示功能，按代码查询股票功能，股票信息分类快速查询功能，信息寻呼服务功能等。

（2）装饰性。装饰是消费者对商品形式方面的要求。商品除了应该具有实用价值以外，还应该具有观赏价值。而装饰性是商品观赏价值的重要体现。只有内容与形式的完美统一，才能更好地满足消费者的需要，才能激发消费者的购买欲望。例如，某房地产公司宣传其具有别墅品位的住宅的广告是对卞之琳的《断章》进行了改写，用住宅环境的优美来打动消费者："你站在阳台上看风景，看风景的人在桥上看你，明月装饰了你的窗子，你装饰了别人的梦。"

3．抓住名牌效应

人们对于出名的东西一般都会有一种好感，甚至有崇拜心理。企业要想在市场经济大潮中立于不败之地，必须努力创造并且保持驰名的品牌。要扩大宣传，提高商品的知名度。只有这样，才能创造更高的经济效益。例如，美国的可口可乐饮料公司是一家老牌的企业，由于可口可乐饮料长期以来一直受到消费者的青睐，再加上公司重视宣传，目前，可口可乐饮料公司仍然保持着可乐的霸主地位。

（六）广告文案的写作

广告文案一般包括标题、正文和落款三个部分。

1．标题

标题是广告信息的聚集点，是企业商品的招牌。标题的好坏直接关系到广告的成败。因此，必须高度重视标题的制作。标题要传递广告的主要信息，引起消费者的注意，必须包含广告中最主要的内容，显示广告作品的精华。标题要精心构思，富有情趣，新颖别致，耐人寻味。

广告的标题可以采用以下几种形式。

(1) 单标题。

① 直接性标题。直接点明企业、商品、服务单位、服务项目等。例如：

要想身体好，请喝健力宝（健力宝饮料）

人类失去联想，世界将会怎样（联想电脑）

② 间接性标题。不直接点明企业、商品、服务单位、服务项目等内容，而用富有表现力的语言暗示产品的用途、效果等，以吸引读者阅读下文。例如：

传神演绎　身临其境（家庭影院系列）

只要青春不要痘（化妆品）

(2) 双标题。即复合性标题，由正题加副题构成。正题是核心，是主标题。副题位于正题的后面，起补充正题内容的作用。复合性标题也可以看作是将直接性标题和间接性标题结合起来使用的标题形式。

例如，三九胃泰广告标题：

悠悠寸草心，报得三春晖（正题）

三九胃泰的承诺（副题）

又如，富利卡汽车广告标题：

当心！那家伙会抢走我们的饭碗（正题）

富利卡创新登场（副题）

2. 正文

正文对广告对象作深入说明，是传播产品和劳务信息的重点和核心。通过对产品等的介绍，要让消费者从感情和理性上接受。可以运用陈述体、说明体、论证体、抒情体、新闻体、文艺体、相声体、书信体等。究竟使用哪种形式，要根据具体情况而定。一般来说，陈述体和说明体篇幅较短，费用较省。

正文可以分为开头、主体和结尾三个部分。

(1) 开头。承接标题，在标题和主体之间起承上启下作用。可以对标题进行解释，让读者更好地理解标题的含义；也可以开门见山，直奔主题；还可以用设问的方式，激发读者的注意和兴趣，引导读者从主体中寻找答案。

(2) 主体。着重介绍产品的性能特点和给消费者提供的服务与利益等，包括产品的外观、特色、规格、花样、款式、质地、作用、使用方法等。但是不能面面俱到，而要抓住最独特的东西作为定位的焦点，紧扣某一点深入开掘。例如，同样是洗发精，飘柔抓住令头发柔顺的特点，潘婷抓住营养护发的特点，海飞丝抓住去头屑的特点。

(3) 结尾。用很简洁的一段话，诱导读者采取购买行为。要有鼓动作用，以达到促销的目的。

附带说说广告口号。广告口号是对企业或商品的特征加以高度概括而形成的最简练的文字，也叫广告标语。它往往用简明概括的一句话，给读者留下深刻的印象，使消费者建立一种观念和意识，对某企业或商品形成认知，并且引导他们选购商品和服务。广告口号一般比较固定，反复使用，成为企业的无形资产。例如，"盼盼到家，安居乐业"，表达了企业为老百姓着想的理念。"长虹以产业报国、民族昌盛为己任"，表达了中国民族企业振兴民族工业的精神和热爱祖国的热情。"没有最好，只有更好"，表达了澳柯玛集团积极进取的精神。广告口号一般在电视广告中用得较多，因为电视广告以秒为单位计费，广告口号最经济。

3．落款

落款包括企业名称、地址、电话号码、传真号码、电报挂号、邮政编码等。报刊杂志广告和服务性广告，落款比较全面。电视广告，一般只说出企业名称。

公益广告是以为公众谋福利为目的而设计的广告。公益广告要透彻剖析事理，深刻揭示本质，高度浓缩，精辟警策，倡导主流，格调高雅，感情真挚，引起共鸣。

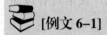[例文6-1]

××啤酒

纯生啤酒是啤酒家族中声誉最高的种类，它以新鲜的口味和丰富的营养赢得了越来越多消费者的青睐。它是采用独特的生产工艺，在严格无菌状态下精心酿制而成的。与熟啤酒的不同点是，生产过程中，除发酵过程采用纯粹发酵外，微生物得到了严格控制，并引用了膜分离技术做保障，使酒液绝对无菌，免去了热处理杀菌，风味物质未发生变化，稳定性更高，不仅使啤酒保持了原有的新鲜口味，而且由于没有经过热处理，避免了维生素、氨基酸等营养成分的破坏，营养比熟啤酒更丰富。

地址：××省××市××路××号
邮编：××××××
电话：（0××）×××××××
传真：（0××）×××××××
E-mail：abcxyz@163.com

三、商品说明书

（一）商品说明书的特点

商品说明书是指企业向消费者介绍商品的构造、成分、性能、用途、使用、保养、维修、注意事项等方面知识的文体。

商业广告和商品说明书都可以介绍商品，宣传商品，但是两者有所不同。从各自的目的来看，广告重在推销商品和服务，常用生动、醒目的语言进行宣传鼓动，以吸引消费者，激发他们的购买欲望，促成消费行为；说明书重在客观地介绍商品方面的知识，以便于消费者购买使用。从与商品的关系来看，广告与商品是脱离的，它独立于商品之外，在各种媒体上进行宣传；说明书附属于某一件具体商品，是商品包装的一部分。

商品说明书具有知识性和可操作性的特点。

1．知识性

商品说明书要向消费者介绍商品的构造、成分、性能、用途、使用、保养、维修、注意事项等方面的知识，以利于用户正确使用商品。商品说明书介绍的知识必须符合商品的实际情况和客观规律，要具有科学性。

2．可操作性

消费者购买商品，目的是实现其使用价值。商品说明书必须向消费者明白、细致、具体、准确地介绍商品的安装、使用、保养、维修、注意事项等方面的知识，使消费者按照说明书就能学会使用，熟练操作。

（二）商品说明书的作用

商品说明书具有解说作用和宣传作用。

1．解说作用

商品说明书的内容是介绍商品方面的知识，通过商品说明书，消费者可以正确地、安全地使用商品。特别是高科技产品和危险性产品，如果没有商品说明书，人们就难以使用，商品说明书就显得更为重要。

2．宣传作用

商品说明书通过真实地、科学地介绍商品的有关知识，让消费者在使用商品的过程中了解产品的性能和优点，从而使商品深入人心。无形之中，商品说明书就起到了推广商品、扩大销路的作用。

（三）商品说明书的种类

从不同的角度，商品说明书可以分为不同的种类。按照写法，商品说明书可以分为条文式商品说明书和综合式商品说明书。按照表达方式，商品说明书可以分为说明式商品说明书和文艺式商品说明书。按照包装形式，商品说明书可以分为外包装式商品说明书（多用于常见的、简单的或普及型的产品）和内包装式商品说明书（多用于复杂的、贵重的或者新型的产品）。

(四)商品说明书的写作

商品说明书一般包括标题、正文和落款三个部分。

1. 标题

(1)完全性标题。由品名+文种构成,如《××牌××型××使用说明书》《××说明书》《××使用说明》。

(2)简单性标题。

① 只写品名,如《苦甘冲剂》。

② 只写文种,如《使用说明书》《说明书》《使用说明》。

2. 正文

要让读者正确认识、使用和保养商品,避免产生误解,造成不必要的损失。一般要介绍商品的构造、成分、型号、规格、性能、用途、使用、保养、维修、注意事项等,甚至要附上图表和照片。不同种类的商品,具体写法也不同。

3. 落款

落款写明企业名称、地址、电话号码、传真号码、电报挂号、邮政编码等。

装订成册的说明书,常常还附有目录。

[例文 6-2]

××牌系列消毒橱柜使用说明

××牌消毒橱柜采用高温(125℃)及臭氧进行消毒,能 100%杀死各种细菌和病毒,如大肠杆菌、肝炎病毒等,有效地保障人们的身体健康,同时具有保温功能,可使食品温度保持在 70℃~80℃之间,适合家庭、办公室、接待室等场合使用。

××牌消毒橱柜采用不锈钢制作箱体,美观耐用。

一、规格

型 号	额定电压	额定频率	输入总功率	容 积	门 数	挂墙尺寸
DX-60-1	220V	50Hz	600W	60l	单	350mm
DCX-60-1	220V	50Hz	600W	63l	双	

二、接地说明

1. 消毒橱柜带有接地线,用户应该用带有接地线的三极电源插座。
2. 接地线的颜色为黄绿双色线,不得移作他用。

三、使用

1. 消毒橱柜可以安放在地面上或柜台上使用,单门消毒橱柜还可以挂在墙壁上使用。

2．高温消毒、臭氧消毒和保温功能可以通过控制板上的开关得以实现：按下"高温"启动开关（单门消毒橱柜先按下琴键开关的高温启动开关，再接电源接通开关），指示灯亮，消毒橱柜工作在高温消毒状态。当温度达到额定温度时，温控器启动，切断电源；按下琴键开关的"保温"启动开关，指示灯亮，消毒橱柜工作在保温状态，可使食品温度保持在 70℃～80℃。按下复位开关，可切断电源；按下"臭氧"启动开关，指示灯亮，消毒橱柜工作在臭氧消毒状态。计时器同时开始计时，当臭氧消毒 1 小时后，计时器启动，切断电源。进行第二次臭氧消毒时，再按下"臭氧"启动开关，计时器又开始计时，1 小时后再次断开电源。

四、接线图（贴在箱体后侧）

五、注意事项

1．电源插头是不可重接插头，用户不要擅自更改。

2．挂在墙壁上使用时，应有足够的悬挂力，膨胀螺丝孔应打在墙上的砖块内，不应打在砖缝内，以防止松动。

3．要消毒的碗、碟、杯等食具，洗净抹干后才放入柜内，这样可以节约用电，也有利于延长发热器的寿命。

4．清洁和移动时应先拔出电源插头。

5．消毒橱柜断电后，不要立即打开消毒柜门取出食具，以免烫伤手，保温时间最少 20 分钟。

6．不得碰撞发热器。

7．耐温低于 150℃的塑料食具，不要放入高温柜内进行消毒，可置入臭氧柜内进行臭氧消毒。

六、保养（略）

七、结构图（略）

××厂、××厂联合制造

地址：××省××市××路××号

邮编：××××××

电话：（0××）××××××××

传真：（0××）××××××××

E-mail：xyzabc@126.com

第三节 市 场 类

市场类商贸文书反映市场运行情况，包括招标书、投标书、市场预测报告、市场调查报告等文种。

一、招标书

（一）招标书的含义

招标书是指法人或者其他组织为向国内外承包商公布业务项目、项目标准、价格、条件、要求等而拟定的文书。

招标书能够激励公平竞争，确保项目质量。招标者使用招标书通过公开的招标活动，可以吸引一定数量的客商来投标，经过比较和鉴别，选择工程质量好、造价低、工期短、具有主客观优势的投标者。这样，就能起到激励公平竞争、确保项目质量的作用。

（二）招标书的种类

按照招标方式，招标书可以分为公开招标书和选择招标书。公开招标书是通过媒体发布招标信息，邀请国内外承包商参加竞争投标的招标书。选择招标书也称限度招标书、邀请招标书，是确定一批单位为邀请对象，将招标邀请函直接送到这些单位的不公开招标书。

另外，按照招标范围，招标书可以分为国内招标书和国际招标书、企业内部招标书和企业外部招标书。按照招标内容，招标书可以分为建设工程项目招标书、经营项目招标书、劳务招标书、科技开发招标书等。

（三）招标书的写作

招标书由标题、正文和落款三个部分组成。

1. 标题

一般采用公文式标题。

（1）完全性标题。由招标单位+招标项目+文种构成，如《复旦大学改建文科图书馆招标书》。

（2）省略性标题。有以下几种形式。

① 由招标项目+文种构成，如《修建长江三峡水利枢纽工程招标书》。

② 由招标单位+文种构成，如《上海市物资局招标书》。

（3）简单性标题。只写文种，即《招标书》。

2. 正文

正文一般用条文式，也可以用表格式。主要包括以下内容。

（1）招标的依据和原则。

（2）招标项目名称和内容。
（3）招标方式与方法。
（4）具体要求，包括投标条件、经费指标、质量要求、进度要求和注意事项等。
（5）投标截止时间。
（6）开标时间和地点。

3. 落款

落款写清招标单位名称，联系人姓名，成文时间，招标单位地址、邮政编码、电话号码、传真号码、电报挂号、开户银行和账号等。

[例文 6-3]

招 标 书

一、建设单位：××市××有限公司

二、工程名称：××绿地工程设计

三、工程地点：××高新技术开发区

四、工程概况：绿化面积 20 000m^2

五、招标内容：绿化及道路工程

六、工期要求：方案图设计 15 天

七、招标方式：邀请招标

八、报名条件：境内设计单位要求具有园林绿化设计甲级资质；境外公司无资质要求，但要求提供近三年的主要业绩及相应的中标通知书、合同复印件（原件查看）。

九、企业报名须提交的资料：资质证书（原件及复印件）、营业执照副本原件及复印件，设计项目组成员；设计单位简介；设计单位近三年主要业绩。

十、报名开始时间：××××年××月××日上午 9:00

十一、报名截止时间：××××年××月××日下午 5:00

十二、报名地点：××市××有限公司 1 号楼 106 室

联系电话：（0××）××××××××　××××××××

传　真：（0××）××××××××

联系人：×××、×××

联系地址：××市××路××号

邮政编码：××××××

电子邮件：xyz@126.com

二、投标书

（一）投标书的含义

投标书是指合乎招标书标的条件和要求的承包商，向招标者许诺标的所规定的标准和条件，并且提出实现诺言的主客观条件的文书。

投标书能够降低生产成本，提高经济效益。投标者为了实现对招标者许下的诺言，达到规定的标准和条件，在确保工程质量等的前提下，必须千方百计地加强管理，采用先进的技术和方法，降低生产成本和其他各种费用，提高劳动生产率，提高经济效益。

（二）投标书的种类

投标书是与招标书相对应的文书，一般来说，有什么类型的招标书，就有什么类型的投标书。

按照投标方式，投标书可以分为公开投标书和选择投标书。公开投标书是对公开招标书的回应文书。选择投标书也称限度投标书、邀请投标书，是对选择招标书的回应文书。

另外，按照投标范围，投标书可以分为国内投标书和国际投标书、企业内部投标书和企业外部投标书。按照投标内容，投标书可以分为建设工程项目投标书、经营项目投标书、劳务投标书、科技开发投标书等。

（三）投标书的写作

投标书由四个部分组成：标题、称谓、正文和落款。

1. 标题

（1）只写文种，即《投标书》。

（2）由投标内容+文种构成，如《租赁××印刷厂投标书》。

2. 称谓

称谓写上招标单位名称。

3. 正文

正文一般用条文式，也可以用表格式。主要包括以下内容。

（1）投标缘起和投标者意愿。

（2）投标单位资格介绍。

（3）投标条件有关证明。

（4）投标者承诺。

4. 落款

落款写清投标单位名称,法定代表人姓名,成文日期,投标单位地址、邮政编码、电话号码、传真号码、电报挂号、开户银行和账号等。

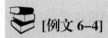
[例文6-4]

投 标 书

××工程基建处:

我们研究了××工程的招标文件,并且到现场做了实地考察。我们愿意按照设计图纸、技术说明和合同条款的要求,承担上述工程施工任务。经我们认真研究核算,现提出正式报价如下:

1. 总承包标价:×万×千(大写)元
2. 综合单价:×元/m^2
3. 总承包价构成,即项目分解金额(见表1)

表1 总承包价构成

工程项目	计量单位	工程数量	标价/元	占总价/%
主厂房	m^2			
设备安装	台套			
室外工程	项			
其他	项			

4. 工期

自××××年××月××日开工至××××年××月××日竣工,总工期为×个月。

5. 工程质量标准达到何种等级标准
6. 保证质量的有效措施

(1)投标企业概况:企业简历,企业名称,地址,级别,营业执照,批准机关,执照号码,生产过何种品位的产品。

(2)保证质量,如期完成的软条件(见表2)。

表2 保证如期完成的软条件

工程队伍状况	高级工程师	工程师	技术员	技术工人	一般工人	职工总数
人数	×	×	×	×	×	×

（3）保证质量，如期完成的硬件条件（见表3）。

表3　保证如期完成的硬件条件

施工设备	吊　塔	推土机	挖泥机	卸斗车	运输车	其　他
数目						
租赁						
自有						

7．主要原材料的指标

（1）钢材：×吨，品牌，规格。

（2）水泥：×吨，品牌，规格。

（3）木材：×立方米。

（4）其他原材料：品牌，规格。

8．附件（略）

我们特此同意，在本投标书发出后的×天之内，我们都将受本投标书的约束，愿在这一期间（即××××年××月××日起，至××××年××月××日止）任何时间，接受贵单位的中标通知。一旦我们的投标被采纳，我们将与贵单位共同磋商按招标书所列条款的内容，正式签署××工程施工合同，并切实按照合同的要求保质保期竣工。

××建筑公司
法定代表　×××
××××年××月××日

三、市场调查报告

（一）市场调查报告的特点

市场调查报告是指企业单位或经济部门等运用科学的调查方法，有目的、有计划地对商品生产、供应、需求和销售等市场情况资料进行全面、系统的搜集、整理、分析、研究，从而得出符合市场发展趋势的结论的文书。

市场调查报告的特点是针对性和真实性。

1．针对性

市场调查报告必须有明确的调查目的和阅读对象。市场调查报告只有为了说明或解决某一个问题，才能有的放矢。有了明确的阅读对象，市场调查报告才能发挥它的指导作用。市场调查涉及商品的生产、流通和消费各个领域，调查的对象包括商品结构、流通渠道、价格、销售环境、需求量、竞争对象，以及顾客、购买力、购买习惯等各个方面。

2. 真实性

市场调查报告所依据的材料必须真实可靠、准确无误。搜集的材料,包括历史的、现实的材料,数据的、事例的材料。市场调查报告的材料如果不真实,就不能得出科学的结论,就不能发挥应有的作用。市场调查报告搜集的材料应该尽量是第一手材料,应该选用科学的调查方法。

市场调查报告在经济活动中具有重要作用。它为企业和经济部门制定决策和计划、进行市场预测、开拓新市场、开发新产品、改善经营管理、避免或减少生产经营风险、提高经济效益提供科学依据。

(二) 市场调查报告的种类

根据内容性质,市场调查报告可以分为市场供求调查报告、市场营销调查报告和市场资源调查报告三类。

1. 市场供求调查报告

市场供求状况,是一定的地理区域、一定的时间期限、一定的经营环境、一定的销售渠道里,企业生产的商品与顾客购买的商品的对比情况。

按照商品性质,可以分为生活消费品需求总量的调查报告和生产消费品需求总量的调查报告。按照购买力的性质,可以分为城乡居民购买力的调查报告、社会集团购买力的调查报告和工农业生产资料购买力的调查报告等。

2. 市场营销调查报告

按照销售要素,可以分为产品调查报告、定价调查报告、销售渠道调查报告和促销手段调查报告等。

3. 市场资源调查报告

按照产品性质和供给渠道,可以分为工业产品调查报告和农业产品调查报告,进口产品调查报告和国产产品调查报告等。

(三) 市场调查的内容

市场调查的内容有消费者情况调查、生产经营者情况调查和产品情况调查等。

1. 消费者情况调查

消费者情况调查主要包括消费者的数量、社会阶层、经济状况、分布地区,消费者的购买欲望、购买习惯、消费趋势、消费水平、购买心理、对商品的意见和要求,消费者的购买动机、购买次数、购买数量、购买时间地点等。

2. 生产经营者情况调查

生产经营者情况调查主要包括销售能力、销售策略、销售渠道、仓储和运输情况、广告费用和效果、售后服务,竞争对手的产品在市场中的地位、作用、占有率和发展趋势等。

3. 产品情况调查

产品情况调查主要包括产品的产量、质量、包装、品种、性能、价格,产品的潜在市场、竞争因素、寿命周期等。

(四)市场调查报告的写作

市场调查报告一般包括标题、正文和落款三个部分。

1. 标题

(1)单标题。

① 公文式标题,主要有以下两种。

- 由调查范围+调查时间+调查内容+文种构成,如《上海市2016年夏季流行服饰调查报告》。
- 由调查范围+调查内容+文种构成,如《上海市私人电脑销售情况调查报告》。

② 论文式标题。一般直接点明作者的观点和看法,如《商品包装不容忽视》。

(2)双标题。由正标题和副标题构成。正标题点明文章主旨,副标题说明调查的具体内容,如《安于"小"、专于"小"、发展"小"——温州小商品市场生意红火》。

2. 正文

正文可以分为开头、主体和结尾三个部分。

(1)开头。

① 交代调查的目的,调查的时间、地点、对象、范围,调查的方法、结果等。

② 开门见山,直接提出市场的供求矛盾或介绍文章的主要内容、主要观点。

(2)主体。说明供需情况,阐述供需矛盾,分析供需矛盾产生的原因。要对市场调查获得的资料进行归纳、整理,分析、研究问题的性质,揭示事物发展的内在联系,还可以提出建设性的意见、计划和措施,对市场动向作出预测。可以采用小标题的形式,标明几个观点。

(3)结尾。提出解决矛盾的办法,展望未来,强调全文的观点。

3. 落款

落款注明调查单位名称或调查人员姓名,写上完稿日期。如果是在报刊上公开发表,就把作者姓名标在标题下面,省略完稿日期。

 [例文6-5]

办企业的人在读什么书

——中国企业家图书消费状况调查

施星辉

对企业家们而言,时间是最宝贵的,要求是最挑剔的,他们需要的知识有时关系到成千上万人的命运……为此,《中国企业家》杂志资讯中心近期推出"中国企业家图书消费状况调查",了解信息时代的企业家对图书的偏好、需求。

企业家有时间读书吗

企业界人士尤其是企业家常常是公务缠身,而闲暇时间也被交际应酬、健身娱乐等诸多事务占得满满的,他们有时间读书吗?

调查显示,半数以上的企业家每天都能抽出一定时间读书。约占被调查者总数53.6%的企业家每天都有时间读书,经常有时间读书的被访者约占19.2%,偶尔有时间的约为26.4%,而反映根本没有时间的仅为0.8%。企业家每年读书数量也在统计之列。调查显示:61%的被访者每年读书数量在10本以上;其中18.7%的人每年读书20本以上,值得注意的是有约8.5%的企业家每年读书30本以上,年人均读书数量约为14本。

经常阅读的图书类别和藏书的构成从侧面反映了企业家目前的知识结构。数据显示,企业界人士的读书兴趣比较广泛,他们常读的六类图书分别是经济管理类、文学艺术类、自然科学类(含信息科学)、综合性图书(包括百科全书、词典等工具书)、电脑网络类和历史地理类(含人物传记),哲学社科类和政治法律类也颇受欢迎。

企业家现有书籍中,大部分出自经济管理类出版社(63.6%);其次是综合性出版社,约为18.6%;有11%的书来自文学艺术类出版社,哲学社科类和自然科学类各占5.5%和1.7%。由此可见,企业界人士读书范围主要锁定与日常业务相关的经济管理类图书,同时也是他们知识更新的主要领域。

企业家读书有何收益

……

调查还列举了影响企业界人士购书的8个因素,请被访者选择其中的三个因素,并按重要性排序。企业家最看重的购书因素分别是:图书的实用性、图书选题和作者。其他得分靠前的因素如下:图书价格、出版社和出版时间,而购买是否方便及图书外观不大受到重视。

调查中过半数的企业家全年书费在1 000元以上,约占61.3%;其中1 000~2 000元约占28.2%,2 000~5 000元约占20.2%,5 000~10 000元约占8.9%;值得注意的是,4%的被访者全年书费在万元以上。另外,全年书费在1 000元以下的被访者约占38.7%;其中500~1 000元的人约为29.8%,500元以下约占8.9%。据测算,中国企业家人均年购书支出约为2 887元,约为社会大众的6.9倍。

四、市场预测报告

(一)市场预测报告的特点

市场预测报告是指经济部门或企业单位运用科学的方法,对市场的历史和现状作系统的、周密的考察、分析和研究，探讨市场发展的趋势和变化的规律，提出措施与决策的文书。

市场调查和市场预测不可分割，互为因果。调查是基础、手段，预测是推断、结果。市场预测必须以市场调查为前提，市场调查必须作出市场预测。不过，两者各有侧重。

市场预测报告具有前瞻性和时效性的特点。

1. 前瞻性

市场预测报告通过运用科学的方法，对市场的历史和现状作系统的、周密的考察、分析和研究，能够预见市场发展的趋势和变化的规律。市场预测报告的结论具有预见性，才能具有重要的参考价值，才能指导经营活动。市场预测报告应该紧紧扣住市场活动，把握新动向，发现新问题，提出新观点，得出新结论。

2. 时效性

信息时代的市场竞争比以往更加激烈，企业必须及时、准确地掌握系统的经济资料，对未来状况进行科学的、客观的预测，对市场变化迅速做出反应，才能立于不败之地。要顺应瞬息万变的市场形势，市场预测报告必须具有超前意识，及时反馈市场信息，讲求时间效益。

市场预测报告在一定程度上反映了市场变化和发展的趋势和规律，可以解决市场供需矛盾，为经营者提供决策的依据，为消费者提供消费指南。

（二）市场预测报告的种类

按照预测对象，市场预测报告可以分为市场需求预测报告、市场占有率预测报告和产品开发预测报告等。市场需求预测报告主要是对消费者的数量、购买力和消费习惯等的预测。市场占有率预测报告主要是对商品的质量和价格、竞争对手情况、竞争商品等的预测。产品开发预测报告主要是对新科学、新技术与产品发展、产品的寿命周期、人力物力资源开发等的预测。

另外，按照产品类别，市场预测报告可以分为单项产品预测报告和同类产品预测报告等。按照市场大小，市场预测报告可以分为国际市场预测报告、国内市场预测报告、地区市场预测报告、本地市场预测报告等。按照时间长短，市场预测报告可以分为长期市场预测报告、中期市场预测报告、短期市场预测报告等。

（三）市场预测报告的写作

市场预测报告一般由标题、正文和落款三个部分组成。

1. 标题

（1）单标题。

① 公文式标题。

- 由预测范围+预测时间+预测对象+文种构成，如《上海市 2018 年私人电脑供求预测》。
- 由预测范围+预测对象+文种构成，如《上海市手机市场预测报告》。
- 由预测对象+文种构成，如《通讯设备市场预测》。

② 论文式标题。一般直接点明作者的观点和看法，如《建材市场需求将持续上扬》。

（2）双标题。由正标题和副标题构成。正标题点明文章主旨，副标题说明预测的具体内容，如《夏装如此多娇　令无数女士竞折腰——2018年夏季流行服饰预测》。

2. 正文

（1）开头。交代预测对象产销情况的历史和现状，包括有关数据和形成因素，为主体展开分析提供依据。

（2）主体。通过对预测对象历史和现状的数据资料的分析，推论其未来的发展趋势和变化规律。要对供需情况加以说明，对供需矛盾加以分析，阐述矛盾产生的原因。材料要真实可靠，分析要客观精当，推论要合乎逻辑。

（3）结尾。针对预测结论提出解决矛盾的方法和建议。要具体、有效，切实可行。

3. 落款

落款注明预测单位名称或预测人员姓名，写上完稿日期。如果是在报刊上公开发表，就把作者姓名标在标题下面，省略完稿日期。

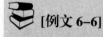

[例文 6-6]

××空调有望成消费首选

虽然还是春寒料峭，但各空调企业的激烈竞争，已使大江南北的空调市场呈现出不低的热度。从"两节"前后的市场反馈来看，××空调正在成为越来越多空调消费者的首选目标。

业内人士指出，随着整体经济形势好转、企业技术进步及人们消费观念的变化，原本属于高档消费品的××空调获得了走向寻常百姓家的有利契机，有望成为今年空调市场的一个消费新热点。

据了解，××空调由于调整了电机与控制系统，工作效率可实现大跨度变化，与普遍空调相比，有舒适、静音、恒温、高效运转、使用寿命长等显著优势。目前，××空调是世界家用空调消费的流行趋势。

……近两年，国内企业开始大规模进军××空调领域。随着生产和市场规模的扩大，技术和资金门槛的降低，加上20××年全国只有上海日立一家企业批量生产××空调压缩机，而20××年将增加到5家左右，而海信、长虹和美的等整机企业也在抓紧技术引进的

> 同时，加快了技术消化与创新步伐，××空调技术日渐成熟。
> 　　另一方面，随着生活水平的不断提高，城乡居民的空调消费观念也在发生变化。选购空调，不仅要看质量和品牌，更要关注产品的环保、舒适性等，这也为××空调市场的发展给予了有力支撑。有关人士认为，随着消费者对××空调的不断了解及产品价格走低，20××年我国××空调的销量会进一步增长。

第四节　商　函　类

　　商函类商贸文书即商业信函，是贸易双方沟通信息、联系业务、洽谈交易、处理问题的信件。商函的范围很广泛，包括商品交易磋商信函、索赔、理赔、拒赔信函，业务磋商信函等。

　　涉外商函，写作时要在收文单位前面加上信头和标题（事由）。信头部分包括发文单位的名称、地址、电报挂号、电传号码、电话号码、发文字号（由发文单位代字、发文年号和发文顺序号组成）等。

一、催款书

（一）催款书的特点

　　催款书是催促超过规定期限还未交款的单位或个人支付款项的书信。

　　催款书的特点是及时性。由于种种原因，债务方没能按照规定的期限向债权方支付款项，这时债权方要及时通知债务方，让债务方早日知晓拖欠款项的情况，并且支付款项。

　　催款书具有催促作用。债务方没能按照规定的期限向债权方支付款项，可能是有意的，也可能是无意的。不管怎样，债权方通过催款书这一正式的书面形式通知债务方，多少会对债务方起到催促、督促作用，让债务方想办法尽早还款。

（二）催款书的写作

　　催款书包括标题、收文单位、正文、结语、附件和落款等部分。

1．标题

（1）只写文种，即《催款（通知）书》。

（2）在文种前面加上"紧急"二字，写成《紧急催款（通知）书》。

（3）由单位名称+文种构成，如《××公司催款（通知）书》。

2．收文单位

　　收文单位就是欠款单位、买方、借款方。可以是单位，也可以是单位主管人员或其他个人。单位名称要写全称,个人姓名后面加上"台鉴""先生/女士"等。

3. 正文

(1)开头。开门见山地说明发函的意图或陈述事实。陈述事实要写出双方发生业务的具体原因、日期、地点、发票号码、欠款拖欠情况等。

(2)主体。写清楚欠款金额、催款要求、再次还款的期限、交付办法等。

(3)结尾。敦促债务方尽快还款,并且说明如果债务方仍然不能按照再次确定的还款期限还款,债权方将要采取的措施。

4. 结语

结语写"特此通知""此致""敬礼"等。

5. 附件

写明附件的名称和件数,附件附在后面。附件包括有关的合同、发票、单据等。

6. 落款

(1)署名。写上债权方的单位名称或个人姓名。如果是单位,要加盖公章。如果是个人,要签名。

(2)日期。写上制发催款书的日期。

催货书与催款书写法相似,只不过所催的是货物罢了。

[例文 6-7]

催款通知书

××钢铁公司:

你单位 7 月 20 日向我公司借款肆佰万元,根据贷款合同规定,借款合同为 1 个月,于 8 月 20 日到期。现已逾期 2 天,你单位尚欠逾期本金肆佰万元,利息×万元,本息合计×万元。接到本通知后,请于 9 月 1 日前来我公司办清还款手续。如到期仍不还款,我公司将直接从你单位存款账户中扣除,并对逾期借款按规定加收利息,依照合同约定及法律规定处理担保(抵押)物,收回贷款本息或由担保人偿还贷款本息。

请积极筹措资金,抓紧时间予以偿还。否则,我公司将按照《××法》和《××条例》及其他有关规定进行处理。

特此通知。

××信托投资有限公司
××××年××月××日

二、索赔书

（一）索赔书的特点

索赔书是买卖双方中受损失的一方向对方提出要求赔偿损失或其他权利的书信。

索赔书的特点是诚恳性。索赔要本着公平合理、平等互利、实事求是的精神来进行。买卖双方是地位平等的贸易伙伴，存在着长期的合作关系，因此，索赔书的用词要诚挚、恳切。

索赔书具有索要作用。质量低劣、数量短缺、包装不善、运输拖延等都会给当事人造成损失。受损失的一方以双方签订的合同为依据，根据对方违反合同的事实，向对方提出赔偿损失或其他权利要求。

（二）索赔书的写作

索赔书包括标题、收文单位、正文、结语、附件和落款等部分。

1. 标题

（1）只写文种，即《索赔书》。

（2）由事由+文种构成，如《元件质量索赔书》。

2. 收文单位

收文单位就是给自己造成损失的一方。一般是单位，也可以是个人。单位名称要写全称，个人姓名后面加上"台鉴""先生/女士"等。

3. 正文

（1）开头。阐述索赔理由、缘起，例如，质量低劣、数量短缺、包装不善、运输拖延等给自己造成的损失。

（2）主体。指出对方违约的事实，引用合同有关部分原文或有关检验材料，叙述该项贸易的进行过程，根据合同及有关的法律、法规、惯例等，向违约方提出赔偿的请求。

（3）结尾。表达希望对方回信或今后进一步加强合作的愿望。

4. 结语

结语写"此致""敬礼"等。

5. 附件

写明附件的名称和件数，附件附在后面。附件包括有关的合同、证明材料、来往函电等。

6. 落款

（1）署名。写上索赔方的单位名称或个人姓名。如果是单位，要加盖公章。如果是个人，要签名。

（2）日期。写上制发索赔书的日期。

索货书与索赔书写法相似，只不过所索的是货物罢了。

理赔书、拒赔书要针对索赔书中所持的事实、理由来写。

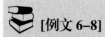
[例文6-8]

××轮磷酸岩短量索赔书

××国××化工出口公司：

第×号合同磷酸岩第一批货已由"××"轮于××月××日运抵××。结算发票重量为×公吨，根据××商品检验局水尺鉴定，卸船实际重量为×公吨，短重×公吨。另抽样化验水分为×%，高于结算发票中所注的水分×%。由于水分增高而发生的短重为×公吨。共计短重量×公吨。根据合同规定向你方提出索赔，你方应赔偿我方损失金额如下。

1．货价：（按每公吨×美元，POB 计算）×美元。

2．运费：×美元。

3．保险费：×美元。

4．检验费：×美元。

共计：×美元。

随函寄去××商品检验局第×号检验证明书正本一份及水尺鉴定记录一份，请接受此项索赔并速汇款结账。

附件：

1．检验证明书一份。

2．水尺鉴定记录一份。

此致

敬礼

中国××进出口公司

××××年××月××日

第七章 科教文书

第一节 概　　述

一、科教文书的特点

科教文书是指人们在从事科学技术研究、生产建设实践和教育教学活动中为了总结科教成果、传播科教信息、进行科教管理所撰写的文章。

根据内容性质和表达方式，科教文书可以分为科技类、教学类等。

科教文书具有科学性、规范性和多样性的特点。

（一）科学性

科教文书是人们进行科学研究、技术开发、生产建设、教育教学等活动成果的智慧结晶，是人类认识世界、改造世界的系统总结。科教文书所包含的内容应当真实、可信，所阐述的理论应当被实践检验和证明，所公开的技术应当新颖、实用，这些都是科教文书内容上具有科学性的体现。科教文书应当论点正确，论据确凿，论证严密，这些都是科教文书表达上具有科学性的体现。

（二）规范性

科教文书在其长期使用过程中逐渐形成了相对固定的格式，国家标准局等部门还专门颁布文件，对科技类文书的格式进行了统一规范，这不仅有利于科技类文书的撰写、编辑、出版、存储和检索，也符合科技工作本身的规律。对教学类文书进行规范，有利于提高教育教学管理水平。在进行科教文书工作时，要严格遵守规范。

（三）多样性

科教文书的表达手段呈现多样性的特点。除了语言文字以外，还大量运用符号、图表、公式等。这两类表现手段各有自己的独特优势，语言文字阐述详细、论辩力强，符号、图表、公式等直观、简洁，它们各显其能，互相配合，取长补短，相得益彰。

二、科教文书的作用

科教文书的作用可以概括为总结科教成果、传播科教信息、进行科教管理。

（一）总结科教成果

科教文书是人类认识自然和改造自然的知识和经验的结晶，具有总结科教成果的作用。人们把研究成果进行加工和整理，把科研和教学工作中的所作所为、所思所感写成系统化的书面文字，就形成科教文书。科教文书既可以是对自己科教成果的总结，也可以是对前人科教成果的总结。无论如何，都要进行去粗取精、去伪存真、由此及彼、由表及里的工作，都要有所发现、有所创造。

（二）传播科教信息

科教工作者把科研和教学成果整理成文，或者报告给听众，或者见之于刊物，公之于众，流传于世，科教成果信息就通过不同的渠道得到了传播。传播科教信息有不同的渠道和方法，但是把科教成果写成文章加以传播，无疑是其中非常重要而且非常普遍的一种。科教文书是书面性的文字，可以仔细琢磨，反复推敲，从中可以发现可取之处和不足之处。通过科教文书，我们可以发现前人研究工作进行到了哪一步，由此继承前人，继续前进。

（三）进行科教管理

科教文书为人们进行科教管理提供了重要依据。科教文书反映了各个时期各个领域的重要研究成果，是科技研究和教育教学水平的重要标志。把科教文书加以归类，便于了解科教研究状况，掌握科教研究动态，把握科教研究方向，部署科教研究任务，进行科教管理。进行科教管理，必须熟悉科教文书。科学技术是第一生产力，教育是百年大计的根本，熟悉科教文书，还可以推动社会的进步。

第二节　科　技　类

科技类科教文书是总结科技成果、传播科技信息、进行科技管理的文书，包括科技论文、科技报告、科普说明文、科技申请书等。

一、科技论文

（一）科技论文的特点

科技论文是指以科学研究或技术开发的过程与成果为内容，以议论为主要表达方式，论证科学研究或技术开发成果的文章。

科技论文的重要特点是客观性、学术性、创新性。

1. 客观性

客观,是合乎规律的、真实的、准确的、可信度高的知识、结论。客观性,就是内容真实、正确,思维严密,推论合乎逻辑,表达准确、严谨、全面。科技论文要以实事求是的态度,着重揭示客观事物的内在本质和发展变化的规律。

2. 学术性

学术是指专门的系统的学问。科技论文就是对自然科学或人文科学的某一专题进行专门的、系统的研究,并将研究成果表述出来。科技论文的学术性,表现在它主要对事物进行抽象的概括和论证,把学术观点上升到理论高度,运用科学的定理、定律和原理等,从理论的角度去进行论证,这样才具有一定的理论价值,才具有学术性。

3. 创新性

有价值的科技论文往往是探索某一学科领域中前人未提出过或没有解决的问题,它常常是"第一次"。这"第一次"就是创新性。创新性是科技论文的价值所在,因而是科技论文的生命。科技论文的创新性,表现在它所表达的研究或开发成果必须有新意,要有所发现,有所发明,有所创造。或者是理论上提出了新观点、新见解,或者是技术上采用了新方法、新工艺、新材料,或者是理论的发现与技术的发明兼而有之。

(二)科技论文的种类

科技论文可以分为学位论文和学术论文两类。

1. 学位论文

学位论文是攻读学位者在结业时向培养、审核单位提交的具有学术性的论文,是学位申请者为申请授予相应的学位所撰写的科技论文。可以分为学士论文、硕士论文和博士论文三种。

(1)学士论文。是大学本科毕业生撰写的用来申请学士学位的论文。学士论文应该能够表明作者在本门学科上确实已经较好地掌握了基础理论、专门知识和基本技能,并且具有从事科学研究工作或担负专门技术工作的初步能力。学士论文要求能够正确、灵活地运用所学的知识,分析、解决本学科某一问题,篇幅在 8 000~10 000 字。

(2)硕士论文。是硕士研究生毕业时撰写的用来申请硕士学位的论文。硕士论文应该能够表明作者在本门学科上确实已经掌握了坚实的基础理论和系统的专门知识,并且具有从事科学研究工作或独立担负专门技术工作的能力。硕士论文要求对所论专题有比较独到的见解,篇幅为 2~3 万字。

(3)博士论文。是博士研究生毕业时撰写的用来申请博士学位的论文。博士论文应该能够表明作者在本门学科上确实已经掌握了坚实、宽广的基础理论和系统、深入的专门知识,并且具有独立从事科学研究工作的能力,在科学或专门技术上做出了创造性的成果,篇幅一般在 5 万字以上。

2. 学术论文

学术论文是对某一学术课题在理论、实验或观测上的新的见解、成果或知识的科学论述，或是对某种已知原理应用于实际中取得新进展的科学总结。

学术论文可以在学术会议上宣读、交流或讨论，也可以在学术刊物上发表。学术论文应该提供新的科技信息，其内容应该有所发现、有所发明、有所创造、有所前进，而不能是重复、模仿、抄袭前人的工作。

根据课题性质和研究方法，无论是学位论文还是学术论文，科技论文大致都可以分为理论型论文和应用型论文两种。理论型论文是以抽象的理论问题为研究对象，用理论推导或数学运算的方法，以获得的研究成果为内容写成的论文。应用型论文是用实验、观测方式进行研究，并以获得的成果为内容所写成的论文。

（三）科技论文的选题

科技论文的选题是指在确定科学研究的方向与目标的基础上确定科技论文主要解决的问题。

选题是科学研究工作的起点，是科技论文写作过程的开端。选题在很大程度上决定了科学研究工作的方向和成果，从而决定了科技论文的价值，是科技论文写作过程的关键。

1．选题的类型

选题的类型大致可以分为两类：开创性研究课题和发展性研究课题。

（1）开创性研究课题。开创性研究，也叫探索性研究，是对前人尚未研究过的领域或项目进行研究。例如，牛顿对力学的研究，达尔文对进化论的研究，爱因斯坦对相对论的研究。

开创性研究课题有以下三种情况。

① 课题本来应该研究，但是长期以来未被发现或被忽略。
② 课题以前没有研究的必要，或者虽有必要但无条件研究。
③ 课题是随着社会生活的发展逐渐产生的新问题。

开创性研究课题由于是新领域、新项目，没有经验可以借鉴，没有资料可供利用，因而难度较大。同时因为无人涉及，所以意义重大，前景可观。

（2）发展性研究课题。发展性研究，也叫后继性研究，是对前人研究得不充分、不彻底的问题进行研究。

发展性研究课题有以下三种情况。

① 推进前人学说。许多课题前人都进行过研究，解决了一些问题，但是还有许多问题没有解决，有待于后人继续研究，继续推进。任何理论或科学都有一个由浅入深、由幼稚到成熟的过程，研究的终点是没有的。例如，数学家们对圆周率的研究越来越精确。

② 修正流行学说。前人研究某个问题得出的结论，有些是错误的，或者在某种条件下

是错误的，或者部分错误，或者完全错误。这些错误的结论，如果已经被人们接受并广为流传，就成为流行学说。流行学说危害社会，需要尽快发现，并且加以纠正。例如，日心说对地心说的修正。

修正流行学说，或者是经过研究发现了错误，便著文论述，予以纠正；或者是某一问题在学术界引起了较大的争议，展开了讨论，了解情况后自己也产生了不同的观点，于是发表文章，参加争鸣。

③ 论述旧学说的新意义、新材料、新角度、新方法。任何学说都是在一定时期、一定条件下的产物，都会受到历史的局限，都会随着时代的发展而发展。一旦新意义、新材料、新角度、新方法被发现，就可以对旧学说进行重新论证。例如，研究孔子的教育思想在现代社会中的运用，用基因原理论证物种起源问题，从艺术思维发展的角度论述屈原作品中联想和想象的创新意义与历史价值。

发展性研究课题是对旧课题的研究，有以往的经验和资料可以借鉴，相对于开创性研究来说比较容易，但是在前人的基础上提高、深入也是有困难的，所以发展性研究课题也是有意义、有价值的。

2．选题的原则

科技论文的选题应该遵循的原则是价值原则和可行原则。

（1）价值原则。科技论文的选题必须是有价值的。这里的价值包括理论价值和应用价值。理论价值是指对学科、学说的建设、发展有所补充、修正、深化、突破，从而使理论更系统、更全面、更实际。应用价值是指对社会经济、政治、文化生活中迫切需要解决的实际问题有直接的指导与推动作用，包括社会价值和经济价值。选题有价值，论文才有意义。科学研究要为四个现代化服务，为物质文明和精神文明建设服务，无论基础研究还是应用研究，都要服从、服务于这个总目标，否则就毫无意义和价值可言。

（2）可行原则。科技论文的选题必须有实现的可能。这里的可能性包括主观方面和客观方面。只有主观方面和客观方面的条件都具备，才能取得预期的研究成果。

① 主观条件。科研人员本身的情况，包括知识结构、研究能力、科学品格、兴趣爱好、献身精神、对课题的理解程度等。

② 客观条件。进行科学研究所必需的外界情况，包括本学科的知识积累与相关学科的发展水平、经费来源与课题的经济合理性、实验场所、仪器设备、实验用的原材料、能源供应、文献资料、协作条件、导师咨询、工作时间等。

3．选题的方法

（1）选择急待解决的课题。社会生活中没有解决而又急待解决的课题，常常具有较高的理论价值或应用价值。许多科学工作者由于把注意力和着眼点放在社会实践方面，导致了重大的发现和发明。例如，建国初期，李四光根据我国石油生产极度贫乏的现状，把石油普查勘探作为研究课题，运用他的地质力学理论，发现了大庆、胜利等一批大油田，摘掉了"中国贫油"的帽子，为社会发展作出了巨大贡献。

（2）选择填补空白的课题。选择前人没有研究过的课题，具有较高的科学价值。这种课题，或者是科学的空白区域，或者是不同学科之间的边缘地带，一旦发现，往往会带来重大的成果。控制论的创始人维纳曾经说："在科学发展上可以得到最大收获的领域是各科已经建立起来的部门之间的被忽视的无人区。"他和他的同事就是在数学、生物学、神经病学的边缘交叉地区奠定了控制论的理论基础。

（3）选择较多争议的课题。有的课题虽然有不少人研究过或者正在研究，但是各怀己见，以至于几种观点并存，甚至几种观点之间存在矛盾。选择有较多争议的课题，在众说纷纭的情况下，发现科学论点的可取之处，改变方法，或另辟蹊径，提出自己的见解，或补充、修正前人的理论，可以开辟新的研究方向。

（四）科技论文的材料

进行科学研究这种创造性的思维活动，必须全面地获取有关的资料信息，及时了解相关学科出现的新问题、新理论、新观点。是否能够快速、准确地搜集到需要的资料信息并且进行分析，直接影响着科研效率。

1. 材料的搜集

材料有直接材料与间接材料之分，与此相应，材料的搜集也有直接材料的搜集与间接材料的搜集之分。

（1）直接材料的搜集。直接材料是通过亲自参加社会实践和科学实验取得的材料，也叫第一手材料。获取直接材料的方法有观察法、访问法、调查法、实验法等。选取什么方法是由课题性质、研究思路、关键问题等决定的，应该选择效率高、时间少、经费省的方法。必要时，可以综合使用多种方法，以发挥各自的优势。

（2）间接材料的搜集。间接材料是从书刊文献或计算机网络中取得的材料，也叫第二手材料。间接材料的搜集渠道有书刊文献和计算机网络。

① 通过书刊文献检索、搜集材料。书刊文献包括图书、期刊、报纸、科技报告、会议文献、专利文献、学位论文、档案文献、政府出版物等。

- 查阅图书的途径。可以查找新华书店北京发行所《新华书目报——社科新书目》和《新华书目报——科技新书目》，BBIP（*British Books in Print*），IBIP（*International Books in Print*）。
- 查阅期刊报纸的途径。可以查找中国人民大学书报资料中心《复印报刊资料》，上海图书馆《全国报刊索引》，高等学校社会科学学报编辑部《全国高等学校社会科学学报总目录》，人民出版社《新华文摘》，中国社科院情报研究所《国外社会科学论文索引》，美国 Wilson 公司 RGPL（*Readers' Guide to Periodical Literature*），

IBZ（*International Bibliography of Periodical Literature Covering All Fields of Knowledge*）。
- 查阅会议文献的途径。可以查找中国科学技术情报研究所《国内学术会议文献通报》，国际协会联合会《国际会议会议录、论文、报告、近期文摘书目》。

利用文献搜索资料的方法有：顺查法（按照文献发表的时间由远及近地搜索），逆查法（按照文献发表的时间由近及远地搜索），追溯法（以文献后面的参考文献和注释、附录为线索查找）等。

② 通过计算机网络查询、搜集材料。网上搜索方式主要有按分类索引主题检索和按关键词检索两种。常见的网站地址有：雅虎（http://www.Yahoo.com/），雅虎中文（http://www.gbchinese.Yahoo.com/），新浪（http://www.sina.com.cn/），中国教育网（http://www.edu.cn/），中国国家图书馆（http://www.nlc.gov.cn/），北京大学图书馆（http://www.lib.Pku.edu.cn/），中国人民大学书报资料中心（http://www.zlzx.org/），美国国会图书馆（http://www.loc.gov/）。

2．材料的分析

材料的分析包括分类、选择和提炼等环节。

（1）分类。材料应该按照一定的标准进行分类，目的是适应不同观点的需要。材料可以按照观点和属性分类。按照观点分类，不管是自己拟定的观点还是综合而成的观点，都要把材料编组，以便使用。按照属性分类，把材料分为若干小类，以便找出共同点与不同点。

（2）选择。选择材料的目的是得到有用的材料，以支持自己的观点。选择精华的材料，以增补自己的感受；选择独到的材料，以强化自己的创见；选择有争议的材料，以阐明自己的观点与理由；选择有欠缺、不足的材料，加以修正，以开拓自己的思路。

（3）提炼。提炼材料，就是要把零散的、表面的、片面的东西变成系统的、本质的、全面的东西，把感性认识上升到理性认识，得出新的观点与结论。提炼观点可以采用互相比较、由表及里、逆向思维、发散思维等方法。

（五）科技论文的写作

科技论文在正式行文之前，应该先编写提纲。提纲的编写从整体到局部，从粗到细，从章到节再到层，每层次还可以列出关键词语和主要材料。提纲完成之后，充实各章节内容。

科技论文的构成如表 7-1 所示。

表 7-1　科技论文的构成

前置部分	封面，封二，题名页，序言，摘要，关键词，目录，图表清单，注释
主体部分	引言，正文，结论，致谢，参考文献表
后置部分	附录，索引，封三，封底

科技论文的各个要素可以分为核心成分和外围成分两大类。核心成分一般包括十项：标题、作者及其工作单位、作者简介、摘要、关键词、引言、正文、结论、致谢、参考文献表。

1. 标题

标题是对论文主要内容或论述范围的高度概括，也是论文索引、检索的主要标志。

标题应该具体、确切、简明。标题应该能够概括主题内容或标明课题，其中的每一个词语都应该有利于选定关键词和编制索引。标题中经常出现的词语有"论""考""研究"等，应该尽量避免出现"浅谈""漫笔"等非学术语言。标题部分常见的毛病是范围太大、不具体、不明确、词序颠倒。标题字数一般不宜超过 20 个汉字。内容含量大而不能简短时可以用副标题。副标题一般用于下列情况：正标题语意未尽，需要补充说明；论文分册出版；一系列工作分几篇报道；分阶段的研究成果等。外文标题字数一般不宜超过 10 个实词。

2. 作者及其工作单位

作者署名既是对作者劳动的承认和尊重，也表明版权所有，还规定了相应的法律责任、学术责任和道德责任。

姓名下面写明工作单位，包括单位全称、所在省市名及邮政编码，单位名称与省市名之间以","分隔。整个署名项用"()"括起。例如，(中国科学院 力学研究所, 北京 100080)。

署名不止 1 个时，按照贡献大小排列，中间用","隔开。作者工作单位不同时，在作者姓名右上角加上阿拉伯数字序号，并且在工作单位之前标注相应的序号，各工作单位之间用";"分隔。

英文摘要中姓名用汉语拼音时，姓在名前，中间为空格，姓氏的全部字母大写，复姓连写；名的首字母大写，双名中间加连字符"-"；名字不缩写。例如，WANG Xi-lian（王锡联）。

学位论文、毕业论文一般只允许 1 人署名。姓名之前写明院系、专业、班级。

3. 作者简介

如果文章用来发表，通常要求附上作者简介。作者简介的格式是：姓名（出生年份），性别，民族（汉族可省略），籍贯，职称，学位，研究方向等。几位主要作者的作者简介之间用";"隔开，结尾用句号。

作者简介前面用"作者简介:"或"[作者简介]"标志。

4. 摘要

摘要，又称提要，是对文献主要观点或主要内容的准确扼要而不加注释或评论的简略陈述。

摘要可以为情报人员提供准确无误的文摘，也可以供计算机检索使用，缩短读者的检索时间，还可以让读者尽快地了解论文的主要内容和结果，为读者选择文章提供捷径。

摘要具有独立性。只阅读摘要，不阅读论文的全文，就能获得必要的信息。摘要中有数据、有结论，是完整的短文，可以独立使用，可以引用，也可以用于工艺推广。

摘要的内容重点是结果或结论，特别要突出创新性成果。摘要对论文的内容不加注释，不作评论，不重复论证过程，不列举例证，不讲研究过程，不用图表、冗长的数学公式和非公知公用的符号、缩略语。摘要一般有100～300字，前面加"摘要："或"[摘要]"标志。

公开发表的科技论文，还应该有外文摘要。外文摘要一般采用英文摘要。英文摘要除了中文摘要的英译以外，还附上论文标题、作者、关键词的英译。外文摘要不宜超过250个实词。

如果遇到特殊需要，字数可以不受以上所述限制。

5. 关键词

关键词是为了文献标引工作从论文中选取的能够表达论文主题内容和属性特征的单词或术语。

关键词的排列，按照意义从大到小、从内容到形式的顺序排列，中间用分号隔开。

关键词一般为3～8个，前面加"关键词："或"[关键词]"标志。

6. 引言

引言是对研究课题的主要理由和预期目标的说明，是论文的开场白，也叫引论、导言、绪论等。

（1）引言的写作内容。引言的内容一般包括以下三个方面。

① 研究本课题的理由，包括研究工作的目的、范围、相关领域的前人工作和知识空白等。

② 本课题的理论依据和实验依据，研究设想、研究方法和实验设计，可能出现的问题和解决的办法，对采用的方法、概念和术语的解释与说明等。

③ 预期的结果或结论及其意义。

（2）引言的写作要求。写作引言应该力求言简意赅，不要成为摘要的注释，更不要与摘要雷同。一般教科书中有的知识，不要写进引言。比较短的论文可以只作简要说明，不必使用"引言""导言""绪论"等小标题。

学位论文还要做到以下几点。

① 对研究课题和选择研究课题的原因作比较详细的说明。

② 有关历史回顾和前人成绩的综合评述及理论分析等，可以比较详细地阐述，单独成章。

③ 对要解决的问题、研究工作的界限和规模、工作量作必要说明。

7. 正文

正文是根据材料和事实对自己的观点展开论述或对反面的观点进行批驳，是论文的核心。正文的内容可以包括调查对象、实验和观测方法、仪器设备、材料原料、实验和观测结果、计算方法和编程原理、数据资料、经过加工整理的图表、形成的论点和导出的结论等。正文是作者学术理论水平和创造才能的集中体现，决定着整篇论文水平的高低。正文可以根据论述层次再分章节。

（1）理论型论文。理论型论文的正文可以分为证明式、剖析式和验证式三类。

① 证明式理论型论文的正文，首先给出定理、定义，然后逐一证明。有的在完成理论证明之后还说明其应用范围。在数学、理论物理等学科中比较多见。

② 剖析式理论型论文的正文，将研究的理论问题，或按并列的横式关系，或按递进的纵式关系，或按纵横交织关系，分解为若干方面，逐一进行论述。

③ 验证式理论型论文的正文，首先进行理论分析论述，然后进行实验验证或实例证明。

（2）应用型论文。应用型论文的正文一般包括三个部分：材料和方法，实验观测结果，讨论。

① 材料和方法。这部分向读者介绍获得成果的手段和途径，以便别人重复实验。它是从事研究工作的思想方法、技术路线和创造性的反映。包括以下内容：实验用的材料，实验用的设备、装置和仪器，实验方法和原理。

② 实验观测结果。这部分是在实验过程中所观测到的数据和现象、实验获得的产品。它是结论得以产生的基础，是论文的重点。

整理实验观测结果时要注意以下几点。

- 实事求是。对于实验结果不能遗漏，更不能凭个人主观好恶，只选取符合自己预料的数据、现象，而随便抛弃不符合自己预料的数据、现象。
- 材料典型。避免把所有的数据、现象都抄进论文。材料既要充分，又要必要；既要质量高，又要数量足。
- 手法多样。除了运用叙述、说明等文字以外，还可以适当选用图表和照片。

③ 讨论。这部分是在实验方法和实验结果的基础上进行的论证分析，一般包括对方法和结果两个方面的研究。根据实验方法和实验结果的不同，采用不同的写法：有的详写，或进行严密的推理，或引经据典给予说明，或同他人的研究进行比较，或运用数学公式演算推导；有的略写，或对结果进行简洁的归纳，或说明结果的作用和意义。

讨论部分应该注意以下几点。

- 以实验结果为基础，以理论为依据，进行科学分析。不受自己的预料或成见的限制，不受已有理论、观点的束缚，不轻易否定别人的观点。防止主观、武断，防止凭个别材料得出不合逻辑的一般结论。
- 适当地引用表中的数据或图中的形象。按照讨论的问题，选取表中的有关数据或图中的有关形象，用文字说明它们之间的关系，对它们进行比较，从而引出必然的结论。不能只写"根据某表""根据某图",然后就下结论,以免使讨论流于空泛,缺乏说服力。可以运用下定义、作诠释、举例、证明等表达方法和符号、公式、科学定律来帮助叙述或讨论。
- 不回避存在的问题,对不符合预想的实验结果要作交代和说明。

如果讨论内容不多,不需要另列一个部分,或者实验的几项结果独立性大、内容多,在结果的整理中需要做大量的分析研究工作,就把实验结果和讨论这两部分结合起来写,在说明一项结果以后紧接着就进行讨论,这样能够使文章更加条理清楚。

应用型论文与实验报告在格式上基本相同。不同的是,应用型论文表达的是通过实验研究获得的具有学术价值的创新性成果,而实验报告一般只是报道不具有创新性但具有实际应用意义的实验。

8. 结论

结论,是整个研究过程的结晶,是对全文的总结。它既不是实验或观察的结果,也不是正文中各段小结的简单重复。如果不能导出必要的结论,可以只进行必要的讨论。

结论的内容一般包括:研究结果说明了什么问题,得出了什么规律,解决了什么理论或实际问题,对前人的有关问题的看法做了哪些检验,哪些与本研究结果一致,哪些不一致;本文做了哪些修改、补充、发展、证实或否定;结论的适用范围,尚待解决的问题,进一步研究的思路;提出的建议、设想,对仪器设备的意见等。

结论应该严谨、准确、完整、明确、精练。

9. 致谢

致谢是对在论文的研究和写作过程中给予过帮助的人以书面形式致以感谢。

10. 参考文献表

参考过但并非直接引用的文献,列于正文之后作为参考文献。列出参考文献,不仅反映出研究者对该专题文献的阅读范围和熟悉程度,而且可以避免牵涉到著作权或首创权问题。

参考文献按在文中出现的先后顺序排列,以"参考文献:"(左顶格)或"[参考文献]"(居中)作为标志。参考文献的序号左顶格,并用数字加方括号表示,如[1]……与正文中的指示序号要对应。

参考文献的编排格式按照《文后参考文献著录规则》(GB/T 7714-2005)进行。示例如下:

(1)专著。专著的编排格式及示例如下:

主要责任者. 题名:其他题名信息[文献类型标志]. 其他责任者. 版本项. 出版地:出版者,出版年:引文页码[引用日期]. 获取和访问路径.

[1] 余敏. 出版集团研究[M]. 北京:中国书籍出版社,2001:179-193.

[2] 昂温 G,昂温 PS. 外国出版史[M]. 陈生铮,译. 北京:中国书籍出版社,1988.

[3] 全国文献工作标准化技术委员会第七分委员会．GB/T 5795-1986 中国标准书号[S]．北京：中国标准出版社，1986．

[4] 辛希孟．信息技术与信息服务国际研讨会论文集：A 集[C]．北京：中国社会科学出版社，1994．

[5] 孙玉文．汉语变调构词研究[D]．北京：北京大学出版社，2000．

[6] 顾炎武．昌平山水记　京东考古录[M]．北京：北京古籍出版社，1982．

[7] 王夫之．宋论[M]．刻本．金陵：曾氏，1865（清同治四年）．

[8] 赵耀东．新时代的工业工程师[M/OL]．台北：天下文化出版社，1998[1998-09-26]．http://www.ie.nthu.edu.tw/info/ie.newie.htm(Big5)．

[9] PIG GOT T M.The cataloguer's way through AACR2:from document receipt to document retrieval[M].London: The Library Association,1 990.

[10] PEEBLES P Z, Jr. Probability, random variable, and random signal principles[M]. 4th ed. New York: McGraw Hill, 2 001.

[11] YUFIN 5 A. Geoecology and computers; proceedings of the Third International Conference on Advances of Computer Methods in Geotechnical and Geoenvironmental Engineering, Moscow, Russia, February 1-4,2 000[C]. Rotterdam :A .A .Balkema,2000.

（2）专著中的析出文献。专著中的析出文献的编排格式及示例如下：

析出文献主要责任者．析出文献题名[文献类型标志]．析出文献其他责任者//专著主要责任者．专著题名：其他题名信息．版本项．出版地：出版者，出版年：析出文献的页码[引用日期]．获取和访问路径．

[1] 程根伟．1998 年长江洪水的成因与减灾对策[M]．许厚泽，赵其国．长江流域洪涝灾害与科技对策．北京：科学出版社，1999：32-36．

[2] 陈晋镶，张惠民，朱士兴，等．蓟县震旦亚界研究[M]．中国地质科学院天津地质矿产研究所．中国震旦亚界．天津：天津科学技术出版社，1980：56-114．

[3] 白书农．植物开花研究[M]．李承森．植物科学进展．北京：高等教育出版社，1998：146-163．

[4] 马克思．关于《工资、价格和利润》的报告札记[M]．马克思，恩格斯．马克思恩格斯全集：第 44 卷．北京：人民出版社，1982：505．

[5] 钟文发．非线性规划在可燃毒物配置中的应用[C]．赵玮．运筹学的理论与应用：中国运筹学会第五届大会论文集．西安：西安电子科技大学出版社，1996：468-471．

[6] WEINSTEIN L,SWERTZ M N. Pathogenic properties of invading microorganism[M]. SODEMAN W A, Jr. ,SODEMAN W A .Pathologic physiology: mechanisms of disease. Philadelphia; Saunders,1974:745-772.

（3）连续出版物。连续出版物的编排格式及示例如下：

主要责任者．题名：其他题名信息[文献类型标志]．年，卷（期）—年，卷（期）．出版地：出版者，出版年[引用日期]．获取和访问路径．

[1] 中国地质学会．地质论评[J]．1936，1（1）．北京：地质出版社，1936．

[2] 中国图书馆学会．图书馆学通讯[J]．1957（1）—1990（4）．北京：北京图书馆，1957—1990．

[3] American Association for the Advancement of Science. Science[J].1883,1(1).Washington, D.C.: American Association for the Advancement of Science,1883.

（4）连续出版物中的析出文献。连续出版物中的析出文献的编排格式及示例如下：

析出文献主要责任者．析出文献题名[文献类型标志]．连续出版物题名：其他题名信息，年，卷（期）：页码[引用日期]．获取和访问路径．

[1] 李晓东，张庆红，叶瑾琳．气候学研究的若干理论问题[J]．北京大学学报：自然科学版，1999，35（1）：101-106．

[2] 刘武，郑良，姜础．元谋古猿牙齿测量数据的统计分析及其在分类研究上的意义[J]．科学通报，1999，44（23）：2481-2488．

[3] 傅刚，赵承，李佳路．大风沙过后的思考[N/OL]．北京青年报，2000-04-12（14）[2005-07-12]．http://www.bjyouth.com.cn/Bgb/20000412/GB/4216%5ED0412B1401.htm．

[4] 莫少强．数字式中文全文文献格式的设计与研究[J/OL]．情报学报，1999，18（4）：1-6 [2001-07-081．http://periodical.wanfangdata.com.cn/periodical/gbxb/qbxb99/qbxb9904/990407.htm．

[5] KANAMORI H. Shaking without quaking[J].Science,1998,279(5359):2063-2064.

[6] CAPLAN P. Cataloging internet resources[J].The Public Access Computer Systems Review,1 993,4(2):61-66.

（5）专利文献。专利文献的编排格式及示例如下：

专利申请者或所有者．专利题名：专利国别，专利号[文献类型标志]．公告日期或公开日期[引用日期]．获取和访问路径．

[1] 姜锡洲．一种温热外敷药制备方案：中国，88105607．3[P]．1989-07-26．

[2] 西安电子科技大学．光折变自适应光外差探测方法：中国，01128777.2[P/OL]．2002-03-06[2002-05-28]．http://211.152.9.47/sipoasp/zljs/hyjs-yx-new.asp?recid=01128777.2&Ieixin=0．

[3] TACHIBANA R,SHIMIZU S,KOBAYSHI S, et al. Electronic watermarking method and system:US,6915001[P/OL].2002-04-25[2002-05-28].http://patftuspto.gov/nemcgi/nph-Parser?Sectl=PT02&Sect2=HFI'OFF&rp=1&u=/netahmrl/search-boo.thum]&r=1&f=G&1=50&col=AND&d=ptxt&sl='Electronic+watermarking+method+systern'.TTL.&OS=TTL/.

(6)电子文献。电子文献的编排格式及示例如下:

主要责任者.题名:其他题名信息[文献类型标志/文献载体标志].出版地:出版者,出版年(更新或修改日期)[引用日期].获取和访问路径.

[1] PACS-L. The public-access computer systems forum[EB/OL].Houston, Tex: University of Houston Libraries,1989[1995-05-17].http://info.lib.uh.edu/pacsl.html.

[2] Online Computer Library Center, Inc. History of OCLC[EB/OL].[2000-01-08].http://www.oclc.org/about/history/default.htm.

[3] HOPKINSON A.UNIMARC and metadata: Dublin Core[EB/OL].[1999-12-08].http://www.ills.org/IV/ifla64/138-161e.htm.

参考文献和电子文献载体标志代码如表7-2所示。

表7-2 参考文献和电子文献载体标志

文献	普通图书	会议录	汇编	报纸	期刊	学位论文	报告	标准
代码	M	C	G	N	J	D	R	S
文献	专利	数据库	计算机程序	电子公告	磁带	磁盘	光盘	联机网络
代码	P	DB	CP	EB	MT	DK	CD	OL

(六)毕业论文答辩

1. 毕业论文答辩的特点

毕业论文答辩是指学生与学校答辩委员会老师就学生毕业论文的有关问题进行问答与论辩的过程。

毕业论文答辩有以下几个特点。

(1)毕业论文答辩在学生写完毕业论文以后进行。凡是在规定时间内没有完成毕业论文的学生,不能参加毕业论文答辩。

(2)毕业论文答辩是学校组织的,是正规教学活动的有机组成部分。

(3)学生必须同答辩委员会老师进行面对面的论辩,回答各位老师的提问。

(4)"问答"与"论辩"是围绕学生的毕业论文进行的,以"问答"为主、"论辩"为辅。

(5)在论文答辩会上,答辩老师至少3人,学生是1人;答辩老师提出问题,学生回答问题。答辩老师要对学生的毕业论文和答辩情况作出评价,并且给出成绩。

2. 毕业论文答辩的意义

学校组织毕业论文答辩的意义主要有以下几点。

(1)在论文指导教师初审的基础上,以公开答辩的形式,审查学生的毕业论文是否达到了毕业要求,审查学生的科学研究、临时应对的能力和水平及学术水平。

（2）以"面试"的形式，考察学生对专业知识掌握的广度和深度，了解学生的理论水平。

（3）审查毕业论文的真实性，防止剽窃他人成果或寻找他人代劳蒙混过关。

（4）通过人人过关式的答辩，发现平时教学中存在的问题，以便采取改进措施。

学生参加毕业论文答辩，可以了解自己论文的不足之处，明确今后的科研方向和努力目标；还可以向答辩委员会老师学习、取得面试经验等。

3. 毕业论文答辩的准备

为了保证毕业论文答辩顺利进行并且取得理想的成绩，答辩之前应该做好以下准备。

（1）熟悉毕业论文的结构。

（2）牢记毕业论文的全部论点、总体结论、主要论据、论证方法和重要引言。

（3）弄清毕业论文涉及的术语、概念、理论和引言的确切含义。

（4）简要概括出论文的创新之处和独到见解、对学术发展的贡献和研究课题的理由。

（5）针对毕业论文中的薄弱环节、前后矛盾和论述不清之处、尚未搞懂和有意回避的问题，寻找妥善解决的办法。

（6）查阅与毕业论文内容有关的背景材料和书籍。

4. 毕业论文答辩注意事项

毕业论文答辩要注意以下几点。

（1）提前到达，自信、冷静。

（2）带齐有关材料，包括论文、答辩提纲或笔记、重要参考书和工具书、笔和白纸、证件等。

（3）搞清楚答辩委员会老师所提的问题，有针对性地进行准备。

（4）回答或辩论要言简意赅、突出重点、层次清楚、条理分明、客观全面、把握分寸，实事求是、有理有据。

（5）态度诚恳，举止文明。聆听老师讲话时要全神贯注，回答老师问题时要面对老师。其他同学答辩时要保持安静。

5. 毕业论文答辩的过程

毕业论文答辩的过程大致如下。

（1）答辩委员会主席或指导老师宣布论文答辩开始以后，简要介绍答辩委员会成员和答辩学生情况。

（2）答辩学生简要介绍自己的论文题目、选题理由、论文的主要内容（如结构层次、主要观点、主要论据、结论）、创新之点和写作体会。

（3）答辩委员会各位老师提问，答辩学生退场进行思考，撰写答辩辞。答辩委员会老师的提问一般涉及以下几个方面。

① 检查学生对论题理解的深浅、研究的程度和论文达到的水平。
② 测试学生的基础知识、理论水平和综合能力。
③ 检验论文的真伪，了解论文是否真由学生本人所写。
④ 指出论文中的错误或不足。

（4）答辩学生重新进场，回答答辩委员会各位老师的提问。

（5）答辩委员会各位老师对答辩学生的论文水平和答辩表现进行研究，商定是否通过，写出答辩评语，确定答辩成绩。

（6）答辩委员会主席宣读答辩委员会意见以后宣布答辩结束。

毕业设计是大学毕业生将所学专业理论知识运用到生产实践的重要环节。毕业设计说明书是对毕业设计成果进行的说明性的文字表述，是对毕业生专业理论水平和实践能力的检测。毕业设计说明书的写作格式与科技论文的相似，不过本论部分是对设计内容的说明，包括设计原理、产品性能、适用范围、方案选择、设计要求、结构设计及参数、分式计算等内容。

文艺评论是对各种文学、艺术现象进行分析、评价的文章，又叫文艺批评。写作文艺评论，除了深入领会作品精神实质外，要坚持"百花齐放、百家争鸣"的方针，遵循美学和历史相统一的原则，实事求是，客观公正，见解独到，个性鲜明，叙议结合，表达新颖。

书评是对图书的评价、议论。写书评，除了把握图书的精髓外，要运用书中的材料作论据，进行深入的剖析和严密的论证，做到分析透彻，见解新颖，理论性强，有评有论。

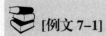 [例文 7-1]

认知图景与句法、语义成分

卢英顺①

（复旦大学 中文系，上海 200433）

摘 要：句法和语义是语法的两个重要方面，研究者对它们之间的关系已经达成了一个共识，即：语义结构决定句法结构。但是似乎忽略了一个最基本的东西：语义结构又是从哪里来的？语义结构实际上是由认知图景决定的；但是，认知图景对丰富复杂的句子的变化形式的解释是不充分的，解释相关现象需要借助其他理论。

关键词：认知图景；句法；语义

---

① 卢英顺（1962—），男，安徽无为人。复旦大学中文系教授，博士生导师，文学博士。主要研究理论语言学和现代汉语。

0 引言

句法和语义是语法的两个重要方面,探讨句法和语义之间的对应关系也就一直成为语法研究的永恒主题。三个平面理论提出之后,对这两者之间关系的探讨日趋细致。从目前的研究情况来看,研究者对句法与语义之间的关系似乎达成了一个共识,即:语义结构决定句法结构。(参阅范晓,1996;陈昌来,2002)例如,"吃"是一个二价动词,所以它可以和两个名词性成分共现,在句法上一般表现为"主语—动词—宾语"结构;"休息"是一价动词,所以它只能和一个名词性成分共现,在句法上表现为"主语—动词"这样的结构。但是,大家在谈论这个问题的时候,似乎忽略了一个最基本的东西:语义结构又是从哪里来的?

还有,在"吃饭"和"吃大碗"中,"饭"和"大碗",句法上都是名词性成分,都是"吃"的宾语,在语义上为什么一个是受事,一个是工具?"大碗"在"买大碗"中好像又成了受事,这又是为什么?如果用计算机来处理,能得出同样的结论吗?再如,我们说"盖楼房"中的"楼房"表示"结果",有人曾提出疑问:这种结构中的"楼房"往往没盖好,甚至压根儿还没盖,如"我准备明年盖楼房",怎么能说是结果呢?可能正是基于这种考虑,邢福义(1993)称这类宾语为"目标宾语"。

我们认为,所有这些问题都可以通过"认知图景"得到解释。本文以几个个案为例,试图通过认知图景来解释语义与句法方面的一些关系问题。

1 "认知图景"的含义

"认知图景"这一概念始见于卢英顺(2002),该文对动词"下去"所表示的认知图景的描述可简述为:位于高处某一点(起始点,也是参照点)的客体,向低处作位移。这种位移要有一定的过程,位移的结果是客体离开了参照点,原则上说,这种位移没有内在的终止点,虽然客观上一般有。但该文没有对认知图景直接下定义或者作概括的说明。

本文试图对认知图景作如下的概括说明。

认知图景是人们对现实世界常规的,或者说是比较恒定的认知模式。它包括两个方面:静态的模式和动态的模式。所谓静态的模式是指我们对一个客体(也许包括抽象的在内)方方面面的认识,例如,一个"足球",它是圆的,充满气后,可以踢,落到地面上还可以弹跳起来,还有它的大小、表面图案、作用甚至质料等;一只"苹果",我们知道它是什么颜色、什么味道、什么形状、一般大小、是结在树上的果实等。所谓动态的模式是指一个可感知的行为动作的过程以及伴随这一过程的各种概括的认识特征,例如"吃"这一行为,存在一个有生命的动物,典型的是人,"吃"一种什么东西,吃的时候还可能涉及一些辅助工具。就人而言,他要用筷子或刀叉之类,食物还要放在碗之类的容器里,如此等等。无论是静态的模式还是动态的模式,都可能涉及文化信仰等方面的因素。这两种不同的模式似乎又可以分别称之为"物体模式"和"行为模式"("行为"一词要作广义的理解）。

上述关于认知图景的概括说明，还有几点需要指出：第一，这两种模式都是以普通人的日常认知经验为基础，而不是以专家的认知为基础。这就不排除这样一种可能：人们的日常经验与有关的科学事实恰恰相反。但这并不意味着普通人的认知与专家的认知就一定不同，他们在这方面可能相同，也可能专家在某些方面知道得更多。第二，这里所说的两种模式都是概括的认知模式，是为许多人所共享的。只有建立在这种认知图景基础上的语言表达才能易于被人们理解和接受。任何与某一认知图景相关的个别情况一般不在认知图景这种知识范围内。例如，吃饭时用的具体碗的各种特征不是认知图景所需要的知识，在"吃饭"这一认知图景中，知道需要用"碗"这样的工具就可以了。第三，认知图景中所说的认知模式与原型理论中所说的"好的样例"不是一回事。

与认知图景相近的概念常见的有 gestalt（格式塔）、image schema（意象图式）、cognitive model（认知模式）、frame（框架）、script（脚本）等（可参阅 Ungerer & Schmid，1996；张敏，1998），但这些概念或相当于我们所说的静态的模式，或相当于动态的模式。任何一个概念都不能涵盖"认知图景"所说的内容。Taylor（1995：122-130）对 metonymy（转喻）的理解与我们对认知图景所作的概括说明倒比较接近，但前者一般是作为一种修辞格看待，在理解上一般也是很狭义的。我们所说的认知图景则是用作解释汉语（其实不限于汉语）句法、语义现象的基础。鉴于上述种种原因，我们没有采用现成的概念，以免混淆。

一个语义结构到底由什么样的认知图景决定，这是相关词语所表示的概念的激活决定的，其中谓语动词起着关键性的作用。

接下来，我们就以汉语的几个个案为例，运用认知图景来解释相关的语义、句法现象。

2 "考试"的认知图景与动词"考"的语义句法问题

我们先看看下列例句：

（1）你是要考研究生吗？（张承志：《北方的河》）

（2）从你们那儿回来以后，我还要早些睡觉，大后天上午还要考最后一门课。（张承志：《北方的河》）

（3）首先要考上他的研究生。（张承志：《北方的河》）

（4）"你准备考哪个学校？""我想考清华大学。"

（5）"小王考什么专业？""考汉语言文字学专业。"

（6）"他今年考谁的？""好像是考张斌先生的。"

从这些例句可以看出，从句法上看，动词"考"可以带名词性宾语；从语义上看，其宾语的内容非常丰富。这些内容丰富的宾语与"考"所激活的认知图景有什么关系呢？

"考"所激活的认知图景可作如下描述：考试，首先有一个准备考试的主体（考生），有一个（或几个）主持考试的人（考官）；考试时要考一定的科目；你还有一个考试目标，这个目标对一般人来说是所要报考的学校；考试时还有等级的不同，有升初中、高中的考试，也有升大学的考试，还有硕士研究生考试和博士研究生考试；对考研究生的人来说，还存在报考的专业，对考博士的人来说，还要明确所要报考的导师。上述"考"的宾语内容尽管丰富多样，有的甚至难以说出它属于什么语义角色，但它们都在这一认知图景范围之内。超过了这一认知图景范围，相应的句子就不能接受，除非给这一般的认知图景赋予特别的内容。试比较：

（7）* 你的小孩儿今年要考幼儿园/小学了吧？
（8）你的小孩儿今年要考初中/高中/大学了吧？

为什么例（7）不能说而例（8）能说？按照三个平面的说法，原因既不在句法方面，也不在语义方面，而在语用方面。按照我们的理解，原因在认知图景方面。在考试这一认知图景中，不存在上幼儿园、上小学要考试的情况，就是说，认知图景中没有这些方面的内容，因而在语义上就缺乏这方面的内容，句法上也就不能表达这方面的内容。如果某个特定的幼儿园或小学的入学需要考试，这就等于给考试这一认知图景另外赋予了这方面的内容，在这种情况下，有关表达就能为人接受，例如：

（9）你的小孩儿准备考世纪之星幼儿园/世纪之星小学吗？

例（9）与例（7）的根本不同之处在于，例（9）在"幼儿园/小学"之前有修饰语"世纪之星"，这一修饰语的作用在于表明，考幼儿园、考小学不在常规的认知图景之内。有理由预测，随着我国九年制义务教育的彻底实行，"考初中"的说法将会从语言中淡出，代之以"上初中"或"升初中"。

3 "洗"的认知图景与相关的语义句法问题

请先看下面几个例子：

（10）柳月正在洗衣服，弄得两手肥皂泡沫。（贾平凹：《废都》）
（11）我一年到头用冷水洗脸，他则四季洗热水。
（12）* 他在洗草纸。
（13）* 洗脸，我喜欢洗水。

例（10）的宾语"衣服"是洗的对象，例（11）的宾语"热水"表示材料；但同样表示对象、材料的"草纸"和"水"为什么不能作"洗"的宾语呢？从功能主义角度看，例（13）之所以不能说，是因为这句没有传达新信息，因为洗脸用水是不言而喻的；但功能主义难以解释例（12）这样的句子。我们认为，诸如上述现象都可以通过"洗"所激活的认知图景来进行解释。

"洗"给予人们的认知图景是这样的：一个人用水洗某种东西，这种东西应该是能用水洗的，洗的目的是使被洗的东西变干净，而不是相反；能洗的东西往往是可以反复洗的。

这是一般的认知图景。有些情况下，洗涤用的液体是汽油之类，洗东西时还需要盆之类的工具；有的东西经过水洗之后还会缩小。"洗"的这一认知图景不仅可以解释上述现象，还可以解释其他有关现象。

就例（13）来说，功能主义固然作了自己的解释，但如果问一句：为什么这句没有传达新信息？可能的回答是，洗东西需要水是人所共知的。这就涉及了认知图景。再看例（12），这句之所以不能说，是因为"草纸"是属于不能用水洗一类的东西。但这并不影响它能在含有否定意义的句子或非现实句子中与"洗"搭配，例如：

（14）哎呀，这草纸怎么能洗呀？草纸不能洗呀！

（15）草纸如果用水洗，就会溶化。

运用"洗"的认知图景，下面的句子能说与不能说就不难解释了：

（16）你这衣服怎么不但没洗干净，反而越洗越脏？

（17）*你这衣服不但没洗脏，反而越洗越干净。

（18）这衣服才洗了两水，就洗缩了这么多。

（19）*我这衣服洗过两水之后，洗大了不少。

（20）这么多衣服，分两盆洗吧。你洗小盆，我洗大盆。

只有在特定的情境下，"洗"才可以带"脏"作补语。例如：

（21）哎呀，用这么浑浊的水洗衣服，会把衣服洗脏的！

"水"是"洗"这一认知图景的默认液体，不能传达新的信息，因而这一成分如果出现，就不同寻常，有强调的作用。例如：

（22）庄之蝶不明白她笑什么，到浴室来洗脸清醒，一照镜子，左腮上却有一个隐隐的红圆圈儿，忙用水洗了。（贾平凹：《废都》）

这一例省略"用水"之后并不影响理解，但加上"用水"就有强调的意味。

4 "绣"的认知图景与相关的语义句法问题

我们先看看动词"绣"的句法语义情况，然后再看看动词"绣"的句法语义成分与相关认知图景的关系。

从句法上看，动词"绣"有个主语，可以带宾语，还可以带相关的状语。从语义上看，有施事、受事、材料、结果和处所。例如：

（23）白流苏坐在屋子的一角，慢条斯理绣着一只拖鞋。（张爱玲：《倾城之恋》）（施事，受事）

（24）这花还是绣绒线好看。（材料）

（25）（那一条三角裤头）前边的中间却绣着一朵粉红莲花。（贾平凹：《废都》）（结果）

（26）枕头套上绣着一枝梅花。（孟琮等：《动词用法词典》）（处所，结果）

上述例句有两点需要说明：第一，例（24）中的"绒线"过去一般看作是工具（如孟琮等，1987），但后来大家倾向于把工具和材料分开（如谭景春，1995；范晓，2003，等），本文赞成将两者分开处理。第二，例（26）中的"枕头套上"一般看作处所，但问题是，一般所理解的处所不适合此类例子。范晓（2003）对处所的解释是"动作、状态等发生的处所（地点、场合、位置等）"；孟琮等（1987：8）在"说明书"部分对处所的解释是"动作或行为及于某处所或在某处发生"。相比之下，后者所概括的面要广些，只是"动作或行为及于某处所"说得不够明确。

动词"绣"给人们所展示的认知图景是怎样的呢？大致可以这样来描述：某人要从事"绣"这一行为，就是要在某个载体上面做成某种图案或文字，这一载体就是绸、布等织品；从事这一行为，还需要用绣花针、彩色丝、绒、棉线之类的物品；这种图案或文字一旦做成，它就位于这个载体之上。

从上述"绣"的认知图景不难看出它与动词"绣"的语义上的关系。从事这一行为需要一个人，这个人就是通常所说的"施事"；行为的结果是产生图案之类的东西，这就是"结果"；"绣"这一行为还涉及一个对象，这个对象其实就是图案的载体，因此，就行为与对象的关系来说，就有了"受事"，就载体与图案的关系来说，就有了"处所"；要做成某种图案，还要相关的"工具"和"材料"。因此，从这一图景出发，我们还可以预测"绣"应该还可以带一个"工具"成分。例如：

（27）你绣这根针，你手里拿的那根坏了。（工具）

孟琮等（1987）在"绣"条下也列举了带工具的例子，但是，他们所说的工具只相当于本文所说的材料。《现代汉语词典》（修订本：1418）在解释"绣"时没提及工具："用彩色丝、绒、棉线在绸、布等上面做成花纹、图像或文字"。我们对实际语料进行检索之后也没发现带工具的例子。例（27）是自造的，因为它符合认知图景，所以并不觉得不可接受。运用认知图景，下列句子就不难解释：

（28）*你绣这把刀，你手里拿的那把不好用。
（29）*你绣这块板，那块板我来绣。
（30）这对枕头我想绣鸳鸯。

从"绣"的认知图景我们知道，绣花等所用的工具是特制的一种针而不是刀类，因而"刀"不在这一认知图景之内，所以例（28）不能说；人们也不可能把花等"绣"在木板上，因而例（29）也不能接受。例（30）中，"绣"的行为还没有开始，称"鸳鸯"为结果成分是否妥当？有没有必要换一种名称？我们认为这没有什么不妥当，因而就没有必要换个其他名称。因为"鸳鸯"虽然没有开始绣，谈不上有什么结果，但在"绣"的认知图景中，我们知道有这样或那样的结果成分。"盖楼房"等也都与此类似。例（30）还有一个值得注意的地方，就是其中的"枕头"具有双重的性质：它相对动词"绣"来说是行为的对象，是受事；相对"鸳鸯"来说，可看作处所。

5 认知图景与语义成分的句法表达

平常我们只说动词的语义结构决定句法结构，但好像没人说语义结构是从哪里来的。其实，从上述几个个案的分析中不难看出，动词所能带的语义成分与相关的认知图景是密切相关的。认知图景决定了相关动词语义结构的框架，不过这种决定是大致性的。一个动词最终能带多少语义成分还与动词的词义有关，属于大致相同认知图景的不同动词的词义因对这个图景中语义要素概括的不同或着眼点不同而在所能带的句法成分上呈现出差异。例如，"考试、报考"这两个动词在句法上的表现与"考"就不完全相同，试将下列句子与前面有关"考"的句子进行比较：

考试

（31）* 这星期五下午，我们考试语文。

（32）* 我想考试研究生。

（33）* 他准备明年考试清华大学。

（34）* 他孩子明年要考试高中了。

报考

（35）* 我想报考物理。

（36）我想报考现代汉语语法专业。

（37）我想报考研究生。

（38）他想报考陆先生。

（39）他准备明年报考清华大学。

（40）* 他孩子明年要报考高中了。

上述例子中不能说的或者难以接受的，如果将相应的动词换成"考"就都能说了。由此似乎可以得出这样的结论：动词"考试"的着眼点在于考试这一行为本身；动词"报考"着重在所考的专业、导师和学校等。郭圣林（2002）认为，"报考研究生"这样的说法值得推敲，理由是，我们不能说"*报考高中生/本科生"。根据我们的语感，"报考研究生"这样的说法没什么不妥。"报考"一词突出的是高层次的考试目的，报考研究生或博士生时，报考者的自主性也很强；而"考高中"和"考大学"与此不同，上什么高中或大学有很大的被动性，可能就是这些缘故导致"*报考高中生"和"*报考本科生"不能说，后者还隐含在"报考大学"之中。

我们说认知图景决定动词的语义成分，但这些不同的语义成分在句法上充当什么职务是难以准确预测的，其中有特定动词的句法习惯。例如在"帮助"这一认知图景中，有一个"受帮助的对象"，这个对象在句法上能不能作宾语就因动词自身的特点而有所不同。比较：

(41) 王明经常帮助他。

(42) *王明经常帮忙他。

例（42）一般不说，但偶尔也听到有人这样说。其正常表达应该是"王明经常帮他的忙"。此例之所以不是完全不能接受，甚至趋于正常化，其根本原因还是在于这一语义成分是认知图景中存在的。否则句子就无法接受，例如：

(43) *王明经常帮忙/帮助高中。

陆俭明（2001）曾提出这样的问题：为什么可以有"掏出来、插进去"的说法，而不能说"*掏进去、*插出来"？为什么能说"洗干净、熨平"而不说"*洗平、*熨干净"？我们认为，这也与认知图景有关。"掏"所展示的认知图景是一个人用手（或借助工具）将某物体从一个容器之类的东西中取出来，而不是相反的动作——把物体放进去；因而"掏"可以与"出来"搭配而不能与"进去"搭配。"插"所展示的认知图景是，某人将一个细长的物体（往往是比较尖的）置于另一物体（可能是容器，也可能不是）的内部；因而"插"能与"进去"搭配，不能与"出来"搭配。"洗"和"熨"的情况与此类似。日常生活经验告诉我们，一般情况下，衣服之类是靠洗才能干净的，是靠熨才平的；光靠熨是不能使衣服等变干净的，光靠洗也不能使衣服变平，多数情况下反而使衣服变皱。所以，"洗干净""熨平"能说，而"*洗平""*熨干净"不能说。

6 余论

语言学是一门科学，而科学的特点之一就是讲究预测性，从认知图景与句法、语义成分的关系来看，认知图景虽然不能准确地预测某个动词（或其他类词）所带的句法、语义成分的数量和种类，但它明显地框定了有关词语所带成分的范围，而且动词所带句法、语义成分变化情况也是万变不离其宗。认知图景的这种特性使我们能够在一定程度上预测一个动词的句法发展情况（也许也可以预测其他情况），例如"约会"作动词用时一般不直接带宾语，但从其认知图景看，"约会"这一行为涉及约会者和约会对象这双方（当然还包括约会时间和地点），约会对象这一要素的存在，为"约会"直接带宾语提供了潜在的可能，我们就发现了这一用例：

(44) 金星、土星和火星争相"约会"嫦娥，爱看星星的市民可大饱眼福了。（《观土星冲日 赏星月童话》，《新民晚报》2003年12月29日，第1版）

不仅如此，认知图景的这种特性也为我们在对不同语言进行相关对比时提供了一个参照坐标。

本文所说的认知图景与句法、语义成分之间的关系是一个最基本的关系，或者说是一种原型关系。认知图景只能提供某一动词的句法语义框架，它不能决定特定语境下一个句子应该是怎样的，例如某句成分的顺序应该如何如何，什么成分可以省略等。要解释此类现象，必须借助其他理论。这是一方面。另一方面，语言中充满着隐喻，对隐喻现象的解释可能不能直接从认知图景着手,但它一定与认知图景有关,如"下去""下来"用于社会地位的变化。由此可见,认知图景对语法现象的解释是不充分的,它是一个基础;但它是一个不可缺少的基础。

参考文献：

[1] 陈昌来. 现代汉语动词的句法语义属性研究[M]. 上海：学林出版社，2002.

[2] 范晓. 三个平面的语法观[M]. 北京：北京语言学院出版社，1996.

[3] 范晓. 说语义成分[J]. 汉语学习，2003（1）：1-9.

[4] 郭圣林. 学位可以考取吗[J]. 汉语学习，2002（5）：19.

[5] 卢英顺. "下去"的句法、语义特点探析[C]. 语法研究和探索（11）. 北京：商务印书馆，2002.

[6] 陆俭明. 关于句处理中所要考虑的语义问题[J]. 语言研究，2001（1）：1-12.

[7] 孟琮. 动词用法词典[M]. 上海：上海辞书出版社，1987.

[8] 谭景春. 材料宾语和工具宾语[J]. 汉语学习，1995（6）：28-30.

[9] 邢福义. 汉语里宾语代入现象之观察[M]. 邢福义自选集. 郑州：河南教育出版社，1993：155-173.

[10] 张敏. 认知语言学与汉语名词短语[M]. 北京：中国社会科学出版社，1998.

[11] Saeed, John I. *Semantics*[M]. 北京：外语教学与研究出版社，2000.

[12] Taylor, J.R. *Linguistic Categorization: Prototypes in Linguistic Theory*[M]. Oxford:: Clarendon Press,1999.

[13] Ungerer, F. & H. J. Schmid. *An Introduction to Cognitive Linguistics*[M]. New York: Addison Wesley Longman Limited,1996.

Cognitive Scene and Syntactic, Semantic Elements
LU Ying-shun

(Department of Chinese Language and Literature, Fudan University, Shanghai 200433)

Abstract: Syntax and semantics are two important aspects of grammar. As for their relationship, researchers share the view that the semantic structure shapes the syntactic one. However, a key problem seems to have been neglected: where does the semantic structure come from? It comes to a conclusion that the semantic structure is actually based on the cognitive scene. But cognitive scene is inadequate to explain the variations of sentence. Other theories need to be introduced to understand the relevant phenomena.

Key words: cognitive scene; syntax; semantics

（原载《复旦学报》社会科学版，2005（3））

二、科技报告

（一）科技报告的特点

科技报告是指描述科学技术研究的结果或进展，或描述技术研制实验和评价的结果，或论述科学技术问题的现状和发展的文件。科技报告主要是报道或叙述由实验、观察、调查、研究所得到的科学技术问题的结果及其特征或特性。

科技报告具有以下特点：资料性、专业性、及时性。

1. 资料性

科技报告是实验、考察结果的如实记录，包括整个工作的过程、方法、观察细节和正反两方面的经验和结果。无论得出的结果与预期的目的是否一致，都可以写进科技报告，以供参考。对发现的现象、得出的结果也可以不进行系统的分析和归纳，而主要侧重于记述和报道事实。

2. 专业性

科技报告专业性强。科技报告反映的是某一领域的技术发展水平和理论研究深度，内容涉及农业、水利、土木、化工、冶金、机械、电子、船舶、医药、计算机技术等学科领域。科技报告一般是为了呈送研究工作主管机构，或科学基金会等组织，或主管研究工作人员，向他们汇报科研工作进展情况。有关人员和读者可以对报告中的结论和建议进行评判。涉及国防和其他方面尖端技术内容的科技报告是严格保密的。

3. 及时性

与学术论文相比，科技报告的出版和传播更为及时。科技报告不需要经过同行学术或技术权威的审查，也节省了对结果进行分析、解释的时间，从而大大缩短了出版与传播时间。只要符合保密的要求，就可以在一定的范围内把研究的成果及时发表，以达到快速传播信息和通报情况的目的。

（二）科技报告的种类

科技报告的种类繁多，常见的有实验报告、考察报告、技术报告、政策报告等。

1. 实验报告

实验报告是描述、记录实验过程和结果。理工科学生在校学习期间为实验所写的实验报告，是重复前人已经做过的实验，不具有保存价值。而科技工作者所写的实验报告具有一定的创造性，或者是为新的科学研究设计的过程和结果都全新的实验，或者是对前人的实验进行了修正，或者是用前人的实验原理进行了更为精确的测量，或者是用新的实验方法验证了已有的结果等，因而具有较高的保存价值。

2. 考察报告

考察报告是自然科学领域里为了某种特定的目的，在某一地区进行了解、观察、研究和思考而写的报告。在社会科学领域里一般称为调查报告。考察报告或是向人们揭示尚未被认识的某一地区、某一特定目标资源情况考察过程和结果而写的报告（可以称为资源开发考察报告），或是对某一地区、某一自然科学课题进行探索而写的报告（可以称为学科研究考察报告），或者是就某一问题考察某一国家或某一地区的综合科技情况而写的报告（可以称为综合考察报告）。

3. 技术报告

技术报告是为从事某项研究、试制工作或处理某项技术问题而写的报告。技术报告是科技人员用来交流研究工作成果的重要手段，是研究、承担单位向提供经费的部门汇报研究过程和成果的正式技术文件。技术报告的内容比较专业、精深，通常使用数据、图表和公式等。技术报告能够迅速反映最新科技成果，实用价值较大。

4. 政策报告

政策报告是国家专门机构、科技政策研究机构、学术团体或科技工作者向党和国家决策部门或领导提供有关科学指标、科技政策等情况的报告。

（三）科技报告的写作

科技报告与科技论文一样，也由前置部分、主体部分和后置部分三大部分组成，必有成分也包括十个部分：标题，作者及其工作单位，作者简介，摘要，关键词，引言，正文，结论，致谢，参考文献表。科技报告的编写格式、图表和公式的运用也与科技论文相同。

科技报告对发现的现象、得出的结果可以不进行系统的分析和归纳，而主要侧重于记述和报道事实。

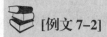

[例文 7-2]

对于中国科技发展的几点想法

杨振宁

中国已有的各体系内的研究工作，在物理学科内的，倾向于走两个极端：或者太注意原理的研究，或者太注意产品的研究（制造与改良）。介于这两种研究之间的发展性的研究（Development）似乎没有被注重。

从对社会的贡献这一着眼点来讲，原理的研究是一种长期的投资，也许三五十年或一百年以后成果方能增强社会生产力（高能物理的研究是原理的研究的一个典型例子）；产品的研究是一种短期的投资，企图一两年或三五年内成果能增强社会生产力（像我了解的半导体所的研究，主要方向是产品的研究）。这两种研究当然都有其对社会的作用。发展性的研究则是一种中期的投资,希望五年、十年或二十年内成果能增强社会生产力。这种投资我觉得是当前中国科技研究系统中十分脆弱的一个环节。

从研究的目标这一着眼点来讲,原理的研究的目标不考虑到应用;产品的研究的目标明确地对准一两种或两类产品;而发展性的研究的目标则介乎这两者之间,侧重在应用,可是不局限于一两类已经知道能成功生产的产品。

……

原理的研究成果往往名气大,叫得响,而发展性的研究各工厂则视为财富,不肯公开,所以在中国容易产生一个错误的印象,以为美国原理的研究经费比发展性的研究多得多。事实与此正相反。

在19世纪美国已经有了茁壮的工业发展。可是当时美国对研究工作的重要性还没有认识,所以研究成果是从欧洲引进来的。到了20世纪初美国几个大工厂开始认识到这种办法不行,才创建了厂设研究所。贝尔实验室、通用电气公司研究实验室和都庞实验室都是那几年创建的(见 F.Seitz,*Science*,*Governm Entand the Universities*。Seitz 是 Handler 以前的美国国家科学院院长)。这些研究所不但对美国本世纪的工业发展起了决定性的作用,更重要的是它们的成就使得美国工、商、金融界与美国政府认识了发展性科研的重要。

……

中国如果建立一个发展性物理研究中心,规模应该多么大,应该着重哪一些专题,应该与哪一些工厂、研究所、大学合作,怎么训练研究人才,应该属于中国政府中哪一个或几个部门(例如哪几个机械部),应该设在什么地方,这些问题不是在海外的人所能贡献有效意见的。需要在国内召开小组会议,仔细研究,提出五年计划、十年计划才能据以决定。

美国的成功的厂设研究所做发展性的研究,有哪些原因使得他们成功呢?我觉得归纳起来有三个原因:

甲、厂方深知这些发展性的研究是厂的五年、十年、十五年以后的生命线。所以这些研究所经费充足,设备好,待遇一般比大学、政府机构都要好得多。

乙、研究所的经费来自厂方,其研究成果的最后评价取决于它是不是能给厂方赚大钱。这种价值观念符合经济规律。

丙、研究所的领导人(许多是科学、工程出身,也有财经、法律出身的)积累了多年经验,对哪些题目能在五年、十年内影响厂的发展有较正确的判断力。

(原载《光明日报》1982年3月5日)

三、科普说明文

(一) 科普说明文的特点

科普说明文是介绍、普及科学知识的说明性文体。

科普说明文有用平实浅易笔调写成的科学说明文和用文学笔调写成的科学小品等。

科普说明文的特点是知识性、通俗性。

1. 知识性

科普说明文把有关的科学现象、科学理论、科学知识、科学道理等介绍出来，让读者获得实实在在的知识、技能、方法、启迪等，从而认识事物的特征、本质和规律。

2. 通俗性

科普说明文针对的对象主要是文化水平不十分高的读者，为了普及科学知识，必须尽量使用浅显、易懂的语言，避免抽象、深奥的文字，这样才能更好地吸引读者，取得良好的效果。

科普说明文对于普及科学知识、提高科学素养具有重要作用。

（二）科普说明文的写作

1. 把握事物规律

在文章布局上，要能反映事物内部的规律。为此，必须从现象到本质，由浅入深，由近及远，层层深入，逐步展开。根据事物本身的特点，安排恰当的说明顺序。说明事物形成的过程等常常按照时间顺序，说明事物的构造、特性等常常按照空间顺序，说明事物的因果关系等常常按照逻辑顺序。对于复杂的事物，可以以一种顺序为主。

2. 采取多种方法

为了解说事物的构造、成因、性状、关系、功用等，可以灵活运用多种手法。一是采用多种说明方法，以适合解说不同事物的需要。二是采用多种表达方式，以说明为主，间用描写、叙述、议论等，以显得灵活多变。三是采用多种修辞手法，例如比喻、拟人、对比等，以使文章生动、形象，感染力强。

3. 运用通俗语言

要使文章通俗易懂，要注意以下几点：一是选择读者熟悉的角度。特别是对于抽象、深奥、复杂事物的说明，只有选取一般读者熟悉的角度，才能达到预期的效果。二是尽量少用专业术语。特别是专业性强的事物，说明时要尽量使用浅显的文字，使一般读者都能看懂。

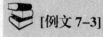 [例文 7-3]

什么是"纳米技术"

"纳米"是英文"nanometer"的译名，是一种度量单位，是十亿分之一米，约相当于 45 个原子串起来那么长。而纳米技术也就是在纳米尺度（0.1nm 到 100nm 之间）研究物质的相互作用和运动规律，以及在实际应用中利用这些规律的多学科的科学和技术。其基本含义是在纳米尺寸范围内认识和改造自然,通过直接操作和安排原子、分子创造新的物质。

纳米科学技术是以许多现代先进科学技术为基础的科学技术,它是现代科学(混沌物理、量子力学、介观物理、分子生物学)和现代技术(计算机技术、微电子和扫描隧道显微镜技术、核分析技术)结合的产物,纳米科学技术又将引发一系列新的科学技术,如纳电子学、纳米材科学、纳机械学等。纳米科学技术被认为是世纪之交出现的一项高科技。

从迄今为止的研究状况看,关于纳米技术分为三种概念。

第一种是1986年美国科学家德雷克斯勒博士在《创造的机器》一书中提出的分子纳米技术。根据这一概念,可以使组合分子的机器实用化,从而可以任意组合所有种类的分子,可以制造出任何种类的分子结构。这种概念的纳米技术未取得重大进展。

第二种概念把纳米技术定位为微加工技术的极限。也就是通过纳米精度的"加工"来人工形成纳米大小的结构的技术。这种纳米级的加工技术,也使半导体微型化即将达到极限。现有技术即便发展下去,从理论上讲终将会达到限度。这是因为,如果把电路的线幅变小,将使构成电路的绝缘膜变得极薄,这样将破坏绝缘效果。……

第三种概念是从生物的角度出发而提出的。本来,生物在细胞和生物膜内就存在纳米级的结构。

纳米技术包含的主要方面为:纳米材料学(nanomaterials);纳米电子学(nanoelectronics);纳米动力学(nanodynamics);纳米生物学(nanobiology)和纳米药物学(nanopharmics)。

纳米技术的研究方式(approaches):从纳米技术研究的尺度范围来看,研究纳米技术的方法可以采取"从小到大"(bottom up)和"从大到小"(top down)两种方式。"top down"的方式是利用机械和蚀刻技术制造纳米尺度结构。而"bottom up"是应用一个原子一个原子或一个分子一个分子创造有机和无机结构。"top down"或"bottom up"可以用来衡量纳米技术发展的水平。

纳米科学技术使人类认识和改造物质世界的手段和能力延伸到原子和分子。其最终目标是直接以原子、分子及物质在纳米尺度上表现出来的新颖的物理、化学和生物学特性制造出具有特定功能的产品。这可能改变几乎所有产品的设计和制造方式,实现生产方式的飞跃。因而纳米科技将对人类产生深远的影响,甚至改变人们的思维方式和生活方式。

第三节 教 学 类

教学类科教文书是总结教学成果、传播教学信息、进行教学管理的文书,包括教学大纲、教案等。

一、教学大纲

(一) 教学大纲的特点

教学大纲是根据教学计划以纲要形式规定一门课程教学内容的文件。

教学大纲的特点是纲要性。教学大纲将课程的教学目的、任务、教学内容的范围、深度和结构、教学进度及教学法上的基本要求等以纲要形式规定下来,以便在教学中遵循。

(二) 教学大纲的作用

教学大纲是编写教科书和教师进行教学的主要依据,也是检查和评定学生学业成绩和衡量教师教学质量的重要标准。教科书的内容、教学的难度及深广度,教师讲授和学生学习的效果等,虽然有一定的灵活性,但是都要以教学大纲为主要依据。

(三) 教学大纲的写作

教学大纲的结构一般包括标题、课程概况、教学内容及要求、附录、落款等。

1. 标题

标题一般由课程名称+教学大纲构成。

2. 课程概况

课程概况包括课程基本信息(课程代码、学分、学时、英文名称、课程性质、开课对象)、内容简介、教学目标、学时分配等。

3. 教学内容及要求

按照先后顺序分别列出理论教学各章节的教学内容、重点、难点,实践环节的主要内容、要求等。

4. 附录

附录列出教材、参考书等。

5. 落款

落款写明教学大纲的制定人、制定时间等。

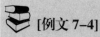
[例文 7-4]

"中国传统文化"教学大纲

一、课程概况

(一)基本信息(见表1)

表1 课程基本情况

课程代码	××	学分	2	总学时	36
理论学时	36	实验（实践）学时		上机学时	
课程英文名称		Chinese Traditional Culture			
课程性质		■通识课　□选修课　□学科基础课　□专业课			
面向对象		文、理、工、农、医			
前修课程或要求		无			

（二）内容简介

"中国传统文化"课内容包括中国古代的文学、史学、哲学、科学技术、教育科举、传统艺术、宗教信仰、礼仪习俗、伦理道德、典章制度、语言文字、武术体育等方面的学术文化常识。

（三）教学目标

学生通过"中国传统文化"课的学习，了解中国传统文化的整体面貌，掌握中国传统文化的主要内容，分辨中国传统文化的精华与糟粕，吸收中国传统文化的精华，为传播和创造优秀的中国文化贡献力量。

（四）学时分配（见表2）

表2 学时分配

	教学内容	讲课	实验（实践）	上机	其他	小计
1	绪论	2				2
2	古代文学	4				4
3	古代史学	2				2
4	古代哲学	4				4
5	科学技术	4				4
6	教育科举	2				2
7	宗教信仰	2				2
8	传统艺术	2				2
9	礼仪习俗	4				4
10	伦理道德	2				2
11	典章制度	4				4
12	语言文字	2				2
13	武术体育	2				2
	合计	36				36

二、教学内容及要求

（一）绪论

了解文化与中国传统文化，中国传统文化的发展与传播，古籍的校勘、整理、分类，中国文化的融合，佛教东传与西行求法，中日文化交流，西学东渐与东学西传，向西方学习；重点掌握中国古代的主要经典著作，丝绸之路，汉朝使者出使西域，郑和下西洋；重点理解中国文化的主要特点、价值取向和基本精神。

（二）第一章　古代文学（略）

（三）第二章　古代史学（略）

（四）第三章　古代哲学（略）

（五）第四章　科学技术（略）

（六）第五章　教育科举（略）

（七）第六章　宗教信仰（略）

（八）第七章　传统艺术（略）

（九）第八章　礼仪习俗（略）

（十）第九章　伦理道德（略）

（十一）第十章　典章制度（略）

（十二）第十一章　语言文字（略）

（十三）第十二章　武术体育（略）

重点是古代文学、古代哲学、科学技术、礼仪习俗、典章制度各章。

难点是古代哲学、伦理道德各章。

三、附录

（一）教材

郝立新．中国传统文化[M]．北京：清华大学出版社，2016．

（二）参考书

张岱年，方克立．中国文化概论[M]．修订版．北京：北京师范大学出版社，2004．

程裕祯．中国文化要略[M]．第3版．北京：外语教学与研究出版社，2011．

制定人：×××

制定日期：××××年××月××日

二、教案

（一）教案的特点

教案是教师为了组织教学活动根据教学目的、教学内容等编制的具体设计方案。

教案具有针对性和启发性的特点。

1. 针对性

教案要针对具体的对象设计。不仅要考虑教学内容、教学目的、教学时间、教学步骤、重点难点等，而且要考虑教学对象的年龄、性别、知识水平、理解能力等，要有很强的针对性，还要有很强的可操作性。

2. 启发性

在教学的整个活动中，教师无论是导入新课、问题设计、课堂练习，还是知识讲解、归纳小结、课后作业等，每个环节都应该具有一定的启发性，还要有一定的变化，具有一定的灵活性。

（二）教案的作用

教师在编制教案的过程中，必须对教学活动中涉及的一系列环节和问题进行思考，并且进行多方面的探索，找出解决的方案。因此，教案不仅为深入地钻研教材和了解学生提供了必要的准备，而且为教学过程提供了真实的依据。

（三）教案的写作

教案的内容包括教学对象、教学内容、教学目的、教学时间、重点难点、教学步骤等。

1. 教学对象

教学对象写明学校的性质或阶段，学生的国籍、年级、年龄、性别、程度等。

2. 教学内容

教学内容写明教学活动的主题或标题等。

3. 教学目的

教学目的写明通过本次教学活动，要达到什么样的目标，有些什么要求。

4. 教学时间

教学时间一般以课时为单位，至少1课时。

5. 重点难点

针对本次教学的内容、目的和学生等情况设计重点和难点。

6. 教学步骤

教学步骤包括导入新课、知识讲解、问题设计、课堂练习、归纳小结、课后作业等环节。导入新课应该体现逻辑性，衔接自然。知识讲解应该深入浅出，重点突出，思路开阔，条理清楚。问题设计要启发性强，课堂练习要巩固拓展，归纳小结要提纲挈领，课后作业要精练简要。

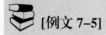[例文7-5]

《从声旁的角度看形声字的字义》教案

[教学对象]

汉语言文字学专业本科生。

[教学内容]

从声旁的角度看形声字的字义。

[教学目的]

通过学习，使学生了解形声字声符的表义作用。

[教学时间]

2课时（90分钟）。

[重点难点]

声符载义；上古语音。

[教学步骤]

一、导入新课

请分析以下形声字：浅，欣，茎，盂。

按照传统的说法，形声字的形旁表示字义的范围，声旁表示汉字的读音。那么，一个形声字的精确字义到底是怎样表示出来的？其实，还应该加上一点：声音是表示意义的。文字产生以前，语言单位中声音和意义的结合是约定俗成的。为了记录语言，人们创制了文字，使形体（包括声符）具有了声音和意义。为了加以区别，人们给同一声符添加不同的形旁，于是形声字大量出现，但是声符的表义作用并没有消失。形声字声旁的读音要以上古汉语的读音为标准，形声字的范围要以古代汉字为限度。

形声字的声符到底有怎样的表义作用？

二、声符载义研究简史（略）

三、知识讲解

（一）形声字声符的表义功能

1. 同一个声符可以表示一个意义，也可以表示几个不同的意义

夬（guài，缺损）：决（水缺口），玦（环状玉缺口），缺（器皿缺口）。

斤（高兴）：欣、䜣、听（高兴），忻（心里高兴）。

于：① 大：宇（广大的空间），竽（古代竹制簧管乐器、形似笙而大），盱（xū，瞪大眼睛看）；② 弯曲：迂（迂回、曲折），盂（盛液体的圆形器皿），圩（wéi，用土堤围成的田），芋（叶大、根块既圆又大的植物）。

隹（zhuī）：① 高：堆，崔；② 击：椎，碓（duì，舂）；③ 小：稚，雏（zhuī，小鸟）。

皮：① 分离：破；② 加上：披，被；③ 不平：波，簸；④ 病：跛，疲。
扁：① 不凸：匾；② 不正：偏；③ 周遍：遍；④ 轻：翩；⑤ 小：褊。

2．不同的声符可以表示同一个意义

（1）不同的声符语音相近，表示同一个意义

同：doŋ 定纽东部；甬：ʎiwoŋ 喻纽东部；定喻旁纽，东部叠韵，"同、甬"语音相近。"同、甬"都有"中空"义，语义相近。

筒、洞：doŋ 定纽东部；桶、通：t'oŋ 透纽东部。

定透旁纽，东部叠韵，"筒、洞、桶、通"语音相近。

"筒、洞、桶、通"都有"中空"义，语义相近。

（2）不同的声符语音相差较远，表示同一个意义

戋：tsian 精纽元部；兼：kiam 见纽谈部；元谈通转，"戋、兼"韵部语音相近。

"戋、兼"都有"小"义，语义相近。

浅：ts'ian 清纽元部；饯：dzian 从纽元部；潇：liam 来纽谈部；𥻦：liam 来纽谈部。

清从旁纽，来纽双声，清来邻纽；元部、谈部叠韵；"浅、饯、潇、𥻦"语音相近。

"浅、饯、潇、𥻦"都有"小"义，语义相近。

形声字声符与会意字构件有什么区别？

（二）形声字声符与会意字构件的区别

1．会意字构件的语义明显，形声字声符的语义隐晦

休，尖，泪，武。

宛（弯曲）：婉、碗、蜿、腕；巠（jīng，直）：径、经、茎、泾、胫。

2．会意字构件的语音与整个字的语音无关，形声字声符的语音与整个字的语音相近

看：k'an 溪纽元部；手：ɕieu 书纽幽部；目：miək 明纽觉部。"看手目"语音相差较远。

卷（弯曲）：kiwan 见纽元部；圈：k'iwan 溪纽元部；蜷：giwan 群纽元部。见溪群旁纽，元部叠韵，"卷、圈、蜷"语音相近。

青（纯）：ts'ieŋ 清纽耕部；清：ts'ieŋ 清纽耕部；晴：dzieŋ 从纽耕部；精：tsieŋ 精纽耕部。"青、清"同音，清从精旁纽，耕部叠韵，"青、清、晴、精"语音相近。

四、归纳小结

通过以上分析，我们可以说，古代汉语形声字至少有一部分声旁具有表义作用。声旁的表义作用比较隐晦，不大容易弄明白。有些声旁的表义作用不清楚，还需要进一步研究。

五、课后作业

举几个例子，说明汉语形声字声旁的表义作用。

第八章 传播文书

第一节 概 述

一、传播文书的特点

传播文书是指为配合一定时期的工作或活动，通过报道事实和发布信息，对公众进行宣传、教育、鼓动、引导的文书。

传播文书可以分为新闻类、编务类、告启类等。

传播文书具有以下特点：真实性、公开性、时效性。

（一）真实性

真实性是传播文书的生命。传播文书是报道事实和发布信息的文书，无论是报道事实还是发布信息，都必须真实。传播文书涉及的人或事，要真有其人，实有其事，引用的背景材料、数字资料也都要有根有据，对事实所作的解释要符合情理。总之，传播文书中的任何一句话都应该有事实作依据，不能凭空捏造。传播文书只有坚持内容的真实性，才能具有说服力，才能取信于人。

（二）公开性

公开性是传播文书传播形式上的特点。传播文书的目的在于让所报道、介绍的人物、事件、信息等广泛传播，以在公众中造成普遍影响，让公众不但有所周知，还要有所行动。传播文书往往在公共场合发布，内容重要的还常常通过报纸、广播、电视等媒体报道或发布。传播文书的公开性不能超出法律、政策允许的范围，凡是关系到国家政治、经济、军事等方面的机密，都应该严格遵守相关规定。

（三）时效性

时效性是传播文书的价值所在。传播文书只在一定的时间范围内有价值，超过了一定的时间限制，传播文书就失去了价值。传播文书要配合一定时期的工作或活动，对于新人、新事、新风尚、新情况、新问题、新经验等，必须及时捕捉，迅速反映，这样才能发挥传播文书的宣传、教育、鼓动、引导作用。否则，事过境迁，新闻成了旧闻，信息成了骗术，传播文书就毫无价值可言。

二、传播文书的作用

（一）宣传、教育作用

传播文书具有宣传民众、教育民众、规范群众言论和行为的作用。传播文书在报道事实的同时，对新人、新事、新风尚、新经验加以赞扬、鼓励，对坏人、坏事、坏风气、坏现象、坏行为进行揭露、批判，对人民能够起到宣传、教育作用。传播文书通过媒体发布新闻和信息，反映人民的意见和要求，加强对社会的监督和规范。

（二）鼓动、引导作用

传播文书具有鼓动群众思考、引导群众行动的作用。传播文书发布的信息，具有较强的针对性，对读者具有一定的鼓动性和影响力，并且能够引导他们实现某种行为。传播文书通过媒体发布新闻和信息，从而引起社会关注，实现其鼓动、引导作用，保障社会沿着正确的轨道向前发展。

第二节 新 闻 类

新闻类传播文书是对新近发生的有意义的事件进行的报道或评论，包括消息、通讯、新闻特写、新闻评论、广播电视新闻稿等。

一、消息

（一）消息的特点

消息是指对最近发生的新鲜的、重要的事实的简要报道。

消息是指狭义的新闻。广义的新闻包括消息、通讯、新闻特写、新闻评论等报道形式。除了具备传播文书的共同特点以外，消息还具有自己的特点，就是简明性、叙述性。

1. 简明性

消息篇幅简短，内容精悍，一般三五百字即可。有时一句话就是一条消息，如简明新闻。消息一般一事一报，即一条消息写一件事情。消息要迅速、及时地反映最近发生的新鲜的、重要的事件，作深入、细致的报道会耽搁时间，影响消息的价值，因此必须简明扼要。

2. 叙述性

消息用事实说话，以叙述为主，而较少直接点明作者的目的、观点。作者以其敏锐的目光、快捷的行动捕捉新闻事实并且报道出来,让读者领会其中的含义,得出结论,受到影响,而很少写自己的评价和意见。消息在交代"五个 W 和一个 H"的基础上,只对事件发生的环境、条件、过程等作概括性的叙述,而不详细展开事件发生、发展的过程和揭示人物的内心活动及行为变化。

(二) 消息的种类

根据特点和写法,消息可以分为动态消息、经验消息、综合消息和述评消息等。

1. 动态消息

动态消息是反映新近发生或正在持续的新事物、新情况、新成就、新问题、新变化、新动向的新闻报道。动态消息内容集中,主题专一,篇幅短小,文字简要。动态消息是消息中应用最广泛的体裁。

2. 经验消息

经验消息是反映地区、单位或个人典型经验和成功做法以便为人们改进工作、提高效益提供借鉴的新闻报道,也称典型报道。经验消息要能给人以启迪,要有普遍的指导意义,还要有较强的现实针对性。

3. 综合消息

综合消息是围绕某一主题,综合反映某一地区、某一系统、某一时期带有全局性的新情况、新成就、新问题、新动向的新闻报道。综合消息内容概括,涉及面广,声势较大,手法多样。

4. 述评消息

述评消息是对叙述的事实加以评论,以揭示其价值和意义的新闻报道。叙述的事实,大多是国内外重大事件、重要事实或社会现象,评论则是对这些事实进行分析,或揭示其本质意义,或指明其发展趋势。

(三) 消息的写作

写作消息一般要交代清楚六个要素(五个 W 和一个 H),即:什么时间(when),什么地点(where),什么人物(who),什么事情(what),什么原因(why),怎么样(how)。前面五个要素英文单词的第一个字母都是"W",所以习惯上称为"五个 W"。具备了"五个 W 和一个 H",基本事实也就交代周全了,但是要根据需要决定取舍。

消息正文部分的典型结构是所谓"倒金字塔结构",即越重要的内容越放在前面,从导语到主体再到结尾,内容越来越不重要。"倒金字塔结构"把重要的内容放在前面,把次要的内容放在后面,便于记者写稿、编者编稿和读者阅读。

消息的结构包括标题、电头、导语、主体、结尾、背景等部分,其中,标题、导语和主体一般不可缺少。

1. 标题

标题是对消息内容的高度概括，是画龙点睛之笔。好的标题，能够为消息增添色彩，引起读者注意，激发阅读兴趣。

消息的标题可以有单行标题、双行标题和三行标题。无论采用几行标题，正题都必不可少。正题也叫主题、母题，是标题的主体部分，概括消息的主要事实和思想，或者直接揭示消息的主要内容或意义，让读者一目了然。引题在正题前面，也叫眉题、肩题，交代事件产生的背景，介绍事件的起因、意义，或烘托气氛，引出正题。副题在正题后面，也叫辅题、子题，对正题加以补充、说明。

（1）单行标题。只有一行标题，即正题或主题、母题。例如：

中行推出虚拟借记卡（《经济日报》2013年11月6日）

我国粮食实现"十二连增"（《光明日报》2015年12月8日）

（2）双行标题。由正题和引题或副题构成。例如：

《中国创新型企业发展报告2012》发布（引题）

创新型企业成佼佼者（正题）

　　　　　　　　　　　　　　（《经济日报》2013年11月8日）

中国-葡语系国家经贸合作论坛部长级会议开幕（正题）

汪洋出席并发表演讲（副题）

　　　　　　　　　　　　　　（《经济日报》2013年11月8日）

（3）三行标题。由正题、引题和副题构成。这种标题，信息量丰富，宣传声势大，常常用于报道重大事件。例如：

走基层・转作风・改文风（引题）

以实践为师　以群众为师（正题）

——人民日报社"走基层、转作风、改文风"活动全面展开（副题）

　　　　　　　　　　　（《人民日报》2011年8月24日）

美联储主席格林斯潘认为（引题）

美国经济面临颠簸调整（正题）

——纽约股市当日先涨闻讯后跌（副题）

　　　　　　　　　　　（《××日报》××××年××月××日）

2. 电头

电头是说明发布消息的机关、地点和时间的文字。电头是消息的标志，一般冠以"本报讯"或"××通讯社××××年××月××日电"等，位于消息导语的前头，也称消息头。

3. 导语

导语是消息的开头，常常是一句或一段精练的话，高度概括消息的主要内容或思想。

导语可以概括事实，可以描写场景，可以作出评论，可以提出问题，可以摆出结果，可以对比映衬，要根据报道的主题和内容选择恰当的方式。

（1）叙述式。叙述式导语，是用叙述的方式，把最重要、最新鲜的事实直接告诉给读者。叙述式导语的优点是文字精练，包容量大，表达直接，适用于内容复杂、过程曲折的消息。概括主要事实时，要注意避免抽象和空洞。

（2）描写式。描写式导语，是用白描的手法，对具有特色的事物或场面加以描写，给读者以整体、鲜明的印象。描写式导语多用粗线条勾勒消息主体或主要事实，来表现对象的特点和精神。

（3）议论式。议论式导语，是用夹叙夹议的方法，对事实进行评论，说明其意义或价值。议论式导语可以画龙点睛，点明主题。写作时应该以事实为依据，进行科学分析，揭示其内涵和意义，不能就事论事，空发议论。

4. 主体

主体是对导语的阐述、展开，或叙述事实，或阐明主题，或回答问题。主题要集中，层次要分明。安排层次可以按照时间顺序或逻辑顺序。时间顺序即事实发展的自然先后顺序。逻辑顺序即事实之间的逻辑关系，包括因果关系、递进关系、主从关系、并列关系等。选择材料要典型、具体，安排材料要有序、合理，分析材料要有说服力、感染力。

5. 结尾

结尾是消息内容发展的自然结果。常见的有小结式、趋向式等方式。有的消息没有明显的结尾。

（1）小结式。在主体的基础上总结全文，强调主题，点明事件的意义，加深读者印象，启发读者深入思考。

（2）趋向式。说明事件的发展趋势，引起读者关注。

6. 背景

背景是与消息产生有关的历史条件、现实环境和原因等材料。背景材料可以解答疑问，深化主题。

背景材料有说明性材料和对比性材料。说明性材料用来说明事实产生的主要原因、政治背景、地理环境、物质条件等，帮助读者全面掌握事实，理解事实产生的必然性；或者对专业术语、技术知识等进行解释说明，帮助读者准确理解消息内容。对比性材料通过有关材料的对比，进一步揭示事件的意义，衬托主题。

背景材料没有固定的位置，大多放在主体部分，也可以放在导语部分或结尾部分。可以集中使用，也可以分散穿插。要紧扣主题，与事实自然衔接。

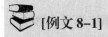[例文8-1]

中国女科学家屠呦呦获 2015 年诺贝尔奖

科技日报北京 10 月 7 日电（记者张梦然）据诺贝尔奖官方网站消息，2015 年诺贝尔三大科学奖均已揭晓，共 8 位科学家摘得桂冠。中国女药学家屠呦呦荣获生理学或医学奖，是首位获得诺贝尔科学类奖项的中国女科学家。

5 日晚，作为第一个被公布的获奖项目，卡罗琳医学院将生理学或医学奖授予了在美国从事科学研究的爱尔兰科学家威廉·坎贝尔、日本学者大村智以及中国药学家屠呦呦，以表彰他们在寄生虫疾病治疗研究方面所作出的贡献。

其中，屠呦呦因在青蒿素的发现及其应用于治疗疟疾方面所作出的杰出贡献，将分享一半奖金。这是中国科学家因在本土进行的科学研究而首获诺贝尔科学奖，是中国医学界迄今为止获得的最高奖项，也是中医药成果获得的最高奖项。屠呦呦亦成为了历史上第 46 位获得诺贝尔奖的女性。该奖项另一半奖金则由发明了新型抗蛔虫寄生虫感染疗法的威廉·坎贝尔和大村智共享，他们共同发现了新药——阿维菌素，其衍生物已有效地降低了河盲症和淋巴丝虫病的几率，在对其他寄生虫疾病的治疗中也显示出良好疗效。这两个重大发现都为人类抵抗致命疾病提供了新的手段，每年拯救了数以亿计的患者。

二、通讯

（一）通讯的含义

通讯，也称通讯报道，是指运用叙述、描写、议论等多种表达方式对典型人物、典型事件、典型经验和典型问题等进行的完整而形象的报道。

消息与通讯都属于新闻类体裁，都是对新近发生的新鲜的、重要的事实的报道，但是二者有不同之处。消息与通讯的不同点表现在以下几个方面。

（1）从报道内容上看，消息简要，通讯详细。消息只报道事实的主要情况、大致梗概；通讯既报道主要情况，也报道次要情况和具体细节。因此，通讯比消息篇幅长。

（2）从表达重点上看，消息重在反映事实，通讯重在表现观点。消息用事实说话，作者通常不表明观点；通讯除了叙述事实以外，还通过议论、抒情发表作者的观点，抒发个人的感情。

（3）从表达方式上看，消息较多使用叙述，较少使用描写、抒情和议论；通讯除了叙述以外，还较多地使用描写、抒情和议论，因此生动、形象，富有文学色彩。

（4）从结构形式上看，消息的结构有一定的程式，常常采用"倒金字塔结构"；通讯的结构比较自由灵活。

（5）从报道时间上看，消息比通讯更加迅速、及时。这是因为，通讯比消息内容更加详细，篇幅更长，表现手法更加复杂，需要花费更多的时间采访、构思和行文。

通讯与文学作品题材都来自现实生活，都讲究形象性。但是通讯与文学作品也有不同之处：通讯反映的是生活的真实，是对生活事实的真实反映，不能虚构、想象、集中、典型化；文学作品反映的是艺术的真实，是在大量生活事实的基础上进行虚构、想象、集中、典型化。通讯可以直接阐发作者的观点，揭示事实的深刻意义；多数文学作品的观点是隐蔽的，作者不直接表露自己的思想倾向。

（二）通讯的特点

除了具有新闻性（真实、新鲜、及时）以外，通讯主要具有完整性的特点。

通讯是展开了的消息，是消息的补充和深化，通过报道事件的全过程，让读者对事件有更深入、细致的了解。通讯以较大的容量、较长的篇幅，完整、详细地报道人物活动和事件经过，展开情节。因此，叙述、描写、议论都要具体、详尽，无论描写人物还是报道事件，人物风貌、事件始末都要细致表现，给读者具体、完整的印象。

（三）通讯的种类

按照内容性质，通讯可以分为人物通讯、事件通讯、工作通讯和概貌通讯等。

1．人物通讯

人物通讯是以人物为报道对象，反映人物的思想境界和精神品质的通讯。

报道的人物可以是一个人，如雷锋，也可以是一组群像，如南京路上好八连；一般是正面人物，也可以是反面人物。人物通讯主要通过报道先进人物的模范事迹、崇高思想和奉献精神，鼓舞、激励人民不断克服困难，开拓创新。

2．事件通讯

事件通讯是以事件为报道对象，记叙事件的详细经过，揭示事件的意义的通讯。

事件通讯可以歌颂、赞扬时代精神、社会风尚，可以反映、报道突发事件、偶发事件，可以批评、揭露落后现象、不良习气。

人物通讯与事件通讯既有联系，又有区别。二者都是既要写人，又要写事，人物通讯用事迹表现人物，事件通讯以事带人。但是人物通讯集中写人，所写事件常常没有中心线索，比较琐碎；事件通讯集中写事，所写事件一般有中心线索，比较完整。

3．工作通讯

工作通讯是以报道工作成绩、工作经验为主的通讯，也称经验通讯。

工作通讯以反映工作成绩、工作经验为主，也可以揭露存在的问题和不良的倾向。工作通讯考察路线、方针、政策的执行情况，以新经验、新做法、新问题、新情况为剖析对象,对工作中的主导思想、态度作风、计划方案等进行分析和探讨,指导和推动实际工作。

工作通讯常见的类型有读者来信、工作研究、工作札记、采访札记等。

4. 概貌通讯

概貌通讯是反映某一地区、某一单位的新气象、新面貌,描写社会变化、风土人情和建设状况等的通讯,也称风貌通讯、综合通讯。

概貌通讯常常以访问记、纪实、见闻、巡礼、散记、掠影、侧记等形式出现。

(四) 通讯的写作

通讯一般包括标题、作者和正文。

1. 标题

标题要准确、醒目、新颖、简洁,鲜明地表现主题。可以采用提问式(如《谁是最可爱的人》)、矛盾式(如《孤儿不孤》),也可以采用抒情式(如《祖国,你的儿女回来了》)、描写式(如《春风吹绿黄河岸》),还可以采用书面语(如《殊途同归》)、口语(如《现场拍板记》)。

2. 作者

要求写明通讯员的姓名。

3. 正文

通讯正文的结构不仅要求合理,还要追求艺术效果。为了达到这一点,通讯的正文没有固定的结构,而是非常灵活的。

(1) 开头。或开宗明义,或制造悬念,或提供背景,或写景抒情,或追求新奇,或运用反语,或欲抑先扬、欲扬先抑。

(2) 主体。在充分占有典型材料的基础上,经过分析、研究、集中、概括,深入提炼出主题。写作应该抓住"五个 W 和一个 H",把事件的基本情况交代清楚。要准确把握典型人物的性格特征和思想意义,写出典型人物的鲜明特点,使其既有共性,又有个性。为此,必须抓住最富有特色、最能反映人物典型性格的材料,把人物放在激烈、复杂的矛盾冲突中,刻画人物的思想性格,反映人物的精神品质。要弄清楚事件的前因后果,紧紧抓住事件发生、发展和变化的过程,突出主线。要精心描述,集中表现,透视事件所包含的思想意义。通过各种表达方式,或曲折有致,或生动、形象,或揭示事件的意义。

主体可以采用时间式结构、空间式结构、逻辑式结构和综合式结构。

① 时间式结构。按照事情发展的自然顺序记叙、描写。抒情常常随着记叙自然穿插。议论特别重要,承担着揭示事件意义、表现主题的任务。次要的、零散的议论可以随时穿插在记叙中进行,重要的、集中的议论需要独立成段进行。

② 空间式结构。按照空间的变换来安排材料。一般是根据主题的需要把发生在不同地点、不同空间的事件按照相同的性质组织起来。

③ 逻辑式结构。按照材料的性质、意义分类、组合成层次或段落。没有中心事件的、零碎的材料，首先要对它们进行分析、鉴别，把握它们的不同性质、意义和特点，然后进行分类、组合。

④ 综合式结构。综合运用时间式结构、空间式结构、逻辑式结构。比较常见的是以时间顺序为经，以空间顺序为纬，把二者结合起来组织材料、安排结构。运用综合式结构，一般是因为涉及的事物多，时间跨度长，空间范围广。

（3）结尾。常见的方法有：点明主旨，提炼升华；照应开头，首尾呼应；承接上文，别开生面；融情入景，借景抒情。

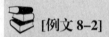

[例文 8-2]

庆祝伟大胜利　实现民族复兴
——习近平总书记在纪念中国人民抗日战争暨世界反法西斯战争胜利
70 周年大会上的讲话引起强烈反响

9 月 3 日，纪念中国人民抗日战争暨世界反法西斯战争胜利 70 周年大会在北京天安门广场隆重举行。中共中央总书记、国家主席、中央军委主席习近平在大会上的重要讲话引起各界强烈反响。

广大干部群众普遍表示，习近平总书记的重要讲话，深刻揭示出纪念 70 年前那场伟大胜利的重要意义，表达出中华民族铭记历史、缅怀先烈、珍爱和平、开创未来的坚定决心，鼓舞人们为实现中华民族伟大复兴的中国梦奋勇前进。

大会盛况万众瞩目

9 月 3 日上午，无论是在城市还是农村，无论是在北疆还是南国，纪念大会现场奏响的国歌和军歌飘荡在神州大地的每个角落。

3 日上午，在北京大学学生食堂，上百名学生聚集坐在一起，通过大屏幕电视观看大会。在上海同济大学四平路校区大礼堂，3 000 多名正在军训的 2014 级学生也集体收看了直播。同学们表示，精彩难忘的阅兵式振奋人心、催人奋进，是一生美好的回忆。

在山西省夏县埝掌镇，今年 98 岁的抗战老兵关德龙在家人的陪同下，全程看完了纪念大会，当抗战老兵乘车方队接受检阅时，老人顾不得擦拭脸上的泪水，对着电视屏幕认真地敬了一个军礼。"70 多年过去了，我们的国家从任人宰割到现在成为一个人人尊敬的大国，事实证明，只有共产党才能救中国，才能领导中国人民走上繁荣富强的大道。"关德龙说。

庄重宣示振奋人心

在纪念大会上，习近平总书记发表重要讲话，深情回顾了中国人民抗日战争的艰辛历程，充分肯定了中国人民为世界反法西斯战争胜利作出的重大贡献，鲜明表达了中国坚持走和平发展道路、维护世界和平的坚定决心，引发社会各界热议。

……

铭记历史开创未来

作为抗战老兵的一员，90岁的卢彩文3日上午乘车行进在受阅方队最前面。谈起总书记的讲话，他说："举行纪念大会的意义在于提醒人们不要因为年代久远，就忘记历史，而要以史为鉴，只有铭记历史，全民族团结起来，国家才能不断前进。"

战争是一面镜子，能够让人更好认识和平的珍贵。收看了纪念大会直播后，辽宁省委副书记曾维说："中国人民抗日战争以'九·一八'事变为起点，14年漫漫抗战征程，山河破碎的国恨家仇，辽宁人民对此有着最痛彻心扉的体会。纪念，是为了激励民族奋勇前行，我们将以史为鉴，坚定维护和平的决心，用历史的火把照鉴和平之路、照亮民族复兴之路。"

北京大学党委书记朱善璐表示，习近平总书记的讲话发人深省，激人奋进，鼓舞人心，在中国人民抗日战争的壮阔进程中形成的伟大抗战精神，是中国人民弥足珍贵的精神财富，永远是激励中国人民克服一切艰难险阻、为实现中华民族伟大复兴而奋斗的强大精神动力。

"中国人民大学的前身诞生于抗日烽火之中，始终与党和国家同呼吸、共命运，一代代人大人一直为培养社会主义事业的可靠接班人和优秀建设者而奋斗。"中国人民大学校长陈雨露说，"我们要将光荣传统继承并发扬下去。"

全国劳动模范、国网冀北电力北京送变电公司架线班班长席东升为了参加纪念大会，特意戴上红领带，胸前佩戴起荣誉奖章。他说，总书记的讲话激励所有中华儿女不忘历史、开创未来，他要把纪念大会激发出的信心和正能量带回一线工地，和工友们共同努力工作，建设祖国。

正在浙江舟山某军港执行任务的海军和平方舟医院船全体官兵在甲板上通过实况转播聆听习近平总书记的讲话。和平方舟医院船政委姜景猛表示，要引导全体官兵把纪念活动激发出来的爱国热情，转化为干好本职工作的动力，以强军目标为牵引，认真履行肩负的使命责任，为党和人民再立新功。

（新华网　2015年9月4日）

三、新闻特写

（一）新闻特写的特点

新闻特写是通过对特定场合中的新闻人物或新闻事件的局部、细节进行形象化的放大描绘，再现现实生活中富有典型特征的片段的新闻体裁。

新闻特写是消息、通讯与文学作品杂交的产物，但又与之不同，它具有现场性、局部性等特点。

1. 现场性

新闻特写特别强调用描写的手法去再现新闻场景。新闻特写必须对报道的人物或事件等的具体状态进行详细的描绘，通过现场的描绘和气氛的渲染，产生强烈的现场真实感，达到如临其境、如见其人、如闻其声的效果，给读者留下鲜明而深刻的印象。

2. 局部性

新闻特写是通过对特定场合中的新闻人物或新闻事件的局部进行细致的、重点的描绘，通过对生活片段的截取，来再现现实生活的。它不需要展示事件发展的全过程，而只要选择一个典型的镜头或画面进行描绘，对人物或事件等进行报道，揭示新闻的价值。

（二）新闻特写的种类

根据所写对象的不同，新闻特写可以分为人物特写、事件特写、场景特写等。

1. 人物特写

人物特写常常抓住人物的某个局部或细节进行描绘，充分展示人物的性格特点和精神面貌。

2. 事件特写

事件特写主要描述具有重大意义的新闻事件的精美片段和动人高潮，给人以强烈而深刻的印象。

3. 场景特写

场景特写通过描述人们关心、特征明显的场景，借助丰富的画面、传神的细节、感人的气氛，勾勒新闻事件的重点和关键。

（三）新闻特写的写作

新闻特写包括标题、作者和正文等部分。

1. 标题

新闻特写的标题可以有单行标题和双行标题。三行标题少见，因为三行标题适用于信息量大、内容含量大的报道。正题概括新闻特写的主要事实和思想，或者直接揭示新闻特写的主要内容或意义，让读者一目了然。引题交代事件发生的背景，揭示事件的成因、意义，或烘托气氛，引出正题。副题对正题加以补充、说明。

（1）单标题，只有正题，如《纽约展开大救援》。

（2）双标题。

① 由正题+副题构成，如《放飞中国心——直击中国首次载人航天飞行》。

② 由引题+正题构成，如《李素丽、马卫星、汪霞这三位优秀售票员在十六大代表驻地倾心交谈——公交师徒喜相会》。

2. 作者

写明记者或通讯员姓名。

3. 正文

（1）选择新颖角度。只有富于新闻的价值和特色，才算选准了角度。新闻特写在选取角度时，必须首先考虑新闻的价值和特色。通过细致的观察，选择新颖的角度，对准奇特的近景，按下"快门"，收到以小见大、出奇制胜的效果。

（2）抓住精彩片段。只有抓住精彩片段，才能进行集中而细致的描绘。要抓住精彩片段，必须善于捕捉典型细节，必须思维敏捷，动作麻利。典型细节常常是事件中最有代表性的一瞬间，或者是人物最富有特色的表情或动作。

（3）再现情节高潮。新闻特写不强调事件的完整性，不要求有头有尾，把原因、结果都交代清楚，而只要求抓住事物的"横断面"，进行"放大"和"再现"。这个"横断面"一般是情节的高潮。对于情节高潮，要集中笔墨，细致描绘，并且抒发内心的感动和激情。

（4）进行艺术描绘。注意设置悬念，运用铺垫、烘托、渲染等手法，刻画人物，描绘场景，形象、生动地展现人物的性格特征和精神风貌，增添现场的真实感，增强文章的感染力。可以把描写与抒情结合起来，以达到借景抒怀、寓情于景、情景交融的目的。

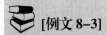 [例文 8-3]

放飞中国心

——直击中国首次载人航天飞行

2003 年 10 月 15 日。酒泉发射中心。

寥廓的戈壁滩上空晨星闪烁。无数目光聚焦这神圣一刻。

5 时 28 分，中国飞天第一人出现在世人面前。

身着乳白色航天服的杨利伟，面向五星红旗伫立。透明防护面罩里，一双眼睛显得格外平静。在他的两侧，是担负首飞航天员梯队的另外两名成员：翟志刚、聂海胜。

……

晨曦中，杨利伟向中国载人航天工程总指挥李继耐报告："我奉命执行首次载人飞行任务，准备完毕，待命出征，请指示。"

"出发！"

"杨利伟，我们盼着你回来！" "祖国期待你凯旋！"

回荡在大漠上空的欢呼声，表达了一个民族的千年期盼。

此刻，高耸入云的发射架稳稳地拥抱着 58.3 米高的乳白色船箭塔组合体。"神舟"五号载人飞船正静静地等待着它的第一个乘客。

5时30分,嘹亮的《歌唱祖国》乐曲响起。杨利伟深情地凝望一眼鲜艳的国旗,登车出发。鲜花、彩旗、胡杨、红柳,把通向发射场的戈壁路装点成绚丽的长廊。

出征地到发射场仅仅5公里,却凝聚着航天人的智慧、青春和汗水。从载人航天工程正式立项到4艘无人飞船发射成功,中国航天人终于将自己的航天员送上了这条飞天路。

6时15分,进入飞船座舱的杨利伟系紧了胸前的束缚带。

指控大厅内,航天员系统总设计师宿双宁面前的数字显示,杨利伟生理参数正常。

船舱内,38岁的杨利伟自信地挥挥手:"明天见!"

"他一定能够完成首飞任务。"宿双宁对这位有着1350飞行小时的前空军飞行员充满信心。自从5年前走进中国航天员训练中心,杨利伟和他的13名同伴经历了遨游太空所必备的一切训练。"中国自己培养的第一代航天员人人都能胜任太空飞行任务。"宿双宁说。

8时59分50秒。

"10、9、8、7……"零号指挥员的倒计时口令响彻在发射场上空。

一个辉煌的时刻就要来临。

(新华社酒泉2003年10月15日电)

四、新闻评论

(一) 新闻评论的特点

新闻评论是报纸、广播、电视等新闻媒体就当前发生的重大的新闻事件进行评说、议论的文章体裁。

新闻评论是新闻与议论文融合而成的一种文章体裁,是对新闻的评论,是评论性的新闻,同时具有新闻和议论文的一些特点。

1. 针对性

新闻评论是对新闻的评论,针对性是它的一个重要特点。新闻评论针对的对象是当前发生的重大的新闻事件,这些事件刚刚发生,对国家和人民的生活产生重要影响。新闻评论必须选择群众普遍关心的问题作为评论的对象,以这些事件为依托,发表自己的观点、看法、意见和主张。

2. 说理性

新闻评论是评论性的新闻,说理性是它的另一个重要特点。新闻评论发表自己的观点、看法、意见和主张,必须实事求是,以理服人,深入剖析,逐层论证。但是这些观点、看法、意见和主张往往代表国家或某个集团的意志,而不是个人的意志。

(二) 新闻评论的种类

按照规格,新闻评论可以分为社论或本台评论、评论员文章、短评、编者按或编后、述评等种类。

1. 社论或本台评论

社论或本台评论是报社、电台、电视台主要就全局性、普遍性的新事件、新情况、新问题发表的最高规格的评论。

2. 评论员文章

评论员文章是就地区性、部门性问题或重大国际性问题发表的评论。它的规格仅次于社论或本台评论，也往往是规格最高的国际性问题评论。

3. 短评

短评是对有一定影响的事件或问题等进行评说的短小文章。它是新闻评论中的轻武器，形式比较活泼，规格低于评论员文章。

4. 编者按或编后

编者按或编后是最简短、最灵活的配发性新闻评论。它是对所报道的新闻的简要评价和解释，以帮助读者更充分地认识新闻的意义和价值。编者按安排在报道的前面，一般用于报纸。编后安排在报道的后面，一般用于广播、电视。

5. 述评

述评是消息和评论相结合的新闻体裁。它既报道新闻事实，又评论新闻事实，但是重点在于评论。述评的规格与短评相同。

（三）新闻评论的写作

新闻评论包括标题、作者和正文等部分。

1. 标题

标题要针对性强，富有新意。要针对现实生活中出现的新事件、新情况、新问题、新形势，选取新角度，阐发新见解，表达新思想。

（1）单标题。只有正题，常常直接表明作者的观点、态度，如《农民呼唤文化"菜篮子"》。

（2）双标题。较长的社论等，除了正题以外，还可以有副题，对正题加以补充、说明。

2. 作者

作者有时可以不出现。

3. 正文

（1）概括事实情况。由于体裁的要求，述评在叙述事实时稍微详细一些。其他种类的新闻评论则只需要简要概括事实。总之，根据行文需要而定。

（2）进行分析论证。要言之有理，论之有据，以理服人。观点要正确、全面、周密，为论证打好基础。事实论据要真实可靠，有价值，有意义。以事实为论据，或点明原因，或揭示意义，或印证对比，或辨明事理。要多角度、多层次地进行剖析，把道理讲清楚。

可以破立结合，全面、深入地进行分析。常常夹叙夹议，叙述为议论提供事实论据，议论揭示事实的意义、价值。

（3）提出要求希望。结尾可以呼应开头，提出执行的要求或希望，以指导人们的行动。

广播电视新闻稿，是为广播、电视新闻写的稿件。广播、电视新闻稿的写作，应该遵循新闻写作的一般规律和要求。同时，由于有音像的配合，还要力求简短、通俗，适合受众的听觉、视觉习惯，文字与画面、音响要融为一体，互相配合，互相补充。

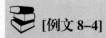[例文 8-4]

永远为人民而奋斗

90 年前，在中华民族存亡续绝的关键时刻，中国共产党诞生了。这一开天辟地的大事变，开创了中国革命的崭新面貌，把中国带向一个全新的未来。

在党的 90 华诞之际，回首革命战争的严峻考验、建设道路的艰辛探索、改革开放的创新实践，展望全面小康的宏伟蓝图、中国特色社会主义的壮丽篇章、民族复兴的伟大使命，8 000 多万党员、13 亿中国人民，无不倍受振奋、倍觉自豪、倍感光荣。

1921—2011 年，中国共产党团结带领中国人民完成了彪炳千秋的三件大事——建立了人民当家作主的新中国，确立了社会主义基本制度和建立了独立的比较完整的工业体系和国民经济体系，开创了中国特色社会主义道路。这三件大事，从根本上改变了中华民族的前途命运，决定了中国历史的发展方向，不仅使中国人民走上了幸福安康的广阔道路，更为世界经济发展和人类文明进步作出了巨大贡献。

1921—2011 年，中国共产党团结带领中国人民完成了震古烁今的三个转变——从半殖民地半封建社会到民族独立、人民当家作主的新社会；从新民主主义革命到社会主义革命和建设；从高度集中的计划经济体制到充满活力的社会主义市场经济体制，从封闭半封闭到全方位开放。这三个转变，不可逆转地结束了近代以来中国内忧外患交织、几近亡国灭种的悲惨境遇，不可阻挡地开启了中华民族不断发展壮大、走向伟大复兴的历史征程。

这确实是一个绝大的变化，是自有世界历史和中国历史以来无可比拟的大变化。这些变化充分证明，中国共产党的 90 年历史，是一部团结带领中国人民实现民族独立、人民解放和国家富强、人民幸福的奋斗史；是一部把马克思主义基本原理同中国实际和时代特征相结合、不断找到适合中国国情发展道路的探索史。

环顾世界，还有哪个政党有这样的理论勇气，在与具体实际的结合中不断推动理论的飞跃，从毛泽东思想的创立到中国特色社会主义理论体系的形成，为伟大事业提供了行动指南。浴血奋战闯出一条"农村包围城市，武装夺取政权"的革命之路，自力更生铺就一条社会主义建设之路，解放思想开启一条改革开放之路。为人民利益而奋斗，90 年筚路蓝缕的探索中开辟中国特色社会主义伟大道路。

环顾世界，还有哪个政党有这样的实践能力，28年革命历程，记录一个政党的奋斗成长；30年建设岁月，见证一个民族的顽强奋进；32年改革开放，诠释一个国家的繁荣富强。为人民利益而奋斗，90年波澜壮阔的进步中书写社会主义中国辉煌篇章。

……

当前，我们仍处于大有可为的重要战略机遇期，"十二五"蓝图全面展开，既面临难得的历史机遇，也面对各种风险挑战。坚决推动科学发展、加快转变经济发展方式，全面推进社会主义经济、政治、文化、社会以及生态文明建设，不断促进社会和谐、促进各民族大团结，是对我们党执政能力的考验，也是对中华民族自强能力的考验。全党同志须时刻谨记，必须将完成党的各项工作与实现人民利益统一起来，将尊重社会发展规律与尊重人民历史主体地位统一起来，将为崇高理想奋斗与为最广大人民谋利益统一起来。

面对风云变幻的国际形势，面对艰苦繁重的改革发展任务，我们必须更加坚定地将立党为公、执政为民的信念，作为指导、评价、检验一切执政活动的最高标准。到我们党成立一百年时全面建设小康社会，到新中国成立一百年时基本实现现代化，我们必须更加始终不渝地坚持邓小平理论、"三个代表"重要思想，深入贯彻落实科学发展观，做到发展为了人民、发展依靠人民、发展成果由人民共享。全党同志须时刻谨记，只有自强不息才能把握命运，只有与时俱进才能跟上时代，只有改革开放才能强国富民，只有艰苦奋斗才能成就伟业。

永远为人民而奋斗，我们将书写无愧于历史、无愧于先烈、无愧于时代的崭新篇章。让我们紧密地团结在以胡锦涛同志为总书记的党中央周围，不畏风险、不惧挑战，不断探索、不懈奋斗，向着中国特色社会主义事业美好前景，向着中华民族的伟大复兴，前进！

（《人民日报》2011年6月30日）

第三节 编 务 类

编务类传播文书是编辑工作过程中用来交代有关作品或作者等情况的文书，包括序、跋、凡例、发刊词、卷首语、选题报告、编辑小结等。

一、序

（一）序的特点

序，又称叙，或序文、叙文、序言、叙言、引、引言、导言等，是作者或其亲友写在著作前面的对作品、作者的有关情况进行介绍或评论的文章。

序的特点是评介性。它不仅可以包含作序者对作品、作者的有关情况进行介绍，而且可以包含作序者的评价。评介的内容包括编写的宗旨、经过、体例，作者、译者的成就和影响，作品的观点、重点和难点等。

序可以帮助读者更好地理解著作的内容，有的还具有较大的文学价值或史料价值。

（二）序的写作

序一般包括三个部分：标题、正文、落款。

1. 标题

标题写作《序》《序言》《自序》等。

2. 正文

序可以有自序和他序之分。自序偏重于说明著作的宗旨、撰写的经过、编写的体例，还可以简要阐述书中的重点和难点。他序常常对作者、作品进行介绍和评论，或对书中的观点进行引申和发挥。自序和他序可以并用，不同的观点还可以展开争鸣。

序应该坦率、诚实、中肯，这是对读者、对社会负责的表现。为人作序，要深入地了解作者，认真地研究作品，不能凭道听途说的材料和浮光掠影的印象敷衍成篇。

序大都是夹叙夹议。无论是偏重于叙述，还是偏重于议论，都要言之有物。

3. 落款

落款写明作序者的姓名、写作时间。

出版前言是出版社在推出新书或重印本时向读者所作的交代。内容一般包括出版目的和价值、书的特点、成书经过、作者情况、出版社的态度等。与序写作者不同，写法也有差别。

[例文 8-5]

《中国传统文化》序

中国文化，灿烂辉煌，博大精深，源远流长，
兼容并蓄，形式多样，传承不衰，举世敬仰。
古代文学，佳作纷呈；古代史学，群星闪亮；
古代哲学，大师辈出；科学技术，影响深广；
教育科举，人才济济；宗教信仰，本土味强；
传统艺术，魅力无穷；礼仪习俗，独具风尚；
伦理道德，美谈众多；典章制度，历经沧桑；
语言文字，独一无二；武术体育，威名远扬。

10多年前，在开设大学"中国传统文化"课时，本人就有意编写教材。可惜一直忙忙碌碌，难以抽出较多的时间。而且中国文化涉及的范围非常广泛，教材并非轻易能够编好。近年来，国学热、中国文化热复兴，本人再次萌生了编写教材的想法。虽然同类教材已经有了一

些，但本人还是想从自己理解的角度编写一本教材。经过3年的研究、撰写，本书终于完成。

本书可供高等院校学生作为教材，也可供中小学生、外国朋友和其他中国文化爱好者作为普及读物。

本书在编写过程中参考了大量的文献，本人在此一并向其作者致以诚挚的谢意！本书在出版过程中得到了出版社的大力支持和帮助，本人在此特表示衷心的感谢！

由于本人水平有限，因此本书错误和不妥之处在所难免，本人欢迎读者批评、指正。

编　者

××××年××月××日

二、跋

（一）跋的特点

跋，也称后记、补记、附记等，是作者或其亲友写在著作后面的对作品写作过程中的有关情况进行交代、抒发感想和体会的文章。

跋的特点是说明性。它对成书过程中的甘苦、书中有关问题等进行交代，抒发感想和体会。

跋可以帮助读者更好地理解著作的内容，有的还具有较大的文学价值或史料价值。

（二）跋的写作

跋一般包括三个部分：标题、正文、落款。

1．标题

标题写作《跋》《后记》《附记》等。

2．正文

（1）感想和体会。包括写作者成书过程中的辛劳、奔波、酸甜苦辣等。

（2）疑难解答。对读者会产生的问题预先作出回答。

（3）致谢。对写作过程中为自己提供过物质或精神帮助的有关单位或个人表示感谢。

跋应该坦率、诚实、中肯。为人作跋，要深入地了解作者，认真地研究作品。

3．落款

落款写明写跋者的姓名、写作时间。

编后记是书刊编者写在书刊后面的对编辑过程中的有关情况进行交代、抒发感想和体会的文章。与跋写法相似，写作者不同。

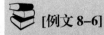
[例文8-6]

《应用文写作教程》修订版后记

这次全面修订，涉及增、删、改、调、换、分、合等各个方面。

增加了一些章节，结构、内容上更加完整、全面。例如，在第 1 章 "写作基本原理" 一节中增加了 "写作过程" 一小节，在 "表达方式" 小节中增加了 "描写" 和 "抒情"。在第 6 章中增加了 "商函类" 一节，在第 7 章中增加了 "科普类" 一节。

改写了一些内容。例如，对第 7 章中的 "科技论文" 根据《中国学术期刊（光盘版）检索与评价数据规范》做了改写，对 "礼仪文书" 一章中的 "对联" 也作了改写。

调整了一些内容，结构、内容上更加合理、科学。例如，将原来第 7 章中的 "编务类" "笔记类" 分别放到了第 8 章、第 9 章中，将各章开头有关各节概述性的文字移到了相应的节下面。

从原来的 "礼仪文书" 一章中又分出了 "日常文书"，结构上更加合理。将同类近似的文种合并起来写，删除啰唆的内容等，内容更加精练。更换了一些陈旧的例文，时效性更强。

××大学的×××先生、××大学的×××先生等对本书提出了宝贵的意见或建议，对于他们的大力支持，本人深表感谢！

编　者
××××年××月××日

三、凡例

（一）凡例的特点

凡例是指说明图书内容和编纂体例的文字。

凡例又称发凡、例言或编辑大意、体例。一般放在书的前面。

凡例的特点是原则性。凡例不仅有编纂工作应该共同遵守的一些基本原则，诸如字形、注音、释义、查检等方面的规则和方法，而且还有编辑范围方面的原则，即主要用于工具书，如字典、词典、手册、年谱、资料汇编等。凡例常将编排的体例和原则一条一条地列出。

凡例一方面是为图书编纂人员制定的，说明编纂工作应该共同遵守的一些基本原则，以保证全书规格的一致；另一方面为读者提供了读书线索，可以帮助读者迅速了解图书的结构，掌握使用的方法，提高使用的效率。

（二）凡例的写作

凡例一般包括两个部分：标题和正文。

1. 标题

标题通常就写作《凡例》。

2. 正文

（1）关于内容的原则说明。对于图书的内容，要从入选的原则上加以说明。这部分内容只需要作简单的交代就可以了。

(2) 体例介绍。这部分内容是凡例写作的重点。字典、词典多介绍条目安排，字词取舍，注音规范，释义原则，查检方法等。其他书籍多介绍入选标准、排列顺序、资料来源、注释规格等。

凡例通常都分条列款。例如，《辞海》1979年版凡例分词目、字体和字形、注音、排列和其他共 5 项 14 条，《辞源》修订本的体例分 14 条。

凡例要写得明确、通俗、细致、具体，并且逐条举例说明。

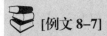[例文 8-7]

《现代汉语词典》第 5 版凡例

1 条目安排

1.1 本词典所收条目分单字条目和多字条目。单字条目用比较大的字体。多字条目按第一个字分列于领头的单字条目之下。

1.2 单字条目和多字条目都有同形而分条的，情况如下：

(a) 关于单字条目。形同而音、义不同的，分立条目，如"好"hǎo 和"好"hào，"长"cháng 和"长"zhǎng。形、义相同而音不相同，各有适用范围的，也分立条目，如"剥"bāo 和"剥"bō，"薄"báo 和"薄"bó。形同音同而在意义上需要分别处理的，也分立条目，在字的右肩上标注阿拉伯数字，如"按^1""按^2"，"白^1""白^2""白^3"。

(b) 关于多字条目。形同而音、义不同的，分立条目，如【公差】gōngchā 和【公差】gōngchāi，【地道】dìdào 和【地道】dì·dao。形同音同，但在意义上需要分别处理的，也分立条目，在【 】外右上方标注阿拉伯数字，如：【大白】^{1}、【大白】^{2}，【燃点】^{1}、【燃点】^{2}，【生人】^{1}、【生人】^{2}。

1.3 本词典全部条目的排列法如下：

(a) 单字条目按拼音字母次序排列。同音字按笔画，笔画少的在前，多的在后。笔画相同的，按起笔笔形横（一）、竖（丨）、撇（丿）、点（丶）、折（一）的顺序排列。

(b) 单字条目之下所列的多字条目不止一条的，依第二字的拼音字母次序排列。第二字相同的，依第三字排列，以下类推。

(c) 轻声字一般紧接在同形的非轻声字后面，如"家"·jia 排在"家"jiā 的后面，【大方】dà·fang 排在【大方】dàfāng 的后面。但是"了"·le、"着"·zhe 等轻声字排在去声音节之后。

2 字形和词形

2.1 本词典单字条目所用汉字形体以现在通行的为标准。繁体字、异体字加括号附列在正体之后；既有繁体字又有异体字时，繁体字放在前面。括号内的字只适用于个别意义时，在字前加上所适用的义项数码。

2.2 不同写法的多字条目，即异形词，区分推荐词形与非推荐词形，在处理上分为两种情况：（1）已有国家执行标准的，以推荐词形立目并作注解，非推荐词形加括号附列于推荐词形之后；在同一大字头下的非推荐词形不再出条，不在同一大字头下的非推荐词形如果出条，只注明见推荐词形。如【含糊】（含胡），"含胡"不再出条；又如【嘉宾】（佳宾），【佳宾】虽然出条，但只注为：见【嘉宾】。（2）国家标准未作规定的，以推荐词形立目并作注解，注解后加"也作某"，如【辞藻】…也作词藻；【莫名其妙】…也作莫明其妙。非推荐词形如果出条，只注明推荐词形，如【词藻】…同"辞藻"。

2.3 书面上有时儿化有时不儿化，口语里必须儿化的词，自成条目，如【今儿】、【小孩儿】。书面上一般不儿化，但口语里一般儿化的，在释义前加"（~儿）"，如【米粒】条。释义不止一项的，如口语里一般都儿化，就把"（~儿）"放在注音之后，第一义项之前，如【模样】条。如只有个别义项儿化，就把"（~儿）"放在有关义项数码之后，如【零碎】①…②（~儿）。如单字儿化与非儿化意义相同，分别用于不同的搭配中，也在释义前加"（~儿）"，通过举例表示在有些搭配中儿化，在另一些搭配中不儿化，如"胆"②（~儿）胆量：~怯｜大～心细｜~小如鼠｜壮壮~。

2.4 重叠式在口语中经常带"的"或"儿的"，条目中一般不加"的"或"儿的"，只在注解前面加"（~的）"或"（~儿的）"，如【白花花】…（~的），【乖乖】…（~儿的）。
......

四、发刊词

（一）发刊词的特点

发刊词是指刊物创刊时介绍刊物性质、办刊宗旨、办刊方针等内容的文书。

发刊词是编辑创刊的宣言，是编者在读者面前的第一次亮相，也称开篇絮语、致读者、见面的话等。

发刊词的特点是评介性。发刊词是对刊物性质、办刊宗旨、办刊方针等内容的介绍和宣传。由于刊物刚刚创办，在社会上还没有影响，还不为读者所知，所以必须宣传自己，让读者了解自己，欣赏自己。

发刊词通过对自身的介绍，有助于读者对刊物的了解，有助于刊物迅速扩大影响。

（二）发刊词的写作

发刊词一般分为三部分：标题、正文和落款。

1. 标题

标题通常写作《发刊词》《开篇絮语》《致读者》《见面的话》等。

2. 正文

（1）创刊缘由。指刊物由于什么原因、在什么背景下创刊的。例如，新的领域出现，没有相应的刊物反映新材料、新变化。

（2）刊物性质。指在内容、时间等方面的类别。例如，是政治刊物，还是经济刊物、文化刊物；是半年刊，还是季刊、双月刊、月刊、半月刊、周刊。

（3）办刊宗旨。指刊物主要的目的、意图。例如，宣传某种思想，促进经济交流，倡导某种时尚，剖析某种传统。

（4）读者对象。指刊物面向哪一社会阶层或社会群体。例如，学生、上班族、青年人、老年人、孩子，男性、女性。

（5）主要栏目。指刊物栏目的设置及其特色。

（6）办刊方针。指刊物努力的方向、目标等。

（7）稿件要求。指稿件在内容和形式方面的要求。例如，是文学方面的，还是艺术方面的，达到什么水平，字数多少，编排格式等。

（8）编者的希望。提出对作者、读者的希望。

3. 落款

落款写上"本刊编辑部"或个人姓名和写作日期。

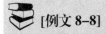

[例文8-8]

《毕业生参谋》发刊词

本世纪以来，我国每年有几百万的大学生面临毕业、就业的压力。怎样在毕业以后顺利地步入社会或者继续深造？为此，我们特开辟这个园地，自由发言，交流心得。我们并不期望这于中国的生活或思想上会有什么影响，不过姑且发表些浅见，稍加探讨罢了。

我们创办这个月刊，并不指望引领时代主流。我们这个月刊的主张是总结经验，自由交流，共同发展，创造未来。我们的力量弱小，或者不能有什么着实的表现，但我们总是向着这一方面努力。

本刊以即将毕业的大学生为主要读者对象，提供一整套服务。"岗前操练"提供各类培训信息，让你具备更多职业硬件。"择业向导"为你度身定制，帮你找到最适合自己的职业。"简历制作"透视你的方方面面，让你的魅力吸引人力主管眼球。"面试参谋"解读面试中容易遇到的问题，使你轻而易举叩开理想单位大门。"留学顾问"为你提供快捷服务，让你如愿以偿步入国外理想大学。"创业艰难"帮你开辟一片属于自己的天空，使你成为时代弄潮儿。"专升本"为你弥补高考缺憾，圆你本科之梦。"考研热"使你的人生再上一个新台阶，在不久的将来成为高素质人才。

或许我们的月刊只是一棵不起眼的小草，但是我们希望它不断地茁壮成长。这无疑需要你的关怀和支持。希望你的来稿是经验之谈,希望你能从来稿中学到实用的本领。这是我们最殷切的期望。

本刊编辑部
××××年××月××日

五、卷首语

(一) 卷首语的特点

卷首语是期刊等编辑人员在正文之前就本期刊物的重点内容和主要特色向读者所作的推荐性和介绍性的文字交代,也称编者的话、主编寄语、致读者、写在前面等。

卷首语的特点是介绍性。它是熟悉本期内容的编辑人员就本期刊物的重点内容和主要特色向读者所作的推荐和介绍,使读者对本期刊物内容有一个初步的认识。为了避免平淡、呆板,可以说些风趣、幽默的话,以显得轻松、活泼。

卷首语有助于读者更准确、更深刻地理解刊物的内容和特色,了解编者的目的。

(二) 卷首语的写作

卷首语一般包括三个部分:标题、正文、落款。

1. 标题

标题可以写作《卷首语》《编者的话》《主编寄语》《写在前面》等,也可以根据卷首语的主题拟定标题。

2. 正文

(1) 重点内容。把各栏目的重要内容一一列出,一一介绍。可以按照栏目内容的重要程度安排顺序介绍,也可以按照栏目设置的先后顺序介绍。

(2) 主要特色。突出本期刊物鲜明的个性,例如反映的主题重大、深刻、引人思考,选取的材料新颖、独特,结构设计精巧、出人意料,语言诙谐、幽默、耐人寻味。

(3) 生发内容。以本期刊物的重点内容和主要特色为基础,发表感想、体会、意见、建议等。

3. 落款

落款写上"本刊编辑部"或个人姓名和写作日期。

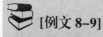 [例文8-9]

《编辑魂》卷首语

这一期,可以说是献给读者的一个"女编辑专辑"。

参加了各种形式的书刊报纸电台编辑会议以后，我印象最深的一点就是，女性在整个新闻出版系统编辑队伍中所占的比重超过男性，这也许是与职业性质有关。特别是在我市，和同行打交道，经常接触到一些女编辑。她们冷静的态度、干练的作风、娴熟的技巧常常令我称奇。于是我萌发了出个"女编辑专辑"的念头。今年登出启事之后，陆续收到几十篇女编辑的文章，现在集结成专辑，以飨读者。

"职场风云"让你走进女编辑的职业生活。王芸的《今晚我加班》道出了女编辑的辛苦，使我们为她们忘我的工作而感动。"编辑手记"辑录女编辑的经验体会。张磊的《一本书的魅力》讲述一本畅销书使出版社走出困境的故事。"酸甜苦辣"记述女编辑的心路历程。李娜的《我的甘苦我知道》向你敞开女编辑的心扉。"休闲生活"揭示女编辑的业余生活。刘娅的《这衣服很淑女》使我们领略她们逛街购物的欢娱。"爱情·婚姻·家庭"向你展示女编辑的隐秘生活。郑晓的《爱情，我终于等到了你》叙述女编辑的感情生活。周兰的《成功男人背后的女人》为我们讲述了男人在获得成功的同时，女人所作出的牺牲。

本期的"女编辑专辑"向我们展示了女编辑们丰富的生活和多彩的人生，利于作者、读者了解编辑、支持编辑工作，对于作者、读者与编辑之间的沟通是大有裨益的。希望我们的这次尝试能够起到积极的作用。

本刊编辑部
××××年××月××日

六、选题报告

（一）选题报告的特点

选题报告是编辑对于计划出版的图书的总体设计及其可行性研究的陈述、论证，也称编辑设想、策划书、策划报告等。

选题报告的特点是针对性。选题报告一般会涉及图书的名称、主题思想、主要特色、作者简介、读者对象、双效益评估、同类书情况、市场调查结果等内容，但是不能平均使用笔墨。不同的书千差万别，同类书情况也有所不同。要根据具体情况区别对待，针对不同的个案，各有侧重，突出重点。

好的选题的提出和实施，可以带来可观的经济效益和良好的社会效益，有时可以改变一个出版社的命运甚至整个出版市场的面貌。选题报告应该在进行市场调查之后写作。

（二）选题报告的写作

选题报告一般包括三个部分：标题、正文、落款。

1. 标题

标题一般由书名和文种构成，如《〈××〉选题报告》《〈××〉策划书》。

2. 正文

（1）作者简介。包括作者姓名、年龄、学历、职称、职务，发表或出版过的有关作品，在相关领域内的影响等。

（2）内容提要。概括介绍著作的主题思想、主要内容等。

（3）主要特色。在结构体系、表现手法、语言特点等方面的显著特点、独特之处，特别是创新的地方。

（4）读者对象。对著作最适合的阅读人群进行定位。

（5）同类书情况。已经出版的同一名称、同一主题、同一领域的著作情况，本著作优于同类书的地方。

（6）双效益评估。通过实际的成本核算，预计本书能给出版社带来多大的经济效益，会产生怎样的社会效益。

（7）市场调查结果。包括对图书名称、作者知名度、版式、价格、读者需求情况等进行的调查分析结果。

（8）译著原著有关情况。如果是对外国著作的翻译，要了解原著的相关情况，如原著的主要内容、读者评价、社会影响、版本译本等，还要处理好版权问题。

注意有详有略，抓住重点。

3. 落款

落款写上选题报告的作者姓名及写作日期。

审稿意见是编辑对审查、阅读的书稿所提出的见解，也称审读报告、审稿报告等。初审的审稿意见包括稿件来源、作者简介、稿件形成情况、对稿件的判断和评价、对二审和终审的要求等。二审的审稿意见判断初审的意见是否合理、正确，提出新的见解，重点关注政治性、思想性、知识性。终审的审稿意见重点关注政治思想倾向，初审、二审的疑点、难点。

加工小结是对拟采用的书稿进行修改、润色以后所作的总结。可以归纳概括、分门别类，也可以详细罗列，要突出重点。

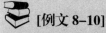

[例文8-10]

"佛学与心理治疗丛书"策划案

一、丛书出版的背景与意义

21世纪的中国，国民精神需求日益增强。心理咨询与治疗成为社会的一大热点，无论是求职于咨询治疗行业的还是求助于咨询治疗的人都在不断地增加。电视、平面媒体、网络，以心理为话题的栏目也四处可见，图书自不待说。博大精深的佛学思想，一直以来都是民众探寻人生价值、解除人生烦恼的大智慧，到了21世纪，更是成为国民解除心理困惑的另一种疗法。图书市场上日渐增多的以佛法智慧为主体的图书即是一个明证。心理治疗缘起于欧洲,经过几个世纪的发展,以科学为起点,又回归到心灵的求证。各流派心理治疗法都不约而同地转而汲取东方智慧尤其是佛学思想,这已成为21世纪心理疗法的新趋势,例如正念减压训练、正念认知疗法、辩证行为治疗、接受和承诺疗法等,都是整合了佛学思想的新的心理治疗方法。这些新的心理疗法进入中国后,对于本具有佛教基础的民众来说,是很容易被接受的(事实上已初见端倪)。

以此为背景,我们策划的一套引进版图书"佛学与心理治疗丛书"可以说是应运而生。涵盖了佛学智慧与心理治疗两大内容。可以想见,丛书的出版将在相关读者群中引起一定的反响。

二、丛书概况

1. 书目(共7种)

(1)《精神分析和佛教:展开的对话》

推荐理由:① 新,2003年出版。② 刚看完此书不久,强烈推荐。该书编排上请到了在精神分析和佛学领域都比较有名的专家对话。仅仅该书第一篇杰克·恩格勒和关系精神分析创始人斯蒂芬·米切尔的对话就奠定了此书的历史地位,他们讨论到佛学的"无我"和精神分析的"有我"如何整合的问题。③ 专业界好评如潮。

(2)《躺椅和菩提树:精神分析和佛学的对话》

推荐理由:比较经典的书,很多对精神分析和佛学做研究的人都要引用此书。

(3)《正念和接受:认知——行为疗法第三浪潮》

推荐理由:编写者Hayes和Linehan目前都是认知行为的第四浪潮的人物,这本书应该重点考虑。

(4)《正念减压训练:用你的身心智慧来面对应激、疼痛和疾病》

推荐理由:必译。作者卡巴金是把佛学引入身心医学和心理治疗界的最著名的人物,此书是其最著名的书,现在已经出到19版。

(5)《碎而不破:佛学的"无我"与精神分析的"有我"》

推荐理由:Mark Epstein的名著之一,对佛学的"无我"和精神分析的"有我"的阐述启发了杰克·恩格尔。

(6)《意识的转化:最权威的论著》

推荐理由:比较经典的书,其中杰克·恩格尔写的一节被台湾的李孟浩翻译流传很广。

(7)《正念认知疗法:彻底治愈抑郁症的新疗法》

推荐理由:这本书应该是必翻,本来以为很专业,拿到后发现其实很简单,放到第一批。

2. 丛书特点

所选图书皆为西方心理咨询与治疗领域最权威、经典的图书,包括疗法创始人的著作,而且好读易懂。推荐人为心理咨询界的中坚分子李孟潮和徐钧（见心理学空间网站"心理学人"栏 www.psychspace.com）。

3．读者对象

(1) 心理咨询与治疗师

(2) 精神科医生

(3) 高等院校的心理学专业师生及研究者

(4) 学校心理咨询中心工作人员

(5) 佛学研究者

(6) 佛教比丘

(7) 其他社科人文学者

(8) 各类心理培训班

4．出版形式

丛书成立编委会，吸纳佛学界、心理学界、精神医学界的知名学者为编委委员，先后推出，陆续出版。整套丛书可选择的有四十几种，但以前七种为第一批，如果反响好的话，再陆续推出其他图书，争取成为心理学同类书的品牌。

与此同时，已联系了台湾五南出版社建议两岸三地同时出版此丛书。

5．出版时间：2008年9月左右

三、同类书比较

初步在当当网上搜寻同类书情况，得出如下结论：

1．佛学智慧同类书情况（见表1）

表1　佛学智慧同类书概况

书　　名	作　　者	出　版　社	出版时间
李叔同说佛（彩色图文本）	李叔同著，丰子恺插图，星云法师点评	陕西师范大学出版社	2004年11月
梁启超谈佛（彩色插图珍藏本）	梁启超著，张阳编	东方出版社	2005年06月
拈花笑佛	梁启超	陕西师范大学出版社	2007年01月
季羡林谈佛	季羡林著，季羡林研究所编	当代中国出版社	2007年01月
佛说四十二章经浅释	宣化法师讲述	宗教文化出版社	2006年08月
赵朴初说佛	朱洪	当代中国出版社	2007年01月
佛说阿弥陀经浅释	宣化法师讲述	宗教文化出版社	2006年08月
谈佛说禅悟人生	释然	陕西师范大学出版社	2006年09月
梁漱溟说佛	李璐，段淑云	湖北人民出版社	2006年09月
佛说做事	如因居士	陕西师范大学出版社	2006年04月
周叔迦说佛（图文本）	周叔迦	中华书局	2006年01月

与佛有关的同类书有3 148种,这说明这类图书在目前市场上是普及而且受欢迎的。普通读者读佛书,无非是想从中获得人生智慧、心理解脱,这从当当网销量前10名的图书可见一斑,大部分是名人谈佛的话题。

2. 心理治疗同类书情况(见表2)

表2 心理治疗同类书情况

书 名	作 者	出版社	出版时间
罗杰斯心理治疗:经典个案及专家点评	[美]法伯(Farber B A)等主编,郑钢等译	中国轻工业出版社	2006年09月
儿童绘画与心理治疗:解读儿童画——心理咨询与治疗系列	[美]玛考尔蒂著,李苏、李晓庆译	中国轻工业出版社	2005年02月
客体关系心理治疗:理论、实务与案例	[美]卡什丹(Cashdan S)著,鲁小华等译	中国水利水电出版社	2006年12月
心理咨询与治疗经典案例(第6版)	[美]科瑞著,石林等译	中国轻工业出版社	2004年09月
邪恶人性——一个心理治疗大师的手记	[美]派克著,邵楠译	世界知识出版社	2004年01月
《道德经》与心理治疗——心理咨询与心理治疗系列	[美]约翰逊(Johanson G),克尔兹(Kurtz R)	中国轻工业出版社	2004年01月
心理治疗个案研究(第4版)——心理咨询与治疗系列	[美]威丁、科西尼著,王旭梅等译	中国轻工业出版社	2005年10月
抑郁情绪调节手册:十天改善你的自尊——心理咨询与治疗系列	[美]伯恩斯(Burns D D)著,汤臻等译	中国轻工业出版社	2006年03月
个人形成论:我的心理治疗观	[美]罗杰斯著,杨广学等译	中国人民大学出版社	2004年07月
心理治疗师之路(第3版)——心理咨询与治疗系列	[美]科特勒(Kottler J A)著,林石南等译	中国轻工业出版社	2005年09月

心理学领域广泛,仅以"心理治疗"为关键词搜寻结果是1 169种书。同样说明心理治疗类书也是在市场上日益增多,但从销量前10名的图书看,基本上还是中国轻工业出版社出版的"心理咨询与治疗"那一系列,这一系列的出版已达2~3年,这就说明经典图书不一定畅销但是可以长销并成为一种品牌。

3. 佛与心理治疗同类书情况(见表3)

在当当网上输入"佛与心理治疗"关键词,得出45条结果,但基本不符合要求,只找到以下几本比较接近的同类书,且很一般。

表3　佛与心理治疗同类书概况

书　名	作　者	出　版　社	出版时间
五蕴心理学（上下册）：佛家自我觉醒自我超越的学说	惟海主编	宗教文化出版社	2006年02月
心灵神医	东杜法王仁波切著，郑振煌译	中国藏学出版社	2006年01月
宽恕就是爱	[美]费里尼著，若水译	中国社会出版社	2004年01月
阅读心理治疗：大自然是间疗养院	邱鸿钟	暨南大学出版社	2006年03月
空镜救心：中国禅与现代心理诊疗	[美]张源侠	中国戏剧出版社	2005年01月

从以上同类书情况看，本丛书新且权威，跨越了心理治疗与佛学智慧两大领域，视角独特，具有不可替代性。也许不是一上市就热销的丛书，但肯定是心理咨询界、佛学界人士必读的畅销书，具有创立品牌和宣传的效应。

四、图书成本估算（略）

五、营销设想

1．版权确定后，在心理学及心理咨询与治疗相关网站、佛学相关网站发布消息。

2．翻译结束后，在心理学及心理咨询与治疗相关网站、佛学相关网站选载译文。

3．图书出版后，在心理学及心理咨询与治疗相关网站、佛学相关网站做新书推荐与评论。

4．组织编委会成员作讲座并推荐为培训教材。

六、最后结论

本丛书的选择皆为目前国际上最权威的图书，引领心理治疗的潮流，其主打对象是心理咨询与治疗界的读者和佛学界的读者，购买弹性小，是大部分人的必买书，有长销潜质。在专业读者的带动下，我们可继续出版针对普通读者的相关图书，最终形成心理咨询师的经典图书与普通大众咨询自助的心理类图书两块领域。

请审核批准！

策划人　徐维东
2007年7月26日

第四节　告启类

告启类传播文书是发布新信息的文书，包括简介、海报、启事、声明等。

一、简介

（一）简介的特点

简介是指向公众介绍有关人物或事物的基本情况和特点的简明文书。

按照被介绍对象的性质，简介可以分为人物简介、机构简介、名胜简介、产品简介、书刊简介等。

简介的特点是简明性、概括性等。

1. 简明性

简介要通过多种媒体、各种渠道发布，要求篇幅简短，意义明确。通过简介，人们可以了解被介绍对象的基本情况、大致轮廓。要抓住有关人或事物的基本情况和重要特点，进行简要介绍，给人留下深刻的印象。

2. 概括性

简介对人物或事物的介绍，要有较高的概括性。详细、具体、面面俱到的介绍，既不必要，也不可能。要使用概括的语言，抓住人和事物的特点，对介绍对象进行概要介绍。

（二）简介的写作

简介一般包括三个部分：标题、正文和落款。

1. 标题

标题一般由被介绍对象+文种构成，如《避暑山庄简介》。

2. 正文

（1）开头。简要介绍被介绍对象的概况。人物简介说明人物的姓名、性别、出生年月、籍贯、学历、职务、职称、政治面貌等。机构简介说明机构的由来、所属、成立背景等。名胜简介说明名胜古迹的地理位置、所处环境、外貌特征、文物级别等。产品简介说明产品的生产厂家、由来、型号等。书刊简介说明书刊的由来、出版或创刊人、出版或创刊时间等。

（2）主体。主要介绍被介绍对象的基本情况和重要特点。人物简介介绍人物的主要经历和事迹及其在活动中所起的作用等。机构简介介绍机构的工作性质、业务范围、组织机构、历史沿革、发展前景等。名胜简介介绍名胜古迹的景观特色、历史风貌、文物价值及有关的传说、故事、人物等。产品简介介绍产品的外形、构造、成分、性能、特点、用途等。书刊简介介绍书刊的办刊宗旨、主要特色、栏目设置、读者对象、投稿方法等。根据不同的对象，按照相应的顺序和方法进行介绍。内容要真实，文字要准确。要抓住特征，重点介绍。

（3）结尾。结尾对被介绍对象进行小结。或作出评价，或表示欢迎，或展望未来，或表达希望，或公布价格，或说明订购方法等。

3. 落款

落款写明详细地址、邮政编码、电话号码、传真号码等。

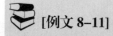

[例文 8-11]

北京大学简介

北京大学创于 1898 年，初名京师大学堂，是第一所国立综合性大学，也是当时中国的最高教育行政机关。辛亥革命后，于 1912 年改为现名。

作为新文化运动的中心和"五四"运动的策源地，作为中国最早传播马克思主义和民主科学思想的发祥地，作为中国共产党最早的活动基地，北京大学为民族的振兴和解放、国家的建设和发展、社会的文明和进步作出了不可替代的贡献，在中国走向现代化的进程中起到了重要的先锋作用。爱国、进步、民主、科学的传统精神和勤奋、严谨、求实、创新的学风在这里生生不息、代代相传。

1917 年，著名教育和民主主义革命家蔡元培出任北京大学校长，他"循思想自由原则、取兼容并包之义"，对北京大学进行了思想解放和学术繁荣，北京大学从此日新月异。陈独秀、李大钊、毛泽东以及鲁迅、胡适等一批杰出人才都曾在北京大学任职或任教。

1937 年卢沟桥事变后，北京大学与清华大学、南开大学南迁长沙，共同组成长沙临时大学。1938 年初，临时大学迁往昆明，改称国立西南联合大学。西南联大汇聚三校菁华，以刚毅坚卓精神，维系中华教育命脉。抗战胜利后，北京大学返回故园，于 1946 年 10 月正式复学。

中华人民共和国成立后，全国高校于 1952 年进行院系调整，北京大学成为一所以文理基础教学和研究为主的综合性大学，为国家培养了大批人才。据不完全统计，北京大学的校友和教师有近 400 位两院院士，中国人文社科界有影响的人士相当多也出自北京大学，并且产生了一批重大研究成果。

改革开放以来，北京大学进入了一个前所未有的大发展、大建设的新时期，并成为国家"211 工程"重点建设的两所大学之一。

……2000 年 4 月 3 日，北京大学与原北京医科大学合并，组建了新的北京大学。原北京医科大学的前身是国立北京医学专科学校，创建于 1912 年 10 月 26 日。20 世纪三四十年代，学校一度名为北平大学医学院，并于 1946 年 7 月并入北京大学。1952 年在全国高校院系调整中，北京大学医学院脱离北京大学，独立为北京医学院。1985 年成为国家首批"211 工程"重点支持的医科大学。

北京大学位于京城西郊，占地 2 707 853 平方米（4 062 亩）。学校现有教职工 17 203 人，各类在校学生 36 982 名。现有 155 个博士点、177 个硕士点、86 个本科专业，以及覆盖139个专业的29个博士后流动站。北京大学拥有的教授、博士生导师、中科院院士及国家重点学科和国家重点实验室的数量均居全国高校之首。现任校党委书记是闵维方教授，校长是许智宏院士。

（北京大学校园网）

二、海报

（一）海报的特点

海报是指向公众报道、介绍有关电影、戏剧、文艺表演、体育活动、报告会、展览会等信息的文书。

海报的名称最早起于上海。旧时，人们常常把职业性的戏剧表演界称为海，从事职业性的戏剧表演称为下海。作为剧目演出信息的张贴物，就被称为海报。现在的海报，使用范围更加广泛，除了纸张张贴以外，还可以通过报纸、广播、电视等媒体发布。

海报具有群众性的特点。海报是向公众公开而广泛地传播有关电影、戏剧、文艺表演、体育活动、报告会、展览会等信息的文书，因此要在短暂的时间内让尽可能多的群众知道并且参与海报所报道的活动。海报常常在固定的公众场合张贴，或通过媒体发布。为了吸引更多的人的注意，海报的设计讲究标题醒目，布局新颖，图文并茂，色彩鲜艳。

（二）海报的写作

海报一般包括三个部分：标题、正文和落款。

1. 标题

（1）只写文种，即《海报》。

（2）直接写事由（活动内容），如《学术讲座》《球讯》《舞会》《文艺晚会》。

（3）由举办单位+事由构成，如《复旦大学新世纪教育讲座》。

（4）由引题+正题构成。正题点明主题，副题概括目的、意义，说明活动宗旨、精彩内容，渲染气氛，如《专题音乐会——梁祝》。

2. 正文

正文交代清楚活动的时间、地点、内容、参加方式、注意事项等。可以分条列举。

正文内容必须真实，与题目相符。可以适当运用鼓动性的词语，但是不能失实。文字力求简明，干脆利落。条目要清楚。可以根据内容配上美术图案，构图和色彩要醒目、简洁，具有时代气息和装饰美。

3. 落款

落款写明主办单位、举办单位和举办日期。

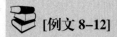[例文 8–12]

专题音乐会

梁　祝

时间：4月29日晚上 7:00
地点：上海大剧院
订票热线：××××××××

球　讯

今天下午 2:00，我校篮球队与树人中学篮球队在本校球场进行友谊比赛。欢迎大家参观助兴。

育才中学体育教研室
××月××日

海　报

为了进一步推动大学生科技活动的开展，校团委将邀请著名科学家谢希德教授作"大学生如何从事科技活动"的报告，请各班选派两名代表出席。

时间：3月20日下午 2:00
地点：相辉堂

复旦大学校团委
××××年××月××日

三、启事

（一）启事的特点

启事是指国家机关、社会团体、企事业单位或个人向公众说明事实情况并且希望公众协助办理的文书。

启事的特点是求助性。请求协助办理有关事宜是启事的目的所在。启事在把事实情况向公众进行说明的基础上，请求公众给予协助、配合。但是启事不具有强制性和约束力，对于启事中提出的请求，公众可以协助办理，也可以不予理睬。

（二）启事的种类

根据目的的不同，启事可以分为三类：征招类启事、寻找类启事和提醒类启事。征招类启事向公众征招有关的人或物的启事，如征稿、征订、征友、征婚、招生、招聘、招工、招商等。寻找类启事向公众寻找有关的人或物的启事，如寻人、寻物、招领等。提醒类启事提醒公众注意有关事项的启事，如开业、停业、更正、更名、庆典、迁移等。

（三）启事的写作

启事一般包括三个部分：标题、正文和落款。

1. 标题

（1）只写文种，即《启事》。
（2）在文种"启事"前面加上修饰性词语，如《重要启事》《紧急启事》。
（3）直接写明事由，如《寻人》《诚聘英才》《TOEFL 强化班招生》。
（4）由事由+文种构成，如《寻物启事》《招聘广播台主持人启事》。
（5）由单位+事由+文种构成，如《复旦大学网络学院招生启事》。

2. 正文

正文说明启事的目的、意义、原因、内容、形式、要求、联系方式等。要根据启事的不同类型决定内容的侧重和详略。

征稿启事要写明稿件范围、内容要求、格式要求、字数限制、付酬方法、投稿方法等。征订启事要写明图书报刊的性质、宗旨、内容特色、栏目设置、读者对象、价格、征订方法等。招聘启事要写明招聘目的、招聘对象、招聘条件、福利待遇、应聘办法等。招生启事要写明招生的目的、类别、名额，报名的条件、时间、地点，联系地址、联系人姓名、联系方式等。招领启事要写明所拾物品的时间、地点，物品名称，让失主什么时间、什么地点认领等，不能说明物品的数量、特征，以防被人冒领。征婚启事要写明征婚者的年龄、性别、籍贯、身高、体重、婚姻状况、家庭状况、经济状况等和对应征者的要求等。寻人启事要写明被寻找者的姓名、性别、年龄，什么原因、什么时间、什么地点失踪，长相、体态、口音、服饰等特征，联系方式等，最好附上被寻找者的照片。寻物启事要写明丢失物品的时间、地点，物品的名称、规格、形状、质地、记号、数量等。迁移启事要写明迁移目的、迁移日期、迁往地址、电话号码等。

内容必须真实、准确，具体、明确，直截了当，简明扼要，通俗易懂，诚挚恳切。

3. 落款

落款写明撰写启事的单位名称或个人姓名、撰写启事的日期。

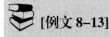[例文 8—13]

诚 聘 英 才

上海××国际货运有限公司是经中国外经贸部、中国民航总局批准的一类货代企业。因业务扩展需要，经虹口区职业介绍所同意，特向社会公开招聘优秀人才，共创企业辉煌。

市场部经理助理：2 名　　　　国际业务协调：5 名
空运销售主管：2 名　　　　　空运操作主管：4 名

具有良好的英语听、说、读、写能力，熟练操作计算机，熟悉空运、海运进出口操作流程，良好的与外代沟通协调能力，并具有一定的客户基础及两年以上货代工作经验。

……

报关员：2 名

具有报关员资格证书，两年以上报关经验。

法律部工作人员：1 名

法律专业毕业，英语四级以上，具有两年以上工作经验。

以上人员均需大专以上学历，35 岁以下及本市户口，录用后实行劳动合同制。有意者请于十日内将个人履历、身份证复印件及近照一张寄至：黄浦路××号上海滩国际大厦 26 楼上海××国际货运有限公司人事部（邮编：××××××）。资料恕不退回，恕不接待。

上海××国际货运有限公司

××××年××月××日

寻人启事

×××，男，70 岁，身高一米七二，较胖，有时神志不清楚，耳聋，下巴上有一颗黄豆大的黑痣，牙齿已经掉完，操上海口音。于××月××日走失，至今未归。走失时上穿黑色呢子短大衣，下穿灰色全棉裤子，脚穿黑色皮鞋。有知其下落者请通知上海市××厂×××，必有重谢。电话：××××××××。

启事人　×××

××××年××月××日

××学院校庆启事

为庆祝我院建院 50 周年，特举行校庆活动一天。热诚希望历届校友光临大会，并请校友互相转告。

时间安排：××××年××月××日上午 9 时在院大礼堂举行庆祝会，下午 2 时分系举办论文交流会，晚上分系联欢、座谈。

联系地址：××市××路××号

邮政编码：××××××

联系人：王××、张××

电话：××××××××

××学院校庆办公室

××××年××月××日

四、声明

（一）声明的特点

声明是指国家机关、社会团体、企事业单位或个人为维护自身权益就某一重要问题或重要事件公开向公众表明立场、观点、态度或发表主张的文书。

声明的特点是告知性。声明将有关重要问题、重要事件公开告诉公众，同时表明立场、观点、态度或发表主张，但是一般不对公众提出什么要求，目的只是让公众知道情况。

（二）声明的种类

按照使用范围的不同，声明可以分为政务类声明和事务类声明。

政务类声明是国家机关、社会团体、企事业单位及其领导人抗议、驳斥或澄清事实及就政务方面的有关重要问题或重要事件发表的声明。例如，全国政协港澳台侨委员会强烈谴责李登辉分裂祖国言论的声明。

事务类声明是单位或个人就有关事务方面的问题或事件发表的声明。例如，遗失空白转账支票、身份证，声明作废等。

（三）声明的写作

声明一般包括三个部分：标题、正文和落款。

1. 标题

（1）只写文种，即《声明》。

（2）在文种"声明"前面加上修饰性词语，如《重要声明》《郑重声明》。

（3）由事由+文种构成，如《遗失声明》。

（4）由单位+事由+文种构成，如《××公司总经理授权法律顾问××律师发表郑重声明》。

2. 正文

正文首先简要交代某一重要问题或重要事件的事实情况以让公众知晓，然后就有关事件或问题公开向公众表明立场、观点、态度或发表主张，最后提出为制止事件继续发展而将采取的措施、办法。事实要确凿，是非要分明，态度要鲜明，语言要准确。

3. 落款

落款写明发表声明的单位名称或个人姓名、发表声明的日期。

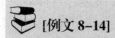[例文8-14]

××牌汽车厂厂长××授权
厂法律顾问×××律师发表郑重声明

近来，在市场上发现用不是我厂生产的零部（散）件拼装汽车假冒"××"牌商标在市场上出售；另有少数单位和个人冒充我厂人员，在外招揽加工、维修汽车业务。这些不仅损害了广大客户的经济利益，而且严重损害了我厂信誉。

对上述侵权行为的企业和个人除我厂将依法追究法律责任外，恳请各客户注意：我厂生产的××牌汽车系列产品，产地在××省××市，并附有特制的盖有"××汽车厂检验科成品验收合格章"的"产品合格证"，凡我厂销售和维修服务人员在外进行工作时，都持有法定代表人发给的贴有照片的授权委托书。

××牌汽车厂　厂长　××
法律顾问　×××
××××年××月××日

遗　失　声　明

我处不慎遗失空白转账支票一本，号码为××至××共计50张，印有我校财务处业务专用章。特此声明作废。

××大学财务处
××××年××月××日

第九章 日常文书

第一节 概 述

一、日常文书的特点

日常文书是指人们在日常工作、学习和生活中经常使用的用来交流思想、记录心得的文书。

按照性质和作用的不同，日常文书可以分为书信类、条据类、笔记类等。

日常文书的特点是：频繁性、程式性和灵活性。

（一）频繁性

日常文书在人们日常工作、学习和生活中经常会接触到，使用频率很高。虽然有电话、手机等通信设备，但是书信仍然发挥着它独特的功能。履行日常事务常常要使用条据作为凭证。日常行事、读书看报有了感受和想法，往往会记录下来。

（二）程式性

日常文书在长期的使用过程中形成了一套固定的格式和专门的用语，不能任意改变。不同类别的日常文书，格式、用语会有所不同，使用时要加以区别。书信、条据针对不同的对象，要使用不同的口气和词语。日记和摘要式笔记也都有自己的格式。

（三）灵活性

日常文书种类繁多，形式多样，使用非常灵活。有想法就写，没想法就不写。想法多就多写，想法少就少写。想怎么写就怎么写。

二、日常文书的作用

日常文书的作用是：交流思想、记录心得。

（一）交流思想

在日常工作、学习和生活中，人们可以把自己的所作所为、所思所想告诉给有关的亲友、同事。联系亲友、表示慰问、申请事项、证明身份等，书信常常是必不可少的工具。请求师友、经手物品等，条据往往必不可少。

（二）记录心得

人们在日常行事、读书看报时有了感受和想法，常常会记录下来。这些记录下来的心得体会，反映了人们的心路历程，也包含了一些灵感，来之不易。无论对于丰富自己的生活经验，还是对于积累写作素材，都有重要价值。

第二节 书 信 类

书信类日常文书是用来交流情感、互通信息、商讨事情、研究问题的书面形式，包括申请书、私信、公开信、慰问信、感谢信、介绍信、证明信、求职信、英文书信等。

书信可以分为一般书信和专用书信。一般书信指私信。专用书信是在特定场合使用的信件，也称公务书信。私信与专用书信有区别：私信不需要标题，专用书信需要标题；私信不需要盖章，专用书信如果是以组织名义写的要加盖公章。

一、申请书

（一）申请书的含义

申请书是个人或组织因为某种需要向组织或领导表达愿望、提出请求时所使用的专用书信。

申请书的特点是期盼性。申请书一般应有请求事项，期望组织批准。申请书用来向组织或领导提出请求，围绕请求的事情说明理由，介绍情况，并表达愿望。

从内容上申请书可以分为三类：要求参加某种组织的申请书，如入党申请书；要求解决某个问题的申请书，如调动工作的申请书、辞职报告；要求获得某项权利的申请书，如专利申请书。

（二）申请书的写作

申请书一般包括标题、称谓、正文、结语、落款等部分。

1. 标题

（1）只写文种，即《申请书》或《申请》。

（2）由事由+文种构成，如《入党申请书》《专利申请书》。

2. 称谓

称谓写接受申请的组织名称或领导姓名、职务，如"××党组织""××校长"。

3. 正文

正文包括申请的事项、申请的理由和申请人的态度三个部分。

（1）申请的事项。开门见山地提出申请的事项或意愿。要简明扼要，提纲挈领。

（2）申请的理由。根据申请的事项提出申请的理由。或写出自己的思想认识过程，或摆出自己的实际情况，或列出自己的主客观条件等。

要注意以下几点：一是理由充分，避免含糊其词。要让人一看就心悦诚服，马上研究解决。二是抓住要领，避免面面俱到。要提出主要理由，说明为什么要提出申请。三是条理分明，避免眉目不清。可以分段来写，也可以分条列项。

（3）申请人的态度。向组织或领导提出诚恳的希望或要求，或表示自己的决心。

4. 结语

结语写表示祝愿、敬意或感谢的话。例如，"此致敬礼""请接受我衷心的感谢"等。

5. 落款

落款写明申请人的姓名和提出申请的日期。

专利申请书包括专利请求书、专利说明书及说明书摘要、权利要求书三个文件。专利请求书填写的主要项目有：发明名称及发明者姓名，申请人姓名、通讯地址、电话号码，请求事项，附件。专利说明书的主要内容包括：发明或实用新型的名称、领域、目的，与背景技术相比所具有的有益效果，对发明或实用新型的理解、检索及有用的技术背景，要求保护发明或实用新型的技术方案，附图说明，申请人认为实现发明或实用新型的最好方法。说明书摘要的主要内容包括：发明或实用新型名称，所属的技术领域，需要解决的技术问题，主要技术特征和用途。权利要求书的内容包括：独立权利要求（保护主要技术特征的权利要求）和从属权利要求（保护附加技术特征的权利要求）。

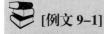[例文9–1]

入党申请书

敬爱的党组织：

今天我怀着十分激动的心情，郑重地向党组织提出：我志愿加入中国共产党。这句话在我心中久久埋藏，也是我长久以来的向往和追求。

我出生在一个共产党员的家庭，从小祖父祖母的言传身教给我留下了不可磨灭的印记，那就是：没有共产党，就没有新中国。

中国共产党是中国工人阶级的先锋队，同时也是中国人民和中华民族的先锋队。在半封建半殖民地的旧中国，工人农民是社会最底层的阶级，遭受着帝国主义、封建主义、官僚资本主义的三重压迫，处于水深火热之中。为了救中国，有许多仁人志士做了无数的努力和奋斗，最终还是中国共产党带领广大工农阶级，走出了一条光辉之路，挽救了中国，挽救了人民。

新中国成立后，党又带领全国各族人民进行了社会主义改造，完成了从新民主主义到社会主义的过渡，确立了社会主义制度，顺利走上了社会主义道路，并为最终实现共产主义而进行着不懈的努力。

我国的经济文化落后的现实决定了我国正处于并将长期处于社会主义初级阶段，所以我国的建设必须从实际出发，走中国特色的社会主义道路。党在社会主义初级阶段的基本路线是：领导和团结全国各族人民，以经济建设为中心，坚持四项基本原则，坚持改革开放，自力更生，艰苦创业，为把我国建设成为富强、民主、文明的社会主义现代化国家而奋斗。

在这条探索的道路上，尽管遇到无数的艰难险阻，但是党都力挽狂澜，始终站在中国前进的最前方！中国人民始终坚信：有了中国共产党，才有今天的中国！

我从小就受到家庭的熏陶而对党充满了热爱，加入党组织，是我许多年的夙愿。……我把能参加这样伟大的党作为最大的光荣和自豪。像他们那样，为了党，为了祖国，为了人民，奉献出自己的光和热，是我人生的奋斗目标。

大浪淘沙，在革命战争年代，加入党组织，为党组织而奉献，就意味着担负着危险的工作，甚至要牺牲自己的生命，思想不纯的人很容易被环境淘汰。而在我国社会稳定的今天，加入党组织，更应当端正入党的动机，不能有坐享其成的思想，要有为共产主义事业奋斗终身的坚定信念。而共产主义是一个非常漫长的历史过程，如果对这个过程不忠诚，那就背离了党的纲领。

通过学习，我深刻而正确地理解了党的纲领，在思想上更加严格要求自己，坚持党的基本路线，认真学习马克思列宁主义、毛泽东思想、邓小平理论和"三个代表"的重要思想，坚决拥护中国共产党，在思想上同党中央保持一致，学习建设有中国特色社会主义的理论和党的路线、方针、政策。我坚持"未进党的门，先做党的人"。在平时的工作、学习和生活中，以党员的标准时时处处严格要求自己，认真遵守学校的规章制度，努力学习、刻苦钻研科学文化知识、团务知识，不断提高自己的理论和管理水平，希望在学校领导和同学们的教育和帮助下，从一名普通的大学生早日站到党旗下。

但我深知，在我身上还有许多缺点和不足，如在与同学之间沟通上还有所欠缺，工作中有些情绪化，处理问题不够成熟等。不过我会尽我所能予以改正的，同时还请组织给予指导和帮助。今后，我要用党员标准更加严格地要求自己，自觉地接受党员和群众的帮助与监督，以身边优秀的共产党员为榜样，努力克服自己的缺点和不足。

如果党组织能批准我的请求，我一定拥护党的纲领，遵守党的章程，履行党员义务，执行党的决定，严守党的机密，对党忠诚，积极工作，刻苦学习，为共产主义奋斗终身。

> 如果党组织没有批准我的请求，我也不会气馁，我将继续以党员的标准严格要求自己，及时充实、提高自己，以更饱满的热情投入到以后的工作和学习中去，以实际行动争取早日加入党组织。
>
> 　　请党组织在实践中考验我吧！
>
> 　　　　　　　　　　　　　　　　　　　　　　　　　　　　杜木土
> 　　　　　　　　　　　　　　　　　　　　　　　　　　××××年××月××日

二、私信

（一）私信的含义

　　私信是私人之间交流思想的书信。

　　私信的特点是私密性。私信往往包含一些个人隐私，内容一般不对外公开。不经过本人同意，私信不能被非法拆开、偷看。

（二）私信的写作

1. 信瓤

　　信瓤包括以下几个部分：称谓、问候语、正文、祝颂语、落款。

　　（1）称谓。称谓可以按照平时的习惯称呼对方，如"爷爷""奶奶""爸爸""妈妈"，"哥哥""姐姐"，"弟弟""妹妹"。写给长辈的，一般按辈分称呼，写给德高望重的长者，常常在姓后面加"老"字。写给平辈、晚辈的，可以直呼其名，也可以只写辈分称呼，或在名字后面加辈分。写给同事、朋友的，可以在名字后面加上"同志"等，或在姓的前面加"老""小"等。表示尊敬可以在称呼前面加上"尊敬的""敬爱的"等修饰语，表示亲密可以在称呼前面加上"亲爱的"等。

　　称谓要写在信纸的第一行，顶格书写。

　　（2）问候语。问候语常用的有"你好""近来好""好久不见，十分想念"等。遇到节日，应该致以节日的问候。还可以对收信人的工作、学习、生活和身体等各方面的情况进行问候。要根据问候、思念、钦佩、自述、祝贺、致谢、致歉、致哀、回复等不同情况采用不同的问候语，要让人感受到真情实感，这样才能取得良好的实际效果。

　　问候语另起一行，前面空两格，一般单独成段。

　　（3）正文。

　　① 开头。交代近日状况或"××月××日来信收悉"过渡。

　　② 主体。包括写信人要告诉收信人什么事情，写信人要求收信人办理什么事情等内容。一般先写对方关心的事情，后写自己关心的事情。如果是回信，就先回答来信中提到的问题或要求办理的事项，告诉收信人所关心的事态有了什么变化、发展等，然后再写自己要

询问收信人什么事情、要求收信人办理什么事情等内容。如果要告诉收信人的事情较多，与收信人商量的事情不止一件，那么就要分层分段地把各个事情写清楚。

③ 结尾。向对方致意、致谢、致歉，希望对方尽快回信、代表自己向亲友问好，提醒、嘱托、请求对方某事、重申、表态等。

正文另起一行，前面空两格。

（4）祝颂语。正文写完以后，要根据收信人的不同身份和写信的目的、内容，写上不同的致敬或祝愿的话，如"此致敬礼""顺致敬礼""恭祝安康""祝快乐""祝努力学习"等。"此致""顺致""恭祝""祝"等一般占一行，前面空两格书写，也可以紧接正文后面书写，"敬礼""安康""快乐""努力学习"等另起一行顶格书写。祝颂语不加标点符号。

（5）落款。落款包括署名和写作日期。

① 署名。署名要与开头的称谓相对应。对长辈，一般要写称呼，如"儿××上""学生××上"。对平辈、晚辈、熟悉的人，可以不写姓、不加称呼，只写名就行了。对初次接触或不大熟悉的人，要写全姓名。对亲属、好友，可以写上称呼，对亲属也可以只写称呼，不写姓名。署名另起一行，写在祝颂语的右下方。

② 日期。写上具体的年、月、日，还可以写上时刻和地点。

有的信还有附言。信已经写完以后，如果发现正文中有遗忘的内容或不便于插入的内容，可以使用附言的形式。附言写在信的末尾下方。附言另起一行，可以写上"另外""附""附言""又及"等，后面加上冒号，引出附言内容。

2. 信封

信封分 5 行或 5 列书写。

第 1 行（列）写收信人所在地区的邮政编码，用阿拉伯数字。第 2 行（列）写收信人地址，各级行政区划按照从大到小的顺序依次排列，换行时不要把同一个地名拆开，地名要用全称，不要用不规范的简称、俗称。第 3 行（列）写收信人姓名，字体略大，姓名后面一般加上"先生""女士""小姐""老师""同志"等，不要写亲属名称，如"父""母""哥""姐"等。第 4 行（列）写寄信人地址、姓名。第 5 行（列）写寄信人所在地区的邮政编码。

信封有横式和竖式两种写法。横式写法行序是从上到下，字序是从左到右；竖式写法行序是从右到左，字序是从上到下。

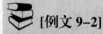**[例文 9–2]**

亲爱的爸爸妈妈：

你们好吗？现在工作很忙吧？身体好吗？我在上海挺好的，只是房价贵得让人害怕。爸爸妈妈不要太牵挂。虽然我很少写信，其实我很想家。爸爸每天都上班吗？身体不好就不要去了。干了一辈子革命工作,也该歇歇了。烟要少抽,酒要少喝,麻将少打,有空就四处走走吧。我买了套衣服给妈妈,别舍不得,穿上吧。以前儿子不太听话,现在懂事了,也长大了。哥哥妹妹常回来吧?替我问候他们吧。有什么活儿就让他们干,自己孩子有什么客气的?爸爸妈妈多保重身体,不要让儿子放心不下。今年春节我一定回家。好了,先写到这儿吧。
  此致
敬礼

儿小波上
××××年××月××日

三、公开信

(一) 公开信的特点

  公开信是把不必保守秘密的事情和意见公布于众以便群众阅读和讨论的信件。
  公开信的特点是吁请性。公开信的内容一般都具有普遍的思想意义和教育意义,通过张贴、传阅等形式或报刊、广播等媒体发布,引导人们仿效英雄楷模,贬斥歪风邪气,沿着健康的方向前进。

(二) 公开信的种类

  按照写作内容的不同,公开信可以分为纪念性公开信和问题性公开信。

1. 纪念性公开信

  纪念性公开信是领导机关、群众团体在纪念活动、传统节日或重大事件发生时给有关单位、集体等发出的公开信。

2. 问题性公开信

  问题性公开信是领导机关、群众团体或个人针对某一问题给有关对象发出的公开信。这类公开信有的是表扬,有的是批评,有的是倡导新风,有的是提出建议。

(三) 公开信的写作

  公开信一般包括以下几部分:标题、称谓、问候语、正文、结语、落款。

1. 标题

  (1) 完全性标题。由发文者+事由+受文者+文种构成,如《共青团中央关于提倡婚事新办给全国共青团员、青年朋友们的一封信》。
  (2) 省略性标题。由发文者+受文者+文种构成,或由受文者+文种构成,如《巴甫洛夫给青年们的一封信》《致×××的公开信》。

2. 称谓

  纪念性公开信可以在受文者前面加上"尊敬的""敬爱的"等。问题性公开信写"同志们""朋友们",也可以直接写姓名或职务。

3. 问候语

问候语常常用"你们好"等。

4. 正文

（1）纪念性公开信。

① 热情赞颂英雄模范或受文者的品德、成绩、贡献及其影响，并且使受文者感受到发文者对他们的关怀。

② 根据受文者的共同特征，提出要求、希望，鼓励他们继续沿着正确的方向前进。

③ 发出号召。感情要饱满、热情。

（2）问题性公开信。

① 说明问题提出的背景、原因。

② 简要叙述事件发生的时间、地点、人物、原因、经过和结果，或发生了什么倾向，有哪些表现，具体分析这种倾向产生的原因。

③ 表明对人物或事件的态度，或者表扬，或者批评，或者提出主张、建议。

5. 结语

写上表示祝愿的话，如"此致敬礼""妥否请参考"等。

6. 落款

（1）署名。写上发信的组织名称或个人姓名。如果标题中已经出现过，这里可以省略。

（2）日期。写上发信日期。

决心书、倡议书、建议书、表扬信、投诉信、婉拒信要写明事情缘由、具体内容或措施、希望等。

[例文9-3]

致社会名人、明星的一封公开信

首都的社会名人、明星们：

你们好！

多少年来，名人、明星都是社会各界关注的焦点。你们的一举一动都在左右着公众的视线。由于职业特点、个人魅力和自身不懈的努力，你们在不同的工作岗位和领域中散发出耀眼的光辉，成为人们所肯定、仿效和喜爱的公众人物。广大消费者喜欢和崇敬你们，是因为你们为他们的工作和生活丰富了内容、增添了欢乐！广大消费者是多么希望你们永远是他们喜爱的名人和明星，是他们永远的朋友！

一个时期以来，一些单位看中了名人、明星的社会影响力，纷纷邀请你们中的一些人为他们的企业做形象宣传和代言。于是，在各类报纸、期刊、电视、广播等媒体上出现了许多以社会名人、明星为角色的广告。他们或是以形象大使的身份，为企业做形象宣传；或是以代言人的身份，为企业做产品或服务的介绍。

  规范的名人、明星广告，精彩了广告内容，展示了企业形象，传递了消费信息，繁荣了广告市场，推动了经济增长。对这些名人、明星广告，广大消费者是欢迎的！但是，也有少数名人、明星做的广告，对社会公众进行了虚假的宣传，误导或欺骗了消费者，侵害了消费者的合法权益。

  最近，一些消费者投诉至北京市消费者协会，称其在看过一些名人、明星对产品做的广告后，出于对心中偶像的崇拜与信任而购买了广告中的产品，但使用后却发现产品与广告宣传不符，相差甚远。同时，很多消费者也对名人、明星广告产生了疑问，究竟是产品的生产厂家有意误导，还是我们所喜爱与信任的名人、明星在欺骗我们？

  当前名人、明星广告存在的主要问题……

  首都的名人、明星们：你们是社会的公众人物，你们的灿烂形象和荣誉是经过多年的辛勤努力和汗水才获得的，是党和政府对你们培养的结果，是广大消费者对你们的认可。你们应十分重视和珍惜这份荣誉。而目前少数名人、明星做的虚假广告却损害了你们的形象和荣誉，辜负了人民群众对你们的爱戴和期望。为此，北京市消费者协会郑重地向首都的社会名人、明星们提出建议：

  一、珍惜你们的荣誉和形象，遵守公认的职业道德，尊重消费者的合法权益，拒绝承做虚假和可能对消费者进行误导的广告。

  二、提高作为社会公众人物对社会应承担责任的意识。你们在社会活动中，不仅仅代表你自己，而且代表了所有公众人物的形象。你们对社会负有不可推却的责任。对于你们根本没有使用过的商品和接受过的服务，不要无根据地以自身为例向广大消费者推荐产品或服务。

  三、提高遵法、守法的意识。作为社会公众人物，要认真学习相关法律法规知识，要知法、懂法、守法，不做违反国家法律法规和社会公德的事情。

  四、在社会公德、社会公益和自身利益之间，要选择社会公德，要积极支持、参与社会公益活动，拒绝重金聘请的虚假广告和其他活动。

  五、虚心听取社会各界和广大消费者的意见，及时纠正不符合国家法律法规和社会道德规范的行为，树立良好的名人、明星风范。

北京市消费者协会
2004年8月19日

四、慰问信

（一）慰问信的特点

  慰问信是组织、领导或同志、亲友在集体或个人作出杰出贡献或遭受重大损失、巨大困难或节日时表示问候、安慰、同情、关怀等的书信。慰问信以电报的形式发出，就是慰问电。

慰问信的特点是亲切性。被慰问者收到慰问信，如同得到一次亲切、友好的访问、看望，感到慰藉和鼓舞，获得光明与快乐，减少悲伤和痛苦。慰问信要充分体现组织的温暖和同志、亲友之间的深情厚谊，给人以继续前进的信心、克服困难的勇气、勤奋学习和努力工作的力量。慰问信在赞扬被慰问者的可贵品质和高尚风格的同时，要提出殷切的希望，鼓励他们继续奋斗。要亲切、热情、诚恳，洋溢着鼓舞人心的力量。

（二）慰问信的写作

慰问信包括标题、称谓、问候语、正文、祝颂语和落款等部分。

1. 标题

（1）完全性标题。由慰问者+被慰问者+文种构成，如《×××致×××的慰问信》。

（2）省略性标题。由被慰问者+文种构成，如《致×××的慰问信》。

（3）简单性标题。只写文种，即《慰问信》。

2. 称谓

称谓写被慰问者的组织名称或个人姓名。写给个人的，要在姓名后面加上"同志""先生""女士"等。

3. 问候语

问候语常用"你们好"等。

4. 正文

（1）开头。首先交代慰问的背景、缘由，然后表示慰问。

（2）主体。根据慰问的事情和对象的不同区别对待。慰问作出杰出贡献的集体或个人，要赞扬他们作出的贡献，对他们在工作中的辛劳表示慰问，鼓励他们继续前进。慰问遭受重大损失、巨大困难的集体或个人，要写出慰问者的同情和采取的支援行动，如果有捐赠物品、资金，也要交代清楚，还要赞扬被慰问者与困难作斗争的精神，鼓励他们再接再厉，战胜困难。节日慰问，要根据被慰问者工作的性质，指出工作的意义，赞扬他们的辛勤劳动、忠于职守或无私奉献。

（3）结尾。表示共同的愿望和决心。

5. 祝颂语

祝颂语写祝愿的话，如"祝你们取得更大的成绩""祝节日愉快，合家欢乐"等。

6. 落款

落款写明慰问者的组织名称或个人姓名以及写信日期。

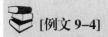

[例文 9-4]

中科院工会、妇委会致院医务工作者慰问信

尊敬的医生、护士同志们：

你们好！首先中国科学院工会、中国科学院妇女工作委员会代表京区两万多名职工向始终坚守岗位，在中科院预防"非典"工作中，积极奉献的广大医务工作者致以崇高的敬意和诚挚的慰问，你们辛苦了，谢谢你们！

初春时节，本是人们踏青、郊游的好时节，但是一种极具传染性而又尚未被人类攻克的"非典型肺炎"病毒犹如洪水猛兽一般向人类的生命健康发起挑战。……危急时刻，中科院广大医务工作者临危受命，以无私奉献的可贵品质，发扬救死扶伤的人道主义精神和大无畏精神，勇敢地战斗在抗击"非典"斗争的第一线。你们在疫情到来之际，未雨绸缪，千方百计购买药品和药具，当市场药品紧缺、价格波动之时，中科院职工却能及时、原价地享用预防"非典"的中西药品，这为职工预防"非典"，保证身体健康提供了有利的物资保障；你们在疫情到来之时，又迅速地发放预防"非典"的宣传手册和消毒用品，并及时讲解"非典"病毒的形成及传播途径，讲授预防传染病知识，为职工客观认识"非典"病毒和有效做好个人防护提供了必备的医学知识；最为可敬的是，在整个防治过程中你们不顾个人安危，牺牲节假日，始终坚守岗位，为职工诊病、司药，并及时做好通报疫情工作。正是你们用自己的生命和智慧之躯，默默地构建起中科院广大职工健康的防火墙，为防止"非典"疫情扩散做出了重要贡献！对此，我们再次致以崇高的敬意和真挚的慰问！同时，我们也深深期盼每一位医务工作者，为了您和家人的幸福，为了每一名职工的身体健康，在"非典"时期，请您务必多加保重，加强各种预防措施，保证在处理各种紧急情况时不被感染，永远以健康的体魄战斗在抗击"非典"战役的第一线！

随着抗击"非典"工作的不断深入，全世界的科学家们正在争分夺秒、夜以继日地奋战，抗击"非典"的各种喜讯也不断传来。因此，我们坚信：在全体科技工作者和医务工作者的共同努力之下，我们万众一心，众志成城，人类必将战胜病魔，夺取抗击"非典"战役的最后胜利！

中国科学院工会、妇委会京区党委
2003 年 5 月 18 日

五、感谢信

（一）感谢信的特点

感谢信是对组织或个人的帮助与支持表示感谢的书信。

感谢信的特点是情感性。感谢信要抒发鲜明的、强烈的感情色彩,写出感激之情,使读者受到感染和教育。感谢信所写的事实要明确、具体,感谢的对象要明确,感情要真挚。只有事实具体,对象明确,感情浓烈,才能打动人,才便于人们学习。

(二)感谢信的写作

感谢信包括标题、称谓、正文、结语和落款等部分。

1. 标题

(1)只写文种,即《感谢信》。

(2)由感谢对象+文种构成,如《致×××的感谢信》。

2. 称谓

称谓写被感谢者的组织名称或个人姓名、称呼。

3. 正文

正文交代清楚事情发生的时间、地点、相关的人物,事情的起因、经过和结果,重点讲述被感谢者对自己关心、支持、帮助的事实和产生的效果,赞颂被感谢者的思想境界、高尚品格和可贵精神,并且表示向对方学习的态度和决心。感激之情要真实,评论要中肯,以突出事件的意义。

4. 结语

结语写表示敬意、感激的话,如"致以最诚挚的敬意"等。

5. 落款

落款注明写信的组织名称或个人姓名和写信的时间。

[例文9-5]

中共广东省委、广东省人民政府感谢信

驻粤人民解放军、人民武装警察部队、民兵预备役全体官兵和公安干警:

6月18日以来,我省遭受了超百年一遇的特大洪水袭击,抗洪救灾任务十分艰巨。驻粤人民解放军、武警部队、民兵预备役官兵和公安干警按照省委、省政府的部署和全省广大人民群众团结一心,并肩战斗,奋起抗洪救灾,弘扬了"万众一心、众志成城……坚忍不拔、敢于胜利"的伟大抗洪精神,成功抵御了这场历史上罕见的暴雨洪灾,把灾害损失降到了最低程度,夺取了抗洪抢险斗争的阶段性胜利。……你们把人民群众的生命财产安全放在首位,哪里有险情就战斗在哪里,临危不惧,冲锋在前,英勇奋战,发挥了中流砥柱的作用,充分体现了你们与人民群众同呼吸、共命运、心连心的优良传统,谱写了新时期军爱民、民拥军的崭新篇章。中共广东省委、广东省人民政府及全省人民谨向你们表示衷心的感谢和崇高的敬意!

当前，我省主汛期仍未结束，台风多发期即将到来，抗洪救灾形势依然十分严峻。我们将全力抓好抗洪抢险和救灾复产工作。我们坚信，在以胡锦涛同志为总书记的党中央和国务院的坚强领导下，在驻粤人民解放军、人民武装警察部队、民兵预备役官兵和公安干警的紧密配合与有力支持下，经过全省人民的团结奋斗，我们一定能够战胜灾害，夺取抗洪救灾的全面胜利。

中共广东省委 广东省人民政府
2005年6月28日

六、介绍信

（一）介绍信的特点

介绍信是机关、团体、企事业单位介绍本组织的有关人员到其他组织去联系、了解、办理、商洽事情时使用的书信。

介绍信可以事先编号写好，有的还留有存根，也可以临时写成书信式的。

介绍信的特点是具体性。介绍信要具体介绍持信人的姓名、性别、年龄、职务、要商洽或办理的有关事项等。收信人从介绍信里可以了解来人是谁，担任什么职务，办什么事情，有什么希望和要求等，以便接洽、帮助、支持持信人，把事情办好。

介绍信除了联系双方以外，还可以证明持信人身份。

（二）介绍信的写作

介绍信一般包括标题、称谓、正文、结语和落款五个部分。

1．标题

标题写文种，即《介绍信》。

2．称谓

称谓写对方联系组织即收信组织的名称。

3．正文

（1）持信人的基本情况，包括持信人的姓名、年龄、政治面貌、职务、人数等。

（2）接洽、商办的事情。

（3）对对方的希望、要求。

4．结语

结语写祝愿、敬意的话，如"此致敬礼""顺致敬礼"等。

5．落款

落款写上开介绍信的组织的名称和日期。

事先编号写好的填充式的介绍信还要写上有效期限。

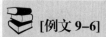[例文9-6]

介 绍 信

复旦大学理科图书馆：

　　兹介绍我研究所副研究员曾生同志，前往你处查阅有关高分子材料的最新资料，请予接待。

　　此致

敬礼

××研究所
××××年××月××日

七、证明信

（一）证明信的特点

证明信，也称证明，是机关、团体、企事业单位或个人以确凿的证据证明某个人的身份、经历或某件事情的真实情况的书信。

证明信的特点是效力性。证明信可以用来证明真实情况，也可以用来作为外出工作的证件。许多事情的办理、问题的解决，都是以证明信作为重要的参考依据。证明信所证明的各项内容必须真实，不得弄虚作假。

（二）证明信的写作

证明信一般包括标题、称谓、正文、结语和落款五个部分。

1. 标题

标题只写文种，即《证明信》或《证明》。

2. 称谓

称谓写收信单位的名称。

3. 正文

正文根据收信组织的要求，写清证明的事项。如果要求证明人物经历，就要写清被证明人的主要经历的时间、地点和所担任的职务等。如果要求证明某一事件，就要写清被证明事件发生的时间、地点，参与者的姓名及其在事件中的地位、作用，以及事件的前因后果。要严肃慎重，言之有据，表达清楚，用词恰当。

4. 结语

结语写上"此致敬礼"等。

5. 落款

落款写上开证明信的组织名称、个人姓名和日期。

[例文9-7]

证　　明

××公司：
　　李明同志原是我校中文系2005级文学班学生，在校期间品学兼优，曾经参加系辩论团，为其中重要成员，没发现有其他问题。
　　特此证明。

××大学学生处
××××年××月××日

八、求职信

（一）求职信的特点

求职信是求职者根据自己的条件和意向向用人单位自荐以谋求职位的书信。

求职信的特点是针对性和自荐性。

1. 针对性

在求职者众多、竞争激烈的情况下，为了达到求职的目的，求职者要认真研究求职过程中可能遇到的各种情况和问题，有针对性地突出自己的优势。要充分认识用人单位的特点、岗位职责的要求和自身的能力、特长，选择适合自己的职位，有的放矢，突出重点。

2. 自荐性

要让用人单位了解自己、认识自己、欣赏自己、录用自己，就要求求职者有较高的自荐水平。求职者要把自己的兴趣、爱好、能力、特长客观地、清楚地表达出来，既不自夸，也不谦虚，以自己的实力打动用人单位，给用人单位留下良好的印象。

（二）求职信的写作

求职信包括标题、称谓、问候语、正文、祝颂语、落款、附件等部分。

1. 标题

标题只写文种，即《求职信》《自荐信》等。

2. 称谓

称谓写收信单位名称、个人姓名。事业单位一般是人事科、人事处。企业单位一般是人力资源部、人事部。有时也可以直接写给单位领导人，领导人姓名后面加上职务，前面可以加上"尊敬的"等修饰语。

3. 问候语

问候语常常用"您好""打扰了"等开头。

4. 正文

正文包括求职意向、求职缘由、自身条件、答复请求等部分。

（1）求职意向。包括就业目标是什么，到什么部门就业，干什么工作等。给目标定位，也是给自我定位。在社会中寻找自己的位置，不仅取决于自身条件，也取决于社会现实。考虑要周到，表达要清楚。

（2）求职缘由。包括对单位性质、岗位性质等的认识和其他的选择理由。在说明对单位、岗位的特点、优势的认识和自己的选择理由的同时，也是在展示自我。要简洁明了，诚实可信。

（3）自身条件。包括基本情况、教育背景、性格能力、主要成果、荣誉奖励、实习情况、兼职情况等。因为一般另外附有个人简历，其中对自身条件已有详细介绍，这里只需要对个人简历中的有关情况作概括交代就行了。概括交代自身条件一定要实事求是，一般应该能够在个人简历中找到相关证据来支持。

（4）答复请求。再次强调求职目标，并且表达对用人单位答复自己的希望。

5. 祝颂语

祝颂语一般写"此致敬礼"等。

6. 落款

落款写上求职者的姓名和写信日期。

7. 附件

附件可以起到重要的证明作用。附件一般包括个人简历，有关证件，所学专业课程成绩一览表，各类证书，发表的论文、论著或其用稿通知，学校有关部门的推荐意见，以及教授、专家的推荐信等。附件一般采用复印件的形式。

注意，求职信中不要出现语法或逻辑错误、错别字等。

推荐信要求从推荐人角度对被推荐人的性格、能力等加以介绍。

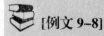
[例文 9-8]

求　职　信

××出版社人力资源部：

　　打扰了！

　　我是一名硕士研究生，即将于明年夏天毕业。听说贵出版社招聘语言文字编辑，很想在贵出版社找到一份工作。

我认为，书籍是人类进步的阶梯，出版社是人类文明的传播者。多出书、出好书，是出版社的神圣职责，也是读者对出版社寄予的厚望。编辑是策划、组织、审阅、修改、加工原创作品以在整体上构成新作品的再创性著作活动。编辑工作的本质是创意、选择、构建、优化几个方面的和谐统一。

　　本人性格坚强，积极乐观，敬业精神强，富有团队合作精神。担任班里的学习委员，曾经两次被评为优秀学生干部。

　　本人学习成绩优良，曾经两次获得奖学金。爱好演讲、辩论、英语，擅长写作。读硕士的三年时间里，在《中国青年报》《新民晚报》《文汇报》等报纸发表文章18篇，共两万多字。另外，在中国语言学核心刊物《汉语学习》《修辞学习》发表学术论文2篇。本人还是学校辩论团的成员之一，曾经随学校辩论团参加全国大学生辩论赛并且获得金奖。本人英语成绩良好，英语听、说、读、写、译熟练，有英语六级证书。计算机运用熟练，有计算机中级证书。

　　今年暑假，本人在××出版社人文编辑室实习过两个月，之后又做兼职编辑，参与编辑过五部书，得到了领导和专家的好评。

　　本人社会关系良好，与××大学的××教授、××教授，××大学的××教授等许多大学的知名教授、学者交往都较密切，能够及时等到大量的高质量的书稿。

　　本人认为自己符合贵社招聘编辑的条件，希望贵社给我一个机会。本人热诚地期待着贵社的答复。

　　此致
敬礼

文　慧

××××年××月××日

附件：
1. 个人简历
2. 身份证复印件
3. 各科成绩一览表复印件
4. 奖学金证书复印件×份
5. 优秀学生干部证书复印件×份
6. 文章、论文用稿通知复印件×份
7. 辩论赛获奖证书复印件
8. 英语六级成绩单复印件
9. 计算机中级证书复印件
10. 实习单位鉴定复印件×份

个人简历

基本情况	姓名		性别		照片
	出生年月		身份证号		
	籍贯		户籍		
	民族		政治面貌		
	职称		健康状况		
联系方式	地址		邮编		
	手机		E-mail		
求职意向	应聘岗位				
	薪金意向				
教育背景	最高学位		最高学历		毕业时间	
	毕业院校		系别		学制	
	专业		研究方向		导师	
	外语语种		外语水平			
	计算机水平					
学习经历	时间	单位	专业	职务
实习经历	时间	单位	岗位	单位评价
兼职经历	时间	单位	岗位	单位评价
工作经历	时间	单位		职务
主要成果	时间	论文/论著/课题	级别	刊物/出版社/单位
荣誉奖励	时间	名称	级别	授予单位
自我评价				

九、英文书信

英文书信的格式虽然与中文书信有较大差异，但是也可以分为信瓤和信封两大部分。

（一）信瓤

信瓤内容包括发信人地址、收信人地址、称谓、正文、签名、附件和附言等部分。

1．发信人地址

发信人地址位于信纸的右上角，依次写发信人的单位名称、地址和发信日期。地址分列几行，地名由小到大，先写门牌号、街道（或路）名，邮政信箱，后写市（县）名、省（州、郡）名、国名。发信日期按照日、月、年或月、日、年的顺序排列。发信人地址有平头式和缩行式两种排列格式，平头式左边对齐排列，缩行式从第二行起每行依次向右缩进几个字母，递减排列。公用信纸上方如果已经印有单位名称和通信地址，就只需要写上发信日期。

2．收信人地址

收信人地址位于发信人地址左下方，依次写收信人的姓名、单位名称和地址。要低于发信人地址发信日期一两行，顶格书写。收信人姓名连同前面的敬语称谓单独占一行。单位名称和地址的写法与发信人的写法相同。

3．称谓

称谓位于收信人地址的下面一两行的地方，左边顶格，单独成行。每一个词开头的英文字母大写，词的后面加逗号或不用标点符号。完整的称谓通常由三部分组成：修饰语、姓名和头衔。修饰语如"尊敬的（Respectful）""敬爱的（Honorable）"；头衔男性一般用"先生（Mr.）"，未婚女性用"小姐（Miss）"，已婚女性用"太太""夫人"（Mrs.），也可以用"教授（Professor）""博士（Dr.）""总经理（General Manager）"等。

4．正文

正文位于称谓的下面，包括问候语、主体和祝颂语三个部分。

（1）问候语。常常用"非常感谢你的来信（Thanks for your letter）""来信获悉（I have received your letter）""很荣幸地通知你（I would like to take the honor to tell you that）""非常高兴地获悉（It is very nice to know that）"等。

（2）主体。先写有关对方或对方想知道的事情，如询问对方的情况、回答对方的问题，后谈有关自己或自己想说的事情。每一件事情要分段，每段开头要缩进几个字母。

（3）祝颂语。常常用"祝您和夫人、孩子好（Please give my regards to your wife and children）""顺致最崇高的祝愿（With best regards）""承蒙关照，万分感谢（With extremely grateful for your kind consideration）""如蒙赐复，不胜感谢（Very grateful for your prompt reply)"等。

5. 签名

签名位于正文下面一两行处，从正中或偏右处写起。常常用"爱您的（Yours love）""您的真诚的（Sincerely yours）""您的忠诚的（Yours faithfully）"等。另起一行缩进几格写上发信人姓名。姓名前面可以加上职务。如果签名代表组织或机构，就在姓名下面写上所代表的组织或机构的名称。

6. 附件

如果有附件（Enclosures），就在信的左下角加以说明。如果不止一件，就用数字标明。

7. 附言

信已经写完，如果还有事情要说，就在签名下面一两行处信的左边写上附言（Postscript），补上要说的话。

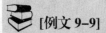
[例文 9-9]

Department of
Chinese Language and Literature
Fudan University
220 Handan Road
June 6, 2008

Mr. Lester Lewis
Manager of Textbooks Department
Atlantic Publishing Company
4550 Broadway, New York City
U.S.A

Dear Mr. Lewis,
　　　　Thank you for your letter of 26th May. ……………………………………
………………………………………………………………………………………
……………………….
　　　　A prompt reply would be appreciated.

　　　　　　　　　　　　　　　　　　　　　　　　　　　Yours truly,
　　　　　　　　　　　　　　　　　　　　　　　　　　　　Li Ming

Enclosures,
1. Curriculum Vitae

2.A List of Publications
3.Courses Taught
Postscript, …

（二）信封

信封内容包括收信人地址、发信人地址、邮票、信件种类等。

1. 收信人地址

收信人地址位于信封中央偏右下方。第 1 行写收信人姓名、称谓，第 2 行写收信人单位名称，第 3 行写收信人的门牌号、街道（或路）名、市（县）名、省（州、郡）名和邮政编码。寄往国外的在第 4 行写上国家名。

2. 发信人地址

发信人地址位于信封的左上方。第 1 行写发信人姓名，第 2 行写发信人的单位名称，第 3 行写发信人的门牌号、街道（或路）名，第 4 行写上市（县）名、省（州、郡）名、国家名。

3. 邮票

邮票贴在信封右上方贴邮票处。

4. 信件种类

信件种类位于信封左下方。写明"航空（By Air Mail）""挂号（Registered）""件（Express Mail）"等。

 [例文 9-10]

Li Ming   Stamp
Department of
Chinese Language and Literature
Fudan University
220 Handan Road
Shanghai,China

                                           Mr. Lester Lewis
                                           Manager of Textbooks Department
                                           Atlantic Publishing Company
                                           4550 Broadway ,New York City
                                           U.S.A

By Air Mail

第三节 条据类

条据类日常文书是交给对方说明情况或作为凭证的条子。条据类日常文书可分为说明性条据（包括请假条、便条等）和凭证性条据（包括借条、收条等）。

一、请假条

（一）请假条的含义

请假条是在不能按时上班、不能出席会议或不能到校上课等情况下写给组织领导人或老师等的条子。

（二）请假条的写作

请假条包括标题、称谓、正文、结语和落款等部分。

1. 标题

标题写上文种，即《请假条》。

2. 称谓

称谓写上对组织领导、老师等的称呼。一般用"姓+职务"，如"王主任""张老师"。

3. 正文

正文写明请假的原因、请假的期限等。结尾写"请予准假"或"特此请假"。

4. 结语

结语写"此致敬礼"等。

5. 落款

落款写上请假的人的姓名和写请假条的日期。

[例文 9—11]

请 假 条

李老师：
　　我昨天晚上突然感冒发烧，今天不能到校上课，请假一天，望予批准。
　　此致
敬礼

学生：赵　照
××××年××月××日

二、便条

(一) 便条的含义

便条是在没有见到对方时有什么话要告诉对方或有什么事情要对方去做的情况下写的条子。

(二) 便条的写作

便条包括称谓、正文、落款等部分。

1. 称谓

称谓写上对方（个人或组织）的称呼。

2. 正文

正文写明要告诉对方的话，或具体交代要对方去做的事情。

3. 落款

落款写上写便条的人的姓名和写便条的时间。

[例文9–12]

小刘：

　　我桌上的《市场经济学概论》和《营销策略》的借阅期将满，我有事急于外出，请帮我把书尽早还到图书馆。谢谢！

张　壹

××××年××月××日

三、借条

(一) 借条的含义

借条是向组织或个人借现金、财物时写的条子。

(二) 借条的写作

借条包括标题、正文、结语和落款等部分。

1. 标题

标题写上文种，即《借条》。

2. 正文

正文写明借出现金、钱财的组织名称或个人的姓名，所借现金、钱财的名称、数量，归还的期限等。数字要用大写,如果是现金,后面要加上"整"字。数字如果写错,最好重新写一张借条,也可以把数字改正后加盖图章。如果是预借组织的,一般还要写明用途。

3. 结语

结语写"此据"等。

4. 落款

落款写上借现金、钱财的人的姓名和写借条的日期。

欠条的写法与借条相似,只是要把"借"字改为"欠"字。

[例文9-13]

借　　条

今借到王为公同志人民币伍佰元整,一个月内还清。
此据

借款人:袁三强
××××年××月××日

四、收条

(一) 收条的含义

收条是收到组织或个人的现金、财物时写的条子,也称收据。

(二) 收条的写作

收条包括标题、正文、结语和落款等部分。

1. 标题

标题写文种,即《收条》或《收据》。

2. 正文

正文写明收到的现金、钱财的组织名称或个人姓名,所收到的现金、钱财的名称、数量等。数字要用大写,如果是现金,后面要加上"整"字。如果是借出的东西归还,还要写明是否受损等情况。

3. 结语

结语写"此据"等。

4. 落款

落款写上收到现金、钱财的人的姓名和写收条的日期。

领条的写法与收条相似,只是要把"收"字改为"领"字。

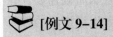[例文9-14]

收　条

今收到张弓长同学人民币伍仟元整，该款系付学杂费。
此据

收款人：赵走肖
××××年××月××日

第四节　笔　记　类

笔记类日常文书是以笔记的形式记录思想心得的文书，包括日记、读书笔记等。

一、日记

（一）日记的特点

日记是指作者把自己的所见、所闻、所思、所感逐日地如实记载下来的文字材料。

日记具有私秘性、丰富性等特点。

1. 私秘性

日记所记载的大都是自己身边人、事、物及自己的真情实感。内心深处的感情波澜，不便或不宜对别人讲的隐私、秘密，都可以在日记中倾诉。只要是真实的、重要的、有意义的、有价值的所见、所闻、所思、所感，都是极好的素材，日记都不用回避。日记要用第一人称手法来写，"我"是日记中的主人公。

2. 丰富性

日记的内容非常丰富。只要作者愿意，身边的一切都可以成为日记记载的对象，诸如个人的日常工作、学习、生活、思想、感情，所以日记的内容必然是丰富的，内容可以涉及政治、经济、文化等各个方面。日记的表现手法多种多样，可以运用记叙、说明、议论、描写、抒情等表达方式和各种修辞手法。

（二）日记的作用

1. 保存资料

心记不如淡墨。对于刚刚发生的事情，人们可能记得很清楚，但是时间一长，就会淡忘。而日记就如同一份真实的"档案",只要不丢失,就永远留在那里。什么时候需要,什么时候就可以查到。日记包含了作者过去的生活经历,可以作为研究作者生活道路的重要资料。日记按照时间顺序记载,许多重要的事件可能都会在日记中有所反映,所以日记也是研究历史的宝贵资料。

2．积累经验

日记不仅记录作者的所见、所闻,而且记载作者的所思、所感,其中倾注了作者大量的心血,包含了作者宝贵的人生体验。生活中的得失,诸如取得的成绩、存在的不足、碰到的困难和问题及获得的经验教训,通过作者长期的理性的思考和总结,必然能够成为一笔可观的精神财富。把它们用于以后的生活实践,就可以少走弯路,迅速取得成功。

(三) 日记的种类

根据内容特点,日记大致可以分为三种:记录式日记、研讨式日记和随感式日记。

1．记录式日记

记录式日记偏重于记述客观情况,所见、所闻较多,所思、所感较少。记录式日记尊重人、事、物的本来面目,常常运用记叙、说明、描写等表达方式。

2．研讨式日记

研讨式日记在客观记述的基础上,提出自己的见解和主张。研讨式日记注重事实的确凿,材料的可靠,数据的准确,推理的严密,论述的严谨,结论的明确。研讨式日记综合运用记叙、说明、议论等表达方式。

3．随感式日记

随感式日记偏重于抒发主观感受和内心活动,所见、所闻较少,所思、所感较多。对于人、事、物的心得、体会、意见、感悟等,都是随感式日记的内容。随感式日记常常运用议论、抒情等表达方式。

(四) 日记的写作

日记包括日期和正文两个部分。

1．日期

日期包括写作时间和天气状况。写作时间交代写日记的年、月、日,星期几。天气状况说明是晴天、阴天、下雨、下雪,还是晴转多云、多云转晴、雨加雪等。

2．正文

正文要求根据所写的内容选择相应的表达方式。要选取有意义、有价值的内容深入挖掘,不能无病呻吟,不能记流水账。

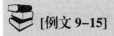[例文 9—15]

叶圣陶日记一则

1948 年 3 月 29 日,星期一

　　天放晴,听园中鸟声相应,殊感愉快。八时许,与小墨至青石弄看家屋。园中之柳方呈新绿。杏花已谢,海棠将作花。广玉兰木干已去,自根处萌新条十数,上缀叶芽。枫树高齐屋檐,十年前仅两尺许耳。屋后一桃树,花开烂漫,一大枝出墙外。此是十年前由桃核萌发者也。爬墙草遍于四墙,叶芽尚未生……

竺可桢日记一则

1962 年 6 月 13 日

　　接郭老函,询问毛主席忆秦娥词《娄山关》有"西风烈,长空雁叫霜晨月……"这是否阴历三月现象……我查日记,知一九四一年三月二日过娄山关时见山顶有雪。一九四二年四月十三日过娄山关遇雪……可见二月间娄山关有霜雪,而风向在一千五百米高度也,应是西风或西南风。

张海迪日记一则

1981 年 7 月 7 日

　　近来很多同志对我说希望我能参加个考试,弄到一张文凭。我考虑过,也向往着得到一张文凭。……我如果想得到这些,我可以辞掉所有的病号,谢绝所有的朋友,不再为他们的幸福和快乐费神;也许我可以埋在书堆里一个阶段,到时候经过努力也许我真会得到一张盖着红印的文凭。但我不明白,那是否会帮助我多为人们做点什么。为了自己去忙碌总是没有什么意思的,那是自私的快乐和满足。记得马克思说过,能使大多数人幸福的人,他自己本身也是幸福的。我想做这样的人。

二、读书笔记

(一) 读书笔记的特点

　　读书笔记是指人们在读书刊报纸或查阅资料时记下的内容和写下的心得体会。
　　读书笔记具有以下特点:资料性、研究性。
1. 资料性
　　读书笔记中留下了大量的线索,从读书笔记可以看出读过哪些书或查过哪些资料,还可以看出读书时的所思、所感，这为以后的工作或研究积累了重要的资料。特别是要进行某一方面的专题研究时，读书笔记能够为我们提供许多重要的线索或资料，或者是有关的书刊，或者是有关的论述。

2. 研究性

读书笔记是辛劳和智慧的结晶。通过理性的思考，其中包含了作者的感悟和体会，一定有许多可供参考之点。有的可能还非常深刻，已经蕴含着研究成果。只要我们稍加整理，就可以大功告成。即使只是不成熟的点滴想法，只要我们加以深入开掘，就可以成为一篇有价值的论文。

（二）读书笔记的作用

1. 积累资料，增强记忆

在学习、工作和生活中，我们常常需要大量的资料。而这些资料要靠我们平时有意识地积累。做读书笔记是积累资料的一种好方法。

用做读书笔记的方法积累资料，可以增强我们对所读的书的记忆。俗话说："好记性不如烂笔头""眼过十遍不如手过一遍"。做读书笔记可以补偿记忆力的不足，提高读书效率。

2. 加深理解，启发思考

如果做读书笔记，读书时精力就会高度集中，没有看懂的地方就会反复阅读，这无疑能够加深对所读书的内容的理解。

做读书笔记需要对书中的重点、难点和疑问进行反复的研读，需要把相近或相反的观点进行反复的比较。这样的比较和研究，常常启发人的思考，以得出新的观点。

（三）读书笔记的载体

读书笔记的载体有笔记本、卡片、活页本、剪贴本、复印册、磁盘等。无论用哪种载体做读书笔记，都应该按照一定的标准进行分类，以便查阅。

1. 笔记本

笔记本可以用来抄录较长的原文，也可以用来写摘要、提纲、心得等。笔记本的优点是容易保留、不易散失，缺点是不易调整和分类。

2. 卡片

卡片可以用来做索引、摘录、摘要等，一般用于积累重要的观点，记录零星的材料，摘录较短的原文。卡片的优点是便于分类和调整、便于使用，缺点是篇幅有限、容易散失。用卡片记录时，要把著作的标题、出处、作者和类别等有关内容写在卡片的固定位置上。一张卡片一般只记独立的一则资料。不要把一段资料记在几张卡片上，以免散失。

3. 活页本

活页本可以用来做各种类型的读书笔记。它兼有笔记本和卡片的优点，而没有它们的缺点，是一种比较理想的载体。

4．剪贴本

剪贴本一般用来摘录原始的资料，而且大多数篇幅较长。使用剪贴本的优点是省时、简便，缺点是实施剪贴会受到一些限制。做剪贴时，要在剪贴资料的空白处注明材料的出处等，以便查阅。

5．复印册

复印册一般用来积累原始的资料，而且大多数篇幅较长。使用复印册的优点是省时、简便，便于分类和保存。

6．磁盘

磁盘可以用来做各种类型的读书笔记。它的优点是容量大，便于修改和调整，缺点是必须有计算机才能使用，不利于长期保存，磁盘一旦损坏或被病毒破坏，资料就会丢失。

（四）读书笔记的种类和写作

读书笔记常见的种类和写作方法如下所述。

1．符号笔记

符号笔记是在书刊上做各种各样的记号以代表各种意义。例如，标出书中的重点、难点或需要查证之处，似懂非懂需要反复琢磨的地方，新颖的观点或材料，精彩的词句或段落等。

符号包括点、线、标点符号、数字等。例如，可以用着重号"·"或三角号"△"表示重点，用线条表示注意，用问号"？"表示疑问，用感叹号"！"表示赞叹等。段落层次依次为"一/（一）/1./（1）"。除了符号，还可以用不同的颜色加以区分。

2．批注笔记

批注笔记是在书刊的页边空白处做眉批或旁批，用于评论、赏析、解释、概括或写上心得体会等。批注笔记要言简意赅。

例如，《红楼梦》中林黛玉的《葬花词》凄恻动人，庚辰本的眉批是："余读《葬花吟》凡三阅，其凄楚感慨令人身世两忘，举笔再四不能加批……即字字双圈，料难遂颦儿之意。"

3．摘要笔记

摘要笔记是把书刊上与工作、学习有关的资料，如重要论点、材料或数据，精彩的语句、段落，新的实验方法或手段等，按照原文准确无误地抄录下来。

做摘要笔记不能断章取义，要照顾原文意义和上下文的联系。要注明出处，如著作题目、作者、出版单位、出版日期、页码等以便引用和查阅。摘要笔记可以分为索引、摘录和摘要三种。

（1）索引。索引是记录著作题目及其详细出处的笔记。索引用于十分有用但篇幅太长或内容太多的著作。做索引要求记录以下内容。

① 图书：书名、编者姓名、出版社名称、出版时间。

②期刊：期刊名称、年代、期号、页码、篇名、作者。
③报纸：报纸名称、日期、版面、篇名、作者。

（2）摘录。摘录是抄录原文，就是把书刊中与自己学习或研究有关的精彩语句或段落等照抄下来，作为以后使用的原始资料。

摘录原文必须准确无误，不能改动原文的字词或标点符号，不需要摘录的文字可以用省略号表示。要标明题目和出处。

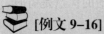[例文9–16]

我国图书之最

第一部字典是《说文解字》。第一部词典是《尔雅》。第一部韵书是《切韵》。第一部方言词典是《方言》。……第一部神话集是《山海经》。第一部神话小说是《搜神记》。第一部笔记小说集是《世说新语》。第一部论语体著作是《论语》。第一部编年体史书是《春秋》。第一部纪传体通史是《史记》。第一部断代体史书是《汉书》。第一部历史批评著作是《史通》。第一部兵书是《孙子》……第一部系统的戏曲理论著作是《闲情偶寄》。第一部戏曲史是《宋元戏曲韵史》。第一部图书分类总目录是《七略》。

（《艺潭》1982年第1期）

（3）摘要。摘要是在理解原文的基础上，按照原文的顺序把文中的要点扼要地记下来。

做摘要时，对原文不作任何褒贬，尽量使用原文词语，也可以增加一些连词和代词以使上下文意义连贯。

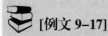[例文9–17]

梅文化与古代知识分子人格意识

杨子怡在《湖北民族学院学报》1993年第1期撰文，通过对中国古代知识分子赏梅、爱梅心态的分析，略述了梅文化的形成。并通过对古代文学中大量的咏梅诗词的审视，阐析了梅文化所蕴含的中华民族性格和封建知识分子的人格意识。作者认为梅成为一种涂抹着文人士大夫感情色彩的意象，积淀着中华民族特有的审美情趣，其生态特质与文人心态产生交感共识。……从"玉雪为骨冰作魂"的孤梅身上，达善兼济的文人又找到了属于自己的超凡脱尘的隐士精神。作者最后认为，梅文化中所蕴含的古代知识分子人格意识并非是一朝一夕所形成的，梅作为一种集体无意识的原始意象，经过了长期积淀，"更无花态度、全有雪精神"就是我们的民族性格和知识分子理想人格的写照。

（《新华文摘》1993年第7期"论点摘编"）

4. 提纲笔记

提纲笔记是采用原文词句或自己的语言把作品内容简明扼要地概括出来的笔记，包括提纲和提要。

（1）提纲。提纲是在分析与综合的基础上把作品的内容要点提纲挈领地分条列出。

写提纲可以突出重点，加深理解，使作品脉络清楚，层次井然，提高分析与综合的能力。可以按照原著的章节写，也可以按照自己的理解写。

例如，毛泽东《改造我们的学习》的提纲：

引论（第一句）：主张改造学习。

本论（从"其理由如次"到"也不是嘴尖皮厚腹中空了"）：分三层论述为什么改造。

第一层：正面论证——论证学习必须理论联系实际。

第二层：反面论证——论证学风必须改造。

第三层：正反论证——主观主义的态度同马克思列宁主义的态度对比。

结论：提出改造学习的建议，即如何改造。注意研究现状，注意研究历史，注意马克思列宁主义的运用。

（2）提要。提要是在综合整个作品后用自己的话概括出原著的内容要点。

写提要应该抓住原著的中心内容或主要情节，可以只对原著作简要的概括说明，也可以在叙述原著内容的基础上作简要评述。

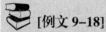
[例文 9-18]

《创作例话》内容提要

这是一部别开生面的文学创作论，作者以量才、淘金、熔铸、独秀及殉道等五篇为框架，博采古今中外文学艺术创作史上的丰富实例、轶闻趣事，着力探究文艺家成功的奥秘，生动而系统地论述了天才的秘密、机遇的位置及创作准备与创作准备中的艺术才能、艺术灵感、思想感情、艺术类型化、艺术辩证法与生活艺术化等问题……

（江溶，申家仁．创作例话[M]．北京：中国青年出版社，1986．）

5. 心得笔记

心得笔记是在读书之后写出自己的认识、感想、体会、启发与收获的笔记。它包括札记和读书心得。

（1）札记。札记是把读书摘抄的要点和心得体会结合起来写成的笔记，也叫读书杂记。札记笔法灵活，形式多样，长短不限，十分随意。

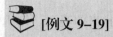[例文 9-19]

古诗的今译

不少人认为诗不可翻译，不论西译中，还是古译今。理由是，在翻译过程中，语言信息的耗损和变化太大，以致可能弄得面目全非。不过，从阅读角度讲，我看外国诗的中译恐怕还比中国古诗的今译容易过得去。我们读译成中文的普希金、波德莱尔或是惠特曼的诗，至少还能觉出其中的外国味儿（至于译得是否准确那是另一回事）。可是，把中国古诗译成现代汉语，那点味儿也没了。

譬如，李商隐的"月斜楼上五更钟"，不译还明白，译了倒别扭。……

还有的根本没法译。如"一寸相思，一寸灰"，怎么译？

……

（李庆西．昨夜星辰昨夜风[J]．新华文摘，1989（9 期））

（2）读书心得。读书心得是在读书之后写出自己的感想和体会的笔记，也就是读后感。

读书心得可以写自己的心得体会，也可以写对原著论点的发挥或评论，提出质疑，进行批驳，阐发见解，还可以在综合几种观点之后得出自己的新观点。

[例文 9-20]

词 之 境 界

词以境界为最上。有境界则自成高格，自有名句。五代北宋之词所以独绝者在此。

……

有有我之境，有无我之境。"泪眼问花花不语，乱红飞过秋千去。""可堪孤馆闭春寒，杜鹃声里斜阳暮。"有我之境也。"采菊东篱下，悠然见南山。""寒波淡淡起，白鸟悠悠下。"无我之境也。有我之境，以我见物，故物皆著我之色彩。无我之境，以物观物；不知何者为我，何者为物。古人为词，写有我之境者为多，然未始不能写无我之境，此在豪杰之士能自树立耳。

……

境非独景物也，喜怒哀乐亦人心中之一境界，故能写真景物真感情者谓之有境界，否则谓之无境界。……

（清王国维《人间词话》）

第十章 礼仪文书

第一节 概 述

一、礼仪文书的特点

礼仪文书是指人们在处理公共关系和进行社会交往活动时所使用的用来表达礼节、表情达意的文书。

按照性质和作用的不同，礼仪文书可以分为聘邀类、交往类、庆贺类、哀祭类、联帖类等。

礼仪文书的特点是：针对性、鲜明性、频繁性。

（一）针对性

礼仪文书要针对不同的文种、不同的场合使用各自不同的一套专门用语。公共关系非常强调人与人交往中的文明礼貌、礼仪礼节，在开头、结尾、称谓及行文中，要注意用词的分量，力求符合当事人的身份。像贺词、悼词等，有的已经形成了一套专门的格式和用语，写作时要特别注意根据不同的对象选用恰当的词语和称谓，否则就会出错误或闹笑话。例如，贺词和祝词不能出现悲哀或灰暗的词语，悼词不能用欢快的调子。

（二）鲜明性

礼仪文书表情达意的态度非常鲜明。公共关系和社会交往活动最大的特点是以情感人，礼仪文书要鲜明地表达人们的喜怒哀乐，表达人们对某一事物的态度，包括爱憎、好恶、同情、真诚、热情等。例如，祝词、贺词、悼词等的感情色彩都是非常鲜明的。

（三）频繁性

礼仪文书是使用频率非常高的应用文体。礼仪文书不仅可以字斟句酌，反复推敲，而且可以跨时间地传播，跨空间地交流。因此，无论是使用的人数，还是使用的次数，人们表达礼节、交流思想和处理事务时使用得都很频繁。

二、礼仪文书的作用

礼仪文书的作用是：表达礼节和表情达意。

（一）表达礼节

公共关系和社会交往活动离不开礼节，而礼仪文书是表达礼节的书面形式，在工作和生活中起着联络致礼等重要作用。逢年过节、婚丧嫁娶、寿诞吉日、迎宾送客等，通过使用祝贺信、贺电、对联、悼词等，可以达到祝贺、慰问、哀悼等目的，起到其他种类的文书所起不到的作用。

（二）表情达意

礼仪文书在表达礼节时，也起到了交流思想的作用。礼仪文书用于人际交往，不可避免地表达出一定的思想内容和感情色彩，可以交流思想，沟通感情，表情达意。只有体现出作者真实的思想、诚挚的感情，才能达到礼仪文书应有的目的和效果。

第二节 聘邀类

聘邀类礼仪文书是为了完成某项任务而向组织或个人发出的凭证文书，包括聘书、邀请函、请柬等。

一、聘书

（一）聘书的特点

聘书是组织聘请个人担任某种职务、承担某项工作时使用的文书，也称聘请书、聘任书。

聘书的特点是权威性。聘书是聘用单位给受聘者水平和能力的一种证明，是某一特定时期内受聘者职称高低、职务大小情况的依据。用人组织据此可以了解受聘者的业务、思想情况，作为任用或升降级的一种依据，或作为工作情况的参考。

（二）聘书的写作

聘书包括标题、称谓、正文、结语和落款等部分。

1. 标题

标题写上文种，即《聘书》或《聘请书》《聘任书》。

2. 称谓

称谓写上被聘请人的称呼。一般在姓名后面加上"同志"或"先生""小姐""女士"等。

3. 正文

正文务必写明聘请的原因、所聘的职务与承担的工作、聘请的期限等。有时还写明具体要求、工作量、待遇和希望等。

4. 结语

结语写"此聘""此致敬礼"等。

5. 落款

落款写上聘请组织的名称和写聘书的日期。

 [例文 10-1]

聘　　书

胡一光先生：

　　兹聘请您为我院本学期对外汉语课授课老师，授课时间为每周二上午8点至10点。

　　此致

敬礼

××大学国际文化交流学院
××××年××月××日

二、邀请函

（一）邀请函的特点

邀请函是机关、团体、企事业单位邀请有关人员参加会议、庆典等活动时发出的文书，也称邀请信。

邀请函的特点是庄重性。邀请函以书面形式发出，表现出邀请者的郑重态度和对被邀请者的敬重、礼貌态度。

（二）邀请函的写作

邀请函包括标题、称谓、正文、落款和附件等部分。

1. 标题

（1）简单性标题。写上文种，即《邀请函》或《邀请信》。

（2）省略性标题。由主题+文种或单位+文种构成，如《第四届国际形式语言学研讨会邀请函》或《北京外国语大学邀请函》。

（3）完全性标题。由单位+主题+文种构成，如《复旦大学纪念陈望道诞辰一百二十周年暨中国修辞学会成立三十周年国际学术研讨会邀请函》。

2. 称谓

称谓写上被邀请的组织名称或个人称呼。个人称呼一般在姓名后面加上职务、职称，如"××先生""××小姐""××女士"等。

3. 正文

正文一般包括活动举办的目的、具体时间、地点、活动主题、主要议题、程序安排、作品要求、收费情况、交通路线、联系方式等。

4. 落款

落款写上邀请组织名称和日期。

5. 附件

附件包括回执、有关情况说明等。

邀请函有时面对公众而非个人——发出，类似于会议通知。

请柬需要写明活动举办的具体时间、地点、主要内容等，如果有电影票、入场券等，也要交代清楚。

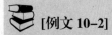

[例文 10-2]

"多伦多峰会后的 G20：加拿大、中国与全球治理"
学术研讨会邀请函

全球金融危机中异军突起的 G20 机制被寄予在"后危机时代"的全球治理中发挥更大作用的厚望，2010 年 6 月的多伦多首脑峰会是 G20 被确定为"国际经济合作主要平台"后的首次峰会，其所取得的实质性成果对于建设新的全球治理机制具有重大意义。加拿大与中国都是 G20 机制的积极参与者和推动者，两国如何在传统友好合作关系的基础上，共同推进 G20 的建章立制、合理设置议题、提高集体行动的合法性和效率，使其能真正关注和把握国际政治经济走势、更广泛地代表国际社会共同利益、为某些重要国际问题和危机找到可供接受的方案等，是两国政界和学术界均给予高度重视的问题。

本次研讨会力图推动 G20、全球治理和加拿大研究方面的长足发展，促进中加两国的学术合作与交流，并对我国的国际关系研究与外交实践有所贡献。

"多伦多峰会后的 G20：加拿大、中国与全球治理"学术研讨会将于 2010 年 11 月在上海外国语大学召开。本次研讨会由上海外国语大学加拿大研究中心和加拿大多伦多大学 G20 研究中心共同主办。

一、会议时间

2010 年 11 月 14 日，会期一天。

二、会议地点

上海外国语大学（上海市虹口区大连西路 550 号）

三、会议主题

多伦多峰会后的 G20：加拿大、中国与全球治理

该主题下的主要分议题包括以下方面。

1．G20峰会：从多伦多到首尔；
2．G20机制化建设；
3．传统安全领域的国际责任：加拿大、新兴大国；
4．加拿大和新兴大国在非传统安全领域的国际合作；
5．加中经贸关系。

四、会议形式

会议采用论文研讨会形式，邀请对加拿大、G20与全球治理问题已进行长期跟踪研究并已取得一定前沿性成果的专家，围绕这一领域内的若干重要议题分单元展开讨论，单元议题由会议先期确定。要求各参会者应事先对该议题进行比较深入、细致的研究，发言应有充分、可靠的论据。工作语言为英语。

五、参会要求

本研讨会要求与会者凭论文参会。同意参加本研讨会的学者，应根据会议确定的主题和议题专门撰写研究论文并在会前提交。论文要求是最近完成、从未公开发表、并具有一定深度和前沿性的，会议主办方将根据论文发出最终邀请函。

六、会议学术成果

1．论文提交

与会学者请提交尚未正式发表的学术论文全文，篇幅长短以主题论述清晰深入为宜，若会前未及时完成，请提交简短的书面发言材料。

2．学术期刊发表

与会论文将选其中上乘，编组为主题文章，由主办方负责安排，按照刊物要求，发表于国内优秀核心期刊。

3．论文集出版（略）

4．后续合作（略）

七、参会程序（略）

八、参会费用说明（略）

本研讨会不收取任何费用，一切会务费用由主办方承担。

论文一经录用，被确定为会议发言人的与会专家将酌情给予一定交通补贴。

九、主办方联系方式

联系　人：汪××　　朱××

电子邮箱：×××@yahoo.cn

联系电话：021-××××××××

传　　真：021-××××××××

通信地址：上海市大连西路550号上海外国语大学×号信箱

邮　　编：200083

上海外国语大学加拿大研究中心
2010年8月

参会回执

姓　　名		性　别		职　　称	
研究领域					
近期重要成果					
拟提交论文题目					
座　　机				手　机	
传　　真				E-mail	
单位名称				职　务	
通信地址				邮　编	
备　　注	（各位学者如有任何特定要求，如饮食习惯、宗教禁忌等，均请告知，以便我们更好地安排您在会议期间的生活与工作）				

第三节　交　往　类

交往类礼仪文书是为了公关应酬的需要在比较隆重的聚会或宴会上所作的讲话文稿，包括欢迎词、欢送词、答谢词等。该类文书常有祝酒词。

一、欢迎词

（一）欢迎词的含义

欢迎词是在迎接宾客的仪式上或在会议开始时，主人对客人或会议代表的到来表示欢迎的讲话文稿。

（二）欢迎词的写作

欢迎词一般包括标题、称谓和正文三个部分。

1. 标题

（1）完全性标题。由致辞人+事由+文种构成，如《×××在××仪式上的欢迎词》。

（2）省略性标题。由事由+文种构成，如《在××仪式上的欢迎词》。

（3）简单性标题。只写文种，即《欢迎词》。

2. 称谓

称谓写对欢迎对象的称呼。对国内人士一般用"同志们""朋友们""代表们""各位来宾",对国外人士一般用"女士们、先生们"。有时前面还要加"尊敬的""敬爱的"等。要用全称、尊称,要把所有来宾都包括进去。

3. 正文

(1) 开头。交代致辞人在什么时候、以什么身份、代表谁向来宾表示欢迎或问候。

(2) 主体。写来访或召开会议的意义、作用,或阐述双方之间的友谊、交往,表达进一步发展友好合作关系的意愿和打算等。

(3) 结尾。祝愿宾客来访或会议取得圆满成功,或祝愿宾客与会议代表在访问期间、会议期间过得愉快。

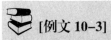

[例文10-3]

欢 迎 词

女士们、先生们:

值此××厂30周年厂庆之际,请允许我代表××厂,并以我个人的名义,向远道而来的贵宾们表示热烈的欢迎。

朋友们不顾路途遥远专程前来贺喜并洽谈贸易合作事宜,为我厂30周年厂庆更增添了一份热烈和祥和,我由衷地感到高兴,并对朋友们为增进双方友好关系作出的努力,表示诚挚的谢意!

今天在座的各位来宾中,有许多是我们的老朋友,我们之间有着良好的合作关系。我厂建厂30年来能取得今天的成绩,离不开老朋友们的真诚合作和大力支持。为此,我们表示由衷的钦佩和感谢。同时,我们也为能有幸结识来自全国各地的新朋友感到十分高兴。对此,我谨再次向新朋友们表示热情欢迎,并希望与新朋友们密切协作,发展相互间的友好合作关系。

"有朋自远方来,不亦悦乎!"在此新朋老友相会之际,我提议:

为今后我们之间的进一步合作……

干杯!

二、欢送词

(一) 欢送词的含义

欢送词是在送别来宾的仪式上或在会议结束时,主人对客人或会议代表的离去表示欢送的讲话文稿。

（二）欢送词的写作

欢送词的结构一般包括标题、称谓和正文三个部分。

1. 标题

（1）完全性标题。由致辞人+事由+文种构成，如《×××在新兵入伍仪式上的欢送词》。

（2）省略性标题。由事由+文种构成，如《在新兵入伍仪式上的欢送词》。

（3）简单性标题。只写文种，即《欢送词》。

2. 称谓

称谓写对欢送对象的称呼。国内一般用"同志们""朋友们""代表们""各位来宾"，国外一般用"女士们、先生们"。有时前面还要加"尊敬的""敬爱的"等。要把所有来宾都包括进去。

3. 正文

（1）开头。交代致辞人以什么身份、代表谁向来宾表示欢送，同时表达依依惜别之情。

（2）主体。叙述在来宾访问或召开会议期间双方之间的友谊、友好关系的新进展，并且满怀信心地预见今后的发展，表示真诚合作的态度等。

（3）结尾。对来宾表示惜别之情，发出再次来访的邀请，并且祝愿来宾一路平安。

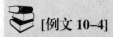
[例文 10-4]

欢 送 词

女士们、先生们、朋友们：

　　两个星期以前，我们愉快地在这里欢聚一堂，热烈欢迎×××先生。今天，在×××先生访问了我国的许多地方之后，我们再次欢聚一起，欢送将于明天回国的×××先生，感到特别亲切、高兴。×××先生……参观了工厂、农村、学校，与各方人士进行座谈，并认真研究了我国的经济发展状况和文化教育状况。

　　在向×××先生告别之际，我们真诚地希望×××先生给我们提出批评、指导和宝贵意见，以便我们改进工作。同时，我们想借此机会请他转达我们对贵国人民的深厚友谊，请他转达我们对他们的亲切问候和敬意。

　　祝×××先生回国途中一路平安，身体健康。

三、答谢词

（一）答谢词的含义

答谢词是客人对主人的热情接待表示感谢的讲话文稿。

(二) 答谢词的写作

答谢词一般包括标题、称谓和正文三个部分。

1. 标题

（1）完全性标题。由致辞人+事由+文种构成，如《×××在××研讨会上的答谢词》。

（2）省略性标题。由事由+文种构成，如《在××研讨会上的答谢词》。

（3）简单性标题。只写文种，即《答谢词》。

2. 称谓

称谓写对答谢对象的称呼。国内一般用"同志们""朋友们"，国外一般用"女士们、先生们"。有时前面还要加"尊敬的""敬爱的"等。要把所有答谢对象都包括进去。

3. 正文

（1）开头。表示对对方的感谢，同时倾吐自己的心声。

（2）主体。叙述双方之间的交往和友谊，主要强调对方所给予的支持和帮助，并且表明自己对巩固和发展友谊的打算和愿望等。

（3）结尾。再次表示感谢，并且表示良好的祝愿。

[例文10-5]

答 谢 词

尊敬的××主任，女士们、先生们、朋友们：

我谨代表我们代表团全体成员对××主任今晚为我们举办如此丰盛的晚宴表示由衷的感谢。

此次访问中，你们对我们的热情款待给我留下了深刻的印象。在你们周到、细致、全面的活动安排中，我们获益匪浅。在此，我再次感谢你们为我们提供的一切帮助。

我希望××主任和其他朋友能到我市访问，以便让我们得到一个作为东道主感谢你们款待的机会。

我深信，这次访问将促进今后我们之间更多的互访。

现在我提议：

为我们之间的友谊……为在座所有女士们、先生们、朋友们的健康，

干杯！

第四节 庆 贺 类

庆贺类礼仪文书是用来祝贺喜庆之事或表示慰问的文书，包括祝词、贺词等。

一、祝词

（一）祝词的特点

祝词是举行典礼或会议时使用的表示良好祝愿的文书。

祝词包括举行典礼使用的和举行会议使用的等类。举行典礼使用的用于开工典礼、剪彩仪式、开业等，举行会议使用的用于团拜会、展览会等。祝词、贺词有时通用。

祝词的特点是前瞻性。祝词是祝愿者把心中美好的祝愿直接倾吐出来。它往往是在事情、事业将要进行而尚未进行，或刚刚进行，或正在进行之中，尚未取得显著成果或巨大成就时表示希望和祝愿之意。

（二）祝词的写作

祝词一般包括标题、称谓、正文和落款四个部分。

1. 标题

（1）单行标题。

① 完全性标题。由致辞人+事由+文种构成，如《×××在第×届书刊展览会上的祝词》。

② 省略性标题。由事由+文种构成，如《元旦献词》《春节祝词》。

③ 简单性标题。只写文种，即《祝词》。

（2）双行标题。

① 由正题+副题构成。正题揭示主题，副题说明事由等。例如：

继往开来　与时俱进（正题）

——在新年团拜会上的祝词（副题）

② 由眉题+正题构成。眉题一般交代背景等，正题揭示主题。例如：

在××公司成立大会上（眉题）

×××总经理的祝词（正题）

2. 称谓

对于国内人士一般用"同志们、朋友们"，对于国外人士一般用"女士们、先生们"。如果有外国首脑参加，就要把外国首脑的称谓放在前面。

3. 正文

（1）开头。写祝愿的缘由和祝颂语。对于不同的对象、场合，选用不同的祝颂语。例如，"向××工程表示良好的祝愿""致以诚挚的祝愿"。

（2）主体。写明为什么祝愿，祝愿什么，有关事情筹办的经过，祝愿的意义等。这是祝词的重点。

（3）结尾。写祝愿的话，如"祝××工程开工顺利""祝××会圆满成功"等。

4. 落款

落款写致辞人的姓名和致辞的日期。如果用来发表，这项内容就写在标题下面。致辞人姓名如果在标题中已经出现过，这里可以省略。

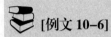[例文 10-6]

祝　　词

在"中国国际××展示会"开幕式上的讲话
（××××年××月××日）

尊敬的女士们、先生们、各位来宾：

　　早上好！由×国××有限公司主办、中国××协会上海市分会承办的"中国国际××展示会"今天在这里开幕了。我谨代表中国××协会上海市分会表示热烈祝贺！向前来参展的×国……以及我国各省市的中外厂商表示热烈的欢迎！

　　本届展示会将集中展示具有国际水准的各类××产品及生产设备，为来自全国各地的科技人员提供一次技术考察的良好机遇；同时也为海内外同行共同切磋技艺创造了有利条件。

　　朋友们，同志们！上海是中国最重要的经济、金融、贸易、科技和信息中心。作为长江流域乃至全国对外开放的重要窗口，上海将进一步改善投资环境，扩大与各国各地区的合作领域。我们真诚地欢迎各位展商到上海来参观，寻求贸易和投资机会，寻找合作伙伴。作为东道主，我们将为各位朋友提供卓有成效的服务。

　　最后，预祝"中国国际××展示会"圆满成功！谢谢大家！

二、贺词

（一）贺词的特点

贺词是对喜庆之事表示祝贺的文书，包括贺信和贺电。

凡是喜庆之事需要表示祝贺的，都可以使用贺信、贺电。贺词大致可以分为贺喜事的和贺成就的等类。贺喜事的，例如国家首脑就职，重要人物新婚、寿诞，重大纪念日、节日，重要会议开幕等。贺成就的，例如重大工程竣工，科研取得成功，组织或个人作出重大贡献等。

贺词的特点是喜庆性。贺词的目的在于"贺"字。祝贺者为他人的成绩感到高兴，为他人的喜事感到快乐，为他人的事业感到欣慰，就使用贺信、贺电表达内心的喜悦之情，以增进友谊、加强团结、互相勉励、共同进步。

（二）贺词的写作

贺词一般包括标题、称谓、正文和落款四个部分。

1. 标题

贺词标题可以用完全性标题、省略性标题和简单性标题。

（1）完全性标题。由祝贺者+事由（或祝贺对象）+文种构成，如《××给××的贺信》。

（2）省略性标题。由事由（或祝贺对象）+文种构成，如《给中国女排的贺电》。

（3）简单性标题。只写文种，即《贺信》《贺电》。

2. 称谓

称谓写接受贺信、贺电的组织名称或个人姓名。集体名称前面可以加上修饰语，个人姓名后面可以加上职务、头衔，如"参加我国运载火箭研制和发射实验的同志们"。

3. 正文

（1）开头。交代事由，并且表示祝贺。例如，"向大会表示热烈的祝贺""向你取得博士学位表示热烈的祝贺""向您八十大寿表示衷心的祝贺"。

（2）主体。充分肯定、热情赞扬对方取得的重大成就，分析取得成就的主客观原因，回忆有关事件的经过，阐述事件的重要意义等。

（3）结尾。提出希望，表达祝愿，加以鼓励。例如，"祝大会圆满成功"，"祝你们今后取得更大的成绩"，"祝您健康长寿"等。

4. 落款

落款写发贺信、贺电的组织名称、个人姓名和发贺信、贺电的日期。

向普通人表示祝贺也可以用贺卡或明信片，一般言简意赅。纸质贺卡或明信片因为内容大家都能看到，所以不能谈私密的事情。

[例文10-7]

中共中央　国务院　中央军委
对天宫一号与神舟十号载人飞行任务圆满成功的贺电

总装备部、工业和信息化部、国家国防科技工业局、中国科学院、中国航天科技集团公司、中国航天科工集团公司、中国电子科技集团公司并参加天宫一号与神舟十号载人飞行任务的全体同志：

在天宫一号与神舟十号载人飞行任务取得圆满成功之际，中共中央、国务院、中央军委向出色完成这次任务的航天员，向所有参加这次任务的科技工作者、干部职工和人民解放军指战员，表示热烈祝贺和亲切慰问！

天宫一号与神舟十号载人飞行任务的圆满成功，进一步巩固了我国空间交会对接技术，标志着我国载人航天工程第二步战略目标取得了重大阶段性胜利。这是在以习近平同志为总书记的党中央坚强领导下，航天战线深入贯彻落实党的十八大精神、加快建设创新型国家的又一重要成果，是我们在全面建成小康社会伟大历史进程中取得的又一重大成就，对于……具有重大而深远的意义。祖国和人民将永远铭记你们的卓越功勋！

以这次任务圆满成功为标志，我国载人航天事业将进入空间站工程建设的崭新发展阶段，今后的任务更加艰巨、使命更加光荣。希望你们紧密团结在以习近平同志为总书记的党中央周围，全面贯彻落实党的十八大精神，高举中国特色社会主义伟大旗帜，以邓小平理论、"三个代表"重要思想、科学发展观为指导，大力弘扬"两弹一星"精神和载人航天精神，艰苦奋斗，开拓创新，团结协作，再创佳绩，为全面建成小康社会、实现中华民族伟大复兴的中国梦作出新的更大贡献！

2013 年 6 月 26 日

第五节 哀 祭 类

哀祭类礼仪文书是为了哀悼死者而写作的文书，包括讣告、悼词、唁词等。

一、讣告

（一）讣告的特点

讣告是治丧委员会等组织向死者生前的同志、亲友等报丧时所使用的告知性文书，也叫讣闻、讣文。

讣告的特点是广泛的群众性。讣告就是要把死者死亡的消息告诉给死者生前的同志、亲友等。在社会上有一定知名度的人逝世以后，可以通过报纸、广播、电视等媒体发布讣告。国家重要领导人逝世以后，通常还发公告。讣告也可以张贴、邮寄或投递。

（二）讣告的写作

讣告一般包括标题、正文和落款等部分。

1. 标题

（1）由发文单位+文种构成，如《中国共产党中央委员会、中华人民共和国全国人民代表大会常务委员会、中华人民共和国国务院公告》《宋庆龄同志治丧委员会公告》。

（2）由死者称谓+文种构成，如《鲁迅先生讣告》《全国人大常委会副委员长秦基伟同志讣告》。

（3）只写文种，即《讣告》。

2. 正文

正文包括开头、主体和结尾三部分。

（1）开头。交代死者的姓名、职务、身份、逝世原因、逝世时间（年、月、日、时、分）、地点、终年岁数。

（2）主体。简要评述死者的生平事迹。重要人物、知名人士的事迹要高度概括，普通人略写或不写。

（3）结尾。交代开追悼会、举行遗体告别仪式的时间、地点。结语写"特此讣告""谨此讣闻""伟大的无产阶级革命家×××同志永垂不朽"等。

3. 落款

落款写上发讣告的组织名称、个人姓名和发布讣告的年、月、日。

[例文10-8]

讣　　告

我校后勤处副处长×××同志，因病医治无效，不幸于××××年××月××日×时×分在上海华山医院逝世，终年×岁。

×××同志于××××年到我校工作。××年来，他兢兢业业，全心全意为人民服务，为学校的建设和发展作出了较大的贡献，是一名好党员和学校的优秀干部。

×××同志追悼会于××××年××月××日下午×时在龙华殡仪馆举行，请参加吊唁者按时前往。

谨此讣闻。

×××同志治丧委员会
××××年××月××日

二、悼词

（一）悼词的特点

悼词是在追悼会上宣读的哀悼死者的文书。

悼词的特点是哀婉性。悼词以总结死者的生平业绩和肯定死者的社会贡献为主要内容，借此表达对死者的哀悼之情。通过悼念活动，化悲痛为力量，继承死者的遗愿，以完成死者未竟的事业。

（二）悼词的写作

悼词一般包括标题、正文和落款三个部分。

1. 标题

标题一般只写文种,即《悼词》;也可以只写事由,如《悼念×××同志》。发表时常常由事由+文种构成或由致辞人+事由+文种构成,如《在×××同志追悼会上的悼词》《×××同志在×××同志追悼会上的悼词》。

2. 正文

(1) 开头。

① 交代悼念的对象、心情,常常写为"我们以沉痛的心情悼念×××同志"。

② 简介死者的身份、职务,逝世的时间、地点,逝世的医院,享年等。

(2) 主体。

① 概述死者生平。包括出生时间、籍贯、政治面貌、主要职务、学历、经历等。

② 歌颂死者业绩。重点介绍死者对社会、祖国、人民的重大贡献,给予总结性的评价,突出死者的高尚品德和精神风貌。

(3) 结尾。表示对死者的悼念,对死者家属的慰问,对追悼者的要求,号召大家学习死者的高尚品德和伟大精神。最后的结语常常是"×××同志安息吧""×××同志永垂不朽""×××同志精神永存""×××同志永远活在我们心中"等。

3. 落款

落款写上致悼词的组织名称、个人姓名和致悼词的日期。悼词发表时,这项内容写在标题的下面。

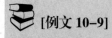

[例文10-9]

在沈雁冰同志追悼会上致的悼词

胡耀邦

1981年3月27日5时55分,中国文坛陨落了一颗巨星。我国现代进步文化的先驱、伟大的革命文学家和中国共产党最早的党员之一沈雁冰(茅盾)同志和我们永别了。

我们怀着十分沉痛的心情,深切悼念这位为中国革命事业、中国新兴的革命文学事业奋斗了一生的卓越的无产阶级文化战士!

沈雁冰同志是在国内外享有崇高声望的革命作家、文化活动家和社会活动家。他同鲁迅、郭沫若一起,为我国革命文艺和文化运动奠定了基础。从1916年开始从事文学活动以来,在漫长的六十余年中,他始终不懈地以满腔热情歌颂人民、歌颂革命、鞭挞旧中国黑暗势力,创作了《子夜》《蚀》《虹》《春蚕》《林家铺子》《霜叶红似二月花》《清明前后》等大量杰出的文学作品。这些作品刻画了中国民主革命的艰苦历程,绘制了规模宏大的历史画卷,为我国文学宝库创造了珍贵的财富,提高了现实主义文学创作的水平,在文学史上留下了不可磨灭的功绩。他的许多作品被翻译为多种外文,在各国读者中广泛传播。新中国成立后,他长期从事文化事业和文学艺术的组织领导工作,写了大量的文学评论,特别是一贯以极大精力帮助青年文学工作者的成长,为社会文化事业作出了重大的贡献。

沈雁冰同志1896年7月4日出生于浙江省桐乡县乌镇。1913年他在北京大学读书时,就开始接触进步的新思想。在1917年十月社会主义革命影响下,他积极参加了"五四"运动和中国早期共产主义运动。1920年,他同郑振铎、叶圣陶等同志一起,组织了"文学研究会",积极提倡"为人生"的现实主义文学。他接办和改革了《小说月报》,使这个月报成为倡导现实主义文学的重要阵地,对我国新文学运动产生了巨大的影响。1930年,他同鲁迅一起参加组织了中国左翼作家联盟,为发展革命文艺,团结和壮大革命文艺队伍,反击国民党文化"围剿",作出了卓越的贡献。抗日战争爆发后,他在周恩来同志的领导下,广泛团结国民党统治区的进步文化人士从事抗战救亡工作,并亲自主编了《文艺阵地》杂志,推动抗战文化的发展,在抗日战争的艰苦年代,他到过延安,在鲁迅艺术学院讲过学。抗战胜利后,他不顾国民党的压迫,在坚持民主反对独裁、坚持和平反对内战的运动中,有力地支持了人民的解放战争。

全国解放前夕,他不顾艰险,间道来到北平,积极参加了中国人民政治协商会议和筹备第一次全国文代大会。他当选为中国文学艺术界联合会副主席、中华全国文学工作者协会(作家协会的前身)主席。新中国成立后,他担任第一任文化部长,并当选为历届全国人民代表大会代表,历届政协全国委员会常务委员和政协第四届、第五届全国委员会副主席。几十年来他勤勤恳恳、殚思竭虑,为建设社会主义文化,促进中外文化交流,支援各国人民的进步文化事业和保卫世界和平的斗争,献出了全部心血。……他在最后几年里不顾衰病,努力写作回忆录,虽然没有全部完成,仍然为我国现代文学史和政治社会文化史留下了十分宝贵的史料。可以说,直到生命的最后时刻,他始终没有放下自己手中的笔为人民服务。

沈雁冰同志从青年时代起,追求共产主义的伟大理想,早在1921年,他在上海先后参加共产主义小组和中国共产党,是党的最早的一批党员之一,并曾积极参加党的筹备工作和早期工作,1926年以左派国民党员的身份参加国民党的第二次代表大会,以后在汉口主编左派喉舌《民国日报》,1928年以后,他同党虽失去了组织上的联系,仍然一直在党的领导下从事革命文化工作。他曾于1931年和1940年两次要求恢复党的组织生活,第一次没有得到党的左倾领导的答复,第二次党中央认为他留在党外对人民更有利。在他病危之际,为了表达他对党的无限忠诚和热爱,表达他对伟大的共产主义事业坚贞的崇高的信念,他再一次向党中央申请追认他为中国共产党党员。中共中央根据沈雁冰同志的请求和他一生的表现,决定恢复他的中国共产党党籍,党龄从1921年算起。

沈雁冰同志的逝世,使我国失去了一位伟大的革命文学家和无产阶级文化战士,这是全国人民的一个不可弥补的损失。我们要学习沈雁冰同志一生坚持真理和进步，追求共产主义，刻苦致力于文学艺术的钻研和创造，密切联系群众和爱护青年，坚决拥护党的领导的高贵品质。他的大量精神劳动成果，曾帮助促进一代又一代青年思想感情革命化；而今而后，他的作品强大的艺术生命力，还将长久地教育和鼓舞我国青年，为伟大的社会主义事业战斗，并促使社会主义文艺新人不断涌现。

在当前新的历史转折时期，为逐步把我国建设成为具有高度物质文明和高度精神文明的现代社会主义强国，我们将把对沈雁冰同志的沉痛的哀思变为推动我们工作的动力，紧密团结在党中央周围，坚持四项基本原则和坚决地贯彻三中全会的方针，培养和造就宏大的社会主义文艺队伍，提高整个中华民族的科学文化水平，使鲁迅、郭沫若、沈雁冰等同志用毕生心血培育的伟大革命文化事业，永远在祖国大地上繁荣昌盛！

三、唁词

（一）唁词的特点

唁词是对死者表示哀悼和向死者亲属表示安慰但不亲自宣读的文书，包括吊唁信和唁电。

唁词的特点是慰藉性。唁词应该在接到讣闻以后立即发出。要表示对死者的祭奠、同情和对死者亲属的安慰，但是言辞、语气不要过于悲伤，以免使死者亲属更加悲哀。

（二）唁词的写作

唁词包括四个部分：标题、称谓、正文、落款。

1．标题

唁词如果发表，可以加上标题。标题有以下几种形式。

（1）只写文种，如《吊唁信》《唁电》。

（2）由事由+文种或收信人+文种构成，如《就×××的吊唁信》《致×××的吊唁信》。

（3）由事由+收信人+文种构成，如《就埃德加·斯诺先生逝世致斯诺夫人的唁电》。

2．称谓

称谓写收信（电）人的姓名和称呼，如"×××先生""×××夫人"等。

3．正文

（1）开头。交代获悉死者去世的消息，表达哀悼和安慰之情。

（2）主体。简单叙述死者的光辉业绩和社会贡献，并且进行简要评价。

（3）结尾。再次表达哀悼和安慰之情。

4．落款

落款写明发吊唁信、唁电的人的姓名和具体日期。

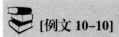 **[例文 10-10]**

吊 唁 信

××:

　　你好！全家都好！接你电话，得知沈老病故，心情十分悲痛。

　　今天上午，是与沈老告别的日子。我因病行动不便，不能参加告别仪式。特写此信，谨代表我们田家老小，向尊敬的沈××医生致哀！向沈老三鞠躬，表示深切的悼念之情，祝沈老一路走好！

　　得知沈老病故，我思绪万千，难以忘怀。早在20世纪30年代的抗日战争时期，重庆江北县方圆几十里，广大群众都知道，汪家花园里有位沈××医生。她医德高尚，医术精良，经她治愈的病人成百上千。我家祖母、母亲、三婶、四婶等老辈们，都因病得到沈医生的精心治疗。四婶分娩生下××，以及后来的三个小孩子，都是沈医生亲自到家里来接生的。……我七十一岁了，沈医生一生以她真善美的高尚精神为人民服务。我们这代人及下一代人，以及江北县的父老乡亲们是永远不会忘记的。

　　我四年前因血脂过高引发腔隙性脑梗塞，今年六月又旧病复发，口齿不清，记忆力明显下降，手脚麻木，走路不便。向沈老告别，因病行走不便，不能参加，特此致哀！安息吧，尊敬的沈老！

田×× 全家
××××年××月××日

第六节 联 帖 类

　　联帖类礼仪文书是逢年过节、婚丧嫁娶或风景名胜、厅屋装饰等场合使用的简要语句，包括对联、题词等。

对联

（一）对联的特点

　　对联是主要由意义上密切联系、句法上互相对称的两个语言单位构成的文字材料，也称对子、门联等。

　　对联的主要特点是对称性。两个互相对称的语言单位一般是句子，也可以是词或句群。上句叫上联，也叫出句；下句叫下联，也叫对句。对联是对偶的运用，讲究对仗。工整的对仗要求上联与下联意义相同、相反或相关，字数相等，句法相类，平仄相反，节奏相同，避免同字相对。

（二）对联的种类

根据用途，对联可以分为春联、交际联、装饰联、行业联等类。

1. 春联

春联是专门用于庆贺春节的对联。春联的使用范围最为广泛，内容也极其普遍。例如：

喜看春来六畜兴旺（上联）

笑望秋后五谷丰登（下联）（农家春联）

2. 交际联

交际联是用于婚丧嫁娶、赠予等交际活动的对联。例如：

有关国家书常读

无益身心事莫为（徐特立题赠青年）

3. 装饰联

装饰联是主要用于装饰的对联。装饰联包括名胜古迹的楹联、个人的座右铭等。例如：

海纳百川，有容乃大

壁立千仞，无欲则刚（林则徐自题厅事联）

4. 行业联

行业联是各行各业专用的对联。例如：

片纸能缩天下意

一笔可画古今情（笔墨纸店联）

（三）对联写作的原则与方法

有的对联除了上联和下联以外，还可以有横联。横联也叫横批，意义上要与上联和下联相关，是"点睛"之笔。例如：

说你行你就行不行也行（上联）

说不行就不行行也不行（下联）

不服不行（横批）

又如：

五十一号兵站住进七十二家房客（上联）

七十二家房客搬出五十一号兵站（下联）

好进好出（横批）

张贴时，上联和下联竖着书写，上联贴在右边，下联贴在左边；横联横着书写，贴在上边。

对联上下联的写作常常遵循以下原则与方法。

1．意义相同、相反或相关

（1）意义相同。上下联意义相同或相近。例如：

墙上芦苇，头重脚轻根底浅（上联）

山间竹笋，嘴尖皮厚腹中空（下联）

（2）意义相反。上下联意义相反或相对。例如：

横眉冷对千夫指

俯首甘为孺子牛

（3）意义相关。上下联意义相关或相联。例如：

发展体育运动

增强人民体质

2．字数相等

为了追求形式上的整齐，上联与下联在字数上一般应该相等，例如：

行万里路

读万卷书

又如：

佛脚清泉，飘飘飘飘飘，飘下两条玉带

3．句法相类

句法相类是指上联与下联相同位置上的词语的词性和结构要相同。名词对名词，动词对动词，形容词对形容词，代词对代词，数量词对数量词，实词对实词，虚词对虚词；主谓结构对主谓结构，动宾结构对动宾结构，偏正结构对偏正结构，联合结构对联合结构。例如：

蝉噪林愈静

鸟鸣山更幽

上联与下联的词性都是：名词—动词—名词—副词—形容词。

又如：

天当棋盘星当子谁人敢下

地作琵琶路作弦哪个能弹（明解缙对尚书联）

上联与下联都是由几个主谓句构成的并列复句，都是反问句。

4．节奏相似

上联与下联内部的停顿、节拍一般应该一致。例如：

深山/隐/高士

盛世/期/新民（刘少奇题赠盛多贤联）

又如：

大肚/能容/容/天下/难容/之事

开口/便笑/笑/世间/可笑/之人（北京潭柘寺弥勒佛联）

5. 平仄相对

平仄相对是指上联与下联相同位置上的字的平仄相反。中古汉语汉字的读音有平、上、去、入四声，平声为平，上声、去声、入声为仄。现代汉语字的读音有阴平、阳平、上声、去声四声，大致可以看作阴平、阳平为平，上声、去声为仄。上联与下联相同位置上的字应该大致遵循"平对仄、仄对平"的原则，而且下联的最后一个字一般应该是平。例如：

秦皇安在哉，万里长城筑怨（平平平仄平　仄仄平平仄仄）

孟女未亡也，千秋片石铭贞（仄仄仄平仄　平平仄平平平）（宋文天祥题孟姜女庙联）

又如：

勤为摇钱树（平平平平仄）

俭是聚宝盆（仄仄仄仄平）

6. 常用辞格

对联常常使用各种修辞手法，从而构成一些特殊形式的对联。

（1）嵌字。把规定的字、词嵌在上下联相同的位置上。例如，晚清末女革命党人秋瑾联：

悲哉秋之为气

惨矣瑾其可怀

（2）拆字。把字拆开构成对联。例如：

琴瑟琵琶，八大王一般头面

魑魅魍魉，四小鬼各样心肠

（3）叠字。把相同的字重叠起来。例如：

风风雨雨，暖暖寒寒，处处寻寻觅觅

莺莺燕燕，花花叶叶，卿卿暮暮朝朝

（4）回文。文字上回环往复。例如：

雾锁山头山锁雾

天连水尾水连天

（5）引用。摘取前人诗词、文章中的语句或援引典故。引用涉及的范围很广泛，可以是诗、词、文章，也可以是成语、俗语、碑帖、佛教经典或典故等。例如，郭沫若引用毛泽东诗词联：

江山如此多娇

风景这边独好

（6）双关。利用汉字一字多音、多义的特点使一个词同时关涉两个事物。例如，山海关孟姜女庙楹联：

海水朝朝朝朝朝朝朝落（加点的"朝"读 cháo，同"潮"，其他的"朝"读 zhāo）

浮云长长长长长长长消（加点的"长"读 zhǎng，同"涨"，其他的"长"读 cháng）

（7）顶真。紧接的两句话中，后面一句的开头与前面一句的结尾词语相同。例如：

王老虎抢亲抢走了大海的女儿

李二嫂改嫁嫁给了神秘的大佛（相声《巧对影联》）

（8）反复。词语重复使用。例如：

南通州北通州南北通州通南北

东当铺西当铺东西当铺当东西

参 考 文 献

[1] 洪威雷,王颖. 应用文写作学新论[M]. 武汉:武汉大学出版社,2001.
[2] 范增友. 应用写作[M]. 长春:东北师范大学出版社,2005.
[3] 范瑞雪,贺鸿凤,刘召明. 新编应用文写作[M]. 北京:经济科学出版社,2001.
[4] 曾昭乐. 现代公文写作[M]. 广州:中山大学出版社,1996.
[5] 裴传永,李晓波. 现代公文写作与公文处理新编[M]. 北京:中共中央党校出版社,2002.
[6] 江少川. 实用写作教程[M]. 武汉:华中师范大学出版社,2006.
[7] 郭其智. 公文与申论写作教程[M]. 合肥:合肥工业大学出版社,2008.
[8] 刘玉学. 写作学教程[M]. 北京:中国政法大学出版社,1999.
[9] 孙灵瞻,高立红. 应用写作新编[M]. 北京:北京航空航天大学出版社,1997.
[10] 徐中玉. 新编大学写作[M]. 上海:复旦大学出版社,2004.
[11] 汪祥云,蒋瑞松. 应用文写作[M]. 上海:上海交通大学出版社,2000.
[12] 巫汉祥. 大学写作教程[M]. 北京:科学出版社,1999.
[13] 吴仁援,刘美真. 大学应用写作[M]. 上海:上海大学出版社,2000.
[14] 郗仲平,王少华. 新编应用写作教程[M]. 北京:首都经济贸易大学出版社,1997.
[15] 杨勇. 建设企业高速路[M]. 北京:新华出版社,2006.
[16] 林士明. 企业必备文书[M]. 上海:复旦大学出版社,1995.
[17] 马景仑. 科研论文阅读与写作[M]. 南京:江苏古籍出版社,2001.
[18] 周胜林,尹德刚,梅懿. 当代新闻写作[M]. 第2版. 上海:复旦大学出版社,2004.
[19] 于成鲲,喻蘅,江邈清,等. 应用文大全[M]. 上海:学林出版社,1984.
[20] 张家恕,郑敬东,林心怡. 新编应用写作[M]. 重庆:重庆大学出版社,2001.
[21] 张邈辉. 大学应用写作[M]. 上海:上海交通大学出版社,2001.
[22] 毕耕. 现代应用写作[M]. 武汉:武汉大学出版社,2003.
[23] 陈世秀. 最新应用文写作[M]. 长沙:湖南大学出版社,2001.
[24] 程学兰. 大学实用写作[M]. 武汉:武汉大学出版社,2002.
[25] 赵增堂. 中国实用文书写作指南[M]. 青岛:青岛海洋大学出版社,2002.
[26] http://www.chinagwy.org.
[27] http://www.gov.cn.
[28] http://www.ce.cn.

后 记

2012年1月,《应用文写作》第1版出版。4月中共中央办公厅、国务院办公厅联合颁布了《党政机关公文处理工作条例》,将中国共产党机关公文与国家行政机关公文合并,6月国家质量监督检验检疫总局、国家标准化管理委员会发布了《党政机关公文格式》,《应用文写作》第1版的行政公文部分就显得过时了。值得欣慰的是,《应用文写作》第1版仍然被一些高等院校和企事业单位采用,甚至作为硕士研究生入学考试写作科目的参考书。为了满足实际需要,进一步提高质量,本人对《应用文写作》第1版进行了修订。

这次修订,增删了部分内容,更改了部分内容。

首先是增删了一些内容。写作基本原理的表达方式增加了一些例子,财经文书的协议类增加了备忘录,礼仪文书增加了联帖类。删除了行政公文的格式和传播文书的电信类。

其次是更改了一些内容。行政公文改为党政公文,并在指挥类增加了决议,将会议纪要改为纪要,在知照类增加了公报。事务文书的决策类改为管理类,并在会务类增加了演讲稿。科技文书改为科教文书,将论文类和科普类合并为科技类,增加了教学类。另外,例文和其他地方也进行了一些修改。

经过增删和更改,内容更加全面、科学、实用、新颖。

本书在编写过程中参考了大量的文献,本人在此一并向其作者致以诚挚的谢意!本书在出版过程中得到了清华大学出版社的大力支持和帮助,本人在此特表示衷心的感谢!

由于本人水平有限,因此本书错误和不妥之处在所难免,本人欢迎读者批评、指正。

郝立新

2015年12月